Carsten Maschmeyer
Die Millionärsformel

Carsten Maschmeyer

Die Millionärsformel

Der Weg zur finanziellen Unabhängigkeit

Bibliografische Information der Deutschen Bibliothek
Die Deutsche Bibliothek verzeichnet diese Publikation in der Deutschen Nationalbibliografie; detaillierte bibliografische Daten sind im Internet unter http://dnb.ddb.de abrufbar.

Verlagsgruppe Random House FSC® N001967

4. Auflage
© 2016 Ariston Verlag
in der Verlagsgruppe Random House GmbH,
Neumarkter Straße 28, 81673 München
Alle Rechte vorbehalten
Umschlaggestaltung: Nele Schütz Design, München,
unter Verwendung eines Motivs von shutterstock/Limilama
Satz: Vornehm Mediengestaltung GmbH, München
Druck und Bindung: CPI books GmbH, Leck
Printed in Germany
ISBN 978-3-424-20108-6

Inhalt

Vorwort

Möchten Sie finanziell unabhängig werden und echte finanzielle Freiheit gewinnen, um so zu leben, wie Sie es sich schon immer erträumt haben? Haben auch Sie den Wunsch, eines Tages ein großes Vermögen zu besitzen, um sich alles leisten zu können, was Sie wollen: eine tolle Villa, ein klasse Auto, super Weltreisen? Oder um später ohne Geldsorgen den Ruhestand zu genießen? Wollen Sie zum Beispiel eher in Rente gehen, die Kinder großzügig beim Studium unterstützen, Ihren vielleicht schon pflegebedürftigen Eltern beistehen, hilfsbedürftige Menschen unterstützen, an ein Museum spenden ...?

Das alles ist machbar! Sie können wohlhabend, sogar *reich* werden – selbst Euro-*Millionär!*

Wie? In der Vergangenheit lief das meist so ab: mehr arbeiten und fleißig sein, weniger kaufen und ausgeben, viel und lange sparen, das Geld sicher und verzinst anlegen. So kam über die Jahre eine hohe Summe zusammen. Doch diese Zeiten sind vorbei. Die traditionellen Geldanlagen funktionieren nicht mehr. Die bisherigen Gesetze des Vermögensaufbaus sind ungültig geworden. Schlechte Nachrichten für Sie:

- Zinsen gibt es kaum noch,
- Staatsanleihen sind nicht mehr so sicher,
- Immobilienpreise sind stark gestiegen,
- private Altersvorsorge ist schwieriger geworden,
- Kapitallebensversicherungen sind tot,
- viele Aktien sind inzwischen teuer.

Die gute Nachricht ist: Die Verhältnisse sind anders, jedoch nicht schlechter geworden. Mit meinem neuen Buch will ich Ihnen helfen, erfolgreich durch diese besondere und schwierigere Zeit zu kommen. Ich möchte Sie darüber aufklären, worauf es jetzt ankommt. Jetzt herrschen neue Regeln, die neue Chancen bieten! Sie können immer noch auf die finanzielle Sonnenseite des Lebens gelangen. Es ist weiterhin möglich, wohlhabend zu werden, auch in der neuen Geldwelt.

Dieses Geheimnis werde ich für Sie lüften. Ich verrate Ihnen, wie Sie Ihre Geldsorgen loswerden, wie Sie aus nahezu nichts eine Million machen können und wie Reichwerden mittlerweile geht.

Sie werden erfahren, wie Sie

- 7 Prozent Rendite bekommen,
- kostengünstig in die eigene Wohnimmobilie wechseln,
- mehr Geld verdienen,
- Ihr Einkommen richtig absichern,
- ausreichend Rente erhalten,
- sich vor Inflation schützen.

Kurz, Sie werden weniger Finanzprobleme haben und ab jetzt weniger Fehler im Umgang mit Geld machen, nie mehr zu viel für Produkte und Dienstleistungen bezahlen, keine Finanzvorteile mehr verpassen.

Lassen Sie sich zeigen, wie Geld heutzutage geht – Reichwerden für jedermann! Sie werden die Reichwerdeautomatik kennenlernen und für sich anwenden können. Ein paar Beispiele gefällig? Ich zeige Ihnen,

- wie man Zigtausende Euro an Zuschüssen und Steuervergünstigungen erhält,
- wie ein Viertelmillionenvorteil durch eine eigene Immobilie erreicht werden kann,
- wie eine halbe Million Euro aus monatlich 300 Euro entsteht,
- wie zwölf mal 1000 Euro 1 Million Euro ergeben.

Solche Chancen, sich finanziell zu verbessern, halten Sie mit meinem Buch *Die Millionärsformel* in Ihren Händen – und können sich zudem mit einem Besuch auf www.millionaersformel.de weitere Chancen erschließen. In diesem Buch lernen Sie Finanztechniken kennen, mit denen bereits viele Menschen reich geworden sind. Ebenso erfahren Sie, unter welchen mentalen Voraussetzungen und mit welcher Einstellung Sie Ihr Wohlstandsziel erreichen werden. Ich möchte Ihnen Mut zusprechen, Ihnen Kraft zum Durchhalten geben und Sie darin bestärken, vertraute Pfade zu verlassen und neue Wege zu gehen. Ich möchte Sie motivieren, Finanz-Know-how zu erwerben und sich zukünftig mehr mit dem Thema Geld zu beschäftigen. Sie werden verstehen, wie und wodurch man heutzutage reich werden kann. Ihr Finanzleben wird sich positiv verändern. Und Sie werden mit Ihrem Vermögensaufbau um Jahre schneller sein, und das nur, weil Sie sich ein paar Stunden mit den wichtigsten Geldthemen befassen.

Ihr Finanztraum kann wahr werden!

Hier geht es nicht um mich, sondern um Sie und um Ihr Geldleben. Ihnen möchte ich helfen, Finanzrisiken zu reduzieren, wirtschaftlich stabiler dazustehen, neue Möglichkeiten im Umgang mit Geld zu erlernen und in einer Welt fast ohne Zinsen vermögender zu werden. Ihnen möchte ich einen Entwurf für die Planung Ihres Finanzlebens anbieten und Sie inspirieren, nachhaltige Durchbrüche bei Ihren Finanzen zu erzielen. Ich möchte Ihnen wertvolle Tipps an die Hand geben, wie Sie als Erstes finanzielle Sicherheit erreichen, dann finanziell unabhängig werden und im besten Fall sogar finanzielle Freiheit genießen können.

Auf dem Cover dieses Buches sind Geldbäume abgebildet. Der *Money-Tree* ist in Asien ein Symbol für Wachstum, Glück und Reichtum. Ich wünsche Ihnen, dass auch Ihr Vermögen wächst und Sie sicherer, glücklicher und zufriedener leben.

Herzlichst
Ihr Carsten Maschmeyer

Kapitel 1

Erfolgreich mit Geld umgehen

1 Million Dollar und mehr Vermögen haben weltweit 17 Millionen Haushalte. Tendenz stark steigend, so das Ergebnis des Global Wealth Reports. Fast 1 Million Millionäre gibt es in Deutschland.

Sie können durch die Millionärsformel ein weiterer Millionär werden, denn reich werden kann fast jeder. Sie können aus wenig viel machen, wahrscheinlich selbst aus nichts – Sie haben möglicherweise sogar die Chance, Multimillionär zu werden.

Weltweit, also auch in Deutschland, gibt es mehr Reichtum als je zuvor. Immer mehr Menschen erlangen Wohlstand. Das Geldvermögen auf unserem Globus befindet sich auf Rekordhöhe. Wir Deutschen können uns glücklich schätzen, dass wir in einem der reichsten Länder der Welt mit einer hohen Millionärsdichte leben. In einem Land, in dem man auf ehrliche Art reich werden kann und in dem viele ihre wirtschaftlichen Ziele aus eigener Kraft erreicht haben.

Das gesamte Vermögen der privaten Haushalte in Deutschland liegt laut Deutschem Institut für Wirtschaftsforschung (DIW) nach Abzug der Schulden bei ungefähr 6,3 Billionen Euro. Das Durchschnittsvermögen eines Erwachsenen beträgt hierzulande rund 83.000 Euro.

Das klingt zunächst nach nicht viel, ist aber doch mehr, als viele Menschen besitzen, denn die einzelnen Bundesbürger haben es zu unterschiedlich viel Kapital gebracht. Gut ein Fünftel aller Erwachsenen hierzulande hat nämlich überhaupt kein Vermögen, und bei ungefähr 7 Prozent sind die Schulden größer als der Besitz. Auf der anderen Seite hat das reichste Prozent der Deutschen ein Vermögen von über einer Dreiviertelmillion Euro und mehr angehäuft.

Reichtum ist kein objektiv zu messender Wert. Man kann reich an Kreativität sein und reich an Begabung. Ebenso ist finanzieller Reichtum eine relative Größe. Manche fühlen sich schon mit 50.000 Euro reich, andere hingegen empfinden nicht mal 1 Million Euro als wirklichen Reichtum. Wer von den Renditen seines Geldes leben kann – wenn also das eigene Geld mehr Geld macht, als man selbst im Job verdient –, ist finanziell unabhängig. Zu finanziellem Reichtum führen Fleiß, Disziplin und die Anwendung von solidem Finanz-Know-how.

Hand aufs Herz: Jeder wünscht sich doch, den Lebensabend in finanzieller Sicherheit zu verbringen. Entscheiden Sie sich für das Leben, das Sie sich wünschen. Neben Gesundheit und familiärem Glück sind auch gute wirtschaftliche Bedingungen und ausreichende finanzielle Spielräume wichtig für ein erfülltes Leben. Beantworten Sie deshalb für sich zwei Fragen auf dem Weg zum finanziellen Glück: Wohin will ich gehen? Wie will ich dorthin gelangen?

Es ist keine Frage der Einkommenshöhe oder der Größe des Vermögens, das Sie vielleicht schon angesammelt haben.

Wie Sie mit Ihrem Geld umgehen, ist wichtiger als die Menge, die Sie zum jetzigen Zeitpunkt zur Verfügung haben. Sie haben es in der Hand: Entweder Sie finden sich damit ab, dass Sie dort sind, wo Sie sind, oder Sie versuchen, dorthin zu kommen, wo Sie sein wollen. Wählen Sie die zweite Option, so dient Ihnen dieses Buch als Hilfestellung. Von wo Sie starten, ist zunächst egal – entscheidend ist, wo Sie am Ende stehen. Ich werde Ihnen zeigen, wie Sie Ihr Geldmanagement ändern können.

Leider schauen die meisten Deutschen bei Finanzproblemen einfach weg. Sie hingegen machen es besser: Sie verschließen die Augen nicht länger vor diesen Herausforderungen, sondern halten sie von nun an weit offen. Packen Sie jetzt die Dinge an, die Sie zum Erfolg führen werden! Mit der Millionärsformel werden Sie erleben, wie das geht.

Warum Geld so wichtig ist

Liebe, Gesundheit oder Frieden sind nicht käuflich. Deshalb kann Geld alleine natürlich nicht glücklich machen. Aber im normalen Leben gibt es eine enge Beziehung zwischen Geld und Glück, und Glück kann durchaus von den Finanzen beeinflusst werden. Wer über Geld verfügt, fühlt sich freier als jemand, dem beständig Geld fehlt. Luxus ist auch Zeit und die Möglichkeit, das zu tun, was wir möchten, wann wir es möchten und wie wir es möchten. Geld berührt fast jeden Lebensbereich. Wer finanziell unabhängig ist, kann so leben, wie er will, und dort leben, wo er möchte. Das ist etwas Positives und wird von den meisten Menschen als Glück empfunden.

Offenkundig tun sehr viele Menschen viel für die Steigerung ihres Einkommens. Für Lohnerhöhungen gehen manche sogar auf die Straße. Viele Millionen Menschen spielen Woche für Woche Lotto in der Hoffnung, den Jackpot zu knacken und mit einem Schlag reich zu werden. Also ist Geld für viele offenbar recht wichtig. Die meisten Menschen streben nach Wohlstand, weil sie damit eine bessere Lebensqualität verbinden.

Kein Zweifel, dass wir uns glücklich fühlen, wenn wir gesund sind, wenn wir Liebe empfinden und wenn wir Erfolg haben – aber eben auch, wenn wir über ausreichend Geld verfügen. Viele Menschen haben Sorgen, die sie mit ausreichenden Finanzen nicht haben würden. Manche Probleme sind leichter zu ertragen oder schneller zu lösen, wenn man genug Geld hat. Finanzielle Sorgen und Nöte können unglücklich machen. Sie können uns sogar den Schlaf rauben. Umgekehrt schläft man auf einem weichen Finanzpolster natürlich besser.

Wie man Geld verdient, wie viel man verdient und wie man es ausgibt beziehungsweise behält – das hat ebenso einen enormen Einfluss auf die persönliche Lebensqualität wie auf die familiäre Harmonie. Beziehungen leiden teilweise unter Geldthemen.

Ihre Kinder finden es bestimmt nicht cool, wenn sie aus reinem Geldmangel fast immer ein Nein zu irgendwelchen Wünschen hören. Sorgen um die wirtschaftliche Zukunft schaffen Eheprobleme und vermiesen die Stimmung in der ganzen Familie. In Partnerschaften kommt es nicht selten zu Streitigkeiten wegen unterschiedlichem Ausgabeverhalten oder unterschiedlichen Anlagepräferenzen: verschwenderisch kontra großzügig oder riskant versus sicher.

Wenn man zu wenig Geld hat, ist fast jede Entscheidung davon abhängig, ob man den nötigen Betrag aufbringen kann. Viele Menschen, die am finanziellen Existenzminimum leben, sind gezwungen, ständig jeden Cent umzudrehen, zu improvisieren, hin und her zu rechnen. Den ganzen Tag denken sie an ihre Geldsorgen, was die Seele sehr belastet.

Psychologen und Ökonomen der Universitäten von Warwick, Princeton und Harvard haben in einer groß angelegten Gemeinschaftsstudie untersucht, wie sich Armut auf den Intellekt auswirkt. Das Ergebnis ist alarmierend: Der Intelligenzquotient sinkt bei Geldnot um durchschnittlich 13 Punkte! Auch deswegen liegt mir die Unterstützung benachteiligter Kinder sehr am Herzen. Ich bin nämlich überzeugt, dass wir alle mehr in Bildung investieren müssen. Denn wenn Kindern gefördert werden, bleiben ihnen in ihrem Erwachsenenleben wahrscheinlich eine Menge Probleme erspart.

Wirtschaftliche Schwierigkeiten schmälern aber nicht nur geistige Fähigkeiten, sondern beeinflussen auch die Gesundheit, und zwar beides gleichfalls negativ. Das Robert-Koch-Institut und das DIW haben erforscht, wie sich Wohlstand auf die Lebenserwartung auswirkt. Die Wissenschaftler fanden heraus, dass Senioren ab 65, die finanziell abgesichert sind, im Durchschnitt deutlich länger leben als ihre Altersgenossen, die mit knappen Geldressourcen auskommen müssen.

Verbessern Sie ab heute Ihr finanzielles Wohlbefinden, indem Sie sich finanzielle Sicherheit und wirtschaftliche Unabhängigkeit schaffen! Damit meine ich, dass Sie arbeiten können, wenn und wann Sie wollen, es jedoch nicht müssen. Sobald Sie Ihre Finanzen in Ordnung gebracht haben, werden auch Sie sich vermutlich gesünder und fitter fühlen, kreativer und mental besser drauf sein. In Zukunft sollen Sie das Thema Geld nicht mit negativem Stress, sondern mit positiven Gedanken verbinden.

Über ausreichend Geld zu verfügen, erleichtert vieles im Leben, erspart uns eine Menge Ärger und verspricht uns eine besondere Art von Sicherheit. Dass Geld ebenfalls glücklich macht, belegt der Nobelpreisträger Deaton mit ausführlichen Studien, in denen er zeigt, dass bis zu einem gewissen Jahreseinkommen das Glücksempfinden steigt. Umgekehrt haben diejenigen, die täglich im Alltag darum kämpfen, finanziell klarzukommen, wenig Aussichten, glücklich zu sein. Sein Fazit: Mit wachsendem Kontostand steigt die Lebenszufriedenheit. Allein die Vorstellung, Geld zu besitzen, aktiviert das Belohnungszentrum im menschlichen Gehirn: Der Botenstoff Dopamin, bekannt als »Glückshormon«, wird ausgeschüttet. Ist schließlich logisch: Wenn man schöne Dinge tun oder anderen etwas schenken kann beziehungsweise sie finanziell unterstützt, ist man glücklicher.

Geld ermöglicht Wohltätigkeit wie den Bau von Krankenhäusern oder die Hilfe für Flüchtlinge. Geld schafft Arbeitsplätze, bringt Steuern und baut Straßen. Deswegen sollten wir nicht Reichtum, sondern Armut bekämpfen. Denn das ist viel wichtiger angesichts der Tatsache, dass alleine in Deutschland über 16 Millionen Menschen von Armut betroffen sind. Mit Geld kann man Träume erfüllen: ein eigenes Haus, einen angenehmen Lebensstil, eine Hochschulausbildung für die Kinder, einen Urlaub, ein früheres Rentnerdasein und so weiter. Der Wunsch nach mehr Geld regt das Gehirn stärker an als viele andere Motive.

Man kann sein Vermögen auf mannigfaltige Weise ausgeben, jedoch nur auf zwei Arten verdienen: Wir arbeiten für Geld oder unser Geld arbeitet für uns. Wenn man sein Geld vermehrt, fühlt man sich als Sieger. Denn mehr Geld bedeutet mehr Entscheidungsfreiheit: Wenn Sie genügend Geld haben, erlangen Sie eine erhöhte Selbstbestimmtheit und erweitern Ihre Fantasie um vielfältige Möglichkeiten. Also setzen Sie sich ein erstrebenswertes Ziel, malen Sie sich aus, was Sie mit Ihrem Geld machen werden. Tauschen Sie eventuell vorhandene Ängste, Nöte und Abhängigkeiten gegen Courage, Freiheit und Unabhängigkeit ein!

So ticken Finanzversteher

Nach wie vor gibt es in unserem Land jede Menge Finanz-
analphabeten. Dabei gilt: Ohne Finanzkenntnisse kein Vermögensaufbau. Je mehr Geld Sie haben, desto mehr sollten Sie
darüber wissen, sodass mit steigendem Vermögen auch Ihr Geld-
Know-how steigt.

In der Schule wurde uns nicht beigebracht, wie man Karriere
macht und mehr Geld verdient, wie man spart oder anlegt, wie
man Ausgaben plant oder Kosten senkt. Deswegen plädiere ich
seit Langem dafür, dass der Umgang mit Geld spätestens in der
Ausbildung zum Schulfach wird. Leider lernt man den prakti-
schen Umgang mit Geld bisher nicht einmal an der Universität.
Selbst wer eine Banklehre macht, erfährt wenig Nützliches für
die praktische Handhabung der eigenen Finanzen. Dabei ist ein
ganzheitliches Finanzkonzept wichtiger als die Spezifika eines
Finanzprodukts und sogar entscheidender als die zu erwartende
Rendite.

Es ist doch irgendwie kurios: Ein Drittel der Deutschen begibt
sich mindestens einmal pro Woche auf die Jagd nach Online-
schnäppchen, umgekehrt kümmern sich weniger als 10 Prozent
einmal wöchentlich um ihre Finanzen. Die Zeit, die wir Deutschen pro Tag vor dem Fernseher verbringen, beträgt fast vier
Stunden. Nicht einmal eine Minute am Tag kümmern wir uns
dagegen um unsere Geldanlagen, um die finanzielle Absicherung
oder unsere Altersvorsorge nicht einmal eine Viertelstunde im
Monat.

Dabei müssen Sie selbst dafür Sorge tragen, dass Sie nie mehr
wirtschaftliche Kopfschmerzen haben, weder jetzt noch später.
Finanzkummer ist kein unabwendbares Schicksal, im Gegenteil.
Sie können auch Ihren Kindern und Freunden beibringen, wie
sich finanzielles Glück erreichen lässt. Reden Sie sich bloß nicht
ein, dass das Ziel, Millionär zu werden, unrealistisch wäre! Vermögend werden zu wollen ist kein aussichtsloses Unterfangen.
Hunderttausende Euro, eine halbe, vielleicht sogar eine ganze
Million sind keine unerreichbaren Ziele. Ich möchte Ihnen Hoffnung machen, dass Sie in finanzieller Freiheit leben können.

Seien Sie optimistisch, dass Sie Finanzprobleme und Geldsorgen besiegen werden.

Für den erfolgreichen Umgang mit Geld sind folgende Fragen entscheidend:

- Gibt es noch hohe Renditen für Ihr Geld?
- Wie investiert man in Aktien mit höherer Renditechance und weniger Risiko?
- Ist es besser, eine Immobilie zu mieten oder zu kaufen?
- Wie bekommen Sie mehr Gehalt?
- Wie erzielen Sie Zusatzeinnahmen?
- Ist es lohnend, sich selbstständig zu machen?
- Sind betriebliche Altersvorsorge, Riester- und/oder Rürup-Rente sinnvoll?
- Welche Versicherungen braucht man, und wie kann man die Versicherungsbeiträge senken?
- Braucht man Gold als Krisenschutz?

Über all diesen Überlegungen thronen aber die beiden wichtigsten Fragen:

Woher das Geld nehmen und wohin damit?

Geldmeister werden

Ihr zukünftiger Lebensstil und Vermögensstand sollte und wird nicht ausschließlich von Ihrem derzeitigen Einkommen bestimmt sein. Warum?

Erstens: Sie können mehr Geld verdienen. Wodurch? Ganz leicht: im gleichen Job, durch Nebentätigkeiten oder in der Selbstständigkeit. Zweitens: Ihr Geld kann Geld verdienen. Wie soll das gehen? Ganz einfach: Vermögen schafft Vermögen. Renditen erzielen weitere Renditen, und dadurch entstehen stark steigende »Renditerenditen«, wie ich sie nenne. Um mehr Geld zu verdienen, müssen Sie zunächst härter arbeiten. Anschließend sollte auch Ihr Geld härter arbeiten, und dafür müssen Sie es klug investieren. Werden Sie also ein Geldmeister!

Das Konzept der relationalen Wertentwicklung oder Vermehrung von Vermögen basiert auf einer einfachen Idee: Sie lassen Ihr Geld Geld verdienen, anstatt es für immer wegzugeben. Nicht der kluge Anleger ist am Ende der Dumme, sondern dumm ist, wer nicht klug anlegt! Der berühmte Satz »Die Reichen werden immer reicher« stimmt nämlich. Die Vermögenden lassen ihr Geld arbeiten – die meisten Kleinsparer dagegen horten ihr Geld wie in früheren Zeiten auf dem Sparbuch oder Tagesgeldkonto, wo es bei den heutigen Mini- oder gar Nullzinsen nicht nur nicht arbeitet, sondern sich im Gegenteil fast schon »wegarbeitet«.

Egal wie hoch Ihr Einkommen ist, ob Sie ein gut verdienender Unternehmer sind oder einen schlecht bezahlten Job ausüben: Ihr Einkommen beträgt 100 Prozent. Entwickeln Sie Strategien, um möglichst viel von diesen 100 Prozent zu behalten und anzulegen und möglichst wenig davon auszugeben. Eine gute Finanzplanung ist daher extrem wichtig. Denn für Ihr Geldleben gibt es keine Rücktrittsversicherung – Sie haben nur dieses eine, und Sie können auch nicht mehrfach neu starten oder die Zeit zurückdrehen. Für den Urlaub macht man einen Reiseplan, für die Diät einen Essensplan, für Sportler einen Trainingsplan. Die meisten Menschen investieren mehr Zeit in die Planung eines Wochenendausflugs als in die Planung ihres gesamten Finanzlebens.

Viele haben keinen Finanzplan, weil ihnen die Materie zu kompliziert erscheint. Kompliziertheit wird dabei leider zu einer Durchführungsbremse. Ich möchte Ihr Übersetzer sein und die Komplexität für Sie reduzieren. Ein solider Finanzplan hilft Ihnen, mit Ihren Einnahmen klug umzugehen und Steuern zu sparen, Ihre Schulden loszuwerden oder gar nicht erst welche anzusammeln. Vor allem aber hilft er Ihnen dabei, Ihr angestrebtes Vermögen kontinuierlich aufzubauen und sich gegen Vermögensrisiken abzusichern – also reich zu werden und zu bleiben! Vereinfachen und automatisieren Sie Ihr gesamtes Finanzleben. Übernehmen Sie die Herrschaft über Ihr Geld und verschaffen Sie sich Zugang zu weiterem Geldfluss. Beenden Sie eventuell vorhandene finanzielle Krankheiten. Ein bewährter Plan wird Sie zur finanziellen Gesundheit führen. Werden Sie finanziell fit!

Andere Zeiten, andere Regeln

Geld hat heute die gleichen Eigenschaften wie in früheren Zeiten: Es ist ein Zahlungs- und liquides Vorratsmittel. Aber die Zeiten selbst haben sich geändert.

Dank des medizinischen Fortschritts und des allgemein zunehmenden Wohlstands ist die durchschnittliche Lebenserwartung in den entwickelten Ländern mittlerweile auf rund 80 Jahre gestiegen, Ende des 19. Jahrhunderts lag sie lediglich bei 40 bis 50 Jahren.

Wenn die Lebenserwartung weiter in Richtung 100 Jahre steigt, werden die Ersparnisse für sehr viel längere Zeiträume reichen müssen als früher. Zudem bleiben nicht alle älteren Menschen unbedingt länger (völlig) gesund. Daher werden in Zukunft viele Arbeitnehmer, bedingt durch Berufsunfähigkeit, lange vor dem normalen Renteneintrittsalter aufhören zu arbeiten. Angehörige der jeweiligen Großelterngeneration müssen während des Ruhestands zunehmend ihr Erspartes aufbrauchen und werden künftig kaum noch etwas vererben können. Viel häufiger als derzeit werden die Kinder in Zukunft sogar noch zum Lebensunterhalt ihrer Eltern beitragen und für etwa anfallende Pflegekosten aufkommen müssen.

Neue Zeiten erfordern neue Geldregeln. Da die Mehrheit der Sparer ihr Anlageverhalten bislang aber nicht geändert hat, vermindert sich ihr Vermögen, anstatt zu wachsen. Bei den derzeitigen Entwicklungen in der Gesellschaft und in der Welt der Finanzen bleibt ihnen jedoch letztlich kaum etwas anderes übrig, als über einen neuen Umgang mit ihrem Geld nachzudenken. Mittlerweile sind laut einer Umfrage der GfK zwei Drittel der Anleger in Deutschland mit ihren Geldanlagen nicht mehr zufrieden. Tatsächlich kann man inzwischen bei den immer wiederkehrenden Kapitalmarktkrisen die Krise kriegen. Deshalb sollten Sie schnell die Kurve kriegen – weg vom alten Sparertrott, hin zur neuen Renditerallye.

Aktuell kennt die Finanzwelt scheinbar nur Superlative: Die Börsenkurse und die Immobilienpreise waren im Verhältnis zu den entsprechenden Gewinnen und Mieten in den letzten

Jahren noch nie so hoch, Zinsen waren noch nie so niedrig wie derzeit. Aber wann immer von historischen Höchst- oder Tiefstständen die Rede ist, sollten Sie hellhörig werden. Oft sind das Signale dafür, dass das Pendel bald zurückschwingen wird, die Marktumstände sich verändern und die Preise dort in die Tiefe rasseln, wo es lange Zeit unaufhaltsam bergauf zu gehen schien.

Unter diesen Umständen ist es zunehmend wichtiger, allerdings leider auch schwerer denn je, Geld richtig anzulegen. Doch mithilfe meiner Millionärsformel können Sie die Irrungen der Geldanlagen entwirren und aus dem Labyrinth des Vermögensstillstands oder sogar der Geldvernichtung entkommen.

Ich möchte Ihnen ermöglichen, dass Sie bessere Entscheidungen aufgrund besseren Wissens treffen können, denn Sie und Ihr Geld haben Besseres verdient.

Es steckt kein Mysterium hinter dem Reichwerden. Das Geheimnis des Reichtums besteht nur aus einer bewussten Entscheidung, vielen kleinen Schritten und einer Menge Disziplin und Ausdauer. In der Küche kann man, statt lange zu kochen, einfach mal etwas kurz in die Mikrowelle stellen. In Finanzdingen hingegen erwarten Sie bitte keine Instantergebnisse. Auch Rasen wächst bekanntlich nicht schneller, wenn man an den Grashalmen zieht. Deswegen werden Sie wahrscheinlich auch nicht im Lotto gewinnen oder einen Volltreffer im Kasino landen. Die Hoffnung auf das schnelle Geld ist fast immer eine Illusion. Investieren Sie stattdessen zunächst Zeit, um danach Geld investieren zu können.

Leider gibt es nicht das eine, immer und allezeit gültige Patentrezept für den richtigen Umgang mit Geld, und auch ich kann Ihnen ebenfalls keine Magie offenbaren, durch die Sie im Handumdrehen reich werden. Es gibt weder ein Sesam-öffne-dich-Prinzip noch eine Lichtschaltermethode: anknipsen und das Geld ist da. Und ebenfalls keinen Zauberschlüssel. Doch mit zauberhafter Willenskraft können Sie es trotzdem erreichen. Bei der Umsetzung müssen Sie hart bleiben, dann ist es nicht hart, Ihr Ziel zu erreichen. Deshalb möchte ich Sie mit dem nötigen Fachwissen über die heutzutage wichtigsten Sparformen und Kapitalanlagen ausrüsten und Ihnen erklären, wie Sie aus eigener Kraft an Ihr Reichtumsziel gelangen.

Millionärsformel gleich Lebensformel

Durch die Millionärsformel werden Sie Hilfe erhalten, die sich schon millionenfach bewährt hat, und Unterstützung bekommen, um Ihr Leben zu verändern. Es ist fast so, als ob Sie Gewicht verlieren oder fitter werden möchten: Sie müssen Ihre Lebensgewohnheiten ändern. Veränderung kann schmerzhaft sein, aber je öfter Sie Sport machen und je eher Sie sich gesünder ernähren, desto schneller erreichen Sie Ihr Ziel.

Unser Verhalten wird generell durch eine Wechselwirkung aus Verstand und Gefühlen bestimmt. Auf der einen Seite müssen Sie die Finanzthemen rational verstehen, auf der anderen Seite die Umsetzung emotional wollen. Die Technik ist die eine Sache, die mentale Einstellung die andere. Das Zusammenspiel von Kopf und Bauch ist also die Voraussetzung für einen erfolgreichen Vermögensaufbau, für die Realisierung Ihrer finanziellen Träume.

Ich bin davon überzeugt, dass es zu mehr als 50 Prozent auf Ihre Geisteshaltung und Ihr Verhalten ankommt und zu weniger als 50 Prozent auf Ihr Wissen. Schalten Sie also Ihren Verstand ein, aber hören Sie gleichzeitig auf Ihr Gefühl. Finanzen sind nicht nur abstrakte Mathematik, sondern zugleich etwas sehr Persönliches. Hoffnungen und Ängste beeinflussen Ihren Umgang mit Geld, und daraus resultiert Ihr Vermögensstand. Keine Sorge: Es geht nicht um kalte, nackte Zahlen, sondern vor allem darum, viel darüber zu erfahren, wie Sie Ihr Leben ändern können. Wenn Sie nämlich Ihr Leben ändern, verändern Sie auch Ihre Finanzen – und dieser Erfolg verändert Ihr Leben noch mehr.

Wirtschaftsdaten, Zinssätze und Inflationsraten werden sich immer wieder ändern; die Methoden und Prinzipien der Millionärsformel hingegen nicht. Eine Formel funktioniert nämlich bloß dann richtig, wenn sie in guten und in schlechten Zeiten gleichermaßen gültig ist. Sie sollen schließlich mit diesen Me-

thoden in jeglicher Marktsituation besser dastehen: ob Niedrig-
oder Hochzinsen, ob niedrige oder hohe Börsenkurse, ob Inflation oder Deflation. Bei meiner Formel zur Lebensveränderung
werden Sie merken, dass sie ganz einfach ist und für jeden funktioniert.

Darum habe ich schließlich dieses Buch für Sie geschrieben:
Ich möchte Ihnen Mut machen und Hilfestellung bieten. Ihre
Hoffnung, finanzielle Sicherheit, Unabhängigkeit und letzten
Endes Freiheit erreichen zu können, ist berechtigt. Dafür brau-
chen Sie nicht viel, nur ein heiß ersehntes Ziel, unverrückbaren
Glauben, kompromisslose Eigenverantwortung – und keinerlei
Ausreden.

Viele Wege führen zum Reichtum

Die häufigsten Fehler beim Umgang mit Geld sind mangelnde
Konsequenz, zu große Gier und schlichte Unkenntnis. Dabei
ist Wissen Geld! Finanzbildung ist also die erste Form der Vermögensbildung. Deshalb erweitern Sie Ihre Geldintelligenz. Erst
werden Sie genug wissen, dann werden Sie anders denken,
dadurch anders fühlen und in der Folge auch anders handeln.
Mit fundiertem Wissen können Sie Macht über Ihre Finanzen
gewinnen. Ganz gleich, ob Sie noch jung oder schon älter oder
sogar bereits Rentner sind, ob Sie Vermögen anzulegen haben,
ob Sie knapp bei Kasse sind oder gar Auswege aus der Schuldenfalle suchen, ob Sie noch Geringverdiener oder schon Großverdiener sind, ob auf Arbeitssuche, angestellt oder selbstständig,
vielleicht sogar Unternehmer.

Sie werden eine Menge Geldvermehrungsmöglichkeiten kennenlernen. Mit Disziplin, Durchhaltevermögen und dem notwendigen Anlagewissen kann jeder Mensch finanziell erfolgreich
werden. Das ist auch für jemanden möglich, der – so wie ich
damals – von ganz unten kommt.

Am Startpunkt Ihrer Reise zum Reichtum sollten Sie als Erstes
eine ungeschönte Inventur Ihres Finanzstatus beziehungsweise
Vermögens vornehmen. Als Zweites sollten Sie herausfinden,

welche Wünsche für Sie wirklich erstrebenswert sind. Und zum Dritten sollten Sie Ihre konkreten Finanzziele festlegen – und zwar ganz präzise: mit Zielerreichungsdatum.

Sie müssen weder Großerbe sein noch über ein geniales Talent verfügen, und Sie brauchen auch nicht so erfinderisch wie Mark Zuckerberg, so berühmt wie Madonna oder so brillant wie Lionel Messi zu sein. Sie brauchen keine Eliteausbildung und keine klingenden Titel, um reich zu werden. Es ist keine überdurchschnittliche Intelligenz notwendig. Sie brauchen nicht einmal einen besonders guten Schulabschluss. Denn man kann auf zahlreichen Gebieten durchaus wohlhabend werden – wenn man nur früh genug startet und die nötige Konzentration und Konstanz aufbringt.

Ich selbst kenne viele Selfmademillionäre. Eine überwältigende Mehrheit von ihnen sind Unternehmer, Manager, IT-Spezialisten, Ärzte, Rechtsanwälte, Steuer- oder Unternehmensberater, Architekten und Künstler, aber auch Verkäufer, Handwerker oder Angestellte. Bereits in ein paar Stunden beziehungsweise nach einigen Kapiteln werden Sie das Geheimnis kennen, wie sich Ihr Finanzleben umkrempeln lässt und welche Knöpfe Sie für Ihren persönlichen Reichtum zu drücken haben. Werden Sie ein Umdenker und Andersmacher! Übernehmen Sie die Kontrolle über Ihre finanzielle Zukunft – und zwar ab jetzt, sofort! Bauen Sie sich eine finanzielle Festung der Geldunabhängigkeit. Schlafen Sie in Zukunft mit finanzieller Sicherheit ein. Niemand kann besser auf Ihr Geld aufpassen und niemand kann stärker an dessen Vermehrung interessiert sein als Sie selbst. Kein Gesetz, keine Regierung vermag das für Sie zu tun. Es ist vollständig und absolut Ihre Entscheidung. Wenn Sie in der Gegenwart das Richtige richtig tun, müssen Sie sich nicht um die Zukunft sorgen, können sich im Gegenteil darauf freuen und Ihre Finanzzukunft vorbereiten. Wenn Sie bereit sind, sich zu ändern, kann die Veränderung Ihrer Finanzen beginnen. Sie haben schon die Verantwortung für Ihr Leben, für Ihre Gesundheit, dafür, ob und wie Sie Auto fahren und wie viel Sie ausgeben. Übernehmen Sie einfach zusätzlich die Verantwortung dafür, wie Sie Vermögen bilden, wie Ihr Vermögen wächst und erhalten bleibt.

Ihr finanzielles Leben zu managen hat nichts mit Excel-Tabellen und Zinseszinskalkulationen zu tun. Sie müssen keineswegs der Leonardo da Vinci des Geldes werden oder sich mit Hightech-Finanzinstrumenten auskennen. Es reicht, ein motivierter und kompetenter Anleger zu sein. Das ist Ihr Ziel und eine erlernbare Kompetenz. Um klug zu investieren, müssen Sie nicht mit besonderen Optionen spekulieren, Devisengeschäfte abwickeln oder Terminkontrakte mit Rohstoffen kaufen. Sie müssen lediglich wissen, was Sie wollen, einen Plan entwickeln und diesen diszipliniert und konsequent umsetzen. Denn das Geldvermögen wird vom Denkvermögen beeinflusst.

Aber Sie müssen sich klarmachen, dass Sie selbst nicht nur die größte Ressource, sondern auch das größte Risiko für Ihr Vermögenswachstum darstellen, eine größere Gefahr, als Inflation oder Börsenabstürze es jemals sein könnten. Denn die Verlockung, den Start ihres Vermögensaufbaus zu verschieben, ist für manche Menschen häufig schier übermächtig, ihre Disziplin zum Durchhalten dagegen ist oft so gering wie ihr Mut, das durchaus kalkulierbare Risiko zur Renditeerhöhung aufzubringen. Doch wenn Sie couragiert und beharrlich den Weg zum Reichtum gehen, können Sie sich Ihre Finanzträume erfüllen und sogar den Millionärsgipfel erreichen.

Zum Reichwerden braucht man eine fokussierte Zielsetzung, eine klare Strategie und Durchhaltevermögen. Entscheidende Wendungen nimmt das Leben nur in wenigen Momenten. Der Moment, in dem Sie diese Zeilen lesen, kann einer davon sein – und zwar ein positiver!

Wie ich anfing, Geld zu verdienen

Ich persönlich bin nicht mit Geld auf die Welt gekommen. Ich habe weder ein Vermögen geerbt noch reich geheiratet. Im Nachhinein bin ich eigentlich froh darüber. Denn so habe ich gelernt, hart zu arbeiten, auf Kosten zu achten, zu sparen und Geld wertzuschätzen. Kein Geld zu haben motivierte mich zu hinterfragen, zu lernen, zu improvisieren, auszuprobieren. Dieser Umstand hat meinen Mut erhöht und meine Beharrlichkeit gesteigert.

Vom ersten Schultag an legte ich einen Teil meines Taschengelds zurück. Mit 14 Jahren verschaffte ich mir erste Nebeneinnahmen, indem ich Plakate für Musikkonzerte an Bauzäune klebte. Als »Hase«, also Tempomacher, besserte ich bei Laufwettkämpfen meine Finanzen weiter auf. Mit 16 gab ich Trainerstunden für Jugendliche im Leichtathletikverein, um mir etwas dazuzuverdienen. Ich habe Nachhilfeunterricht erteilt und oftmals nach der Schule als Anstreicher und auf dem Bau Hilfsarbeiten ausgeführt. Mit 17 Jahren hatte ich meine ersten echten Einnahmen, die auf mein Bankkonto überwiesen wurden, da ich samstags und in den Ferien an der Supermarktkasse jobbte.

Nach Ende der Schulzeit habe ich mich sogar bei der Bundeswehr als Zeitsoldat auf zwei Jahre verpflichtet, um mehr Sold zu bekommen. Später verdiente ich Geld als Versicherungsvertreter, um so mein Medizinstudium zu finanzieren. Dann brach ich mein Studium ab und beriet künftig hauptberuflich viele Menschen – vor allem Ärzte – in Geldfragen. Übrigens recht erfolgreich. Danach habe ich beim Aufbau einer Vermögensberatungsgesellschaft für Finanzprodukte mitgewirkt. Mit 23 Jahren erzielte ich bereits Einnahmen von mehreren Hunderttausend D-Mark im Jahr. 1987 verkaufte ich meinen Organisationsanteil für eine hohe Millionensumme und begann, in verschiedene Geldanlagen zu investieren.

Zwar habe ich das Geld nicht erfunden – wohl aber einen Weg zum erfolgreichen Umgang damit gefunden. Oftmals habe ich mein Geld gut angelegt, manchmal allerdings auch schlecht. Ich habe sehr viel gewonnen, jedoch ebenso einiges verloren und gerade aus den Ursachen der Verluste sehr viel gelernt.

Seit 2010 investiere ich unter anderem in Start-up-Unternehmen und erfahre dabei immer wieder, wie Menschen mit knappen Budgets im Privaten wie im Beruflichen umgehen. Mein heutiger Kenntnisstand stellt eine Erfahrungsreise durch Jahrzehnte dar. Heute sehe ich manche Sparvorgänge anders als vor 30 Jahren, Produkte schätze ich anders als vor 20 Jahren und Risiken anders als vor 10 Jahren ein – und würde auf manchen

Anbieter heute nicht noch einmal reinfallen. Und ich lerne weiter dazu.

Seit mein Buch *Selfmade – erfolgreich leben* erschienen ist, habe ich Tausende Mails und Briefe bekommen, in denen es um Geldfragen und praktische Problemstellungen ging. In diesem Buch hier will ich viele dieser Fragen beantworten und Wissenslücken über Versicherungen, Hypotheken, Aktien, Rente und Altersvorsorge schließen. Menschen sind häufig einfach deshalb finanziell nicht erfolgreich, weil sie die Erfolgsregeln nicht kennen. Als *Geld*-Verbraucher werden die Deutschen immer aufgeklärter, ihr Geldanlagewissen hingegen ist nach wie vor mangelhaft.

Mit diesem Buch werden Sie schnell lernen, wie die Geldtastatur mit der Millionärsformel zu bedienen ist. In diesem Sinne wünsche ich Ihnen viele Erkenntnisse, viel Spaß beim Lesen – und natürlich, dass Sie Ihren Zielen näher kommen und Ihr Finanzglück finden.

Das Buch und sein Onlineportal

Die Millionärsformel – Der Weg zur finanziellen Unabhängigkeit hat einen gedruckten Teil, den Sie in Händen halten, und einen Teil, den Sie im Internet unter www.millionaersformel.de finden.

Auf dem Onlineportal gibt es jede Menge Beiträge und Ausführungen rund um die Themen Finanzen, Geldanlage, Altersvorsorge, Versicherungen und so weiter, anhand derer Sie sich informieren und Ihr Finanzwissen erweitern können. Dort finden Sie auch vertiefende Inhalte, anschauliche Videos, praktische Checklisten, diverse Rechentools und vieles mehr. An vielen Stellen in diesem Buch finden Sie »Cashcodes«. Geben Sie einfach die zweistelligen Ziffern auf dem Onlineportal ein und gelangen Sie so direkt zu weiterführenden Informationen.

Sie können das Buch von vorne bis hinten durchlesen; aber natürlich können Sie sich auch einzelne Kapitel heraussuchen, die Sie besonders interessieren. Mindestens die Kapitel 2 bis 5 empfehle ich Ihnen – in dieser Reihenfolge – als Pflichteinstiegslektüre. Oder Sie klicken Themen, zu denen Sie Detailinformationen suchen, gleich im Onlineportal an. Ganz wie Sie wollen.

Dieses Buch ist kein Fachbuch, sondern ein Geld-Motivationsbuch, das sich an Sie als Normalbürger und Privatanleger richtet. Es enthält daher keine gewagten Tipps, wie Sie Aktienmärkte schlagen, mit Immobilien spekulieren oder mit komplizierten Konstruktionen Steuern sparen können, sondern ich will Ihnen die Grundlagen vermitteln, wie Sie mit Ihren Finanzen effektiver und besser umgehen. Das Lesen soll Ihnen außerdem Freude bereiten, Sie motivieren und Ihnen einen Überblick geben, wann sich was lohnt und wie es grob funktioniert. Es geht mir darum, Zusammenhänge und Strategien verständlich zu erklären. Komplexe Berechnungen mit Zinseszins- und speziellen Inflationseffekten, langfristige Vermögenseffekte durch die Abgeltungssteuer, komplexe Abzinsung und atypische Laufzeitkomponenten sowie diverse Varianten mit ihren jeweiligen Risiken finden interessierte Leser im Onlineportal.

Diejenigen meiner Leser, die Anlageprofis, Finanzmathematiker, Betriebs- oder Volkswirte sind, bitte ich um Nachsicht und Verständnis wegen einiger Konzentrierungen, die ich mir erlaubt habe. Denn ich möchte die wesentlichen Prinzipien der Millionärsformel verständlich erklären. Es werden daher nur die Bereiche vertieft, die entscheidend für den Finanzerfolg sind.

Ihr Ziel ist es schließlich nicht, ein hochkompetenter Finanzexperte zu werden, sondern möglichst in finanzieller Unabhängigkeit zu leben. Sie werden praxisrelevante Tipps bekommen, die Sie in der Realität benötigen.

Ich möchte Sie einfach durch den Finanzdschungel führen und die häufigsten Fragen von Sparern und die wichtigsten Fragen von Anlegern richtig beantworten. Fachvokabular und ausschweifende theoretische Erörterungen habe ich dabei weitgehend vermieden. Der Lesbarkeit zuliebe habe ich zudem ein paar Vereinfachungen vorgenommen. So verzichte ich auf die Nennung der femininen Form – aber wenn ich von Anlegern, Aktionären, Unternehmern oder Senioren spreche, sind selbstverständlich auch und ganz besonders die Damen gemeint.

Oder beim Thema Immobilien: Wenn von Häusern die Rede ist, meine ich damit natürlich gleichfalls Doppelhaushälften, Reihenhäuser, Wohnungen und Apartments, egal ob neu erbaut oder gekauft und renoviert. Wenn ich erkläre, warum es sich für Sie lohnen kann, ein Haus zu bauen, meine ich damit zugleich den Kauf und eventuellen Umbau einer Bestandsimmobilie.

Ebenso verzichte ich darauf, die verschiedenen Ansparformen und Tilgungsarten wie zum Beispiel Bausparen im Detail auszuführen. Wenn ich von Aktienfonds spreche, sind auch Indexfonds gemeint, ohne dass es jedes Mal erwähnt wird. Auf unnötige Versicherungen wie zum Beispiel Glasbruch- oder Reisegepäckversicherung gehe ich nicht weiter ein. Unterschiede zwischen gesetzlichen und privaten Krankenversicherungen lasse ich gleichfalls unkommentiert, denn diese Wahlalternativen sind nicht entscheidend für Ihren Vermögensaufbau.

Alle Ausführungen und Ratschläge dienen ausschließlich zu Informationszwecken und sind weder ein Angebot noch eine Aufforderung zum Kauf oder zum Abschluss irgendwelcher Verträge. Ich will Ihnen nichts verkaufen und habe bewusst keinerlei Namen etwa von Produktanbietern genannt. Wenn Sie möchten, dass Vermittler an den Verträgen nicht viel verdienen, schließen Sie zum Beispiel provisionsfreie Verträge bei Direktversicherungen ab oder dort, wo Sie durch Onlinekäufe günstigere Fondskonditionen erhalten.

Wenn Sie die *Millionärsformel* gelesen haben, werden Sie mehr über Geld wissen, als sich die meisten Deutschen in ihrem bisherigen Leben an Finanzwissen angeeignet haben. Ich verrate Ihnen, wie die Reichen reich geworden sind, und gebe Ihnen eine Anleitung, die Sie in der Praxis umsetzen können. Ich möchte, dass Sie Ihr Finanzleben zum Positiven ändern. Sogar erheblich! Niemand ist zu arm, um reich werden zu können – und keiner ist so reich, dass er nicht noch reicher werden könnte!

Erklimmen Sie mit der Millionärsformel das Wohlstandsgebirge und genießen Sie die herrliche Aussicht auf Ihre reiche Zukunft.

Kapitel 2

Die Reichwerdestrategie

Reichwerden beginnt mit Ihrer Entscheidung, dass Sie reich werden wollen. Diese Entscheidung ist zunächst wichtiger als die Fragen, wie viel Geld Sie verdienen, wie viel Vermögen Sie schon haben und wie Sie das Kapital am besten anlegen möchten.

Unsere Entscheidungen beeinflussen unser Schicksal ganz wesentlich. Sie können uns glücklich oder unglücklich, reich oder arm, gesund oder krank machen – je nachdem, wie wir in bestimmten Situationen reagieren. Jede Ihrer Entscheidungen ist also eine Weichenstellung für Ihren Erfolg oder Misserfolg. Beschweren Sie sich daher nicht lang und breit über Ihre aktuelle Situation, treffen Sie stattdessen lieber die richtigen Entscheidungen, weil diese die Qualität Ihres zukünftigen Lebens bestimmen. Und wenn Sie sich einmal entschieden haben, müssen Sie an Ihre Entscheidung glauben, den eingeschlagenen Weg konsequent gehen und sich auf das Ziel fokussieren.

Viele Menschen leben in dürftigen Verhältnissen, weil sie nie die bewusste Entscheidung getroffen haben, wohlhabend werden zu wollen. Machen Sie es besser: Entscheiden Sie sich für die Reise zu Reichtum und finanzieller Unabhängigkeit! Doch nur wenn Sie die Reise auch antreten, können Sie Ihr Ziel eines Tages erreichen – möglichst an Ihrem Zieldatum, das Sie bereits beim Start festgelegt haben.

Die Anzahl der möglichen Veränderungen, die Sie unterwegs vornehmen können, ist schier unbegrenzt. Sie haben freie Auswahl. Ich möchte Sie ermutigen, über Ihr persönliches Finanzleben nachzudenken und sich klarzumachen, dass Sie ein ganz anderes, positiveres, entspannteres und sichereres Finanzleben führen können – wenn Sie es nur wollen.

Reichwerden beginnt im Kopf

Was verstehen Sie persönlich unter Reichtum? Wann, unter welchen Umständen, bei welchem Kontostand würden Sie sich als »reich« bezeichnen? Auf diese Frage gibt es viele verschiedene Antworten. Jeder hat seine eigene Sichtweise auf »seine« Reichtumsskala. Wenn Sie im Moment 2000 Euro monatlich verdienen, dann fühlen sich 200.000 Euro fast schon wie Reichtum an. Der eine betrachtet sich mit einer halben Million auf dem Konto bereits als reich, der andere mit 5 Millionen immer noch als arm, und in der Reichtumsdefinition eines Dritten spielt Geld vielleicht gar keine entscheidende Rolle. Aber trotz unterschiedlicher Standpunkte fühlen sie sich auf die jeweilige Art reich. Reich ist man spätestens dann, wenn man nicht mehr darüber nachdenken muss, ob das Geld »reich-t« und woher man es bekommt.

Um vermögend zu werden, müssen Sie Geld wertschätzen. Denn Reichwerden beginnt im Kopf: mit den Gedanken über Ihren Umgang mit Geld und Ihre finanziellen Wünsche. Die Millionärsformel, die ich Ihnen hier vorstelle, basiert auf Denkweisen und Verhaltensmustern, mit denen wohlhabende Menschen seit Langem arbeiten. Sagen Sie jetzt bitte nicht: »Ich kann nicht wohlhabend werden. Ich habe am Monatsende sowieso nie Geld übrig, außerdem gibt es nirgendwo mehr so viel Zinsen, dass sich mein Geld vermehrt, und ein eigenes Haus kann ich mir erst recht nicht leisten.« Zu solcher Mutlosigkeit besteht nicht der geringste Anlass: Der Weg zu Ihrem persönlichen Reichtum ist real, gangbar und erprobt.

Sie werden nicht allein vorrangig durch äußere Umstände begrenzt, sondern auch durch die Gedanken in Ihrem Innern.

Egal was Ihnen passiert ist, Sie sind dafür verantwortlich, wie Sie agieren oder reagieren. Machen Sie sich klar, dass Sie entweder weiterhin Ihr bisheriges Leben führen oder es jetzt zu ändern beginnen. Nicht Ihr Nachbar, nicht Ihr Bruder, nicht die Bundeskanzlerin, der Bankmanager, der Anwalt, der Steuerberater, keine Lotterie und keine Erbschaft können Sie erfolgreich machen. Das können nur Sie selbst.

Falls Sie noch am Beginn Ihres Berufslebens stehen, ist es zu früh, sich zu fragen, wie Sie eine größere Geldsumme direkt anlegen sollten. Aber egal wie alt Sie sind, es ist nie zu spät, sich zu fragen, wie Sie Geld ansparen und vermehren können. Werden Sie zunächst ein Geldsammler und dann ein Renditejäger. Zuerst müssen Sie nämlich das Geld *er*arbeiten und es dann *be*arbeiten. Kaum jemand kann über Nacht reich werden – außer er hat 6 Richtige. Im Normalfall entsteht Vermögen jedoch durch einen permanenten und konstanten Prozess, langsam, aber auf einem sicheren Weg.

Sie werden vielleicht einwenden, dass das zu einfach sei, um wahr zu sein. Genau darin liegt der Irrtum. Weil es so simpel ist, will man es kaum glauben. Das darf Sie jedoch nicht davon abhalten, die Methode anzuwenden, im Gegenteil: Gerade *weil* es so simpel ist, sollten Sie es einfach tun!

Mit Selbstvertrauen Vermögen aufbauen

Wenn Sie den Wunsch haben, Wohlstand zu erlangen, und zudem das nötige Selbstvertrauen besitzen, werden Sie den Platz im Leben erobern, den Sie anstreben. Glauben Sie fest daran, dass Sie es können, dann entwickeln Sie eine unsichtbare, aber wirkungsvolle Zusatzkraft, die Ihnen hilft, Ihre Finanzziele zu erreichen.

Vielen Menschen, die weder erfolgreich noch wohlhabend werden, fehlt es nicht an den nötigen Fähigkeiten oder Voraussetzungen, um ihre Vision zu verwirklichen. Sie glauben einfach nicht fest genug daran, dass sie ihr Ziel erreichen können. Wer glaubt, dass er viel wert ist, erreicht und erhält auch viel. Wenn jemand glaubt, er sei wichtig, dann bekommt alles, was er tut, eine höhere Bedeutung und Bewertung.

Schauen Sie sich nach Personen um, die entschlossen vorwärtsschreiten, die an sich selbst glauben und daran, dass sie viel wert sind. Da jeder Mensch das Ergebnis seiner Überzeugungen ist, glauben Sie bitte positiv an das Große. Diejenigen, die an hohe Ergebnisse, ans Gelingen, an gute Resultate glauben, schaffen es – und wer nicht daran glaubt, schafft es nicht. Erfolgsungläubigkeit schadet also dem Erfolg. Aus dem Glauben an das eigene Können und aus den ersten erfolgreich zurückgelegten Schritten entsteht Selbstbewusstsein, das Ihnen den Mut und das Durchhaltevermögen für die Zielerreichung verleiht.

Wenn Sie sich wirklich verbessern und Ihr Leben ändern wollen, müssen Sie ab sofort Ihre Gedanken verbessern und ändern. Auf unserem Erfolgsweg werden wir – vor allem am Anfang – nicht immer bestätigt werden, doch umso unerschütterlicher müssen wir uns selbst vertrauen. Ich bin überzeugt davon, dass man im Leben das bekommt, worauf man sich fokussiert, was man sich wünscht, wovon man träumt. Das kann ein neuer Partner sein, eine Beförderung oder eben finanzielle Unabhängigkeit.

Kein Mensch würde sich freiwillig selbst Steine in den Weg legen. Doch keine Träume zu haben und nicht an ihre Umsetzbarkeit zu glauben, wäre nichts anderes als Eigensabotage. Träume sind Treibhäuser, Kreativstudios und Labore für Ideen, die zu mehr Eigenmotivation führen. Das bedeutet im Umkehrschluss: ohne Träume keine Ideen und entsprechend wenig Motivation. Für unser Unterbewusstsein, unsere Gefühle und damit für unseren inneren Antrieb sind unsere Vorstellungen viel wichtiger als unser verstandesmäßiges Wissen.

Ihre Träume wahr werden zu lassen ist Ihr Geburtsrecht, das Sie sich von niemandem streitig machen lassen sollten: von keinem neidischen Kollegen, von keinem resignierten Freund oder ängstlichen Verwandten. Falls Ihr Traum vom Reichtum in Ihnen verschüttet ist, tauchen Sie hinab und ziehen ihn wieder zu sich herauf. Leben Sie nicht wie ein Schlafwandler, sondern lieber wie ein Traumwandler, der seinen Traum in Wirklichkeit verwandelt. Jeder Traum hat ein Preisschild. Geld kann uns nicht ändern, aber unsere Träume lebendig werden lassen. Wir können mit Geld Träume in Wirklichkeit verwandeln.

Nur Geld anzuhäufen ist schließlich nicht Ihr Ziel, sondern das, was Sie mit dem Geld erreichen möchten. Erforschen Sie Ihre Träume und leiten Sie daraus Ihre persönlichen Finanzziele ab. Wohin immer Ihre Träume Sie gedanklich führen mögen, ich versuche, Ihnen den Weg zur Verwirklichung aufzuzeigen und zu erleichtern. Sie werden schnell merken, dass Sie Ihren Träumen näher sind, als Sie denken. Füttern Sie Ihr Unterbewusstsein mit dem Bild eines erfolgreich aufgebauten Vermögens. Stellen Sie sich vor, was Sie damit tun können: Bildungsreisen, vorzeitig in Rente gehen, früher im Eigenheim wohnen, anderen finanziell helfen. Werden Sie der Produzent, Regisseur und Schauspieler Ihres Lebens in einer Person. Sie sind die Hauptfigur für Ihre Finanzen. Aus Ihrer Traumliste entsteht eine Zielliste und daraus wiederum eine To-do-Liste. Trauen Sie sich zu träumen, denn Träumen ist wichtig. Ich habe diesem Thema in meinem Buch *Selfmade* ein ganzes Kapitel gewidmet.

Es ist nicht wichtig, wie alt Sie sind oder wie viel Sie aktuell in Ihrem Job verdienen. Es kommt vielmehr darauf an, wie gut Ihre Einstellung ist. Also switchen Sie von »Dafür bin ich zu alt« auf »Dafür bin ich jung genug«, von »Dafür bin ich zu ungebildet« auf »Dafür bin ich gebildet genug« oder auf »Das werde ich schon noch lernen«. Wenn Sie gedanklich mit Ihrem Alter, Bildungsgrad oder Einkommen falsch umgehen, gehen Sie auch mit sich selbst falsch um. Je länger Sie sich belügen und Ausreden schaffen, desto schwieriger wird es, noch durchzustarten und Ihre Ziele zu erreichen.

Wie sieht Ihr Zukunftstraum aus? Listen Sie auf, wo Sie in 10, 20, 30 Jahren sein wollen. Was möchten Sie dann können, haben und sein? Sie benötigen klare Ziele wie zum Beispiel eine Segeljacht, ein tolles Gemälde oder einen Altersruhesitz. Unsere persönlichen Ziele sind sehr unterschiedlich und hängen natürlich auch vom jeweiligen Einkommen, von Vermögen, Familienstand und Alter ab.

Nur eine Vision, die wirklich visualisiert wird, kann zum Magneten werden, der Sie nahezu unaufhaltsam in Ihre bessere

Zukunft zieht. Deshalb sind Menschen, die ihre Träume bildlich ausgestalten und mit allen Sinnen erleben, erfolgreicher als die Traumlosen und Fantasiearmen. Als Unternehmer weiß ich, dass Führungskräfte in der Wirtschaft oft nach genau diesen Kriterien ausgewählt werden: ob sie Visionen haben, ob sie langfristige strategische Traumziele entwickeln und das Unternehmen vergrößern oder auf einen höheren Level heben können.

Visionen pflanzen sich zunächst im Unterbewusstsein ein und verankern sich irgendwann in unserem Verstand. Durch dieses Zusammenwirken unserer kreativen und strategischen Fähigkeiten können wir schließlich unseren Masterplan designen mit allem, was wir brauchen und tun müssen, um unsere Vision zu realisieren.

Sobald Sie Ihre Einstellung zum Reich- oder zum Noch-reicher-Werden optimiert haben, sollten Sie als Nächstes Ihre Finanzwelt zum Besseren verändern. So etwas läuft schließlich nicht von alleine. Sonst wäre Ihre Lebensfinanzentwicklung bereits traumhaft und Sie hätten sich dieses Buch nicht gekauft.

Die Reichwerdestrategie besteht im Kern darin, dass Sie 10 Prozent von Ihrem laufenden Monatsnettoeinkommen für sich und Ihre Zukunft beiseitelegen und für sich arbeiten lassen. Den berühmten Zehnten, den Sie aber nicht wie in alten Zeiten an einen Gutsherrn oder Fürsten entrichten, sondern an sich selbst. Sie werden sich wundern, was für ein unermüdlicher Arbeiter Ihr Geld ist! Sie müssen ihm nur erlauben, Sie reich zu machen.

Diese 10 Prozent sollten Sie auf Ihr eigenes »Zukunftskonto«, wie ich es nenne, überweisen – Ihr Unabhängigkeitskonto, Ihr Freiheitskonto, das Sie später mit automatischem Einkommen versorgen wird. Sie haben die freie Auswahl, was Sie dann damit machen. Vielleicht haben Sie sogar mehrere große Wünsche.

Das Hauptziel einer Vermögensbildung ist es, das Einkommen für die Zukunft zu sichern und auch nach dem Berufsleben ausreichende Einnahmen zu haben. Daher besteht der erste Schritt auf Ihrer Reise zum Reichtum darin, mit dem Ansparen auf Ihrem Zukunftskonto zu beginnen. Monatlich 10 Prozent – und zwar nicht ab nächster Woche oder nächstem Jahr, sondern ab heute! Über die Jahre wird daraus ein echtes Unabhängigkeitskonto, und danach können Sie das Leben in finanzieller Freiheit führen, von dem Sie immer geträumt haben.

Der Geld-macht-Geld-Effekt

Das einfachste Beispiel für den Zinseszinseffekt ist, gedanklich 1 Euro zu nehmen und den Betrag jedes Jahr zu verdoppeln. Dann haben Sie nach einem Jahr 2 Euro, nach zwei Jahren 4 Euro, nach drei Jahren 8 Euro, nach vier Jahren 16 Euro, nach fünf Jahren 32 Euro und nach 20 Jahren über 1 Million Euro. Das schafft die unglaubliche Stärke des exponentiell wirkenden Zinseszinseffekts. Die Wachstumsrate wird schneller und schneller. Die Steigerung ist eben nicht linear, also eins, zwei, drei, vier, fünf, sechs, sieben. Natürlich ist dieses Euroverdopplungsszenario nicht wirklich möglich, aber es illustriert perfekt, was Sie verpassen, wenn Sie den Zinseszinseffekt – oder besser: »Renditerenditeeffekt« (dazu später mehr) – nicht schnell und lange für sich arbeiten lassen.

Stellen Sie sich zwei Zwillingsbrüder vor, Florian und Julian. Beide verfügen im Alter von 25 Jahren über 100.000 Euro. Beide legen das Geld mit einer jährlichen Rendite von 7 Prozent an (wie das selbst heute noch gehen kann, erfahren Sie in Kapitel 8). Florian entnimmt immer am Jahresende den Gewinn von 7000 Euro, Julian dagegen belässt sämtliche Gewinne auf seinem Konto. Nach 40 Jahren hat Florian nach wie vor 100.000 Euro, Julian hingegen hat es ohne weiteres Zutun zu beachtlichem Wohlstand gebracht: Auf seinem Konto stapeln sich rund 1,5 Millionen Euro! Das Kapital hat sich also fast verfünfzehnfacht.

In Abbildung 1 sehen Sie die Wirkung des Zinseszinses, die sich bei unterschiedlichen Anlagezeiträumen und Zinssätzen ergibt. Mit dem jeweiligen Zinsfaktor können Sie das Vermögen errechnen, das Sie nach unterschiedlichen Zeiträumen und mit unterschiedlichen Zinssätzen erreicht haben werden. Bei 15 Jahren Laufzeit und 7 Prozent Zins kämen Sie hier auf den Faktor 2,76, mit dem Sie Ihre Einmalanlage multiplizieren und so den zukünftigen Vermögenswert erhalten.

Der Zinsfaktor bei einer Einmalanlage

1

Anlage-zeitraum in Jahren	Zinssatz p. a.				
	1 %	3 %	5 %	7 %	9 %
1	1,01	1,03	1,05	1,07	1,09
2	1,02	1,06	1,10	1,14	1,19
3	1,03	1,09	1,16	1,23	1,30
4	1,04	1,13	1,22	1,31	1,41
5	1,05	1,16	1,28	1,40	1,54
6	1,06	1,19	1,34	1,50	1,68
7	1,07	1,23	1,41	1,61	1,83
8	1,08	1,27	1,48	1,72	1,99
9	1,09	1,30	1,55	1,84	2,17
10	1,10	1,34	1,63	1,97	2,37
11	1,12	1,38	1,71	2,10	2,58
12	1,13	1,43	1,80	2,25	2,81
13	1,14	1,47	1,89	2,41	3,07
14	1,15	1,51	1,98	2,58	3,34
15	1,16	1,56	2,08	2,76	3,64
16	1,17	1,60	2,18	2,95	3,97
17	1,18	1,65	2,29	3,16	4,33
18	1,20	1,70	2,41	3,38	4,72
19	1,21	1,75	2,53	3,62	5,14
20	1,22	1,81	2,65	3,87	5,60
21	1,23	1,86	2,79	4,14	6,11
22	1,24	1,92	2,93	4,43	6,66
23	1,26	1,97	3,07	4,74	7,26
24	1,27	2,03	3,23	5,07	7,91
25	1,28	2,09	3,39	5,43	8,62
26	1,30	2,16	3,56	5,81	9,40
27	1,31	2,22	3,73	6,21	10,25
28	1,32	2,29	3,92	6,65	11,17
29	1,33	2,36	4,12	7,11	12,17
30	1,35	2,43	4,32	7,61	13,27
31	1,36	2,50	4,54	8,15	14,46
32	1,37	2,58	4,76	8,72	15,76
33	1,39	2,65	5,00	9,33	17,18
34	1,40	2,73	5,25	9,98	18,73
35	1,42	2,81	5,52	10,68	20,41
36	1,43	2,90	5,79	11,42	22,25
37	1,45	2,99	6,08	12,22	24,25
38	1,46	3,07	6,39	13,08	26,44
39	1,47	3,17	6,70	13,99	28,82
40	1,49	3,26	7,04	14,97	31,41
41	1,50	3,36	7,39	16,02	34,24
42	1,52	3,46	7,76	17,14	37,32
43	1,53	3,56	8,15	18,34	40,68
44	1,55	3,67	8,56	19,63	44,34
45	1,56	3,78	8,99	21,00	48,33

Quelle: Eigene Berechnungen

Bei diesem und den folgenden Zahlenbeispielen ist die steuerliche Behandlung der Kapitalerträge nicht berücksichtigt, denn wichtiger ist es, dass Sie die Strategieeffekte verstehen und diese umzusetzen beginnen, als sich mit Untiefen der Steuerakrobatik zu beschäftigen. Aber keine Sorge, auch unter Berücksichtigung der Steuern rechnet sich das Konzept.

Für Ihre Geldanlagen ist die Zeit die entscheidende Stellschraube und die wertsteigerndste Komponente, denn sie hat einen großen Einfluss auf den Zinseszinseffekt: den Geld-macht-Geld-Effekt.

Sie erhalten Zinsen auf Ihr Geld und später zudem auf die erhaltenen Zinsen. Geld macht eben Geld, und dieses Geld macht noch mehr Geld. Ernten Sie die exponentielle Stärke des Zinseszinseffekts.

Das Gute daran: Wenn Sie zum Beispiel bis in 15 Jahren eine bestimmte Summe ansparen wollen, müssen Sie nicht jedes Jahr ein Fünfzehntel dieser Summe beiseitelegen. Denn von Jahr zu Jahr hilft Ihnen der Zinseszinseffekt, Ihr Vermögen immer schneller aufzubauen. Also, gestatten Sie Ihrem Geld, Sie durch Selbstvermehrung reich zu machen.

Nutzen Sie die Dynamik des Geldes, freuen Sie sich auf den gewaltigen Effekt, der bereits nach dem ersten Jahr einsetzt: In nur zwölf Monaten kann sich Ihre Geldsumme, richtig angelegt, um 7 Prozent erhöhen: So werden aus 100.000 Euro nach einem Jahr 107.000 Euro. Ein Plus von 7000 Euro, für das Sie keinen Finger krumm machen mussten. Ihr Geld hat dieses Geld verdient. Ein Jahr später hat Ihr Geld schon 14.490 Euro erarbeitet. Gelderhöhung ganz ohne Lohnerhöhung – ein schönes Gefühl, oder?

Das ist der Schlüssel zu Ihrem Reichtum: Sie erzielen Gewinne, ohne diese zu entnehmen, und verdienen Gewinne auf Gewinne. Durch dieses Wunder der Zinseszinsen ist der Effekt sogar weit größer, als man bei einer ersten Grobberechnung vermuten würde.

Eine Ihrer ehernen Reichwerderegeln muss also heißen: niemals Erträge oder Ausschüttungen vom Zukunftskonto entnehmen, um sie zwischendurch für kurzfristige Konsumzwecke auszugeben!

Stellen wir uns ein weiteres Zwillingspaar vor, Anna und Beate.
Sie erben gleichfalls je 100.000 Euro. Anna legt ihr Geld auf zehn
Jahre mit einer jährlichen Verzinsung von 3,5 Prozent an, Beate
über den gleichen Zeitraum zu 7 Prozent. Beide lassen die jährlichen Zinsgewinne auf dem Konto stehen.

Nach Ablauf der zehn Jahre sind aus Annas 100.000 Euro
immerhin ungefähr 141.000 Euro geworden. Beate aber hat
aus dem gleichen Startvermögen satte 197.000 Euro gemacht.
Obwohl Beate »nur« den doppelten Zinssatz erzielt hat, ist ihr
Gewinn sogar mehr als doppelt so hoch wie bei ihrer Schwester:
nicht 2 × 41.000 = 82.000 Euro, sondern rund 97.000 Euro, also
stolze 15.000 Euro zusätzlich obendrauf!

In der heutigen Mini- oder sogar Nullzinswelt würde Anna
im Übrigen auch den bescheidenen Vermögenszuwachs aus
unserem Beispiel nicht mehr erzielen. Damit man Zinseszinsen
bekommt, müsste es erst einmal Zinsen geben – und davon kann
derzeit praktisch keine Rede sein.

Auf lange Sicht können einige Prozentpunkte mehr an
Rendite geradezu galaktische Unterschiede ausmachen – in
Abbildung 1 haben Sie ja gesehen, wie sich die Zinseszins-
faktoren durch unterschiedliche Verzinsung und Laufzeiten
dramatisch verändern. Je länger die Laufzeit ist, desto ein-
drucksvoller ist dieser Effekt. Stellen Sie sich einmal vor, ein
Elternpaar legt im ersten Lebensjahr seines neugeborenen Kin-
des monatlich 1000 Euro beiseite. Also nur zwölf Monate lang,
mehr nicht! Diese 12.000 Euro legen Sie mit einer durchschnittlichen Rendite von 7 Prozent pro Jahr an. Wenn der begüns-
tigte Sprössling dann mit 67 das gesetzliche Renteneintrittsalter erreicht hat, ist er Millionär: Ohne eigenes Zutun verfügt
er über ein Vermögen von 1,04 Millionen Euro. Noch einmal:
Hier wurden bloß 12.000 Euro am Ende des ersten Lebensjahrs
angelegt, mehr nicht!

Legen Sie deshalb das Kindergeld für Ihre Kinder beiseite.
Doch betreiben Sie bitte kein Zinssparen – lassen Sie das mit
dem Sparbuch lieber. Setzen Sie vielmehr alles daran, mehr Rendite zu erzielen.

Startverzögerung bringt Vermögensverringerung

Werden Sie kein Verschieber. Werden Sie ein Ab-sofort-Macher! Manche Bedingungen werden nie ganz perfekt sein, aber machen Sie sich nicht vor, dass Sie deshalb Ihr Vorhaben nicht angehen können.

Warum investieren so wenige Menschen in ein Zukunftskonto? Die Jungen sagen oft: »Ich habe noch Zeit.« Andere sagen: »Ich habe nicht genug Geld.« Ich hingegen sage Ihnen: Machen Sie Schluss mit den Ausreden! Sie verdienen *schon jetzt* genug und können zudem Ihre Kosten senken, um *ab heute* das eingesparte Geld auf Ihr Zukunftskonto einzuzahlen. Denken Sie in den Kategorien »jetzt«, »sofort«, »gleich« und nicht in »später«, »bald«, »demnächst«. Sonst kommen Sie schnell zu »mal sehen« und von dort zu »nichts zu machen«.

Anhand von Abbildung 2 können Sie ersehen, welche Summen sich selbst aus kleinen täglichen, kontinuierlichen Einsparungen nach wie vielen Jahren ergeben. Aus dem oberen Teil der Abbildung geht hervor, welche Beträge – sogar ohne Verzinsung – zusammenkommen, wenn Sie kontinuierlich ansparen. Aus 10 Euro täglich, also 300 Euro monatlich, werden – wenn man sie zu 7 Prozent jährlich anlegt – nach 35 Jahren mehr als eine halbe Million Euro (siehe untere Hälfte von Abbildung 2)! Sie können ganz einfach unter Cashcode: 01 ausrechnen, wie viel Sie täglich einsparen müssten, um in der gleichen Zeit sogar Millionär zu werden: doppelt so viel wie im obigen Beispiel, also 20 Euro.

Allerdings verschlechtert sich das Ergebnis drastisch, wenn sich der Zeitpunkt des Zahlungsbeginns verschiebt. Nehmen wir einmal an, Sie sparen 5 Euro am Tag, also 150 Euro monatlich oder 1800 Euro im Jahr. Legen Sie diesen monatlichen Betrag zu durchschnittlich 7 Prozent an, dann haben Sie nach acht Jahren bereits 19.168 Euro, obwohl Sie nur 14.400 Euro eingezahlt haben. Hätten Sie nur ein Jahr früher begonnen, also neun Jahre lang 150 Euro monatlich gespart, dann kämen Sie am Ende auf 22.378 statt auf 19.168 Euro – ein um gut 3200 Euro besseres Ergebnis.

Mit kleinen Beträgen zum Vermögen   2

Anlage-zeitraum in Jahren	Betrag pro Tag (in Euro)[2]						
	1	2,5	5	10	15	20	25
ohne Verzinsung							
5	1800	4500	9000	18.000	27.000	36.000	45.000
6	2160	5400	10.800	21.600	32.400	43.200	54.000
7	2520	6300	12.600	25.200	37.800	50.400	63.000
8	2880	7200	14.400	28.800	43.200	57.600	72.000
9	3240	8100	16.200	32.400	48.600	64.800	81.000
10	3600	9000	18.000	36.000	54.000	72.000	90.000
15	5400	13.500	27.000	54.000	81.000	108.000	135.000
20	7200	18.000	36.000	72.000	108.000	144.000	180.000
25	9000	22.500	45.000	90.000	135.000	180.000	225.000
30	10.800	27.000	54.000	108.000	162.000	216.000	270.000
35	12.600	31.500	63.000	126.000	189.000	252.000	315.000
40	14.400	36.000	72.000	144.000	216.000	288.000	360.000
45	16.200	40.500	81.000	162.000	243.000	324.000	405.000
mit Verzinsung [1]							
5	2149	5372	10.744	21.488	32.231	42.975	53.719
6	2673	6682	13.364	26.728	40.092	53.457	66.821
7	3234	8084	16.168	32.336	48.504	64.672	80.839
8	3834	9584	19.168	38.336	57.504	76.672	95.839
9	4476	11.189	22.378	44.756	67.134	89.512	111.889
10	5163	12.906	25.813	51.625	77.438	103.250	129.063
15	9389	23.474	46.947	93.895	140.842	187.789	234.736
20	15.318	38.295	76.590	153.180	229.769	306.359	382.949
25	23.633	59.083	118.165	236.330	354.495	472.660	590.825
30	35.295	88.238	176.476	352.953	529.429	705.905	882.382
35	51.652	129.131	258.261	516.522	774.783	1.033.044	1.291.305
40	74.594	186.484	372.968	745.937	1.118.905	1.491.873	1.864.841
45	106.770	266.926	533.851	1.067.702	1.601.553	2.135.405	2.669.256

[1] Zinssatz 7% p. a., mit Zinseszins. [2] Zur rechnerischen Vereinfachung wird mit 360 Tagen im Jahr gerechnet.
Quelle: Eigene Berechnungen

Wenn Sie jedoch erst ein Jahr später anfangen, der ganze Vorgang folglich sieben Jahre läuft, haben Sie am Ende nur 16.168 Euro. Der verzögerte Beginn kostet Sie genau 3000 Euro Zukunftsgeld. Erkennen Sie den enormen Effekt, der durch die Zeitdauer selbst bei kleinsten Einspar- und Ansparbeträgen erreicht wird? Sie werden schnell merken, wie Sie mit geringsten Beträgen durch den Geld-macht-Geld-Effekt bereits kurzfristig finanzielle Sicherheit erwerben, mittelfristig finanziell unabhängig werden und langfristig sogar finanzielle Freiheit gewinnen können. Dadurch werden Sie eine sich stetig verstärkende Motivation erleben. Je länger Sie schon investieren und je höher der angesparte Betrag wächst, desto leichter fällt es Ihnen durchzuhalten. Es macht einfach Spaß, diesen Anstieg zu erleben. Die Aussicht, bald eine noch größere Summe zu besitzen, ist ein enormer Ansporn, mit dem Vermögensansparen weiterzumachen.

Sie haben sicher bemerkt, dass es bei diesem Effekt nicht allein auf die Höhe der investierten Beträge ankommt, sondern fast mehr noch auf die Zeitdauer (und natürlich auf die Rendite). Ihrem Geld die Zeit zu nehmen, für Sie Geld zu verdienen, kann gravierende Auswirkungen haben und Sie viel Geld kosten. Umgekehrt folgt daraus: Je länger Sie Ihr Geld anlegen, desto größer wird Ihr Vermögen.

Viele von Ihnen denken jetzt wahrscheinlich: »Hätte ich das bloß eher gewusst!« Nicht schlimm. Denn Sie haben sich nicht sehenden Auges gegen einen Reichwerdeplan gesträubt, denn Sie kannten die Millionärsformel ja noch nicht. Ab jetzt wären Sie jedoch selbst schuld, wenn Sie sich trotz klarer Kenntnis der negativen Verschiebungseffekte absichtlich den Weg zum Reichtum blockieren würden. Werden Sie sich bewusst: Sie selbst sind das größte Risiko, weil Sie den Sparvorgang vielleicht aufschieben oder vorzeitig abbrechen. Die verloren gegangene Zeit beim Renditerenditeeffekt können Sie nicht wieder aufholen. Und wenn Sie bereits Einbußen hinnehmen mussten, so sollten Sie aus Schaden wenigstens klug werden und ähnliche Fehler in Zukunft vermeiden. Das heißt für Ihre Geldstrategie, dass Sie den Zinseszinseffekt wenigstens ab jetzt für sich nutzen.

Ein weiterer Turboeffekt tritt ein, wenn Sie zusätzlich Ihre Sparbeträge erhöhen. Sparen Sie beispielsweise 100 Euro monatlich mit einer Rendite von jährlich 7 Prozent an, dann haben Sie nach 40 Jahren rund 250.000 Euro beisammen. Wenn Sie den Betrag auf 200 Euro aufstocken, verdoppelt sich Ihr zu erwartender Vermögensanstieg auf eine halbe Million Euro. Mit 100 Euro mehr haben Sie in 40 Jahren 48.000 Euro zusätzlich beiseitegelegt, verfügen aber über fast eine Viertelmillion, also über rund 200.000 Euro, mehr, als Sie durch die Erhöhung zusätzlich eingezahlt haben. Geld macht eben doch Geld, und zwar mitunter richtig viel. Und wenn Sie genug Vermögensbausteine zusammenhaben, baut sich Ihr Vermögenshaus nach einer gewissen Zeit quasi von alleine weiter auf.

Deshalb rate ich Ihnen: Gehen Sie nicht ohne Finanzkonzept durchs Leben – das ist wie Autofahren mit vereister Windschutzscheibe. Entwerfen Sie einen Vermögensaufbauplan, errechnen Sie also, wie viel Euro Sie zur Zielerreichung und Traumerfüllung brauchen.

Wie vermögend wollen Sie werden?

Vielleicht wollen Sie sich spätestens zum 55. Geburtstag eine Ferienwohnung kaufen, und zwar cash, ganz ohne Hypothek? Oder im Alter miet- und schuldenfrei im eigenen Heim wohnen? Vielleicht möchten Sie gerne so viel Vermögen ansammeln, um einen Kapitalertrag von 1000 Euro monatlich quasi als zweites Einkommen zu erzielen? Oder mindestens 100.000 Euro sparen, um die Studienkosten Ihrer Tochter zu finanzieren oder Ihrem Sohn bei der Geschäftseröffnung zu helfen? Oder ist es Ihr Ziel, eine halbe Million an Ersparnissen zu haben, die Sie profitabel anlegen wollen? Oder haben Sie den Traum, mit 60 Jahren Millionär zu sein – oder sogar Multimillionär zu werden?

Ich weiß natürlich nichts über Ihre persönliche Finanzsituation, aber ich weiß, dass diese Fragen für Sie wichtig sind. Wie Ihr Traum auch aussehen mag: Sie stehen jetzt auf »Los« und haben Ihr persönliches Ziel vor Augen. Und wann immer der schnelle Konsum Sie verführen will, vergegenwärtigen Sie sich Ihr Traumziel – entsagen Sie der Verlockung und setzen Sie Ihre Reichwerdestrategie weiter um.

Niemand kann für Sie entscheiden, was Erfolg für Sie bedeutet und wie weit Sie in Ihrem Leben kommen wollen. Alles, was Sie brauchen, um Ihre Ziele zu erreichen, steckt tief in Ihrem Innern. Es kommt nur auf Sie an – und darauf, wie sehr Sie es wollen. Wenn Sie morgens mit der Arbeit beginnen und neben der To-do-Liste Ihre Zielliste sehen, haben Sie zusätzlich zu den einzelnen Aufgaben Ihre langfristige Vision, Ihren Lebenstraum vor Augen. Zu wissen, wofür Sie aufstehen und wohin Sie wollen, gibt Ihnen enorme Energie.

Eine Harvard-Studie belegt, dass Menschen, die ihre finanziellen Ziele schriftlich festhalten, diese wesentlich erfolgreicher umsetzen als diejenigen, die das nicht tun. Es ist wichtig, dass Sie Ihre Ziele aufschreiben, denn auf diese Weise verankern Sie sie und bringen sie damit der Realität bereits ein Stück näher. Denn Mentales wird über den Weg der Verschriftung Reales.

Entscheiden Sie sich noch heute dafür, mit dem Reichwerden zu beginnen. Lassen Sie sich durch Zettel, die Sie gut sichtbar in der Wohnung verteilen, immer wieder daran erinnern. Vielleicht kleben Sie sogar in Ihr Portemonnaie den Slogan »Ich will reich werden!«.

Wichtig ist aber vor allem, dass Sie sich Ihren zukünftigen Erfolg detailliert und mit allen Sinnen vorstellen, und zwar so lebhaft wie möglich! Das Gefühl, das dabei durch Ihren Körper strömt, wird Ihnen noch mehr Kraft, noch mehr Selbstvertrauen und noch mehr Motivation verleihen, um Ihr Ziel wirklich erreichen zu können. Wenn Sie Ihr konkretes Ziel vor Augen haben, werden Sie nicht mehr primär ans Sparen und an den Verzicht denken, sondern vielmehr daran, etwas wirklich Lohnendes zu bekommen – sei es die Segeljacht, das Eigenheim oder das sorgenfreie Leben im Ruhestand. Unser Unterbewusstsein denkt nämlich nicht in Wörtern oder Sätzen, sondern in Vorstellungen und den daraus resultierenden Bildern. Wenn Sie also Ihr Ziel konkret visualisieren, wird Ihr Unterbewusstsein alles daransetzen, dieses Bild Wirklichkeit werden zu lassen.

Bebildern Sie deshalb Ihr Traumziel. Das meine ich durchaus auch wörtlich: Hängen Sie Fotos von Ihrem Traumhaus oder von Ihrem Traumauto so auf, dass sie Ihnen jeden Morgen, wenn Sie zur Arbeit gehen, ins Auge springen.

Ein Foto von Ihrem Hauptziel sollten Sie in Ihrer Brieftasche neben Kreditkarte und Ausweis aufbewahren oder als Hintergrundbild auf Ihrem Smartphone installieren. Oder Sie kleben auf oder in Ihr Portemonnaie ein Bild Ihres Hauptziels, etwa vom Haus Ihrer Träume, und schreiben darunter: »Dafür brauche ich jeden Euro.« Oder wenn Sie mit 55 Jahren nicht mehr arbeiten wollen, wählen Sie ein Urlaubsfoto von Ihrer Familie und schreiben darunter: »Jede tägliche Einsparung von 10 Euro hilft mir, schon mit 55 Schluss mit der Arbeit zu machen.«

Wenn Sie alles für Ihr Ziel tun und diesem Ziel alles andere unterordnen, wird es in Ihrem Unterbewusstsein arbeiten und Ihr Zielbewusstsein verstärken. Kooperieren Sie mit Ihrem Unterbewusstsein, indem Sie sich Ihr Ziel immer bewusst vor Augen halten, es immer wieder laut vor sich hersagen und an vielen Stellen (Wunsch-)Zettel haben, die Sie daran erinnern.

Finanzielle Freiheit ist für jedermann möglich

1 Million und mehr an Gehalt bekommen Durchschnittsverdiener im Laufe eines Vierteljahrhunderts ausgezahlt. Genug Potenzial für Reichtum. Wenn Sie glauben, dass es Ihnen finanziell total schlecht geht, hilft es vielleicht, sich zu vergegenwärtigen, dass laut Weltbank knapp 10 Prozent der Weltbevölkerung weniger als umgerechnet 1,70 Euro täglich zum Leben haben. Erschrecken Sie diese Zahlen? Es soll nur ein bisschen helfen, Ihre eigene Situation in den richtigen Relationen einzuordnen.

Wer heute 20 Jahre alt ist und monatlich knapp 1700 Euro brutto verdient, hat bis zum 65. Geburtstag knapp 1 Million Euro verdient – Lohnerhöhungen nicht mitgerechnet (siehe Abbildung 3). Ein heute 30-Jähriger, der monatlich 5000 Euro verdient, wird bis dahin sogar 2,1 Millionen Euro verdient haben. Und wer jetzt 45 ist und jeden Monat 7500 Euro verdient, kommt bis zum Alter von

Das Einkommen Ihres Arbeitslebens   3

Bruttojahres-einkommen (in Euro)	Jahre					
	20	**25**	**30**	**35**	**40**	**45**
20.000	400.000	500.000	600.000	700.000	800.000	900.000
30.000	600.000	750.000	900.000	1.050.000	1.200.000	1.350.000
40.000	800.000	1.000.000	1.200.000	1.400.000	1.600.000	1.800.000
50.000	1.000.000	1.250.000	1.500.000	1.750.000	2.000.000	2.250.000
60.000	1.200.000	1.500.000	1.800.000	2.100.000	2.400.000	2.700.000
70.000	1.400.000	1.750.000	2.100.000	2.450.000	2.800.000	3.150.000
80.000	1.600.000	2.000.000	2.400.000	2.800.000	3.200.000	3.600.000
90.000	1.800.000	2.250.000	2.700.000	3.150.000	3.600.000	4.050.000
100.000	2.000.000	2.500.000	3.000.000	3.500.000	4.000.000	4.500.000

Quelle: Eigene Berechnungen

65 Jahren noch auf einen weiteren Gesamtverdienst von 1,8 Millionen Euro – das Gehalt aus den Jahren davor nicht mitgerechnet!

Natürlich gibt es geringere Einkünfte, aber es gibt auch Doppelverdienerhaushalte, deren Lebenseinkommen, weil Mann und Frau beide arbeiten, oft noch viel höher ist.

Es ist schon spannend zu sehen, welche Gesamtsummen man selbst bei einem überschaubaren Jahreseinkommen im Laufe des Berufslebens erhält. Manche haben am Ende ihres Arbeitslebens zigmal so viel wie der Durchschnitt auf dem Konto. Das liegt jedoch nicht daran, dass diese Menschen zehn- oder 50-mal so viel gearbeitet hätten oder um ein Vielfaches intelligenter wären. Sie haben lediglich die Grundgesetze für den erfolgreichen Umgang mit Geld angewandt, oftmals schon sehr früh. Jeder kann das – zumindest jeder, der die Millionärsformel kennt und die Gesetze möglichst umfassend anwendet.

Entscheidend ist natürlich zunächst einmal, wie viel Einkommen Ihnen nach Abzug von Steuern, Sozialabgaben und so weiter ausgezahlt wird, denn nur das verfügbare Einkommen kann für Konsum- und Sparzwecke verwendet werden.

Nach aktuellen Angaben des Statistischen Bundesamts sind das hierzulande im Durchschnitt immerhin circa 37.600 Euro im Jahr zum Leben, also 3133 Euro monatlich. Über die Jahre kommt so ein beträchtliches verfügbares Reichwerdepotenzial zusammen: bereits nach 27 Jahren mehr als 1 Million Euro!

Nun könnten Sie einwenden, dass es viele Singles oder Familien gibt, die monatlich weit weniger als der Durchschnitt zur Verfügung haben. Aber selbst bei ihnen kommt im Laufe der Jahre und Jahrzehnte eine ordentliche Summe zusammen (siehe Abbildung 4).

Nehmen wir an, dass es sich bei dem erwähnten Durchschnittshaushalt mit einem verfügbaren Monatseinkommen von 3133 Euro nicht um eine statistische Größe, sondern um eine lebendige Familie handelt. Wenn sie diszipliniert finanzielle Freiräume für das Sparen schafft, ihre Finanzziele frühzeitig angeht und mit Ausdauer und Weitsicht verfolgt, kann sie es auch ohne vorherige größere Ersparnisse zu beträchtlichem Reichtum bringen und sogar den Eintritt in den Klub der Euromillionäre schaffen.

Die gute Nachricht lautet also: Zeit und Renditerendite machen es sogar einem Durchschnittshaushalt möglich, ein beachtliches Vermögen zu erzielen. 10 Prozent des monatlich verfügbaren Einkommens (3133 Euro), also rund 10 Euro am Tag, jeweils am Monatsanfang angespart und über 45 Jahre bei einer jährlichen Verzinsung von 7 Prozent angelegt, führen zu einem Vermögen von ungefähr 1,1 Millionen Euro (siehe Abbildung 5).

Dieser Selbstvermehrungseffekt entfaltet seine Kraft umso stärker, je länger das Geld angelegt wird. Der liebe Gott hat eben nicht vorgesehen, dass das Geld wie wir Menschen regelmäßig schläft. Geld wird nie krank, kommt nie zu spät und hat keine Freizeit. Geld ist immer wach und arbeitet rund um die Uhr. Also starten Sie schnell und verschenken Sie keine wertvolle Zeit. Denken Sie immer daran: Rendite schafft Reichtum.

Das Reichwerdepotenzial 4

Jahre	Verfügbares Monatseinkommen (in Euro)						
	2000	2500	3133	3500	4000	4500	5000
20	480.000	600.000	751.920	840.000	960.000	1.080.000	1.200.000
25	600.000	750.000	939.900	1.050.000	1.200.000	1.350.000	1.500.000
30	720.000	900.000	1.127.880	1.260.000	1.440.000	1.620.000	1.800.000
35	840.000	1.050.000	1.315.860	1.470.000	1.680.000	1.890.000	2.100.000
40	960.000	1.200.000	1.503.840	1.680.000	1.920.000	2.160.000	2.400.000
45	1.080.000	1.350.000	1.691.820	1.890.000	2.160.000	2.430.000	2.700.000

Quelle: Eigene Berechnungen

Erreichbares Kapital mit der 10-Prozent-Regel 5

Anlage-zeitraum in Jahren	Verfügbares Monatseinkommen (in Euro)						
	2000	2500	3133	3500	4000	4500	5000
	Monatlicher Sparbetrag (10 % des verfügbaren Monatseinkommens)*						
	200,0	250,0	313,3	350,0	400,0	450,0	500,0
20	102.120	127.650	159.971	178.710	204.240	229.769	255.299
25	157.553	196.942	246.807	275.718	315.107	354.495	393.883
30	235.302	294.127	368.600	411.778	470.604	529.429	588.255
35	344.348	430.435	539.421	602.609	688.696	774.783	860.870
40	497.291	621.614	779.006	870.259	994.582	1.118.905	1.243.228
45	711.802	889.752	1.115.037	1.245.653	1.423.603	1.601.553	1.779.504

* Zinssatz 7 % p. a., mit Zinseszins
Quelle: Eigene Berechnungen

Niemand ist zu arm, um reich zu werden

Eines müsste Ihnen mittlerweile klar geworden sein: Ob Sie reich werden oder nicht, hängt nicht allein davon ab, wie viel Sie aktuell verdienen. Ausschlaggebend ist – neben Ihrer mentalen Einstellung – vielmehr, wie viel Sie von dem, was Sie verdienen, monatlich ab sofort wie lange investieren.

Rechnen Sie doch selbst einmal aus, wie viel Geld Sie zum jetzigen Zeitpunkt schon besitzen könnten. Wir können zwar im Nachhinein nichts mehr ändern, aber es lohnt sich allemal, aus der eigenen Vergangenheit zu lernen. Ignorieren Sie deshalb die Vergangenheit nicht, seien Sie umsichtig in der Gegenwart und bereiten Sie damit Ihre Zukunft bestmöglich vor. So wie Sie heute und morgen mit Ihrem Geld umgehen, davon hängt Ihr finanzieller Erfolg ab. Also seien Sie mal ehrlich: Wie viel haben Sie vor fünf oder zehn Jahren verdient? Und wie viel ist davon übrig geblieben?

Heute verdienen Sie bestimmt mehr. Ganz egal, wie viel Sie derzeit im Monat einnehmen, es ist wahrscheinlich genug, um mit Ihrem Vermögensaufbau zu beginnen. So gering die Einzahlungen beim Start auch sein mögen – vielleicht anfangs bloß 30 Euro monatlich –, nach und nach können Sie wohlhabend werden. Und bei hohen Einzahlungen sogar richtig reich.

Vielleicht war es für Sie bisher unvorstellbar, mit ein paar Euro am Tag langfristig Euromillionär zu werden. Dann wird es höchste Zeit, dass Sie Ihre Vorstellungen ändern! Angenommen, Sie sparen nur 1 Euro pro Tag ein und legen diese 30 Euro pro Monat an, und das von Ihrem 18. bis zum 65. Geburtstag. Bei einer jährlichen Rendite von 7 Prozent entsteht so ein Vermögen von 123.000 Euro. Sie haben jedoch nur knapp 17.000 Euro eingezahlt, also hat sich im Durchschnitt jeder Euro mehr als versiebenfacht! Bis auf diese Weise eine halbe Million zusammenkommt, dauert es allerdings mehr als 67 Jahre. Klar, das ist ein verdammt langer Zeitraum. Aber bedenken Sie: Mit nur 1 Euro zusätzlich pro Tag ist die halbe Million nach etwas mehr als 57 Jahren zusammen, bei 2 zusätzlichen Euro täglich sogar schon nach gut 51 Jahren.

Welchen Betrag können Sie monatlich beiseitelegen, um sich ein Vermögen aufzubauen? Die Antwort ist sehr einfach: Ziehen Sie von Ihrem monatlichen Nettoeinkommen alle unbedingt erforderlichen Ausgaben ab, dann bleibt das übrig, was Sie für den Vermögensaufbau sparen können. In der Regel sind das mindestens 10 Prozent Ihres Nettoeinkommens.

Selbst als Student oder Auszubildender kann man, wenn man es ernsthaft will, 1 Euro pro Tag zur Seite legen. Bereits dieser kleine Monatsbetrag setzt die Geldvermehrungsmaschine in Gang, und man gewöhnt sich daran, diese Summe für seine Zukunft zurück- und anzulegen. Später spart man dann 2 Euro am Tag, und irgendwann sind bestimmt 5 Euro drin. Das steigern Sie so lange, bis Sie schließlich 10 Prozent Ihres Einkommens ein- und ansparen können.

Bei jeder Gehaltssteigerung sollte möglichst ebenfalls die Summe steigen, die Sie auf Ihr Zukunftskonto einzahlen. Ich empfehle, von einem Gehaltssteigerungsbetrag immer eine Quote von nicht nur 10, sondern mindestens 20 Prozent anzusparen. Sie sind doch vorher auch ohne diesen Mehrbetrag ausgekommen, also können Sie jetzt 20 Prozent oder vielleicht sogar ein Viertel von dem beiseitelegen, was Sie ab jetzt zusätzlich bekommen, und haben trotzdem insgesamt noch viel mehr als vorher zur Verfügung.

Verdeutlichen Sie sich bitte immer wieder: Alles beginnt mit dem ersten Euro, den Sie am ersten Tag beiseitelegen! Für die langfristige Ernte, für den Nutzen, den Sie damit stiften können. Sie können damit so viel Schönes und Gutes für sich und andere tun, dass es sich auf jeden Fall lohnt durchzuhalten und anfangs auch mal Opfer zu bringen. Aber: All das funktioniert nur, wenn Sie so früh wie möglich starten und kontinuierlich weitermachen.

Legen Sie zunächst fest, welche Summe Sie zusammensparen möchten und wie viel Sie pro Tag oder pro Monat erübrigen können. Aus Abbildung 6 ersehen Sie, welche regelmäßigen Sparbeträge am Monatsanfang Sie über welchen Zeitraum anlegen müssen, um beispielsweise bei einer jährlichen Rendite von 7 Prozent eine Viertelmillion, eine halbe oder 1 Million Vermögen anzusammeln.

So viele Jahre bis zum Wunschvermögen   6

Vermögensziel (in Euro)	Monatlicher Sparbetrag (in Euro)*							
	50	100	150	200	300	400	500	600
1.000.000	69,9	59,8	53,9	49,8	44,1	40,1	37,0	34,6
500.000	59,8	49,8	44,1	40,1	34,6	30,8	27,9	25,7
250.000	49,8	40,1	34,6	30,8	25,7	22,3	19,8	17,8
100.000	37,0	27,9	23,0	19,8	15,6	13,0	11,1	9,8
50.000	27,9	19,8	15,6	13,0	9,8	7,9	6,6	5,7

*Zinssatz 7 % p. a., mit Zinseszins, gerundete Werte
Quelle: Eigene Berechnungen

Je früher, desto besser   7

Wer 100.000 Euro mit 65 Jahren haben möchte, muss folgendermaßen sparen*:

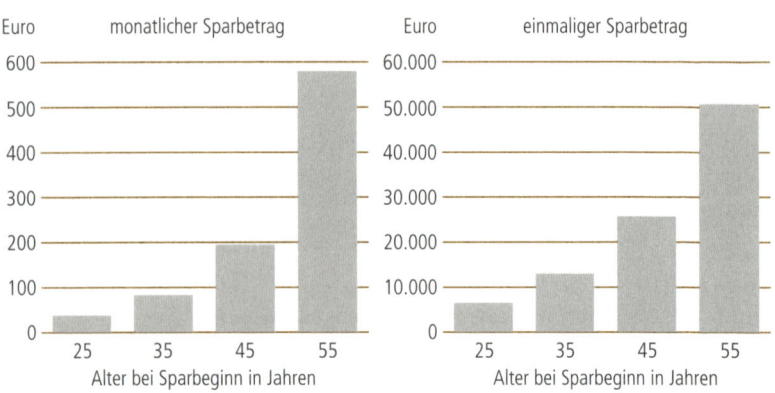

*Zinssatz 7 % p. a., mit Zinseszins
Quelle: Eigene Berechnungen

Oder rechnen Sie umgekehrt: Wie viel können Sie monatlich erübrigen, und was kommt bei einer Rendite von 7 Prozent nach 30 Jahren heraus?

Angenommen, Sie können 10 Euro am Tag sparen, dann sind das im Monat 300 Euro. Bei einer jährlichen Verzinsung von 7 Prozent müssten Sie 44 Jahre sparen, bis Sie es zum Millionär gebracht hätten. Je mehr Sie sparen, desto schneller geht es. Bei einer täglichen Sparrate von 20 Euro – also 600 Euro monatlich – haben Sie es nach etwas mehr als 34 Jahren geschafft.

Vielleicht interessiert Sie auch, wie viel Sie monatlich investieren müssen, um im Alter von 65 Jahren, eine bestimmte Summe beisammenzuhaben. Nehmen wir der Einfachheit halber 100.000 Euro.

Wenn Sie heute 25 sind, müssen Sie rund 40 Euro zu Beginn eines jeden Monats beiseitelegen, um mit 65 diese 100.000 Euro zu erzielen. Bei einem Start zehn Jahre später würde der monatliche Sparbetrag bereits 85 Euro betragen und noch mal zehn Jahre später, mit 45, sogar rund 196 Euro und bei einem Spätstart mit 55 happige gut 581 Euro pro Monat (siehe Abbildung 7). Wer also erst mit 55 statt mit 25 mit dem monatlichen Ansparen beginnt, muss insgesamt das 3,6-Fache beiseitelegen – quasi als Strafe für nicht erhaltene Renditerenditen beziehungsweise Geldesgelder.

Aus Abbildung 7 geht zudem hervor, welchen Einmalbetrag Sie einzahlen müssten, um mit 65 Jahren 100.000 Euro zu haben. Wer 35 Jahre alt ist, benötigt einmalig 13.137 Euro bei einer unterstellten jährlichen Rendite von 7 Prozent – den gewaltigen Rest erarbeitet sein Geld ohne sein Zutun. Wer dagegen zehn Jahre vertut, also erst mit 45 eine Einmalzahlung leistet, muss bereits 25.842 Euro investieren. Und wenn man erst zehn Jahre vor der Ziellinie beginnt, muss man sogar 50.835 Euro aufbringen, um die 100.000 Euro zusammenzubekommen.

Dabei kostet der größte Werterhöher nicht einmal Geld. Er entsteht durch etwas, das wir alle umsonst haben: Zeit. Als Ergebnis können wir also festhalten: Zeit vor Summe. Je eher Sie einzahlen, umso mehr Zeit wird Ihr Geld haben, um zu wachsen.

Sind Sie wirklich bereit, diese immensen Kosten für Ihre Verschieberitis zu tragen, nur um ein paar Jahre länger Ihre Einnahmen planlos ausgeben zu können? Vielleicht denken Sie jetzt: Okay, zehn oder 20 Jahre zu vertun, ist wirklich keine gute Idee. Aber ich bin erst 25, da kommt es auf ein, zwei Jahre doch nicht an.

Machen Sie Schluss mit den Ausreden und dem Verschieben! Lernen Sie den Zeitwert des Geldes zu schätzen – und für sich zu nutzen. Zeit ist Geld – diese viel zitierte Redensart lässt sich auch so verstehen: Durch den Faktor Zeit wird aus Ihrem Geld mehr Geld und daraus noch mehr. Wenn Sie das Sparen (länger) aufschieben, müssen Sie danach entweder den Sparbeitrag erhöhen oder eventuell sogar das Risiko der Sparanlage vergrößern.

Ihre Reichwerdestrategie kann also, ob Sie nun angestellt oder selbstständig sind, einzig so aussehen: Zahlen Sie von Ihren Einkünften als Erstes 10 Prozent für sich selbst auf Ihr Zukunftskonto ein. Vergrößern Sie möglichst permanent den monatlichen Überschuss, mit dem Sie Ihre Geldvermehrungsmaschine füttern. Je eher Sie mit Ihrem Vermögensaufbauplan starten, desto eher beginnen Sie damit, dem Reichtum entgegenzugehen.

Falls Ihnen selbst nicht mehr genügend Jahre bleiben, um für sich persönlich Vermögen zu bilden, geben Sie bitte den folgenden wertvollen Ratschlag an Ihre Kinder oder gegebenenfalls an die Enkelkinder weiter:»Wenn du Geld, und sei es nur eine kleine Summe, lange genug anlegst, kannst du eine Menge Kapital zusammenbekommen.« Ob Laufzeit, Höhe oder Rendite, Sie haben verschiedene Möglichkeiten, die einzelnen Stellschrauben zu verändern. Sie müssen lediglich definieren, wie stark Ihr Einkommen wachsen soll, welche Sparrate Sie ansetzen und von welcher Rendite Sie ausgehen. Es ist ein Unterschied, ob Sie sich 10, 12 oder 15 Prozent als Sparrate vornehmen, ob Sie 5, 10, 20 oder 30 Prozent Einkommenserhöhung in den nächsten Jahren erwarten.

Nehmen wir einmal ein Monatseinkommen von 2000 Euro und eine 3-prozentige Einkommenssteigerung pro Jahr an, dann verdienen Sie in zehn Jahren rund 2600 Euro, dies sind im Verhältnis zu heute 30 Prozent mehr. Dann könnte sich Ihre Sparquote von monatlich 200 auf 260 Euro erhöhen. Nutzen Sie Cashcode: 02. Dort können Sie schnell und einfach einen »Mehr-Geld-Zukunftsplan« für sich ausarbeiten.

Ist Ihnen das auch schon einmal passiert? Man geht durch die Fußgängerzone und entdeckt plötzlich auf dem Boden eine Münze. Fast jeder bückt sich in dieser Situation, hebt sie auf und hofft vielleicht sogar, dass es 1 Euro oder mehr ist. Beim Cent sagen wir dann – wie früher beim Pfennig –, dass er Glück bringt. Und Sie wollen doch schließlich viel (Finanz-)Glück haben.

Also bücken Sie sich ebenfalls im übertragenen Sinn nach jedem Geldstück, das Sie selbst erübrigen können. Sie würden Ihr Geld ja auch nicht absichtlich auf die Straße werfen, oder? Jeden Euro, den Sie sparen, werfen Sie stattdessen lieber in Ihren Geldvermehrungsautomaten. Vielleicht müssen Sie sich erst einmal den Zukunftswert eines einzigen Euro bewusst machen und realisieren, dass Sie damit viel Geldfortpflanzung in Gang setzen können.

Wahrscheinlich war es für Sie bisher unvorstellbar, mit ein paar pro Tag zurückgelegten Euro langfristig Euromillionär zu werden. Dann wird es höchste Zeit, dass Sie Ihre Vorstellungen ändern.

Die Eurosaat für Ihr Vermögen

Stellen Sie sich einen Geldbaum mit vielen Finanzästen und einem dicken Vermögensstamm vor. Genauso einen Geldbaum sollen Sie im übertragenen Sinn Ihr Eigen nennen, hegen und pflegen. Das können Sie auch schaffen, Sie brauchen nur genügend Ausdauer und Beharrlichkeit.

Nehmen Sie als Saat täglich einen 10-Euro-Schein, den Sie mit einer durchschnittlichen Rendite von 7 Prozent anlegen. Dann haben Sie nach 44 Jahren eine glatte Million zusammen. Wann immer Sie diesen Geldschein nicht beiseitelegen, bedeutet das, dass Sie gerade eben Ihr Saatgut für einen großen Eurobaum verringert haben.

Immer wenn Sie 1 Euro zurücklegen, sollten Sie einen 1-Million-Euro-Geldbaum betrachten (wie auf dem Buchcover), den Sie in Ihrem Reichwerdegarten züchten. So wie Sie jedes Saatkorn mit Wasser zum Sprießen bringen, lassen Sie jetzt Ihren Geldbaum mit regelmäßigen Einzahlungen wachsen. Und denken Sie daran: Am Baum zu ziehen oder ihn anzuschreien, dass er schneller wachsen soll, nützt nichts. Hier hilft nur regelmäßige Nährstoffzufuhr in Form von Euros.

Je eher der Euro ausgesät wird, desto schneller wächst der Geldbaum – und damit Ihr Vermögen – in die Höhe. Von Ihrem Geldbaum ernten Sie viele Eurosaatkörner. Die Geldsaat wird viele Renditefrüchte abwerfen, und diese Früchte bringen die neue Saat in Form von Renditerenditen. So können Sie schnell einen ganzen Wald aus Geldbäumen pflanzen.

Im Grunde funktioniert es wie in der Landwirtschaft: Die geernteten Körner können Sie wieder pflanzen, um noch mehr Körner zu bekommen, die Sie wiederum einpflanzen, um dadurch in Zukunft eine noch größere Ernte zu erzielen. Und je eher Sie starten, desto reicher wird Ihre Ernte sein.

Kapitel 3

Die Geldvermehrungsmaschine

Sie mit Ihrer Arbeitskraft sind eine Geldmaschine, jeden Monat sorgen Sie für einen bestimmten Einkommensbetrag. Wenn Sie jedoch aufhören zu arbeiten, hören Sie auch auf, Geld zu produzieren. Besser wäre es also, wenn Sie eine Maschine hätten, die rund um die Uhr, zwölf Monate im Jahr und selbst an Feiertagen für Sie arbeitet. Bauen Sie deshalb eine Geldvermehrungsmaschine, die Sie ersetzt, in die Sie nicht mehr monatlich einzahlen müssen, sondern bei der die Rendite das Geld für die Einzahlung liefert und für entsprechende regelmäßige, monatliche Auszahlungen sorgt.

Diese Maschine kann aber erst dann mit ihrer Geld produzierenden Arbeit starten, wenn Sie entschieden haben, welchen Anteil Ihres Gehalts Sie in die Geldvermehrungsmaschine hineinstecken wollen. Und dann müssen Sie diese bildliche Maschine entsprechend warten, denn sie wird Einkommen für Sie erarbeiten, das Ihnen auf lange Sicht finanzielle Unabhängigkeit und Freiheit bringt. Sie werden über die Zeit eine lebensverändernde Situation erzielen, in der Ihr Geld für Sie arbeitet statt Sie für Ihr Geld. Und sobald Sie erst einmal dafür gesorgt haben, dass Ihr Geld für Sie arbeitet, werden Sie Ihre finanziellen Ziele schneller erreichen.

Sie wollen doch Ihre finanziellen Ziele wirklich erreichen, oder? Also beispielsweise eine Finca auf Mallorca kaufen, im

Alter schöne Reisen unternehmen oder die Ausbildung Ihrer Tochter bezahlen können? Dann müssen Sie allerdings von Ihrem gegenwärtigen monatlichen Nettoeinkommen einiges in die Zukunft hinüberretten.

Dafür müssen Sie sich fokussieren und den Aufbau Ihres Startvermögens sowie die Vermehrung Ihres bereits vorhandenen Vermögens angehen. Das kennen wir schließlich alle von unserem Laptop oder Tablet-Computer: Nur was wir gespeichert haben, können wir später abrufen. Das gilt genauso für Ihr Geld.

So mancher vertraut auf schieres Glück und spielt Lotto oder Ähnliches. Doch beim Lotto steht die Chance bei 1 zu 140 Millionen, dass man den Jackpot knackt. Die Wahrscheinlichkeit, von einem Blitz getroffen zu werden, ist wesentlich größer. Die Deutschen geben im Schnitt um die 100 Euro im Jahr für Lotterien aus. Stellen Sie sich einmal vor, wie diese Summe über 20, 30 Jahre durch die Geldvermehrungsmaschine ganz von alleine wachsen könnte! Wollen Sie immer noch Lotto spielen, oder setzen Sie mit diesem Geld ab sofort lieber Ihre Geldvermehrungsmaschine zur Erzielung von Renditerenditen in Gang?

Egal für welches Ziel Sie sparen, legen Sie mindestens 10 Prozent Ihres Nettoeinkommens beiseite, damit Ihre Wünsche in Erfüllung gehen können. Diese scheinbar so simple Maßnahme kann eine Revolution in Ihrem Leben bewirken. Wenn Sie sie konsequent umsetzen, ist sie definitiv der wichtigste Schritt auf dem Weg zu Ihrer finanziellen Sicherheit. Dadurch werden Sie natürlich nicht über Nacht wohlhabend. Mein Weg zum Reichtum ist keine Sprintstrecke, sondern ein Dauerlaufparcours. Einen Soforteffekt gibt es hier nicht, aber einen Langzeiteffekt, und zwar einen überaus lohnenden, wie ich Ihnen bereits an anderer Stelle vorgerechnet habe. Aber die Sache mit den 10 Prozent ist so wichtig, dass ich sie Ihnen nochmals detaillierter vorstellen will. Schließlich soll sie der Motor Ihrer Geldmaschine werden.

Die 10-Prozent-Automatik

Manche finden es zu schwer zu sparen. In Wirklichkeit ist es aber leichter, als man denkt. Eine Umfrage des Emnid-Instituts zeigt, dass 76 Prozent der Deutschen Geld zurücklegen. 40 Prozent sparen jeden Monat. Anfangs mag es Ihnen schwerfallen, lieb gewonnene Gewohnheiten zu ändern. Doch viele Menschen vor Ihnen haben Wege gefunden, um mindestens ein Zehntel ihres Einkommens beiseitezulegen, und während Sie diese Zeilen lesen, gelingt es unzähligen weiteren Menschen. Der Beweis ist also längst und vieltausendfach erbracht worden. Ich werde Ihnen zudem zeigen, wie Sie mehr verdienen und ganz einfach Ihre Kosten senken können, damit es Ihnen leichtfällt, Geld für die Sparrate zu erübrigen.

Der erste Schritt ist bekanntlich immer der schwerste. Er fühlt sich fremd an, ihm fehlt noch die Automatik der nächsten Schritte. Trotzdem ist es gerade dieser erste Schritt, der schon nach kurzer Zeit die weiteren fast von alleine nach sich zieht.

Machen Sie sich daher als Allererstes bewusst: Sie sollen nicht um des Sparens willen sparen, sondern um Ihre Ziele zu erreichen. Ihr Wunsch ist es, genug Geld für die Zukunft zu haben, fürs Alter, für den Kauf eines Hauses oder einer Segeljacht beispielsweise, und aus diesem Wunschziel erwächst Ihre Motivation zum Sparen ebenso wie die Disziplin, diesen Sparvorgang kontinuierlich fortzusetzen. Also sagen Sie zu sich selbst oder Ihrem Partner nicht: »Leider muss ich von nun an 10 Euro am Tag sparen«, sondern formulieren Sie positiv: »Wir sparen jetzt 10 Euro täglich ein. Dann haben wir in zehn Jahren 50.000 Euro Eigenkapital beisammen und können unseren Traum von den eigenen vier Wänden in die Tat umsetzen.«

Viele der heutigen Reichen werden es Ihnen bestätigen: Auf ihrem Weg zum Reichtum war es nicht so wichtig, wie viel Geld sie verdient haben; entscheidend war vielmehr, wie viel Geld sie beiseitegelegt haben. So kann jemand, der 50.000 Euro im Jahr verdient, reicher werden als jemand mit einem Jahresgehalt von 100.000 Euro.

Zahlen Sie deshalb Monat für Monat automatisch auf Ihr Zukunftskonto ein. Das hört sich langweilig an, aber Ihr Leben ist doch bestimmt schon aufregend genug und soll noch viel spannender werden. Legen Sie auf den Euro genau fest, wie viel Sie monatlich auf die hohe Kante legen. Sagen Sie nicht: »Ich schaue mal am Monatsende, wie viel ich ausgegeben habe und was dann noch übrig ist.«

Das ist geradezu eine Lebenslüge, denn bei dieser »Methode« wird höchstwahrscheinlich Monat für Monat nichts oder so gut wie nichts übrig sein. Sie können ja auch nicht sagen: »Wenn ich erst mal weniger Übergewicht habe, gehe ich wieder joggen.« So funktioniert es nicht. Nur wenn Sie weniger ausgeben, bleibt mehr übrig; andersherum geht es nicht. Der entscheidende Schritt für die Vermögensbildung besteht darin, einen monatlichen Finanzüberschuss zu schaffen.

Das Erreichen Ihrer finanziellen Ziele hängt von Ihrer Fähigkeit ab zu sparen, also von der Summe, die Sie von Ihrem Einkommen investieren. Ihrer finanziellen Unabhängigkeit kommen Sie von Monat zu Monat näher, wenn Sie viel Geld richtig beiseitelegen. Finanzielle Freiheit wird das Resultat sein, wenn Sie auf den wichtigen Gebieten Ihres Finanzlebens die richtigen Entscheidungen getroffen, diese umgesetzt und beibehalten haben. Aber Sie können kein Investor werden, wenn Sie nichts zum Investieren haben. Und um ein guter Investor zu werden, müssen Sie zunächst eben ein guter Einsparer werden.

Machen Sie sich klar, dass Sie mit Ihrem laufenden Einkommen kleine Dinge kaufen können, mit Ersparnissen hingegen große. Sparen kann man deshalb auch als die zeitliche Verschiebung von Konsum beschreiben. Je größer die Differenz zwischen Ausgaben und Einnahmen ist, desto größer ist das Reichwerdepotenzial. Nicht die Höhe der Einnahmen, sondern die Differenz zu den Ausgaben macht reich.

Belohnen Sie sich von jetzt an mit einem Teil von Ihrem Lohn. Sobald das Monatseinkommen auf Ihrem Konto eingegangen ist, rufen Sie: »Bezahle mich zuerst.«

Die meisten Menschen bezahlen von ihrem Gehalt erst einmal die offenen Rechnungen, tätigen die notwendigen Überweisun-

gen und schauen dann am Ende des Monats, was übrig ist. Mal
sind das 100 Euro, mal nur 3, und öfter ist es gar nichts – manchmal sogar ein Minus.

Natürlich ist es unerlässlich, dass Sie Ihren Verpflichtun-
gen nachkommen. Entscheidend sind die Reihenfolge und die
gedankliche Gewichtung dieser Ausgaben: Bisher haben Sie
zuerst alle anderen und sich selbst als Letzten bezahlt. Dabei
geben Sie oft für andere so viel aus, dass für Sie selbst nichts
mehr bleibt. Obwohl Sie doch vorrangig arbeiten, um für sich
selbst Geld zu verdienen, oder? Dann sollten Sie auch einen Teil
Ihrer Einnahmen für sich behalten. Also drehen Sie die Reihenfolge um: Legen Sie fest, wie viel Geld Sie an sich selbst zahlen
wollen, bevor Sie das Geld an andere zahlen. Diese Einzahlung
ist eine Investition in Ihr Unabhängigkeitskonto für Ihr späte-
res Freiheitsvermögen. Die ersten 10 Prozent Ihres Nettogehalts
sind von nun an für Sie selbst bestimmt, danach bleiben 90 Prozent für Ihre Fixkosten und für alle anderen notwendigen Ausgaben.

Stellen Sie sich ein Berufsleben mit einem Achtstundentag und
einer Fünftagewoche vor. Ohne Überstunden, Urlaub und Feier-
tage sind dies rund 250 Arbeitstage im Jahr. Bei 45 Berufsjahren
kommt man auf 11.250 Arbeitstage oder 90.000 Arbeitsstunden.
Von diesem immensen Zeitschatz sollte doch wenigstens ein
Zehntel für die Ansammlung Ihres eigenen Geldschatzes auf
Ihrem Zukunftskonto gearbeitet haben, also 9000 Stunden für
Sie! Entsprechend sollte pro Monat der Lohn von zwei Tagen
Ihnen selbst zugutekommen. Schließlich arbeiten Sie schon
genug für den Staat, den Vermieter, die Ladenbesitzer, Restau-
rantinhaber und so weiter. Dieses Zehntel zahlen Sie am Anfang
jeden Monats als Allererstes auf Ihr Zukunftskonto ein.

Natürlich ist es ebenfalls möglich, falls es finanziell sehr knapp
ist, mit ganz niedrigen Einzahlungen zu beginnen und die Sparrate langsam zu steigern, zum Beispiel könnten Sie erst mal
nur 5 Prozent beiseitelegen und anschließend Schritt für Schritt
erhöhen, bis Sie bei 10 Prozent sind. Wenn Sie also anfangs noch
nicht die eigentlich geplanten 200 oder 300 Euro sparen können,
beginnen Sie eben mit 120 Euro oder lediglich mit 50 Euro. Wich-

tig ist, dass Sie starten, und zwar mit jedem Euro, den Sie übrig haben. Das funktioniert selbst dann, wenn Sie mit Minibeträgen von 5 bis 10 Euro monatlich anfangen und sich auf 20 oder 30 Euro im Monat steigern. Sie werden die Steigerungsstufen gar nicht als große Einschränkung empfinden, wenn Sie sich erst einmal mental aufs Sparen eingestellt und daran gewöhnt haben. Ein solcher Ritus ist deshalb hilfreich, weil er eine bewusste neue Verhaltensänderung in ein automatisches und unbewusstes Verhalten überführt.

Behalten Sie das Ziel, 10 Prozent zu sparen, immer vor Augen. Und sobald es geht, erhöhen Sie am besten auf 15 Prozent (zumindest vorübergehend), um die Anfangsdifferenz auszugleichen und Ihr Gesamtziel noch zum ursprünglich angestrebten Zieldatum zu erreichen. Wenn Sie zum Beispiel einen Autokredit oder ein anderes Darlehen getilgt oder Ihre Kinder, die von Ihnen finanziell unterstützt wurden, ihr Studium beendet haben, können Sie die monatliche Einzahlung auf Ihr Zukunftkonto entsprechend erhöhen. Solche Ereignisse sind Zeitpunkte, die Ihnen beim Erreichen Ihrer anvisierten Sparquote helfen.

Wenn es bei Ihnen finanziell hingegen schon ganz gut aussieht, können Sie beim Start bis an die Grenze gehen, beispielsweise 20 Prozent beiseitelegen, und nach ein paar Monaten schrittweise auf eine Sparquote von 10 Prozent absenken. Dann werden Sie das als Erleichterung empfinden und die Sparrate wird Ihnen kaum noch etwas ausmachen.

Welcher Prozentsatz ist für Sie nun der richtige? Darauf gibt es keine allgemeingültige und für alle richtige Antwort. Allein Ihre eigene Antwort zählt.

Falls Sie allerdings glauben, Sie könnten es sich nicht leisten zu sparen, muss ich Ihnen sagen: Sie können es sich nicht leisten, *nicht* zu sparen! Sie müssen auf jeden Fall einen Weg finden, monatlich etwas beiseitezulegen. Fangen Sie zur Not erst einmal mit 3 Prozent an. Diese Differenz werden Sie wirklich kaum merken.

Stellen Sie sich das einmal als Urlaub vor: 3 Prozent beiseitegelegt reichen für einen Zelturlaub, 6 Prozent für eine Pension mit Frühstück, 9 Prozent für Ferien in einem Hotel, 12 Prozent für das Mieten einer Ferienwohnung und bei 15 Prozent können Sie schon für ein paar Wochen ein Sommerhaus mieten.

Werden Sie kreativ, um Ihre Sparquote regelmäßig zu erhöhen, denn sie definiert den Zeitpunkt, von dem an Sie später nicht mehr für Ihr Einkommen arbeiten müssen. Wenn es Ihnen schwerfällt, einen Sparbetrag von Ihrem Monatseinkommen abzuzweigen, legen Sie zumindest das Weihnachtsgeld möglichst komplett beiseite. Das sogenannte 13. Monatsgehalt entspricht zwar nicht exakt 10 Prozent, aber immerhin schon einmal 8 Prozent. Und wenn Sie es schaffen, 10 Prozent zu sparen plus Weihnachtsgeld, sind Sie bereits bei 18 Prozent.

Sobald Sie Ihre mögliche Sparquote ermittelt und festgelegt haben, ist es an der Zeit, Ihren Reichwerdeplan in die Tat umzusetzen. Machen Sie sich klar: Dieses Geld ist nicht weg, es ist für Sie gewinnbringend angelegt, es ist Ihre Investition in Ihre Zukunft, in Ihre finanzielle Freiheit.

Mit kleinen Zielen zum großen Ziel

Sie müssen sich ein finanzielles Ziel setzen und genügend Wissen über Geld und Geldanlegen erlangen. Denn nicht Wissen ist Macht, sondern angewandtes Wissen ist Macht.

Viele Menschen überschätzen, was sie kurzfristig erreichen können, und unterschätzen, was langfristig möglich ist. Durch die Nutzung des Renditerenditeeffekts wird das Unmögliche eben doch möglich. Entwickeln Sie den Mut, sich hohe Ziele zu setzen, dann werden die Chancen steigen, dass Sie diese auch erreichen. Wer Angst hat, beim Erreichen seiner Ziele zu scheitern, und sich deshalb gar nicht erst auf den Weg macht, ist bereits gescheitert. Aus der Spannung zwischen Ihrem Ziel – dem Sollzustand – und Ihrer jetzigen Situation – dem Istzustand – entsteht eine beachtliche Energie. Programmieren Sie deshalb Ihre finanziellen Ziele in Ihr Unterbewusstsein ein und gehen dadurch mit mehr Power an die Realisierung der Ziele.

Sie werden merken, dass kleine Dinge, die Sie bei der Sparquote ändern, langfristig einen großen Unterschied mit hohen

Zahlen machen. Es kann ein langer Weg sein, auf dem Sie sich immer nur auf die nächste Teilstrecke, die nächsten 30 Tage, das nächste halbe Jahr konzentrieren sollten.

Gerade wenn Sie ein großes Ziel vor Augen haben, ist es hilfreich, dieses in monatliche Einzahlungsziele zu zerlegen, und das bedeutet als Kurzfristziel bei Ihnen die Sparleistung im ersten Monat. Wenn Sie sich genug Zeit lassen und konsequent und stetig an Ihrem Ziel arbeiten, werden Sie es leichter erreichen. Setzen Sie sich daher zunächst ein 30-Tage-Ziel: Wie viele Einsparungen oder Ansparungen können Sie im ersten Monat erreichen?

Und bedenken Sie: Ziele sind nur dann nützlich und messbar, wenn sie ein klares Start- und Enddatum haben. Also nicht einfach pauschal sagen: »In diesem Jahr möchte ich noch 1000 Euro zusammenbekommen«, sondern einen klaren Rahmen benennen. Wenn heute der 1. März ist und Sie bis zum 31. Dezember die 1000 Euro zusammenhaben wollen, heißt es jetzt Monat für Monat 100 Euro beiseitelegen. Für Ihr 30-Tage-Ziel bedeutet das: Am Ende des ersten Monats müssen die ersten 100 Euro angespart sein. Setzen Sie sich Ihr konkretes, persönliches finanzielles Ziel. Ich kann das nicht für Sie erledigen. Schließen Sie einen Vertrag mit sich selbst, der drei Stellgrößen umfasst: wie viel Sie maximal ausgeben, wie viel Sie monatlich zusätzlich einnehmen wollen und wie viel Sie monatlich ansparen werden (Cashcode: 03).

Um durch die Umsetzung Ihrer Strategie später finanziell abgesichert, unabhängig oder sogar frei leben zu können, sollten Sie sich einmal im Monat mit dem Abgleich Ihrer drei wichtigsten Stellgrößen beschäftigen. So vermeiden Sie nicht nur Selbsttäuschungen, sondern haben genauso wie Menschen, die ihren Diätfortschritt mit Waage und Kalorienzählen messen, einen enormen psychologischen Vorteil auf Ihrer Seite: Jeder erreichte Teilschritt beweist Ihnen, dass Sie es schaffen können. Die Waage zeigt beim kontinuierlichen Abnehmen jeden Tag oder jede Woche etwas weniger an. Ihr Konto hingegen nimmt beim konsequenten Sparen mit jedem Monat um eine bestimmte Summe zu. Und bald schon erwacht in Ihnen der Ehrgeiz: Wenn

Sie bereits so viel geschafft haben, können Sie noch viel mehr erreichen!

Wenn Sie kleine Ziele haben, ist das Leben einfach. Wenn Sie große Ziele haben, müssen Sie es eben einfach machen. Je stärker wir ein Ziel erreichen wollen, desto härter werden wir dafür arbeiten und deshalb größeren Erfolg haben.

Das Gesamtziel müssen Sie zwar vor Augen haben, sollten aber nicht jeden Tag versuchen, alles gleichzeitig zu verbessern. Setzen Sie einen Fuß vor den anderen, denken Sie immer bloß einen Schritt weiter. Und am Abend schauen Sie nach, wie viele Kilometer Sie vorangekommen sind.

Es ist doch ungemein beruhigend, kleine Schritte an kleine Schritte anzuhängen und dadurch am Ende einen großen positiven Effekt in Ihrem Leben zu erreichen. Ähnlich verhält es sich, wenn Sie sich beispielsweise mit einem Fachbuch auf die Prüfung in der Abendschule vorbereiten, da arbeiten Sie jede Woche ein Kapitel durch, und am Ende bekommen Sie den neuen Job oder erklimmen eine höhere Stufe auf der Karriereleiter.

Wer sein Ziel klar vor Augen hat und es in Teilziele gliedert, findet auch in schwierigen Zeiten oder Situationen leichter Brücken oder Umleitungsstrecken, um Hindernisse zu überwinden. Wenn wir notgedrungen einen Schritt seitwärts oder gar rückwärts machen müssen, ist es besonders wichtig, das Ziel weiterhin fest im Auge zu behalten. Visualisieren Sie in diesem Fall Ihre Ziele. Sie werden sehen: Wenn Sie konsequent monatlich Ihr Zukunftskonto besparen, werden Sie dies schon nach zwei bis drei Quartalen als genauso fixe monatliche Ausgabe wie Ihre Strom- oder Telefonrechnung ansehen. Nach ein, zwei Jahren ist den meisten gar nicht mehr bewusst, dass sie jeden Monat eigentlich ein um 10 Prozent höheres Einkommen, ob als Angestellter oder als Selbstständiger, haben. Sie denken nicht mehr jeden Monat bewusst daran und kommen deshalb kaum noch auf die Idee, diesen Sparvorgang zu unterbrechen, zu verringern oder gar zu stoppen.

Den Reichwerdeturbo zünden

Die 10-Prozent-zuerst-an-Sie-Regel bedeutet nicht, dass Sie unbedingt jeden Cent, den Sie theoretisch entbehren können, für später aufheben müssen. Sich von heute bis in 20 Jahren oder bis zum Rentenbeginn nichts mehr zu gönnen, um danach richtig viel zu haben, ist nicht die richtige Balance. Leben Sie lieber nach einer »Now and later«-Relation! Wenn Sie Ihre Fix- und Lebenshaltungskosten von Ihrem Nettogehalt abziehen und statt 10 Prozent zum Beispiel 20 Prozent übrig bleiben, dann wenden Sie die 50-50-Methode an. Sparen Sie die eine Hälfte, sagen wir 200 Euro, und geben Sie die anderen 200 Euro für Ihre Hobbys aus oder für Dinge, die Ihnen Spaß machen und für Sie wichtig sind.

Aber: Sie müssen beharrlich dabeibleiben, monatlich 10 Prozent Ihres Einkommens auf Ihr Zukunftskonto zu zahlen. Nur wenn dann noch etwas übrig ist, dürfen Sie dieses Geld für den kleinen Luxus zwischendurch ausgeben. Prüfen Sie zudem am besten viertel- oder halbjährlich, ob Sie die Einzahlungen auf Ihr Zukunftskonto von 10 Prozent auf zum Beispiel 12 Prozent erhöhen können.

Gehen Sie lieber an Ihre Grenzen. Überweisen Sie immer so viel wie möglich, dann ist Ihr Reichtum später weniger begrenzt. Wenn Sie eine größere Summe geerbt oder als Abfindung von Ihrem Arbeitgeber erhalten haben, zahlen Sie von diesem Betrag ebenfalls möglichst viel auf Ihr Zukunftskonto ein. Eine solche Einmalzahlung kann Sie auf dem Weg zu Ihrer Million so rasant voranbringen, als ob Sie einen Turbo gezündet hätten!

Schauen Sie selbst: Wenn unsere Musterfamilie 10 Prozent ihres monatlich verfügbaren Einkommens einzahlt, kommen – bei einer Verzinsung von jährlich 7 Prozent – nach 35 Jahren in etwa 540.000 Euro Vermögen zusammen. Fließt zehn Jahre nach Einzahlungsbeginn zusätzlich eine Erbschaft oder größere Abfindung von 100.000 Euro in den Vermögensaufbau mit ein, dann kommen am Ende sogar fast 1,1 Millionen Euro heraus. Die zusätzlichen 100.000 Euro haben sich also zu ungefähr 543.000 Euro vermehrt, mehr als das Fünffache.

Vielleicht gibt es ja Neider oder Dummköpfe in Ihrer Firma oder in der Nachbarschaft, die zu Ihnen sagen: »Vergiss es, dieser 10-Prozent-Reichwerdeplan bringt sowieso nichts.« Tatsächlich bringt er sogar sehr viel, wahrscheinlich mehr als alles, was Sie bisher mit Ihren Finanzen versucht haben. Lassen Sie sich von diesen Miesmachern nur ja nicht verunsichern! Anstatt jedes Detail zu hinterfragen, setzen Sie einfach die automatische Bedienung Ihres Zukunftskontos in Gang.

Nach dem Start vertrauen Sie auf die Reichwerdeautomatik: Sie bauen systematisch, ohne dass Sie etwas tun müssen, Vermögen auf, und zwar Ihr eigenes.

Natürlich erfordert es einen gewissen Aufwand, ein Bankinstitut auszuwählen und dort ein Zukunftskonto einzurichten, aber danach greift die Automatik. Fortan können Sie sich auf die schönen Dinge des Lebens konzentrieren. Die restlichen 90 Prozent Ihres Geldes sind nun wirklich für Ihr tägliches Leben und auch fürs Genießen bestimmt.

Nachdem Sie ein separates Konto eingerichtet haben, überweisen Sie per Dauerauftrag 10 Prozent Ihres monatlichen Einkommens von Ihrem Lohnkonto dorthin. Machen Sie die monatliche 10-Prozent-Umbuchung zu Ihrer ehernen Gewohnheit. Diesen Monat! Nächsten Monat! Jeden Monat! Lassen Sie sich keinen Regelbruch durchgehen.

Sowie der Dauerauftrag eingerichtet ist, haben Sie im Grunde in der Gegenwart nichts mehr mit diesem Geld zu tun. Der beste Weg zum Sparen ist, wenn Sie das Geld überhaupt nicht sehen. Fortan baut sich Ihr Finanzvermögen von selbst auf und aus, auch während Sie Urlaub haben oder mal krank sind. Auf diese Weise tricksen Sie sich selbst aus: Wenn Sie diesen Anteil Ihres Einkommens gar nicht erst zur Verfügung haben, können Sie gar nicht erst schwach werden und das Geld für unnötige Konsumverlockungen verprassen.

Ihr Geld hat sich quasi verselbstständigt. Nachdem Sie die Geldvermehrungsmaschine in Gang gesetzt haben, arbeitet die Reichwerdeautomatik ab sofort – ohne Pause – für Sie.

Sie haben es in der Hand, den heutigen Tag zu Ihrem ersten in der Welt des Reichtums zu machen. Rufen Sie sich zu: »Jetzt

ist der richtige Moment gekommen!« Es ist Zeit, Ihren erfolgreichen Finanzweg einzuschlagen und die Reise zum Reichtum
zu beginnen.

Bevor es jedoch mit dem Aufbau des Zukunftsvermögens los-
geht, müssen Sie noch eine Startvoraussetzung schaffen.

Von der eisernen Reserve zum Zukunftsvermögen

Eine sorgenfreie finanzielle Zukunft ist für jeden wichtig. Deshalb benötigen Sie eine ausreichende Barreserve zum Schutz vor
unvorhersehbaren finanziellen Kosten. Das ist einer der wichtigsten ersten Schritte zur finanziellen Unabhängigkeit. Ich habe
bei vielen Menschen erlebt, dass sie durch einen »Finanzairbag«
oder durch entsprechende Versicherungen ein hohes finanzielles
Sicherheitsgefühl entwickelt haben.

Bauen Sie deshalb als Allererstes eine Notfallreserve auf einem
Sonderkonto auf. Dieses »Notfallkonto«, wie ich es nenne, wird
im Einzelfall Ihren Stresspegel reduzieren, denn es ist schließlich
kein Zuckerschlecken, unerwartete zusätzliche Ausgaben mit
dem gewöhnlichen Einkommen zu bestreiten. Ein gut gefülltes
Notfallkonto, kugelfest und schusssicher, ist genau das Richtige
für diese Sondersituationen.

Die eiserne Reserve auf Ihrem Notfallkonto benötigen Sie auf
jeden Fall: Sie könnten durch einen Unfall vorübergehend arbeits-
unfähig werden, Sie könnten Ihren Arbeitsplatz verlieren. Der üb-
liche Versicherungsschutz wird hier wahrscheinlich nicht reichen,
weshalb Sie, um nicht plötzlich vor großen finanziellen Problemen
zu stehen, einen finanziellen Notvorrat angelegt haben sollten.

Auch wenn es nicht ganz so schlimm kommt, können aus hei-
terem Himmel enorme Zusatzkosten entstehen. Wenn Sie Ihr
Auto zu Schrott fahren oder in Ihrem Haus größere Reparaturen
anfallen, wenn plötzlich Steuernachzahlungen fällig werden, Ihr
Haustier krank wird oder Unfallkosten zu begleichen sind. Leider wird nichts davon im Kalender angekündigt.

Ihr Notfallkonto ist also ein Schutzschirm bei unvorhersehbaren finanziellen Belastungen. Das Gefühl, für den Fall des

Falles durch diesen Geldpuffer gewappnet zu sein, ist befreiend. Mit einem Schlag stehen unerwartete Ausgaben an – mit dem Notfallkonto sind Sie dafür gerüstet. Es ist quasi ein »Überlebenskonto« für harte Zeiten und zudem sehr viel besser als ein Überziehungskonto. Sie vermeiden dadurch nämlich die besonders teuren Dispokredite, die oft 10 Prozent per anno und mehr Zinsen kosten. Im Fall der Fälle erzielen Sie so quasi eine steuerfreie Rendite von 10 Prozent.

Die Höhe Ihres Notfallkontos hängt von Ihren monatlichen Ausgaben und der Sicherheit Ihres Einkommens ab. Wenn Sie jünger und/oder Single sind, genügt ein kleineres Notfallkonto. Das Gleiche gilt, wenn Sie zum Beispiel Beamter, Staatsangestellter oder aus anderen Gründen nahezu unkündbar sind und damit einige Finanzrisiken bei Ihnen wegfallen. Haben Sie jedoch kleinere Kinder und Ihr Lebenspartner arbeitet nicht, brauchen Sie ein größeres Sicherheitspolster. Als Faustregel empfehle ich, dass Ihr Notfallkonto mit mindestens drei Monatseinkommen gefüllt sein sollte. Bei Selbstständigen mit schwankenden Einkünften ist wahrscheinlich das Einkommen eines halben Jahres erforderlich, zumal es bei Arbeitslosigkeit kein Arbeitslosengeld gibt.

Ein ausreichend gefülltes Notfallkonto schützt Sie wie eine finanzielle Firewall davor, eines Tages nicht finanziell abgebrannt zu sein. Sammeln Sie also möglichst rasch einen Betrag von ungefähr 25 Prozent Ihres Jahreseinkommens an, damit Sie im Falle eines Lohnausfalls zumindest drei Monate überbrücken könnten.

Falls das Ansparen dieser Drei-Monats-Reserve für Sie sehr schwierig ist, sollten Sie als ersten Meilenstein auf dieser Notfallstrecke 1000 Euro anpeilen. Bei einem mittleren Einkommen müsste das spätestens in einem halben Jahr möglich sein. Stoppen Sie, falls nötig, alle unnötigen Ausgaben und konzentrieren Sie sich auf dieses Minimalziel. Machen Sie gegebenenfalls Überstunden. Vielleicht müssen Sie auch etwas verkaufen, womöglich sogar Ihre Musikanlage oder Ihr Auto.

Zwar können Sie mit 1000 Euro keine großen unvorhergesehenen Ausgaben begleichen, aber zumindest die kleinen plötz-

lichen Belastungen problemlos meistern. Sobald Sie die Summe
zusammenhaben, füllen Sie Ihr Notfallkonto Schritt für Schritt –
mit konkretem Zieldatum – weiter auf, bis Sie die Zielsumme von
drei Monatsgehältern erreicht haben.

Mit Ihrer eisernen Reserve auf dem Notfallkonto kommen Sie
mit mittelgroßen finanziellen Problemen gut klar. Sie kaufen
sich damit ein paar Monate Zeit, in denen Sie notfalls Ihr Leben
umstellen, eine neue Wohnung oder einen anderen Job finden
können.

Selbstständige haben oft enorm schwankende Einnahmen. In
manchen Monaten schieben sie Panik, weil nichts reinkommt,
und in anderen Monaten sind sie fast euphorisch angesichts der
Höhe ihrer Einnahmen. Genau aus diesem Grund sollten Sie als
Selbstständiger ein gut gefülltes Notfallkonto haben.

Anders als das Zukunftskonto müssen Sie Ihr Notfallkonto
komplett mit eigenen Einzahlungen auffüllen. Hier können Sie
nicht nach hohen Renditen streben, denn hier heißt es: Höhere
Liquidität bei niedriger Rendite. Im Notfall gibt es keinen Ersatz
für Cash. Ganz wichtig dabei: Das Notfallkonto sollte unter allen
Umständen ausschließlich als eiserne Reserve dienen, nicht für
unnötige Konsumausgaben!

Sollte die finanzielle Notsituation länger bestehen und die
Notreserve zur Neige gehen und sollten Ihre Verwandten Ihnen
nicht mit (weiteren) Privatdarlehen unter die Arme greifen können, greifen Sie auf Ihr Zukunftskonto zurück, das ist besser,
als weitere Bankschulden aufzunehmen. Tun Sie das aber bitte
wirklich nur im äußersten Notfall!

Sammeln Sie, sobald Sie Ihre Lage bereinigt und gegebenenfalls Ihre Verbindlichkeiten bei Ihren Verwandten beglichen
haben, erneut ein Guthaben auf Ihrem Notfallkonto an, das hat
höchste Priorität. Anschließend geht es – wie gehabt – mit dem
Vermögensaufbau im Zukunftskonto weiter. Sie füllen es wie
gewohnt Monat für Monat mit mindestens 10 Prozent Ihres Einkommens auf.

Selbst wenn Sie den Prozentsatz nicht steigern, wird der absolute Betrag – den die 10 Prozent ergeben – höchstwahrscheinlich
wachsen. Im Laufe Ihres Berufslebens machen Sie vermutlich

Karriere, steigern Ihr Gehalt und erzielen mehr Einnahmen als zum Start Ihres Reichwerdeplans. So sind aus den 200 Euro, die Sie beispielsweise anfangs auf Ihr Zukunftskonto überwiesen haben, längst 300 oder 400 Euro geworden, die mittels monatlicher Automatikumbuchung auf Ihr Zukunftskonto fließen. Ob Sie 10 Prozent oder mehr umbuchen: Mit dieser Geldvermehrungsmaschine verfügen Sie über ein narrensicheres System für Ihren Vermögensaufbau. Ihr Zukunftskonto arbeitet unermüdlich für Sie, Monat für Monat. Nichts kann Ihre Reichwerdeautomatik mehr stoppen.

Kapitel 4

Die Einkommensverstärker

Mit einer größeren Geldvermehrungsmaschine vergrößert sich Ihr Vermögen und in der Folge kann sich schneller Reichtum bilden. Denn wenn Sie mehr oder zusätzliches Einkommen haben, überweisen Sie unterm Strich mehr Geld auf Ihr Zukunftskonto.

Da Ihr Einkommenslevel Ihren Wohlstandslevel bestimmen wird, hat die richtige Berufswahl zwangsläufig enormen Einfluss auf Ihren finanziellen Erfolg. So wie Sie hoffentlich auf die Renditen und die Wertentwicklung Ihrer Vermögenswerte achten, sollten Sie ebenfalls ein Auge auf die Höhe der Einkommensströme aus Ihrer beruflichen Tätigkeit haben. Wir Deutschen verbringen immerhin etwas mehr als 50 Prozent unserer wachen Stunden am Arbeitsplatz beziehungsweise bei der Arbeit. Da ist der Stundenlohn, den wir erzielen, nicht ganz unwichtig.

Es gibt Menschen, die doppelt, dreimal oder gar zehnmal so viel verdienen wie andere. Um mehr Einkommen zu haben, müssen Sie auch »mehr« sein – vielleicht kompetenter, schneller oder flexibler. Oft müssen wir selber besser werden, damit die Dinge besser werden. Durch Arbeit wird Geld gemacht. Es gibt eine starke Verbindung zwischen Arbeit und Geld, rational wie emotional. Ihr stärkstes Vermögensaufbautool ist demnach Ihr Einkommen.

Mehr Geld zu verdienen kann noch wichtiger sein, als das Beste mit dem Geld zu machen. Ihr zukünftiges Einkommen

bestimmt nämlich das Volumen des Finanzziels. Die Höhe Ihrer
Sparrate beschleunigt zudem das Tempo des Erreichens Ihres
Ziels. Und das geht schneller und immer schneller, wenn Sie
mehr Geld verdienen.

Falls Sie sogar *deutlich mehr* Geld verdienen, können Sie
zwei Dinge gleichzeitig tun: mehr investieren und sich trotzdem
jetzt schon mehr leisten – und später sowieso. Wer bloß eine
einzige Einkommensquelle hat, ist hingegen ständig von finanzieller Dürre bedroht und Schicksalsschlägen mehr oder weniger schutzlos ausgeliefert. Wenn diese Einkommensquelle dann
auch noch dürftig sprudelt, lebt man mit einem hohen Risiko
einerseits und geringen Chancen andererseits, sein Leben entscheidend zum Besseren zu wenden. Zapfen Sie daher weitere
Einkommensquellen an!

Die beste Zukunftsversicherung, die Sie abschließen können,
ist eine, die Ihnen bei Krankheit und Berufsunfähigkeit, im Alter
und sogar bei Arbeitslosigkeit hilft. Damit meine ich nicht etwa
Ihre gesetzliche Kranken-, Pflege-, Renten- und Arbeitslosenversicherung, sondern Ihr Privatvermögen. Das ist nämlich die
beste Arbeitslosenversicherung. Es ersetzt Ihnen zwar nicht den
Job, aber zumindest den Verdienstausfall. Egal ob Sie krank
werden, Ihren Beruf nicht mehr ausüben können, Ihre Arbeit
verlieren oder das Rentenalter erreichen: Wenn Sie über ein
ausreichend großes und rentabel angelegtes Finanzvermögen
verfügen, sprudelt diese zweite Einkommensquelle weiter, auch
wenn die erste vorübergehend oder für immer versiegt ist. Deshalb sollten Sie neben Ihrem Job möglichst weitere Einnahme-
quellen für Ihr Lebenseinkommen erschließen – zumindest eine
zusätzliche, um nicht allein vom gütigen Schicksal abhängig zu
sein. Noch vor ein paar Jahrzehnten war es normal, dass man
nur eine einzige Einnahmequelle hatte, nämlich sein Festgehalt.
Heute haben bereits viele ein zweites oder sogar ein drittes
Standbein, wenngleich oft nur in Form kleiner Nebeneinkünfte.
In den USA und in vielen anderen Ländern geht fast jeder mehreren Zusatz- beziehungsweise Nebentätigkeiten nach. Der eine
arbeitet beispielsweise vormittags als Lehrer an einer Schule
und nachmittags in der städtischen Bibliothek, der andere tags-

über als Tankwart und abends als Berater im Empfehlungsmarketing. Manchen von ihnen bleibt nichts anderes übrig, weil ein Job allein nicht genug einbringt – aber wer findig und diszipliniert ist, kann durch freiberufliche Nebentätigkeit eine ergiebige zweite Einkommensquelle anzapfen. Wer diese Möglichkeit dagegen nicht nutzt, dem wird zuerst das Geld fehlen, das er nicht zusätzlich verdient hat, und später die Rendite sowie die Renditerendite auf das Geld, das er anzusparen versäumte.

Bei uns im wohlhabenden Westeuropa verfügen eine Menge Menschen über ein angespartes oder ererbtes Vermögen, aus dem sie Kapitalerträge erzielen. Falls das auf Sie noch nicht zutrifft, sollten Sie sich z. B. gegenwärtig lieber keinen – zumindest keinen teuren – Urlaub erlauben. Später können Sie das nachholen und richtig Ferien machen, wo und wie lange Sie wollen. Erschließen Sie sich zunächst eine weitere Einkommensquelle und zahlen Sie diese Extraeinnahmen auf Ihr Zukunftskonto ein. In der heutigen Zeit und bei der jetzigen Wirtschaftslage kann praktisch jeder, der das wirklich möchte und ein bisschen flexibel ist, einen Zweitjob oder eine Nebentätigkeit finden. Bauen Sie deshalb Ihre langfristige Finanzzukunft auf und viel schneller und ergiebiger aus, als das allein mit Ihrem Erstgehalt möglich wäre. Ein Zweitjob ist oft zugleich eine Gelegenheit, in einen anderen Hauptberuf oder in die Selbstständigkeit zu wechseln.

Das zweite Standbein trainieren

Bevor Sie mit einem Nebenjob Ihr Einkommen vergrößern können, müssen Sie möglicherweise Ihr Wissen erweitern. Glücklicherweise besitzt jeder von uns eine Forschungsstätte, in der er alles lernen kann. Um dieses Labor zu nutzen, brauchen Sie keine Gebühren zu entrichten und niemanden um Erlaubnis zu fragen und keine Öffnungszeiten zu beachten. Es ist gratis, es steht Ihnen überall und zu jeder Zeit offen. Dieses Labor ist Ihr Gehirn.

Die Dinge in Ihrem Leben ändern sich nur, wenn Sie sich ändern. Wollen Sie nebenher Dienstleistungen als Webdesigner anbieten? Dann verbessern Sie Ihre IT-Kenntnisse durch entsprechende Fortbildungskurse. Wollen Sie Ihr Einkommen steigern, indem Sie in Ihrer Freizeit Nachhilfeunterricht geben? Dann frischen Sie zunächst einmal Ihre Fachkenntnisse auf. Ob Abendschule, Fernuni oder Onlinekurse, Weiterbildung ist ein sehr vorteilhaftes Geschäft. Mit 100 Euro monatlich für Kurse oder Lehrbücher haben Sie die Chance, viele Hundert Euro pro Monat mehr zu verdienen.

Überlegen Sie gründlich und sammeln Sie Ideen, wie sich für Sie mehr Geld verdienen lässt. Wo können Sie besseren Service leisten, mehr arbeiten, einen größeren Nutzen bringen und so weiter, um eine Gehaltserhöhung zu bekommen oder befördert zu werden? Könnten Sie nebenher Zeitungen austragen, eine Aushilfstätigkeit an- oder Zusatzprojekte übernehmen, putzen oder irgendwelche Dinge nach Feierabend reparieren, um sich etwas dazuzuverdienen?

Subjektiv empfinden wir eine höhere finanzielle Sicherheit, wenn wir über eine bessere Berufsausbildung verfügen. Erhöhen Sie Ihre Chancen, indem Sie sich durch Lernen vorbereiten. Nicht nur fachlich – auch für eine Bewerbung, eine Verhandlung, ein Verkaufsgespräch kann man lernen. Je besser Sie sich vorbereiten, je besser Sie sich im Vorfeld informieren, desto positiver, zielorientierter und selbstbewusster gehen Sie in solche Gespräche.

Vorbereitung ist einer der wichtigsten Schlüssel für fast jeden Erfolg. Machen Sie also Ihre Hausaufgaben! Erlernen Sie Ihr Handwerk, trainieren Sie Ihre Geschicklichkeit, erweitern Sie Ihr Wissen. Entwerfen Sie für sich eine passende Strategie. Lernen findet jederzeit und überall statt, bei einfachen Arbeitsvorgängen ebenso wie bei komplexen Prozessen. Durch die Erweiterung unseres Know-hows testen wir neue Gebiete, kommen voran und verschieben unsere Grenzen. Suchen Sie nach Antworten, nach Lösungen, nach einem erfolgreicheren Weg. Statten Sie sich mit neuen, besseren Fähigkeiten aus. Das erfordert allerdings, dass Sie zusätzlich an sich arbeiten, Fortbildung betreiben und sich nicht zu schade dafür sind, hart und lange zu arbeiten. Jeder kann sein Einkommenspotenzial erhöhen, indem er hinzulernt und vielleicht in einen besser bezahlten Beruf oder sogar in eine stark wachsende Zukunftsbranche wechselt.

Sie entscheiden darüber, was Sie wissen und können und was Sie noch brauchen. Was Ihnen heute ein Buch mit sieben Siegeln ist, beherrschen Sie wahrscheinlich in einem oder ein paar Jahren mühelos. Sie müssen die Siegel bloß öffnen. In Amerika sagt man:»The more you learn the more you will earn.« Je mehr man lernt, desto mehr verdient man. Fortbildung ist eine gute Voraussetzung für den Zugang zu besser bezahlten Jobs, gerade formelle Ausbildungsabschlüsse erleichtern dies sehr. Also investieren Sie in sich selbst und werden Sie ein lebenslanger Lerner.

Qualifizieren Sie sich punktgenau für den Job, die Karriereposition oder die Branche, die Sie anstreben. Bauen Sie das Lernen so gut wie möglich in Ihren Alltag ein. Täglich eine Stunde lang können Sie sich auf der Fahrt von der Arbeit und nach Hause weiterbilden. Machen Sie Ihr Auto oder den U-Bahn-Waggon zur rollenden Audiothek. Ob Sie eine Sprache lernen, Rhetorik-CDs oder Hörbücher zu Fachthemen anhören, Sie werden sich in jedem Fall spürbar verbessern. Die Zeit für die Fahrt zur Arbeit und zurück müssen Sie sowieso investieren.

In der Morgendämmerung unseres Lebens sind wir Schüler, in der Abenddämmerung Ruheständler. Nutzen Sie das helle Licht der Erwachsenenzeit für Ihre Arbeit, Ihre Karriere.

Die eigenen Stärken versilbern

Wenn Sie eine neue Tätigkeit angehen oder sich eine nebenberufliche selbstständige Existenz aufbauen, dann fragen Sie sich immer: Wie hoch ist die Wachstumsrate? Lässt sich dieses Geschäftsmodell ausdehnen durch Filialen in anderen Stadtteilen oder Städten? Können Sie zusätzliche Produkte oder Serviceleistungen um das Kerngeschäft herum anbieten?

Ganz wichtig: Wenn Sie schon ein Geschäft gründen, dann sorgen Sie dafür, dass es auch wirklich ein Geschäft wird. Die vernachlässigte Ehefrau eines Workaholic-Rechtsanwalts, die eine Damenboutique eröffnet, oder der pensionierte Kunstleh-

rer, der eine Kleingalerie betreibt, wollen meist nicht in erster
Linie Geld verdienen, sondern sich selbst verwirklichen und
unter Leute kommen. Häufig wird mit solchen Läden gerade
so viel eingenommen, dass die Fixkosten gedeckt sind – wenn
überhaupt. Sie sehen das sicher anders, denn Sie haben ein
anderes Ziel.

Suchen Sie sich daher von vornherein eine Dienstleistung aus,
die von möglichst vielen Menschen wirklich benötigt wird. Dann
kann aus Ihrem Spielbein ein zweites Standbein werden, sodass
Ihre zusätzliche Einnahmequelle kräftig und dauerhaft sprudelt.

Die besten Einkommensquellen sind natürlich diejenigen, bei
denen Sie eine wiederkehrende Vergütung erhalten – so wie ein
Komponist immer wieder Geld einstreicht, wenn seine Musik in
einem Radiosender läuft. Ein solches Einkommensmodell finden
Sie beispielsweise im Empfehlungsmarketing. Wenn Sie einem
Hersteller oder Vertrieb Kunden zuführen und diese Kunden
einen erneuten Kauf tätigen, erhalten Sie jedes Mal Ihren pro-
zentualen Gewinnanteil.

Gewinnbeteiligungen sind besonders attraktive Nebeneinkünfte. Achten Sie aber darauf, dass Sie von den Gewinnen und
der Umsatzsteigerung durch »Ihre« Kunden auch dann noch
profitieren, wenn Sie selbst nicht mehr für die Firma arbeiten. Für Versicherungsagenten beispielsweise ist es ganz normal, dass sie Anteile von Folgeprovisionen bekommen. Ähnlich
erhalten z. B. Softwareentwickler über lange Zeiträume Lizenz-
gebühren.

Stellen Sie sich vor, Sie würden nach Beendigung Ihres Arbeitslebens 600 Euro zusätzlich Monat für Monat erhalten – das wäre
doch eine tolle Zusatzrente! Angenommen, Sie hätten mit 65
noch eine Lebenserwartung von 18 Jahren, dann würden sich
die Gewinnfortzahlungen auf knapp 130.000 Euro belaufen, Renditen nicht mitgerechnet. Wenn Sie ein solches Geschäftsmodell
finden würden, hätten Sie eine nie versiegende Geldquelle für Ihr
Zukunftskonto aufgetan.

Welche Tätigkeit auch immer Sie ausüben wollen: Sie sollten
sich etwas aussuchen, das Sie wirklich gern tun. Fragen Sie sich
genauso, was Sie besonders gut können.

Wenn Sie gut sind im Reden und Erklären und über das erforderliche Know-how verfügen, sind Sie vielleicht als Unternehmensberater oder Coach, als Verkäufer oder Repräsentant, als Trainer oder sogar als Politiker in der richtigen Position. Wenn Sie kreativ und erfinderisch sind, könnten Sie sich als Maler, Fotograf, Designer oder Musiker betätigen. Wenn Sie Organisationstalent besitzen, sind Sie eventuell als Projekt- oder Eventmanager gefragt.

Egal wofür Sie sich entscheiden: Sie müssen es mögen und es nicht bloß wegen des Geldes tun. Nur dann werden Sie in Ihrem Zweitjob oder (späterem) Hauptjob gut sein und entsprechend gutes Geld verdienen, das Sie gut gebrauchen können.

Denn Ihr Zusatzeinkommen verbessert Ihr durch die Millionärsformel erzielbares Finanzergebnis deutlich. 300 Euro Mehreinnahmen könnten bedeuten, dass Sie 150 Euro monatlich mehr auf Ihr Zukunftskonto umbuchen und bei 7-prozentiger Rendite über 30 Jahre Ihr Gesamtvermögen um ungefähr 175.000 Euro erhöhen. Dasselbe ist natürlich auch möglich, wenn Ihnen in Ihrem jetzigen Beruf Karriere- und Einkommenssprünge gelingen.

Wenn Sie mehr verdienen wollen, müssen Sie allerdings vorher mehr Power und mehr Einsatz investieren. Manche Tätigkeiten sind attraktiver als andere, und gerade für die attraktiven braucht man spezielle Eigenschaften und Kenntnisse. Je höher die Position auf der Karriereleiter, desto mehr Engagement und Eigeninitiative sowie Selbstmotivation sind nötig. Finden Sie heraus, was Ihr Traumberuf ist – und dann tun Sie zielstrebig alles, damit Ihr Traum Wirklichkeit wird. Und wenn man die Dinge angeht, die einem Spaß machen, lässt der Erfolg meist nicht lange auf sich warten.

Einen Arbeitsplatz zu haben, an dem man glücklich ist und zu dem man jeden Tag mit Freude statt mit Furcht oder Unbehagen geht, ist sehr viel wert – und zwar im doppelten Sinne des Wortes: materiell und immateriell, für Ihr Bankkonto ebenso wie für Ihr Zufriedenheitskonto.

Ihr vorrangiges Ziel sollte es folglich sein, einen Beruf auszuüben, den Sie besonders lieben und auf den Sie sich jeden Morgen regelrecht freuen. Wenn Sie einen solchen Arbeitsplatz haben, müssen Sie eigentlich nicht mehr arbeiten, denn dann sind Sie »Hobbyist«. Sie haben Ihr Hobby und Ihre Neigungen zum Beruf gemacht und empfinden Ihre Tätigkeit kaum mehr als Arbeit. Wenn Sie dagegen morgens schon mit Unlust losmarschieren, haben Sie wahrscheinlich den falschen Beruf oder die falsche Position im Unternehmen.

Das Zufriedenheitskonto füllen

Das Leben ist zu kurz, um in einem Job auszuharren, in dem man sich unglücklich fühlt. Es macht keinen Sinn, wenn Sie sich selbst täuschen, indem Sie sagen: »Ich hasse zwar den Job, aber ich liebe das Geld, das ich dort bekomme.« Denken Sie nicht nur daran, wie viel Geld Sie pro Stunde, Woche oder Monat verdienen, sondern auch, wie viel Frust Sie bei der Arbeit haben und wie oder wo Sie mehr Glück und Freude im Beruf finden könnten. Unsere Eltern haben zwar oft gepredigt, dass man möglichst viel arbeiten und froh sein soll, überhaupt eine Arbeit zu haben; doch wenn man Ruheständler, die mehr Abstand zum Arbeitsleben haben, danach fragt, bekommt man oftmals sinngemäß zu hören: »Nur ja nicht allein wegen des höheren Einkommens einen Job aussuchen, es muss noch mehr dabei sein: zum Beispiel Spaß, nettere Kollegen, ein gutes Arbeitsklima, Aufgabenvielfalt und Gestaltungsspielraum. Freude, Befriedigung und Bestätigung im Beruf sind viel wichtiger als eine Arbeit, die lediglich gut bezahlt wird, aber unglücklich macht.« Nicht selten raten Menschen im Rentenalter: »Wählen Sie Ihren Beruf nicht ausschließlich danach aus, welche zukünftigen Einnahmen Sie damit erzielen können.«

Stellen Sie sich einmal vor, Sie hätten groß geerbt und müssten eigentlich wegen des Geldes nicht mehr arbeiten – was würden Sie dann machen wollen, quasi umsonst, aus reiner Freude an dieser Tätigkeit? Woran hätten Sie Spaß? Wenn Sie Ihre Arbeit lieben, können Sie auch mit weniger Geld leben. Sie sollten zusehen, dass Sie genügend Euro, aber eben auch möglichst viele Glückspunkte auf Ihrer Monatsabrechnung haben. Glücklich leben ist besser als unglücklich arbeiten.

Hätte ich selbst als junger Mann diese Empfehlungen bekommen, wäre mir eine unerfreuliche Erfahrung erspart geblieben. Als ich bei der Bundeswehr war und auf den Beginn meines Medizinstudiums wartete, verpflichtete ich mich, wie bereits erwähnt, für zwei Jahre als Zeitsoldat, also für neun Monate mehr, als man damals als Wehrpflichtiger ableisten musste. Mein Motiv war der höhere Sold. Diese Entscheidung habe ich anschließend mehr als einmal verflucht. Die zwei Jahre bei der Bundeswehr machten wahrlich keinen Spaß. Im Rückblick hätte ich lieber weniger Sold, aber dafür auch weniger Bundeswehrzeit gewollt. Und das Auto, das ich mir von einem Teil der Mehreinkünfte gekauft habe, fuhr ich sowieso kurz darauf zu Schrott.

Achten Sie also darauf, dass Ihre Tätigkeit Ihnen Spaß macht und nicht nur Geld bringt. Sonst ist das Einkommen lediglich eine Art Ersatzbefriedigung, ja geradezu Schmerzensgeld. Und das bei einer Lebensarbeitszeit von 45 Jahren und circa 250 Arbeitstagen im Jahr. Egal was Sie dafür an Geld bekommen – wenn Sie einen stupiden oder sogar krank machenden Job ausüben, ist der Preis in jedem Fall zu hoch.

Wenn Sie ausschließlich wegen des Geldes viel arbeiten, mag zwar Ihr Kontostand stimmen, doch emotional sind Sie bereits pleite. Was nützt es Ihnen, wenn Sie viel Geld verdienen, sich eine teure Strandvilla kaufen, dort zweimal im Jahr sind und den Rest des Jahres in einem miesen Job arbeiten? Dann fühlen Sie sich trotzdem fast wie ein Gefangener im Knast. Zweimal im Jahr haben Sie Freigang zu Ihrer Ferienvilla, und den Rest des Jahres kommen Sie sich wie ein Zwangsarbeiter vor. Auch eine häusliche Luxusumgebung, unbestritten etwas Tolles, kann uns nie und nimmer für täglich acht Stunden gefühlter »Jobhölle« entschädigen.

Jasager werden

Es geschieht nichts, solange Sie nicht anfangen zu handeln. Wenn Sie erfolgreich werden wollen, müssen Sie sich entscheiden und in die Gänge kommen. Mein Rat: Ergreifen Sie grundsätzlich neue Chancen – es sei denn, Sie haben einen echten Grund, sie auszuschlagen.

Wenn Sie zum Beispiel für Ihre Firma ins Ausland gehen sollen und die dortige Landessprache nicht sprechen, dann können Sie diese Chance nicht nutzen – wohl aber können Sie Ihre Fremdsprachenkenntnisse ab sofort verbessern, um zumindest die nächste sich bietende Chance zu ergreifen.

Ich kenne viele bekannte Unternehmer und berühmte Manager. Etliche sind von ganz unten gekommen, und wenn man sie fragt, was aus ihrer Sicht die wichtigste Regel für den Erfolg ist, lautet ihr Fazit sinngemäß immer: »Bejahen Sie neue Herausforderungen, gehen Sie das Risiko ein, Sie werden es sonst bereuen.«

Niemand kann zwei Wege gleichzeitig gehen. Daher müssen wir bei jeder Entscheidung Ja oder Nein sagen, links oder rechts, oben oder unten – und dann unsere Entscheidung in die Tat umsetzen, möglichst mit Mut und Energie.

Stellen Sie sich zwei Menschen vor: Der eine hat bei fast jeder Gelegenheit Ja gesagt und der andere fast immer Nein. Diese Entscheidungen bilden die Basis für ein beruflich erfolgreiches oder weniger erfolgreiches Leben. Was glauben Sie, welcher der beiden in seinem Leben einen höheren Karrierelevel, ein höheres Einkommen, einen höheren Kontostand und einen höheren Glückspegel erreicht hat – der Jasager oder der Neinsager? Fast immer werden Sie feststellen, dass diejenigen, die zu neuen Chancen und neuen Herausforderungen öfter Ja gesagt haben, ein erfüllteres und erfolgreicheres Leben hatten als die Mutlosen und Negativen, die Chance um Chance verstreichen ließen.

Dasselbe gilt im Privaten: »Hätte ich nur damals das Mädchen gefragt, ob es mit mir ausgeht. Hätte ich mal diese Reise angetreten. Wäre ich doch auf die Abendschule gegangen ...«

Sagen daher auch Sie lieber Ja zu neuen Chancen. Fragen Sie sich nicht: Warum ich?, sondern lieber: Warum nicht? Packen Sie die Chance beim Schopf. Vielleicht kommt keine neue Gelegenheit mehr. Man weiß es nicht. Also tun Sie besser, was Sie jetzt tun können.

Wenn Sie eine neue Herausforderung annehmen, kann es natürlich trotzdem sein, dass die Sache schiefgeht. Aber selbst von dieser Erfahrung werden Sie profitieren und in jedem Fall etwas Nützliches daraus lernen. Wenn Sie jedoch die Chance ausschlagen, geht die Sache auf jeden Fall schief: Weil Stillstand herrscht, weil Sie nichts gelernt haben und sich nicht weiterentwickeln. Ein Jawohl hingegen dient meistens Ihrem Wohl. Also gewöhnen Sie sich eine Jawohl-Einstellung an. Nehmen Sie Herausforderungen lieber an.

Werden Sie ein Jasager, zum Beispiel zu dem Angebot, ein oder zwei Jahre ins Ausland zu gehen. Wenn ein junger Mensch diese Gelegenheit nicht nach der Schule, während des Studiums oder spätestens unmittelbar danach ergreift, wird er es wahrscheinlich in seinem ganzen Leben nicht mehr tun. Oder falls Sie eine bestimmte Sportart erlernen möchten, machen Sie beim nächsten verfügbaren Trainingskurs mit.

Am besten betrachten Sie Ihr ganzes Leben als einen Trainingskurs mit einer Vielzahl von Disziplinen. In jeder einzelnen sammeln Sie Erfahrungen, begehen ebenso Fehler wie Fortschritte. Fragen Sie sich jeden Morgen: Was kann ich heute besser machen als gestern? Und am Abend überlegen Sie: Was werde ich morgen besser machen können als heute?

Geld und Zeit ausbalancieren

Wenn man seinen Lebensunterhalt durch Arbeit verdienen muss – was wohl für die allermeisten Menschen zutrifft –, bleibt einem nichts anderes übrig, als Lebenszeit gegen Geld zu tauschen. Das gilt für Beamte genauso wie für Industriearbeiter, Lehrer, Anwälte oder Verkäuferinnen. Aber Arbeit ist viel mehr als Geldverdienen oder sollte es jedenfalls sein. Durch unsere Arbeit bekommen wir Erfolgserlebnisse, Befriedigung, Zufriedenheit und Anerkennung – oder eben nicht.

Sorgen Sie dafür, eine ausgewogene Money-Time-Balance zu erreichen, also Geld *und* Zeit zu haben. Wenn Sie immer nur arbeiten – jeden Tag mindestens zwölf Stunden und das Wochenende dazu –, bleibt Ihnen keine Zeit mehr zum Leben. Und wenn Sie zu wenig arbeiten, haben Sie zwar mehr Zeit, jedoch oft vor dem Hintergrund einer geringeren Lebensqualität.

Ihre Arbeitszeit verwenden Sie nach Möglichkeit für einen Beruf, der Ihnen Freude und Zufriedenheit schenkt. Wenn Sie damit zudem genug verdienen, um Ihren Lebensunterhalt zu bestreiten, sollten Sie ihn nicht leichtfertig aufgeben. Ein anderer Job mag Ihnen vielleicht ein höheres Einkommen bringen, aber wenn er Sie nicht mit Zufriedenheit erfüllt, wäre es trotzdem keine gute Wahl. Falls Sie es in Ihrem derzeitigen Job nicht mehr länger aushalten und glauben, dass Sie durch einen Wechsel der Arbeitsstelle bei geringerem Salär glücklicher wären, können Sie diesen Schritt wagen – immer vorausgesetzt, Ihr Einkommen reicht trotzdem noch, um Ihre Existenz zu sichern.

Manche Menschen sehen Arbeit als Strafe an. Doch wenn Sie die für Sie richtige Tätigkeit ausüben, ist es eher eine Belohnung. Welche Arbeit, welcher Beruf würde Sie mit Freude und Zufriedenheit erfüllen – und wofür haben Sie besonderes Talent?

Mir hat zum Beispiel Sport seit jeher Spaß gemacht. Als Jugendlicher wollte ich immer Fußball spielen, aber ich hatte kein gutes Ballgefühl und war motorisch ebenfalls nicht gut genug für eine Ballsportart. Also verlegte ich mich auf die Leichtathletik, vor allem auf den Langstreckenlauf. Auch beruflich wollte ich etwas machen, was mit Sport zu tun hat, und plante deshalb, Sportmediziner zu werden.

Als die zwei schrecklichen Jahre bei der Bundeswehr endlich um waren, bekam ich einen Medizinstudienplatz und arbeitete im Krankenhaus als Praktikant auf der internistischen Station. Mein Wunsch, anderen Menschen als Arzt zu helfen, wurde immer stärker. Ich erlebte dort, dass es ein wunderschönes Gefühl ist, Menschen in schwierigen Situationen beizustehen. Doch im theoretischen Teil meines Medizinstudiums merkte ich ziemlich schnell, dass mir die trockene wissenschaftliche Materie keine Freude machte.

Vielleicht wäre ich als Chirurg im OP-Saal tatsächlich am falschen Ort gewesen. Schließlich unterhalte ich mich gerne mit

Menschen, und meine Gespräche mit in Narkose befindlichen Patienten wären wohl recht einseitig verlaufen. Außerdem wurde mir damals klar, dass mich die Finanzwelt fasziniert. Natürlich hat es mich mit Anfang 20 auch sehr motiviert, dass ich als Verkäufer von Finanzprodukten schon kurzfristig deutlich höhere Einnahmen erzielen konnte. So engagierte ich mich mehr und mehr in meinem Job als Finanzberater, den ich zunächst neben meinem Medizinstudium ausübte. Vor allem anderen waren es die Erfolgserlebnisse bei dieser Arbeit, die mir viel Befriedigung und Bestätigung gaben. Durch meine Tätigkeit konnte ich Menschen aufklären, von ihren finanziellen Sorgen befreien und meistens ihren finanziellen Zielen näherbringen.

Natürlich gibt es Berufe, in denen man nicht so viel verdienen kann wie in anderen. Trotzdem werden Sie auf längere Sicht mit einer Arbeit, die Ihnen viel Freude bereitet, mehr verdienen als mit einem Job, der Sie anödet. Denn Menschen, die ihren Beruf als notwendiges Übel betrachten, liefern bei meist auch üble Qualität ab. Wer dagegen seinen Beruf achtet und gerne ausübt, erzielt oftmals auch bessere Ergebnisse.

Wie sieht es in dieser Hinsicht bei Ihnen aus? Falls Sie Ihren Beruf nicht wertschätzen und vielleicht zudem die Qualität Ihrer Arbeit zu wünschen übrig lässt, ist möglicherweise der richtige Zeitpunkt für eine Veränderung gekommen.

Der positive Hebel

In intensiven Seminaren habe ich ebenso Manager etablierter Konzerne wie solche von Start-ups aus- und fortgebildet. Oft ging es bei diesen Arbeitskreisen um die strategische Ausrichtung hinsichtlich Kundenorientierung sowie um Kommunikationsthemen wie etwa den störungsfreien Umgang mit Mitarbeitern und Kollegen und besonders um die Bedeutung von Empathie und emotionaler Intelligenz. Bei Seminaren mit Mitarbeitern aus dem Bereich Marketing und Sales ließ ich mir vorher grundsätzlich keine Informationen über Positionen, Erfolgsquoten oder aktuelle Umsätze der einzelnen Teilnehmer zeigen. Ich erkundigte mich im Vorfeld auch nicht bei den Konzernchefs, wie sie die Qualität der Manager einschätzten.

Nach den Veranstaltungen teilte ich die Gruppe gedanklich in drei Fraktionen auf: die Positiven, die Negativen und die Halb-und-halb-Gruppe. Erst im Anschluss setzte ich mich mit den Chefs zusammen.

Wenn ich dann erfuhr, wer welche Leistung gebracht hatte, musste ich mir oft ein Schmunzeln verkneifen. Die Positiven waren fast immer zugleich die Erfolgreichsten.

Ich nenne das die Psychologie des positiven Hebels. Sich zu vergegenwärtigen, was man in der Vergangenheit gut gemacht hat, ist besonders gut für das Selbstwertgefühl. Je mehr und je positiver man sich an vergangene Erfolge erinnert, desto besser bereitet man zukünftige Erfolge vor.

Stellen Sie sich vor, Ihr Leben würde bloß einen Tag lang dauern. Wenn Sie morgens aufwachen, sind Sie neugeboren, und wenn Sie abends eingeschlafen sind, sind Sie gestorben. Würden Sie an diesem Tag auch nur einen einzigen Gedanken an negative Dinge verschwenden? Sicher nicht! Erinnern Sie sich also lieber an frühere Erfolge als an vergangene Misserfolge, das wird Ihnen zu neuen positiven Erfahrungen verhelfen. Schreiben Sie alle positiven Vollendungen auf – alles, worauf Sie stolz sind und was andere an Ihnen bewundern. Entwickeln Sie einen positiven Umschwung, eine positive Wende! Machen Sie einen mentalen Turnaround und kehren Sie Ihre negativen Gedanken in positive um. Wiederholen Sie Ihre positiven Gedanken, sagen Sie sich Ihr optimistisches Mantra immer wieder vor. Nach drei Wochen wird daraus eine positive Gewohnheit. Damit diese sich nicht wieder verliert, sondern Sie stetig weiterträgt, müssen Sie allerdings ständig positive Gedanken nachladen.

Positives Denken schafft Selbstvertrauen und Hoffnung auf eine bessere Zukunft. Selbstvertrauen und Zukunftshoffnung wiederum werden Sie auf Ihrem Weg zum Erfolg spürbar unterstützen. Und falls Ihr Nachbar oder Ihre Arbeitskollegin derzeit noch erfolgreicher ist als Sie, machen Sie sich klar: Er ist kein Supermann und sie ist keine Superfrau. Sie hingegen sind durch Ihre superpositive Einstellung super drauf.

Bestimmt kennen Sie etliche Leute, die in ihren beruflichen wie privaten Nischen wie in einer limitierten Komfortzone leben. Sie haben Chancen vertan, weil sie sich nicht in eine andere Stadt versetzen ließen oder nicht zusätzlich einen Abendkurs besuchten, um ihre Karriere voranzubringen. Diese Menschen leben im Stand-by-Modus, quasi in einem No-go-Areal, zu dem der Erfolg keinen Zutritt hat. Sie sind in ihren selbst geschaffenen Begrenzungen gefangen.

Falls Sie ebenfalls noch in einer beengenden Komfortzone leben, machen Sie sich klar: Sie quälen sich mit einer mentalen Bremse durchs Leben. Lösen Sie diese von Ihnen selbst installierte Bremse und erweitern Sie Ihre Komfortzone, indem Sie begrenzende gegen entgrenzende Gedanken, Wünsche und Ziele tauschen.

Stoppschilder beseitigen

Oftmals unterlassen wir es, einen wichtigen Schritt auf unserem Erfolgsweg zu tun, obwohl wir eigentlich wissen, dass er uns entscheidend weiterbringen würde. Das liegt meistens daran, dass wir unserer Angst erlauben, unser Handeln zu bestimmen oder uns sogar zu lähmen. Das dürfen Sie auf keinen Fall zulassen, denn das würde Sie ausstoppen.

Wovor haben Sie besonders Angst: sich bei einer anderen Firma zu bewerben, nach einer Gehaltserhöhung zu fragen, einen Kunden anzusprechen? Wie sieht Ihre Liste beruflicher Ängste aus? Wenn Sie diesen Ängsten erlauben, Ihr Handeln zu bestimmen, werden Sie die neue Stelle, die Gehaltserhöhung oder den neuen Kunden wohl niemals bekommen. Denn wenn Sie so viel Angst vor Misserfolgen haben, dass Sie genau die Veränderungen vermeiden, die Erfolg in Ihr Leben bringen würden, haben Sie wenig Chancen. Je weniger man gegen solche Ängste angeht, desto stärker werden sie und desto gestresster, gehandicapter und in sich selbst gefangener ist man selbst.

Angst vermindert das Selbstbewusstsein, und mit geringerem Selbstvertrauen sind Sie weniger mutig, weniger kreativ, weniger erfolgreich – es ist, als würden Sie vor einem echten Stoppschild stehen. Dabei stehen Ihnen nicht einmal echte, objektive Hindernisse im Weg – sondern ein Teil von Ihnen selbst, eben Ihre Angst.

Also, bereiten Sie sich lieber auf die Situation vor, vor der Sie sich fürchten, das senkt Ihre Angst und erhöht Ihre Aktionsbereitschaft. Lassen Sie das Alte hinter sich und machen Sie sich auf den Weg zum Neuen. Die Bereitschaft, sich auf Veränderungen einzulassen, kann man trainieren wie die Bewegungsabläufe in einer Sportart.

Für Sie kann in diesem Moment der Punkt gekommen sein, neu zu starten und auf die Chance des Neubeginns zu setzen. Also ran an die Herausforderung! Handlungen heilen Angst. Sie fegen die Stoppschilder weg. Bewerben Sie sich voller Selbstvertrauen um die neue Stelle, fragen Sie entschlossen nach der Gehaltserhöhung. Melden Sie sich motiviert bei der Abendschule an. Bitten Sie Ihren Chef mit Nachdruck um ein Gespräch über Ihre nächste Karrierestufe.

Zerstören Sie Ihre Ängste durch Taten. Erlauben Sie niemals Ihrer Angst, Sie nach unten zu ziehen. Lassen Sie sich vielmehr bei Ihrer Karriere und Ihrem Erfolg von Ihrem Mut nach oben katapultieren.

Es gibt Menschen, die schlechtere Startvoraussetzungen, widrigere Umstände als Sie hatten und trotzdem erfolgreicher im Beruf und glücklicher im Privaten sind. Oftmals schiebt man Alters- oder Gesundheitsgründe vor, um zu rechtfertigen, warum man sich nicht fortbilden, den Job nicht wechseln, nicht mehr Geld verdienen kann und so weiter.

Fragen Sie sich ernsthaft: Sind Sie wirklich zu alt oder zu jung, zu dünn oder zu dick, um diese spezielle Herausforderung anzunehmen? Haben Sie wirklich die falsche Erziehung genossen, eine zu schlechte Ausbildung gehabt, können die nötige Fremdsprache nicht, kennen sich mit Computern nicht genügend aus – oder benutzen Sie nur Ausreden, um Ihre Passivität vor sich selbst zu rechtfertigen? In guten Firmen zählt ausschließlich das Leistungsprinzip, und da ist es nicht wichtig, ob Sie ein paar Altersfalten oder ein paar Pfunde zu viel haben, sondern es geht allein darum, was Sie leisten.

Ich empfehle Ihnen: Verwenden Sie keine Alibis mehr, sehen Sie lieber zu, dass Sie schleunigst aus Ihrer Komfortzone ausbrechen! Es gibt keine Ausreden, den überfälligen Wechsel nicht herbeizuführen, denn Sie können nichts verlieren, sondern nur gewinnen. Denken Sie sich nicht länger Entschuldigungen aus, warum Sie dies oder jenes nicht tun, nicht können oder nicht sind. Sagen Sie lieber:»Gerade *deswegen* tue ich es, gerade *deswegen* kann ich es, gerade *deswegen* bin ich es« – und starten Sie durch!

Den eigenen Traum leben

Auf die Frage, was sie einmal werden wollen, wissen zahlreiche junge Menschen leider keine Antwort. Besonders traurig ist, dass gerade Kindern aus einfachen Verhältnissen oder schwierigen Familiensituationen oftmals der Glaube an sich selbst und ihre berufliche Zukunft fehlt. In manchen ärmeren Stadtteilen erklären einige Kinder schon vor dem Schulende, dass sie später »hartzen« wollen. Dabei gab es noch nie so viele spannende Berufe und Arbeitsfelder wie heute, und oft sind sogar die Eingangsvoraussetzungen niedriger als je zuvor.

Wenn Sie jung an Jahren sind und die Entscheidung über Ihren Berufsweg vor sich haben, rate ich Ihnen: Lassen Sie sich Ihren Beruf nicht von Eltern, Verwandten, Freunden oder Kollegen aussuchen. Die Menschen aus Ihrem Umfeld meinen es sicher gut mit Ihnen, aber niemand kennt Ihre Träume und persönlichen Ziele besser als Sie. Wenn Sie eigene Pläne haben, sollten Sie auch den Mut und die Entschlusskraft aufbringen, sich den Wünschen Ihrer Angehörigen zu verweigern. Wie viele Söhne und Töchter schreiben sich an der Universität in dem Fach ein, das Vater oder Mutter studieren wollten! Falls Sie jedoch ganz andere Interessen haben, wäre das definitiv keine gute Idee, denn Sie können nicht nachholen, was Ihre Eltern nicht verwirklichen konnten, als sie selbst jung waren. Treffen Sie Ihre eigene Wahl. Schließlich müssen Sie später tagein, tagaus damit leben.

Selbst wohlüberlegte Entscheidungen können sich allerdings irgendwann als falsch oder überholt erweisen. Wenn Sie also feststellen, dass Sie mit Ihrem vermeintlichen Wunsch- oder sogar Traumberuf nicht oder nicht mehr glücklich sind, dann tun Sie alles, um in Ihrer Firma eine andere Funktion oder Position zu bekommen. Wechseln Sie notfalls das Unternehmen oder machen Sie sich selbstständig, um sich noch besser entfalten zu können. Heutzutage arbeitet sowieso kaum jemand sein Leben lang in ein und demselben Job; mehrmals in ihrem Berufsleben wechseln viele Deutsche inzwischen Tätigkeit oder Firma.

Wer neugierig und fantasievoll ist und für sich den idealen Beruf findet, hat deutlich mehr Karriere-, Einkommens- und somit auch Vermögensaussichten. Übrigens: Viele Menschen, die sehr reich geworden sind, haben das nicht in einem Beruf erreicht, den sie ursprünglich gelernt oder ausgeübt haben. Es könnte bei Ihnen also ebenfalls nicht nur ein Firmenwechsel anstehen, sondern vielleicht sogar ein Berufs- oder Branchenwechsel.

Jeder Mensch sollte möglichst sein natürliches Talent ausleben, denn das ist das Gebiet, auf dem er am ehesten glänzen, Zufriedenheit erreichen und Erfolge erzielen kann. Deshalb machen Sie beruflich einfach das, was Ihnen liegt und Freude bereitet, dann wird sich Ihr Berufsleben einfach gestalten. Wenn Sie sich etwas wirklich wünschen und es von Herzen wollen, werden Sie sich auf diesem Gebiet besonders hervortun. Sofern Sie mit Ihrer ganzen Seele hinter einer Sache stehen, locken Sie den Erfolg fast unwiderstehlich an. Tauschen Sie einen Beruf, der Ihnen zuwider ist, gegen eine Arbeit, die Sie mit Freude erfüllt – das ist beinahe so, als würden Sie einen Ruderkahn in ein Rennboot mit 1000 PS verwandeln.

Machen Sie einen Begabungscheck oder einen Eignungstest. Erstellen Sie eine Plus-Minus-Liste und finden Sie heraus, was zu Ihnen passt und was nicht. Fragen Sie sich, ob Sie den Karriereweg gewählt haben, der Ihnen wirklich Freude macht und das Gehalt einbringt, das Sie verdienen möchten. Beantworten Sie sich heute schon die Fragen, die sich viele Menschen erst am Ende ihres Berufslebens stellen: Was habe ich in meinem Leben getan? Was hätte ich stattdessen gerne gemacht? Fragen Sie sich, welche Tätigkeiten Sie so sehr lieben, dass Sie sich vorstellen könnten, sie sogar ohne Bezahlung auszuüben.

Wenn Sie noch nicht die Tätigkeit ausüben können, die Sie mögen, dann müssen Sie lernen, Ihren jetzigen Job zu mögen. Leider findet man nicht immer sofort die Arbeitsstelle, von der man träumt. Manche Menschen haben aus verschiedenen Gründen gar keine realistische Alternative und sind froh, zumindest nicht arbeitslos zu sein. In all diesen Situationen gilt das Motto »Wenn du nicht tun kannst, was du magst, musst du mögen, was du tust.«

Egal, welchen Job Sie gerade haben, Sie können bestimmt irgendetwas dabei lernen. Eine Lehre macht zwar bekanntlich nicht immer Spaß. Man muss teilweise Hilfstätigkeiten ausführen, Kaffee kochen oder stundenlang am Kopierer stehen. Aber das alles sind gleichzeitig Gelegenheiten zum Lernen. Selbst wenn man bloß lernt, wie monoton eine Tätigkeit ist, kann das eine wichtige Erfahrung sein. Im Zweifel steigert sie unseren Ehrgeiz, uns fortzubilden, damit wir künftig etwas Spannenderes machen können.

Zu Beginn meiner Karriere als Versicherungs- und Bausparverkäufer wurde mir schnell klar, wie dürftig meine Kenntnisse noch waren. Andere um mich herum wussten viel mehr als ich. Sie waren älter, hatten mehr Berufserfahrung, waren schon länger in der Finanzbranche. Umso besser für mich, sagte ich mir. Denn so konnte ich ihren Vorsprung für mich nutzen, wertvolle Informationen sammeln und von ihren Erfahrungen lernen. Ich fing ganz unten an der Basis an und arbeitete jahrelang nebenberuflich in diesem Job. Das war eine echte Ochsentour. Als ich jedoch später selbst Büroleiter war, konnte mir niemand ein X für ein U vormachen. Ich kannte das Geschäft aus dem Effeff, alle Sorgen der Verkaufsanfänger und die Herausforderungen des Tagesgeschäfts mit den Kunden. Es war ein schwieriger und langsamer Start meiner Verkäuferkarriere, aber am Ende profitierte ich davon.

Sprungbrett des Erfolgs

Gerade jüngeren Menschen empfehle ich, besonders aufmerksam zu sein und sich alles anzueignen, was um sie herum im Job passiert. Man weiß nie, was davon man später gebrauchen kann, und fühlt sich einfach besser, wenn man eigeninitiativ handeln und vorausschauend mitdenken kann, anstatt immer auf Anweisungen warten zu müssen. Versuchen Sie es einmal: Sie werden positiv wahrgenommen und ernten manch dankbaren Blick.

Ob Sie als Altenpflegerin oder Busfahrer, als Kellnerin, Musiker oder als Professor arbeiten: Machen Sie Ihre Arbeit gut. Finden Sie irgendetwas, das Ihnen in Ihrem Beruf Freude verschafft. Beispielsweise kann sich ein Busfahrer darüber freuen, wenn die Reisegesellschaft die Urlaubsregion heil und pünktlich erreicht, und die Reisenden sind glücklich, weil sie durch ihn an ihr Ziel gelangt sind, was wiederum zu seiner Zufriedenheit beiträgt.

Gerade wenn Sie entschlossen sind, bei der ersten sich bietenden Gelegenheit Ihren Job zu wechseln, sollten Sie die Zähne zusammenbeißen. Sind Sie nämlich arbeitslos geworden, stehen Ihre Chancen eher schlecht, eine spannendere Tätigkeit zu finden. Halten Sie durch und machen Sie das Beste daraus, bis sich eine gute Gelegenheit zum Wechsel bietet.

Lassen Sie in Ihren Anstrengungen nicht nach. Nehmen Sie sich vor, alles beiseitezuräumen – natürlich nicht Ihre Mitmenschen –, was Ihrem Erfolg entgegensteht. Machen Sie weiter, als könnten Sie Ihr Ziel nur dann erreichen, wenn Sie in dieser Situation erfolgreich sind.

Das gilt im Beruflichen wie im Privaten: Fragen Sie den Reiseleiter nach einer individuellen Tour, fragen Sie den Möbelhersteller nach einer speziellen Küchenzusammenstellung, fragen Sie Ihren Chef nach einer Gehaltserhöhung. Selbst wenn Sie ein Nein zu hören bekommen, stehen Sie nicht schlechter da als vorher. Aber wenn es ein Ja ist, stehen Sie auf jeden Fall besser da.

Sie kennen das bestimmt auch: Ein Brief oder ein Päckchen kommt zurück, weil die Adresse nicht mehr stimmt. Man recherchiert dann, ob die betreffende Person, der man etwas schicken wollte, umgezogen ist, und probiert es mit korrigierter Adresse noch einmal. Niemand würde in dieser Situation auf die Idee kommen, das Päckchen oder den Brief wegzuschmeißen oder es erneut an die falsche Adresse zu senden, oder?

Genauso sollten Sie es machen, wenn Sie die Beförderung, den Traumjob oder die Gehaltserhöhung, die Sie unbedingt haben wollen, nicht gleich im ersten oder zweiten Anlauf erhalten. Hinterfragen Sie sich dann selbst: Was könnten Sie noch besser machen, was müssten Sie zusätzlich leisten, um beim nächsten Versuch die Erfolgschance zu erhöhen? Betrachten Sie solche negativen Ereignisse als zwischenzeitliche Markierungen und nicht als Einlauf in ein falsches Ziel. Ein Nein ist ein Hinweisschild auf Ihrem Weg zum Ja.

Wenn Sie bei Ihrer Karriere zeitweise Rückschläge hinnehmen müssen, denken Sie an das große Ganze Ihres Berufslebens, an Ihren groß angelegten Reichwerdeplan, und lassen Sie sich von temporären Stockungen nicht frustrieren. Wir sollten aus Misserfolgen lernen, aber nicht verlernen, neue Aufgaben anzugehen. Fehler und Rückschläge schwächen Sie nicht, sie geben Ihnen im Gegenteil Kraft, sofern Sie die richtige Einstellung zu Lernerlebnissen haben. Die Sonne des Erfolgs versteckt sich notwendigerweise manchmal noch hinter den Wolken von Fehlschlägen.

Für Ihren Erfolg ist es allerdings nötig, selbst nach mehreren Fehlversuchen mit dem gleichen Engagement weiterzumachen, sonst ist genau dieses Nachlassen der Grund für weiteren Misserfolg und Sie verpassen das Sprungbrett zum Erfolg.

Erstellen Sie eine Liste mit schlimmen Dingen, die Ihnen widerfahren sind und die sich nachträglich teilweise als Vorteile entpuppt haben. Wenn uns etwas Schlechtes passiert ist, merken wir oft erst hinterher, dass es der Keim für etwas Gutes war. Lernen Sie während Ihrer jetzigen Tätigkeit, was und wo immer Sie können. Eignen Sie sich mehr Wissen und Kompetenz an, und dann bewerben Sie sich bei anderen Firmen. Gerade in schwierigen Berufsphasen können Sie auf diese Weise wertvolle Kenntnisse über die Branche, den Markt und die sich dort tummelnden Unternehmen gewinnen.

Bleiben Sie also konzentriert und fokussiert, halten Sie durch, selbst wenn Ihre Erfolgschancen scheinbar gering sind. Im Grunde können Sie von allen Menschen lernen, und manchmal können sogar schlechte Beispiele Ihrem Erfolg dienlich sein. Erfolgreiche Menschen haben dicke Bankkonten, fahren große Autos, machen Weltreisen, beschäftigen Hauspersonal – und haben meist hart für ihren Erfolg gearbeitet. Dienen auch Sie, um Erfolg zu verdienen. Nur wer mehr tut, kann mehr erreichen. Ich kenne eine Menge Menschen, die großartige Karrieren gemacht haben, gerade weil sie sich ihre Fähigkeiten in Jobs erwarben, bei denen sie ganz unten angefangen haben. Zu Beginn ihres Berufslebens mussten sie teilweise Tätigkeiten ausüben, die sie nicht mochten, weil sie woanders keinen Job bekommen hätten. Dort lernten sie oftmals, wie man ein besseres Arbeitsumfeld schaffen, Mitarbeiter besser behandeln könnte, wie Arbeitsprozesse und Kommunikationsabläufe effizienter zu organisieren wären, um letztlich bessere Ergebnisse zu erzielen.

Der Unterschied zwischen Gewinnen und Verlieren kommt nicht zuletzt daher, dass die Gewinner morgens aufstehen und das tun, was getan werden muss. Selbst wenn Ihr Chef Sie gängelt, Sie jedoch an Ihrer ungeliebten Arbeitsstelle Know-how sammeln können – sehen Sie es als Lernprozess. Für einen überschaubaren Zeitraum kann man auch mal mit der Faust in der Tasche stillhalten.

Wenn Sie mit Begeisterung arbeiten, sich einsetzen und verlässlich sind, steigen sogar in vielen Aushilfsjobs die Chancen, dass Sie eine Festanstellung bekommen. Selbst wenn Sie vorher niedere Arbeiten zu erledigen hatten, es kann bloß besser werden – jedenfalls dann, wenn Sie es besser machen als Ihre Kollegen.

Ihr Humanvermögen optimal auszusteuern, bedeutet, das zu tun, was Sie wirklich gerne tun, und die dafür notwendigen Ausbildungsschritte zu absolvieren, um diesen Berufs- und Karrierepfad zu bewältigen. Also arbeiten Sie daran, dass Sie möglichst viel und das zudem gut schaffen. Dann werden Sie mehr Einnahmen erzielen und wahrscheinlich auch im Job eine größere Eigenständigkeit und somit Zufriedenheit erreichen.

Fangen Sie noch heute an zu lernen und sich fortzubilden. Ziehen Sie aus Ihren Fehlern Lehren, machen Sie es beim nächsten Mal besser. Betrachten Sie Ihre derzeitige Arbeit als Übergangsjob, bei dem Sie für Ihre Fortbildung sogar bezahlt werden. Vielleicht dauert es ein halbes Jahr, ein ganzes oder auch drei Jahre, bis Sie genug wissen. Doch für diese Lehrzeit belohnen Sie sich dann mit Jahrzehnten in Ihrem Traumberuf, der Ihnen den gewünschten Freiheitsgrad gewährt.

Mehr Geld im gleichen Job

Ein sehr effektiver Schritt zur Vermögensvergrößerung ist schlichtweg eine Gehaltssteigerung. Effektiv deshalb, weil Sie in der gleichen Arbeitszeit mehr verdienen und weil Sie diese Einkommenserhöhung sehr schnell realisieren können.

Ein regelmäßiges, gutes Einkommen bestimmt über viele Jahre Ihr Sparpotenzial, und wenn Sie für die Umsetzung der Millionärsformel Ihre Einkommenskraft *und* Ihre Sparkraft erhöhen können, steigt Ihr Lebensvermögen exponentiell. Deswegen sollten Sie nun an die Gehaltserhöhung in Ihrem Hauptberuf denken. Indem Sie Ihre Lebenseinnahmen steigern, wird Ihr Lebensvermögen ebenfalls steigen. Zahlen Sie mehr in Ihr Zukunftskonto ein, wird gleichzeitig Ihr Gesamtvermögen stark wachsen.

Natürlich legen Sie das zusätzliche Geld nicht einfach unter die Matratze. Bei 7 Prozent Rendite bauen Sie mit jedem 100-Euro-Schein, den Sie monatlich mehr verdienen und für viele Jahre beiseitelegen, ein enormes Mehrvermögen auf: 100 Euro monatlich zu jährlich 7 Prozent über 30 Jahre angelegt führen zu rund 118.000 Euro (siehe Abbildung 8).

Zusatzeinkommen schafft Mehrvermögen   8

Anlage-zeitraum in Jahren	Monatlich angelegtes Zusatzeinkommen (in Euro)*					
	100	200	300	400	500	600
5	7163	14.325	21.488	28.650	35.813	42.975
10	17.208	34.417	51.625	68.834	86.042	103.250
15	31.298	62.596	93.895	125.193	156.491	187.789
20	51.060	102.120	153.180	204.240	255.299	306.359
25	78.777	157.553	236.330	315.107	393.883	472.660
30	117.651	235.302	352.953	470.604	588.255	705.905
35	172.174	344.348	516.522	688.696	860.870	1.033.044
40	248.646	497.291	745.937	994.582	1.243.228	1.491.873
45	355.901	711.802	1.067.702	1.423.603	1.779.504	2.135.405

*Zinssatz 7 % p. a., mit Zinseszins
Quelle: Eigene Berechnungen

Allerdings müssen Sie Ihre durch Gehaltserhöhung erzielten Mehreinnahmen auch tatsächlich zum größten Teil für vermehrtes Ansparen verwenden. Am besten füttern Sie Ihre Geldvermehrungsmaschine mit dem gesamten Mehrbetrag. Hunderttausende Menschen verdienen sich hierzulande über einen Nebenjob monatlich etwas dazu. Wenn Sie einen Minijob ausüben und diese 450 Euro monatlich sparen würden, dann wären das nach 30 Jahren bei einer Verzinsung von 7 Prozent knapp über eine halbe Million Euro.

Angenommen, Ihr Nettoeinkommen steigt von 2000 auf 2500 Euro und Sie sparen nicht nur 10 Prozent von den 2000 Euro (also 200 Euro), sondern ab sofort zusätzlich 50 Prozent der Einkommenserhöhung (250 Euro), dann sind das insgesamt 450 Euro und bereits 18 Prozent Ihres Gesamteinkommens. Dieser mehr als verdoppelte Sparbetrag brächte Ihnen nach 30 Jahren bei 7 Prozent Rendite – statt rund 235.000 Euro – stolze knapp 530.000 Euro. Sie wären also schon ein halber Millionär. Doch das ist noch lange nicht das Ende der Fahnenstange, denn die weiteren Gehaltssteigerungen und somit die weiteren Erhöhungen Ihrer Sparraten sind hier noch gar nicht berücksichtigt. Steigt Ihr Einkommen in den nächsten Jahren auf 3000 Euro und Sie sparen von den erneut hinzugekommenen 500 Euro wiederum 50 Prozent an, dann sparen Sie bereits 700 Euro, was einer Sparquote von 23 Prozent entspricht. Dasselbe gilt für etwaige neue Nebeneinkünfte. Versuchen Sie daher, Ihre Sparquote zu erhöhen – leiten Sie möglichst 50 Prozent von Ihrer Einkommenserhöhung, vom zusätzlichen Gewinn Ihrer selbstständigen Tätigkeit oder Ihres Nebenjobs in Ihr Zukunftskonto um.

Eine Gehaltserhöhung könnte der Startschuss für Ihr Nochreicher-werden-Programm sein. Nehmen Sie sich vor, in den nächsten ein oder zwei Quartalen, spätestens nach einem halben Jahr, mindestens 10 Prozent mehr zu verdienen – und zwar möglichst netto.

Den eigenen Zwilling fragen

Sie planen, präparieren sich und machen sich fit. Checken Sie, wo sich Ihnen eine Zusatzaufgabe bietet oder eine höher qualifizierte Tätigkeit in Ihrem Unternehmen, Ihrer Abteilung. Falls das nicht möglich ist, sehen Sie zu, dass Sie zumindest bezahlte Überstunden machen können.

Stellen Sie sich vor, es würde Sie zweimal geben. Sie spiegeln sich sozusagen. Ihr eineiiger Zwilling hätte die gleiche Ausbildung, den gleichen Studienabschluss, säße in derselben Firma in derselben Position, die Sie aktuell innehaben. Nur dass Sie in dem imaginären Szenario der Eigentümer des Unternehmens sind und als Chef die Leistungen Ihres Zwillingsbruders, der genauso viel, genauso gut und genauso eifrig arbeitet wie Sie, bewerten müssen. Finden Sie, dass sein bisheriges Gehalt gerechtfertigt ist? Bekommt er vielleicht sogar zu viel im Verhältnis zu seiner Leistung? Oder hat er wirklich mehr verdient?

Jetzt heißt es ehrlich sein. Es bringt gar nichts, wenn Sie sich etwas vormachen. Sind Sie immer pünktlich? Halten Sie Termine ein, oder muss man bei Ihnen dreimal nachhaken, bis Sie eine

Arbeit erledigt haben? Verbreiten Sie gute oder schlechte Laune? Sind Sie zuverlässig, oder haben Sie manchmal Aussetzer? Führen Sie während der Arbeitszeit private Telefonate? Surfen Sie während der Arbeitszeit im Internet, um beispielsweise Ihre Einkäufe schnell online zu erledigen? Wie sieht es bei Ihnen mit Kollegengequatsche aus? Und mit zu langen Kaffeepausen?

Die meisten Menschen werden bei ehrlicher Eigenanalyse herausfinden, dass sie pro Arbeitstag locker 20 bis 30 Minuten für berufsfremde Dinge vergeuden. Das macht pro Monat immerhin einen ganzen Arbeitstag. Wie fänden Sie das, wenn der imaginäre Zwillingsbruder in Ihrer Firma einen Arbeitstag pro Monat einfach bloß herumhängen würde, ohne zu arbeiten? Er ist zwar im Gebäude und körperlich anwesend, geht aber gedanklich fremd. Er arbeitet nicht für Sie, er arbeitet Urlaubspläne aus oder plant sein abendliches Freizeitprogramm. Für eine Gehaltserhöhung besteht bei Ihrem virtuellen Zwilling kaum Anlass.

Betrachten Sie sich nun mit den Augen Ihres wirklichen Chefs. Wie schätzt er Ihre Arbeit ein, was hält er von Ihrer Leistung, wie beurteilt er Sie? Gehören Sie zu den Kandidaten für eine Beförderung, stehen Sie auf der Aufstiegsliste? Schwimmen Sie in der breiten Masse mit, die nicht auf der Abschuss-, aber genauso wenig auf der Aufstiegsliste steht? Oder spüren Sie gar, dass Sie der Gefahr ausgesetzt sind, Ihren Job und damit Ihre Einkommensquelle zu verlieren, weil Sie ein Entlassungskandidat sind?

Im letzteren Fall sollten Sie das Thema Einkommenserhöhung gar nicht erst erwähnen, sondern sich erst einmal durch verdoppelten Arbeitseifer aus der Gefahrenzone bringen. Vertrauen Sie lieber nicht auf das Minimaxprinzip: mit wenig Leistung viel Ergebnis. Das funktioniert meistens nicht – oder jedenfalls nicht auf Dauer. Wenn Sie dagegen eine hohe Einsatz- und Leistungsbereitschaft zeigen, ist auch die Chance größer, dass Sie Ihre beruflichen und finanziellen Ziele erreichen.

Da Sie jedoch bereits mit Disziplin und Erfolg an Ihrer Reichwerdestrategie arbeiten, gehe ich davon aus, dass Sie bei Ihrem Chef nicht auf der Roten Liste stehen. Bevor Sie ihn allerdings wegen einer Gehaltserhöhung angehen, kann es hilfreich sein,

Freunde oder Familienmitglieder zu fragen, wie sie die Lage einschätzen. Was glaubt Ihr bester Kumpel oder Ihre Partnerin, wie
Sie auf Ihren Chef wirken? Was empfehlen Ihnen vertraute Menschen, um Ihre Karriere voranzubringen?

Ich kenne zahlreiche Unternehmer und Topmanager, die Zehntausende Angestellte und Arbeiter beschäftigen. Ich selbst hatte
viele Tausend Mitarbeiter mit Festgehalt oder variablen Bezü-
gen, mit Gewinnbeteiligung oder auf Stundenlohnbasis. Auch
durch meine Beteiligungen an den verschiedensten Unternehmen weiß ich ziemlich genau, wie Inhaber und Personalchefs
ticken, wie sie über Mitarbeiter denken, was in ihren Augen
besonders wichtig ist.

Für eine Beförderung ist das entscheidende Kriterium häufig, ob die betreffende Persönlichkeit sich entwickelt und ihre
Fähigkeiten erkennbar gesteigert hat. Keine persönliche Weiter-
entwicklung, keine Gehaltsentwicklung – so einfach ist das im
Grunde.

Machen Sie sich klar: Das Unternehmen, in dem Sie beschäftigt
sind, ist an Ihrer Kompetenz, Ihrem Engagement und Ihrer Leistung interessiert – nicht so sehr an Ihren Universitätsabschlüs-
sen oder an womöglich lange zurückliegenden Schulzeugnissen.

Realisieren Sie, dass die meisten wirklich erfolgreichen Menschen erheblich mehr als 40 Stunden pro Woche arbeiten, einschließlich der Wochenenden, ohne sich jemals darüber zu
beschweren. Sie sind auf ein Ziel fokussiert, haben Freude am
Schaffen, können sich verwirklichen, und das gibt ihnen Energie und persönliche Erfolgserlebnisse und als Folge davon mehr
Geld.

Genauso wie das Leben bezahlt Ihr Chef Sie nicht für das, worauf Sie hoffen, sondern für das, was Sie tun.

Wenn Sie eine Gehaltserhöhung anstreben, will Ihr Boss oder
der Personalchef des Unternehmens natürlich von Ihnen wissen,
warum Sie mehr Geld haben wollen. Antworten Sie dann bitte
nicht: »Meine Ausgaben sind gestiegen«, oder: »Kollege Maier
verdient ja sogar noch mehr.« Auch das Argument, dass die
Firma schließlich hohe Gewinne macht, wird Ihr Gegenüber keinesfalls überzeugen. Sie müssen vielmehr ganz konkret erklären

können, dass Sie Ihre Leistung zum Nutzen des Unternehmens gesteigert haben.

Leistungsabhängig bezahlte Berater haben diese Logik längst verinnerlicht. Sie wissen ganz genau, dass mehr Mandanten und mehr Umsatz sich auf ihrem Konto in Form von mehr Honoraren, also mehr Einkommen, niederschlagen. Oder denken Sie an den Kellner in einem Restaurant. Er würde niemals sagen:»Wenn die Gäste netter sind und mir mehr Trinkgeld geben, werde ich ebenfalls netter sein und sie schneller bedienen.« Er weiß genau, dass er zwangsläufig gute Trinkgelder bekommt, wenn er gute Arbeit macht. Andersherum geht es nicht.

Bevor Sie Geld ernten, müssen Sie Arbeit säen. Die Saat des Geldes ist Arbeit und Leistung. Das bedingt, dass man erst»dienen« muss, damit man später»verdienen« kann.

Trümpfe ausspielen

Viele Menschen müssen erst sich selbst, ihre Arbeitsweise und ihre Einstellung zur Arbeit ändern, bevor sich ihr Gehalt ändern kann. Fragen Sie sich, was Ihr Chef nach Ihrer Einschätzung bei Mitarbeitern besonders ätzend findet. Und dann überlegen Sie, wie Sie vermeiden können, dass Ihr Vorgesetzter sich ärgert. Wenn Sie die Dinge unterlassen, die ihn ärgern, wird er es kaum unterlassen können, Ihr Gehalt zu erhöhen. Wenn Sie gute Fertigkeiten erlangt haben, werden Sie wertvoll für Ihr Unternehmen und können zugleich einen konstanten Einnahmenzufluss erzeugen, kontinuierlich für Ihre Zukunft sparen, Ihre finanzielle Sicherheit vergrößern und Ihrer finanziellen Unabhängigkeit näherkommen.

Was Sie in Ihrer Freizeit machen, ist Ihre Sache. Was Sie in Ihrer Arbeitszeit machen und wie er Ihre Leistungen beurteilt, ist dagegen Sache Ihres Chefs. Wenn Sie im Job die richtigen Dinge erledigen, wird die Firma Sie auch richtig bezahlen. Wenn Sie Ihre Trümpfe ausspielen und damit Ihrem Chef und seiner Sache mehr dienen als andere, werden Sie ebenfalls mehr verdienen.

Deshalb fragen Sie sich, was Sie tun können, damit es der Firma besser geht – dann wird der Chef im Gegenzug dafür sorgen, dass es Ihnen finanziell besser geht. Werden Sie ein Mitdenker in Ihrer Firma. Seien Sie kein Meckerer, sondern ein Verbesserer. Meckerer reagieren rein emotional, Verbesserer konzentrieren sich dagegen auf rationale Lösungen, die wirklich helfen. Fragen Sie sich, wie Sie dazu beitragen können, dass die Produktionsprozesse effizienter werden und der Service schneller erfolgt, dass Material oder Energie eingespart wird. Dadurch bewirken Sie eine messbare Kostensenkung, und die können Sie dem Chef dann vorrechnen. Für ein Unternehmen muss sich jeder Mitarbeiter rechnen. Sie würden auch niemanden beschäftigen, der mehr kostet, als er einbringt. Gute Mitarbeiter erhalten oft doppelt so viel Gehalt wie durchschnittliche und wahrscheinlich sogar viermal so viel wie schlechte Mitarbeiter.

Es ist ein Geben und Nehmen: Sie wünschen sich mehr Gehalt – und Ihr Chef wünscht sich, dass manches in seinem Laden besser läuft. Seien Sie Teil der Lösung von Problemen und Herausforderungen, vor denen Ihr Arbeitgeber steht. Lösen Sie sich von geschäftsschädigendem Verhalten und verstärken Sie geschäftsförderndes Verhalten. Dann wird Ihr Chef Ihnen auch gerne helfen, Ihr Gehaltsproblem zu lösen.

Gute Unternehmen sind, genauer betrachtet, immer Unternehmen mit guten Mitarbeitern, die gute Ideen haben, diese gut umsetzen und als Folge davon gut verdienen. Wenn Sie mehr Einsatz zeigen und Ideen einbringen, wenn Sie motiviert sind und für bessere Stimmung sorgen, wird sich das auf Ihrem Gehaltszettel niederschlagen. Also unternehmen Sie etwas! Sie selbst bestimmen Ihren Preis. Sie selbst definieren Ihren Wert. Sie selbst bringen sich in die richtige Position.

Stellen Sie sich daher die Frage, wie Sie für Ihren Chef und für Ihr Unternehmen noch wertvoller werden können. Machen Sie es sich nicht zu leicht, indem Sie sich vorgaukeln, dass Sie es nicht wissen. Sie kennen die Antworten, und jetzt machen Sie sich daran, Ihr Wissen umzusetzen!

Sie sind dafür verantwortlich, dass Sie die Anforderungen Ihres Chefs erfüllen oder, noch besser, übererfüllen. Er kann von

Ihnen mehr Leistung fordern, und wenn Sie die bringen, können Sie Ihrerseits mehr Gehalt fordern.

Was werden Sie ab jetzt tun, um auf dem Markt mehr wert zu sein? Ein Einkommenserhöher und somit Reichwerdebeschleuniger sind Sie, wenn Sie mehr für andere tun können als andere. Und dafür werden Sie entsprechend höher entlohnt werden als andere. Also tun Sie mehr, geben Sie mehr, bieten Sie mehr, dann verdienen Sie auch mehr. Denn Sie sind für Ihr Unternehmen so viel wert, wie Sie an Wert schaffen. Damit Umstände sich ändern können, müssen Sie sich ändern. Ihr Arbeitsplatz ist immer so gut wie die Arbeit, die Sie selbst abliefern.

Bescheidenheit kann in manchen Bereichen des Lebens wichtig sein. Aber Sie wollen doch kein bescheidenes Gehalt bekommen, oder? Ihre Chefs müssen schon merken, was Sie tun, wie gut Sie es tun und dass Sie immer besser werden. Wenn es keiner merkt, dann merken Sie es ebenfalls nicht auf Ihrem Gehaltszettel!

Stellen Sie daher ab sofort sicher, dass in den nächsten Monaten möglichst viele merken, dass Sie anders auftreten, anders arbeiten. Dann werden Sie als Folge bald auch anders entlohnt werden.

Machen Sie sich allerdings zugleich klar, dass andere Sie nicht auf der Karriereleiter nach oben ziehen. Sie müssen schon selbst nach oben klettern – durch Ihre Leistung und indem Sie dafür sorgen, dass Ihre Verdienste bemerkbar und bemerkenswert sind. Die Sichtbarkeit Ihres Erfolgs bestimmt in großem Maße Ihre Karriere und Ihren Verdienst. Es ist also nicht allein wichtig, dass Sie die Arbeit gut machen, sondern dass Sie sie zudem gut verkaufen. Beschäftigen Sie sich daher mit der Fähigkeit der Selbstvermarktung. Ein besonderes Talent von erfolgreichen Menschen besteht genau darin. Bauen Sie Ihre Ich-Marke auf. Legen Sie fest, was Sie machen wollen, um besser bemerkt und bewertet zu werden. Kümmern Sie sich vorerst nicht darum, ob es machbar ist. Nehmen Sie es sich aber fest vor.

Seien Sie sich Ihrer Trümpfe bewusst und ebenso der Tatsache, dass Sie für einen solchen beruflichen Aufstieg wahrscheinlich

Ihre Qualifikation, Ihre Effektivität, Ihre Netzwerkaktivitäten oder selbst Ihre Loyalität werden steigern müssen.

Wenn Sie sich in einem dieser Punkte noch kein gutes Zeugnis auszustellen vermögen, müssen Sie Ihre Arbeitsweise optimieren. Danach können Sie Ihr Gehalt optimieren – erst dann fängt die Geldmaschine an, für Sie zusätzlich zu drucken.

Gute Arbeit bringt Lob. Das sorgt dafür, dass Sie motiviert sind, noch bessere Arbeit zu machen, was wiederum zu mehr Lohn führt. Eine positive Spirale. Doch erst mal müssen Sie besser werden. Das Geld folgt der Arbeit, nicht die Arbeit dem Geld.

Schreiben Sie auf, wie hoch Ihr Gehalt aktuell ist, welche Erhöhung Sie ab wann erreichen wollen und eventuell ab wann welche weitere Erhöhung. Spätestens in sechs Monaten werden Sie Ihre Gehaltserhöhung beantragen. Deshalb müssen Sie sofort damit beginnen, all das zu ändern, was Ihrer Gehaltserhöhung bislang im Weg steht.

Für das Unternehmen unersetzlich werden

Sagen Sie jetzt bitte nicht: »Ich würde ja gerne Karriere machen, aber bei meinem Elternhaus und meiner Schulbildung habe ich keine Chance.« Studien belegen, dass viele höchst erfolgreiche Menschen nicht aus reichen, bildungsnahen Elternhäusern kommen, dass sie häufig nicht studiert und manchmal nicht einmal eine abgeschlossene Berufsausbildung besitzen. Warum haben sie es trotzdem bis ganz nach oben geschafft? Weil sie den Erfolg wollten und nie an ihrem Erfolg zweifelten. Ich selbst habe mein Studium nicht beendet, habe keine abgeschlossene Berufsausbildung, nicht einmal eine Lehre, dafür habe ich von Jahr zu Jahr immer mehr an mich und an den Erfolg geglaubt.

Niemand glaubt an Sie, wenn Sie nicht selbst an sich glauben. Und selbst wenn alle anderen an Ihrem Erfolg zweifeln, müssen Sie immer an sich glauben. Sie sollen ja nicht gleich Vorstandsvorsitzender werden, sondern Ihr Potenzial ausschöpfen, so gut es eben geht. Vergegenwärtigen Sie sich: Selbstvertrauen plus Leistung schlägt Herkunft plus Bildung.

Bestimmt kennen Sie in Ihrem Unternehmen, Ihrer Nachbarschaft oder Ihrem persönlichen Umfeld fünf Menschen, die
mehr verdienen, einen besseren Beruf oder eine höhere Karriereposition haben als Sie. Höchstwahrscheinlich sind sie weder
intelligenter noch besser gebildet als Sie, haben keinen besseren
Charakter oder mehr Talente. Entscheidend ist: Diese erfolgreicheren Menschen haben ein größeres Selbstvertrauen. Mangeln-
der Glaube an sich selbst ist hingegen eine Art Selbstbetrug.

Sich selbst infrage zu stellen – zumindest als Übung –, ist ein
Erfolg versprechender Ansatz, um die Frage nach der eigenen
Arbeitsweise besser beantworten zu können. Nur lassen Sie
sich nicht schocken. Kurzfristig kann es niederschmetternd
sein, wenn Sie sich Ihre ehrlichen Antworten anschauen. Doch
womöglich erkennen Sie darin genau die Gründe für Ihr jetziges
noch zu niedriges Gehalt.

Stellen Sie sich anschließend erneut vor, Sie wären Ihr Chef.
Welche Mitarbeiter auf Ihrer Etage würde er für unverzichtbar
halten? Fragen Sie sich, warum er sie so sieht. Was machen
diese Menschen Besonderes, wie verhalten sie sich? Und sorgen
Sie ab sofort dafür, dass er Sie in ein paar Monaten ebenfalls für
unverzichtbar hält.

Wir befinden uns in der freien Marktwirtschaft, Angebot und
Nachfrage bestimmen Ihr Einkommen. Sie können Ihr Angebot
vergrößern und damit wahrscheinlich Ihre Aussichten auf Einkommenserhöhung verbessern. Was würde Ihr Chef von jemandem erwarten, der aufsteigen will? Dass er sich fortbildet, Ideen
einbringt, eine neue Fremdsprache lernt, größeren Teamgeist an
den Tag legt, dass er bereit ist, länger oder auch mal am Wochenende zu arbeiten?

Ein höheres Einkommen ist eine Sache der eigenen Leistung
und nicht der Ansprüche, die man stellt. Vergegenwärtigen Sie
sich, dass Ihr Chef vor allem an zwei Dingen interessiert ist: wie
er durch Ihre Mithilfe besser dasteht und wie es der Firma besser geht. Fragen Sie sich nicht, wie viel Sie die Firma kosten,
überlegen Sie lieber, wie viel Sie der Firma bringen. Und wenn
Sie sicher sind, besser zu sein als Ihre Kollegen, dann kommuni-
zieren Sie das getrost offensiv, aber nicht angeberisch.

Je eher Sie sich klar darüber werden, was Sie bisher versäumt haben, desto schneller können Sie in Zukunft besser sein. Nun gilt es, die Arbeitsbereiche oder Eigenschaften, bei denen Sie noch schlecht dastehen, ins Positive umzuwandeln und vielleicht sogar zum Overperformer zu werden. Erstellen Sie einen Maßnahmenplan, um Ihren Arbeitswert und damit Ihr Gehalt zu steigern. Lesen Sie Fachliteratur, besuchen Sie Seminare, nutzen Sie Weiterbildungsangebote. Wer sein Wissen vermehrt und seine Fertigkeiten optimiert, kann dadurch meist auch sein Einkommen vermehren und seinen Kontostand steigern. Die »Rendite« kann beachtlich sein: Wenn Sie 1 Prozent Ihres Einkommens in Weiterbildung investieren, erzielen Sie wahrscheinlich 10 Prozent mehr Einkommen.

Die bittere Anstrengung für den Erfolg dauert eine gewisse Zeit, den süßen Erfolg können Sie dafür dauerhaft genießen.

Geschickt gefragt ist halb gewonnen

Spätestens nach einem halben Jahr stellen Sie den Beförderungsantrag, die Lohnerhöhungsanfrage. Allerdings nur, wenn Sie heute noch mit Ihrer Selbstverbesserung starten. Sie müssen nicht versuchen, perfekt zu sein, wohl aber besser zu sein. Das halbe Jahr beginnt, sobald Sie mit Ihrer Selbst- und Arbeitsoptimierung angefangen haben. Wenn Sie also heute Ihren Plan lediglich aufschreiben und erst in einem halben Jahr damit anfangen, bekommen Sie erst in zwölf Monaten die realistische Chance auf eine Gehaltserhöhung.

Sie gehen in Vorleistung. Ihr Arbeitgeber wird kaum vorschüssig Ihr Gehalt steigern. Überlegen Sie sich genau, mit welchem konkreten Wunsch Sie an Ihren Chef herantreten wollen. Haben Sie sich eine Steigerung um 10 Prozent vorgenommen? Angenommen, Sie verdienen im Moment 24.000 Euro jährlich, also 2000 Euro im Monat. Sie wollen 10 Prozent mehr bekommen – wie formulieren Sie das am besten? Verlangen Sie »10 Prozent mehr«? Fragen Sie nach einer Erhöhung auf 2200 Euro pro Monat? Oder Sie rechnen Ihr Monatsgehalt auf

Ihren Stundenlohn um: Bei 2000 Euro und 160 Stunden im
Monat kommen Sie auf 12,50 Euro pro Stunde. Sie könnten
also fragen, ob Sie 1,25 Euro pro Stunde mehr bekommen. Der
Chef wird dann vielleicht denken:»Nur 1,25 Euro?« Sie hinge-
gen wissen ja, wie viel aus bereits einem einzigen zusätzlichen
Euro werden kann.

Fragen Sie ebenfalls, ob es Bonuszahlungen oder eine Tan-
tieme gibt und wie es mit Zuzahlungen in die betriebliche Altersversorgung aussieht. Vielleicht ist zusätzlich ja sogar ein Firmen-
wagen, ein Spritzuschuss oder mindestens die volle Zahlung der
vermögenswirksamen Leistungen drin.

Manchmal kann in einer Gehaltsverhandlung die Frage, ab
wann die Erhöhung greifen soll, ein geschicktes taktisches Argument sein. Ab sofort? Ab nächsten Monat? Ab dem nächsten
Quartal? Oder ab dem nächsten ersten Januar? Vielleicht hat
Ihr Chef in den letzten Monaten zwar erkannt, dass Sie besser
geworden sind, braucht jedoch möglicherweise noch ein bisschen Zeit, weil er beispielsweise in seiner Abteilung etwas umor-
ganisieren muss, bevor er die Gehaltssteigerung seinen Vorge-
setzten darstellt.

Gehaltserhöhung anmelden

Allerdings brauchen Sie nicht ewig darauf zu warten, dass der
Chef Ihre Leistungen entsprechend würdigt. Manchmal vernach-
lässigen Arbeitgeber unbewusst treue und gute Mitarbeiter, weil
sich diese nicht zu Wort gemeldet haben. Melden Sie deshalb
selbst Ihre Gehaltserhöhung an.

Wenn Ihre Performance und Ihr Engagement stimmen, Sie
Ihren Chef mehrfach auf Ihre Sonderleistungen oder Extra-
erfolge hingewiesen haben und trotzdem Jahr um Jahr weder
eine Beförderung noch eine Gehaltserhöhung bekommen
haben, dann brauchen Sie einen Plan B. Wie reagieren Sie
in dieser Situation? Knicken Sie einfach ein und sagen sich:
»Dann eben nicht«, oder beharren Sie hartnäckig auf Ihrer
Forderung?

Beides sind eher keine guten Ideen. Fragen Sie Ihren Chef lieber geradeheraus, wie er Sie aktuell in Relation zu den Kollegen einstuft. Fragen Sie ihn, was Sie tun müssen, um mehr zu verdienen. Erklären Sie ihm, was Sie selbst tun wollen, damit es dem Unternehmen besser geht. Wenn er Ihnen konkret erklärt, was er von Ihnen erwartet, bekräftigen Sie, dass Sie seine Erwartung erfüllen, besser noch übertreffen möchten.

Fragen kostet nichts. Nicht zu fragen hingegen kann Sie sehr viel kosten. Denken Sie daran: Ein einziger Euro, den Sie durch eine kleine Gehaltserhöhung zusätzlich pro Tag sparen können, ist bei jährlich 7 Prozent Rendite nach 30 Jahren zu einem Vermögen von rund 35.000 Euro geworden (siehe Abbildung 2).

Rufen Sie sich das immer wieder in Erinnerung: Ein einziger Euro kann das Saatkorn für Ihren Geldbaum im Wert von einigen Hunderttausend Euro, vielleicht sogar von 1 Million und mehr sein. Versuchen Sie, weitere zu pflanzen, indem Sie jetzt Ihre Leistung optimieren.

Wenn der Chef sagt, es gibt keine Gehaltserhöhung, dann geben Sie sich, Ihrem Chef und dem Unternehmen eine letzte Chance. Arbeiten Sie bis zur nächsten Gehaltserhöhungsanfrage sogar noch härter als bisher. Sorgen Sie für noch bessere Ergebnisse. Bringen Sie noch bessere Ideen und sich noch besser ins Team ein. Kümmern Sie sich noch intensiver um die Kunden, optimieren Sie die Arbeitsabläufe, schaffen Sie bessere Lösungen. Tun Sie alles, um es ihm unmöglich zu machen, Sie nicht zu befördern beziehungsweise nicht höher zu vergüten.

Wenn Sie Ihre Arbeitsweise und Ihre Ergebnisse entscheidend verbessert haben und Ihr Chef trotzdem von einer Gehaltserhöhung und/oder Beförderung nichts wissen will, kann es allerdings sein, dass Sie für den falschen Arbeitgeber arbeiten. Für jemanden, der Dienen und Verdienen nicht in der richtigen Relation betrachtet.

Dann ist für Sie der Zeitpunkt gekommen, sich nach einem neuen Job umzusehen, weil Ihre Anstrengungen hier offensichtlich nicht honoriert werden. Bei einer anderen Firma sind Sie höchstwahrscheinlich besser aufgehoben.

Wenn Sie besser sind, brauchen Sie auch einen besseren Posten, und wenn das nicht geht, eine bessere Firma. Das bedeutet aber keineswegs, dass sich Ihre monatelange Selbst- und Arbeitsoptimierung nicht gelohnt hätte. Sie sind ja wirklich besser geworden, und so etwas spricht sich mitunter schnell herum. In anderen Unternehmen wird man aufmerksam registrieren, dass da jemand ist, der etwas richtig bewegt, und deshalb wird man Sie wegbewegen wollen – in eine bessere Position, verbunden mit einem besseren Gehalt (Cashcode: 04).

Sie sehen: Es gibt keine Garantie, dass Sie eine Gehaltserhöhung bekommen werden. Aber die Garantie, dass Sie insgesamt für den Arbeitsmarkt attraktiver werden, die gibt es schon. Und damit haben Sie ebenfalls eine garantiert höhere Chance auf ein höheres Einkommen, eine höhere Einzahlung auf Ihr Zukunftskonto und ein höheres Lebensvermögen.

Erfolgreich als Stellenbewerber

Wenn Sie eine neue Tätigkeit suchen, kommen Sie um Onlinebewerbungen im Internet mittlerweile kaum mehr herum. Entscheidend ist trotzdem, wie die direkte Kommunikation läuft, wenn Sie dem Personalchef von Angesicht zu Angesicht gegenübersitzen. Der persönliche Kontakt ist der entscheidende. Die soziale, menschliche Komponente gibt fast immer den Ausschlag. Allein in der persönlichen Begegnung können wir die sogenannten Soft Skills unseres Gegenübers beurteilen, und die spielen heutzutage bei fast allen Jobs eine wichtige Rolle. Wenn der Personalchef ein gutes Gefühl beim Face-to-face-Gespräch hat, ist die Chance, dass Sie den Job bekommen, sehr hoch (Cashcode: 05).

Wenn Sie sich um eine neue Stelle bewerben, erwähnen Sie dort nicht ungefragt, wie viel Sie aktuell verdienen. Sonst glaubt Ihr Verhandlungspartner womöglich, er müsste nur ein paar Euro obendrauf legen, um Sie zu bekommen. Sie jedoch wollen in eine andere Liga aufsteigen und nicht bloß ein paar Prozent mehr erhalten als vorher. Verraten Sie auch nicht als Erster, wie viel Sie haben wollen, fragen Sie lieber, was die neue Firma anbietet. Und falls Ihnen das Angebot zu niedrig ist, stellen Sie nicht einfach eine Gegenforderung, sondern fragen lieber, was Sie gemeinsam tun könnten, um in die von Ihnen anvisierte Gehaltsrichtung zu kommen.

Wenn Sie auf diese Weise ein alternatives Jobangebot mit einer attraktiven Vergütung in Aussicht haben, gehen Sie erneut zu Ihrem bisherigen Boss und konfrontieren ihn damit. Oftmals merken Chefs erst dann, wie wichtig ein Mitarbeiter ist, wenn er sich anschickt, die Firma zu verlassen, und womöglich sogar zur Konkurrenz wechselt. Vielleicht machen Sie sogar Ihrem Chef höflich und charmant klar, was es kostet, jemand Neuen zu rekrutieren und einzuarbeiten. Wäre es da für die Firma nicht viel besser, Ihnen stattdessen ein höheres Gehalt zu zahlen?

Höchstwahrscheinlich wird der Chef für Ihren Wunsch nach einer Gehaltserhöhung nun deutlich aufgeschlossener sein und Ihnen ebenfalls ein attraktives Angebot machen.

Verhandeln Sie mit mehreren Firmen, deuten Sie ruhig an, dass Sie weitere Eisen im Feuer haben. Geben Sie aber nicht gleich weiter, wie viel Geld die anderen bieten. Erwähnen Sie lieber besondere Erfolge, die Sie in Ihrem früheren Beruf oder in der anderen Firma hatten. Welche tollen Aufträge Sie an Land gezogen, welche Innovationen Sie eingeführt oder angeregt haben und wie Sie durch Neuerungen und persönlichen Einsatz dazu beitragen konnten, den Umsatz, die Erfolgsquote oder Kundenzufriedenheit Ihrer Abteilung zu verbessern.

Wenn es Ihnen gelingt, Ihr Einkommen zu steigern, haben Sie eine wichtige Komponente der Millionärsformel umgesetzt. Jetzt gilt es, die Kontrolle über Ihre Ausgaben zu übernehmen und Kosten zu senken.

Kapitel 5

Kampf den Vermögensvampiren!

Die Grundsystematik des Reichwerdens war, ist und wird immer diese bleiben: mehr verdienen oder weniger ausgeben, am besten beides. Einnahmen verbessern auf der einen Seite, Kosten senken auf der anderen Seite. Dafür müssen Sie zuerst einmal herausfinden, wie sich Ihre Einnahmen und Ausgaben zueinander verhalten, wie viel Sie einnehmen, wie viel Sie ausgeben.

Studien haben ergeben: Wenn Probanden eine Diät machen und alles, was sie essen, aufschreiben, verlieren diese Menschen doppelt so viel Gewicht wie diejenigen, die zwar auch abnehmen wollen, aber die einzelnen Lebensmittel und Getränke nicht detailliert notieren. Genauso sollten Sie es bei Ihren Einnahmen und Ausgaben halten, damit Sie das richtige Verhältnis zwischen beiden finden, um Überschüsse für Ihr Zukunftskonto zu erzielen und Ihre finanziellen Träume verwirklichen zu können. Sonst ist das so, als würden Sie eine Diät machen und hätten keine Waage.

Glauben Sie bitte nicht, dass Leute mit hohem Einkommen zwangsläufig vermögender sind als Menschen mit durchschnittlichem Einkommen. Viele Großverdiener haben keineswegs ein großes Vermögen. Um es noch einmal zu sagen: Nicht Ihr Einkommen, sondern das, was Sie davon sparen, ist der entscheidende Faktor, um finanziell unabhängig zu werden. Wer ein hohes Einkommen, jedoch einen entsprechend kostspieligen Lebensstil hat, wird kein hohes Vermögen ansammeln können, obwohl er die besten Voraussetzungen dafür hätte. Menschen mit höherem Einkommen, die trotzdem kein großes Vermögen besitzen, haben einfach zu wenig auf die hohe Kante gelegt. Wenn Sie reich werden wollen, müssen Sie unter Ihren wirtschaftlichen Möglichkeiten leben. Also, sparen Sie sich reich!

Den Finanzchefsessel besetzen

So wie Sie selbst danach streben, reich zu werden, streben Unternehmen nach möglichst viel Gewinn. Firmen sind in der Regel wirtschaftlich erfolgreicher, sofern sie ihre Ausgaben unter Kontrolle haben. Die Finanzchefs in diesen Firmen kalkulieren genau, welche Aufträge sie vergeben und was sie bei wem einkaufen.

Firmen planen ihre Einnahmen und Ausgaben, das ist entscheidend für ihre Gewinn-und-Verlust-Rechnung. In Konzernen sind emotionale Wünsche, die sogenannten Nice-to-haves, aus den Planungs- und Entscheidungsprozessen offiziell verbannt. Es geht dort rational nur um das, was nötig ist und zusätzlichen Ertrag bringt. Es wird lediglich investiert, wenn der zu erwartende Gewinn höher ist als die Investition. Die Finanzchefs fordern Angebote von mehreren Wettbewerbern an und entscheiden dann. Meist sind sie ebenfalls für die Einkaufskonditionen zuständig und haben die Erfahrung gemacht, dass sich durch kluges Kalkulieren oft 20 bis 30 Prozent Kosten einsparen lassen.

Fragen Sie sich selbst: Würden Sie in eine Firma investieren, die keine Budgets festgelegt, die nicht Einnahmen und Ausgaben vorausplant, die weder eine Umsatz- noch Gewinnplanung hat? Sicher nicht – und das ist auch gut so. Denn einer der Hauptgründe für das Scheitern gerade bei kleineren Unternehmen ist mangelnde Planung.

Jeder Betriebswirtschaftsstudent bekommt im Verlauf seines Studiums irgendwann die Aufgabe, einen Businessplan für eine erdachte Firma auszuarbeiten. Zweifellos eine interessante Übung. Aber viel wichtiger ist es, einen Businessplan für Ihre

persönlichen Finanzen zu entwerfen. Denn auch Ihr Finanz-
haushalt ist kein Small-Money-Etat.

In Relation zu Ihrem Einkommen ist diese Budgetplanung
sogar entscheidend. Ob Miete, Handy oder Strom, alle anfallenden Kosten sollten umsichtig geprüft und ständig kontrolliert
werden. Diese Rolle des Finanzchefs in Ihrem Haushalt können
nur Sie selbst oder gegebenenfalls Ihr Ehe- oder Lebenspartner
übernehmen.

Nicht allein die Gegenwart wird von Ihrem Einnahme- und
Ausgabeverhalten bestimmt, sondern dies hat ebenfalls Auswirkungen auf Ihre Zukunft. Durch eine Budgetplanung machen Sie
das, was Sie getan und eventuell nicht getan haben, transparent.
Das Notieren ermöglicht es Ihnen, mit Ihren Finanzmitteln aus-
zukommen und Teile Ihrer Einnahmen in die Zukunft zu verla-
gern. Tragen Sie alle Informationen zusammen, dann können Sie
daraus ein realistisches persönliches Budget ableiten. Mit geord-
neten Finanzen werden Sie sich sicher für die Zukunft fühlen
und zielgerichteter handeln. Und wenn Sie dieses Budget immer
vor Augen haben, erhöhen sich gleichzeitig Ihr Vermögenspotenzial und Ihr Erfolgsbewusstsein. Durch einen Budgetplan können
Sie ein ruhigeres, organisierteres und reicheres Leben führen.

Oft stehen wir so dicht vor einem Problem, dass wir gar nicht
sehen, wie nah wir der Lösung sind. Das trifft gerade auf alltäg-
liche Ausgaben zu, über die wir nicht (mehr) nachdenken. Ein
nicht vorhandener Finanzplan und dementsprechend Unkenntnis über die gesamte Einnahme- und Ausgabesituation haben
schon bei vielen Menschen ein eigentlich gutes Leben in ein
schwieriges Dasein verwandelt. In dem Fall muss man schnell
das Steuer übernehmen, um das außer Kontrolle geratene
Finanzleben wieder in den Griff zu bekommen.

Sie werden sehen: Sobald Sie erst einmal die Kontrolle über
dieses wichtige Gebiet Ihres Lebens haben, werden sich fast automatisch auch andere Lebensbereiche zum Besseren verändern.
Meist lassen sich positive Auswirkungen im Bereich Fitness, Gesundheit, Ausbildungsbereitschaft und Arbeitsleistung erkennen.

Kostenkontrolle erfordert nicht zuletzt Selbstkontrolle. Wer
seine Finanzen nicht unter Kontrolle hat, hat oft ebenfalls sein

Leben ganz oder teilweise nicht unter Kontrolle. Wenn Sie jedoch mit Disziplin und Konsequenz Ihr Finanzleben leben, wird es Ihnen noch leichter fallen, eine gute Karriere zu machen und glücklichere Beziehungen zu haben, denn Sie werden ein Gefühl der inneren Stärke und Sicherheit entwickeln. Wenn Sie Ihre Finanzen im Griff haben, werden Sie auch andere Herausforderungen im Leben meistern.

Sie müssen die Oberhand über Ihr Geld gewinnen und behalten, sonst gewinnt das Geld die Oberhand über Sie. Fragen Sie sich, ob Sie bereit sind, die Herrschaft über Ihre Finanzen zu übernehmen. Wer seine Finanzen in Ordnung hat, ist dem privaten Glück und der Lebensfreude näher. Wenn Sie frühzeitig und konsequent unnötige Ausgaben bekämpfen, können Sie später Ihre finanzielle Freiheit in vollen Zügen genießen. Stoppen Sie eventuell vorhandene Gewohnheiten, die Ihren finanziellen Erfolg unnötig abbremsen. Seien Sie nicht länger Untertan Ihres Geldes, sondern machen Sie sich das Geld untertan! Seien Sie also nicht Sklave der Euros, die Euros müssen Ihre Sklaven sein.

Treten Sie einen Schritt zurück, stellen Sie regelmäßig eine Einnahmen-Überschuss-Betrachtung an, dann erlangen Sie Überblick und Transparenz. Sie werden feststellen, dass Sie genau deshalb mit Ihren Finanzen da sind, wo Sie jetzt stehen, weil Ihr derzeitiger Finanzstatus das Ergebnis Ihrer bisherigen Finanzentscheidungen ist.

Der Haushaltscheck

Budgetieren gelingt am besten, wenn man im Voraus Einnahmen und Ausgaben planen kann. Dafür muss man zunächst einmal die in der Vergangenheit getätigten Einnahmen und Ausgaben betrachten und daraus dann das zukünftige Budget ableiten. Wenn Sie hingegen Ihre Ausgaben nicht kontrollieren, können Sie eigentlich verdienen, was Sie wollen – Sie unterliegen trotzdem der Gefahr, mehr auszugeben und finanziell zu crashen.

Bei Ihrem persönlichen Finanzbilanzcheck errechnen Sie genau, wie viel in Ihre Kasse hinein- und wie viel herausfließt.

Das ist die Grundlage für den weiteren Steuerungsprozess. Das Budgetieren beginnt natürlich damit, dass Sie exakt Ihre Einnahmen ermitteln. Wenn Ihre Einnahmen lediglich aus einem Festgehalt bestehen, ist das einfach. Selbstständige, Freiberufler oder Angestellte mit variablen Einnahmen wie Provisionen oder Stundenlöhnen müssen hier ganzheitlicher hinsehen.

Als Nächstes müssen Sie die Steuern abziehen, sonst steuern Sie ins Unglück. Dann kommt die Position der Sozialabgaben und/oder private Kranken- und Rentenversicherung. Schließlich reduzieren die größeren regelmäßigen Fixkosten die zur Verfügung stehende Summe – das sind zum Beispiel Hypothekentilgung oder Miete, Privathaftpflicht-, Kfz- und andere Versicherungen, Heizkosten, Telefonrechnung und so weiter, also Ihre festen Ausgaben sowie Ihre alltäglichen Lebenshaltungskosten.

Wie viel bleibt am Monatsende übrig, nachdem Sie alle Ihre Einnahmen addiert und alle Ausgaben abgezogen haben? Das ist die entscheidende Frage. Ist der Differenzbetrag ausreichend, um schnellstmöglich – falls noch nicht vorhanden – ein Notfallkonto zu füllen? Reicht Ihnen der verbleibende Restbetrag, um Ihr Zukunftskonto mit mindestens 10 Prozent des Nettoeinkommens zu füttern? Erst nach einer ausführlichen Analyse Ihrer Einnahmen und Ausgaben können Sie Ihren monatlichen Investitionsbetrag festlegen (Cashcode: 06).

Machen Sie auch die Gegenprobe: Legen Sie als Erstes 10 Prozent Ihrer Einnahmen für Ihr Zukunftskonto beiseite. Dann planen Sie Ihr Budget mit den verbliebenen 90 Prozent. Wenn möglich mit noch weniger, damit Sie vielleicht sogar mehr als 10 Prozent auf Ihr Zukunftskonto umbuchen können – für die Ausbildung Ihrer Kinder, für die eigene Immobilie und das dafür notwendige Eigenkapital oder für ein anderes persönliches Ziel. Sie müssen zuallererst Ihr Ziel definieren, dann den davon abgeleiteten Plan ausarbeiten und sich anschließend überlegen, welche Hindernisse Sie überwinden müssen und wie Sie das schaffen können.

Geld anzuhäufen, nur um baldmöglichst in maßlosem Luxus zu schwelgen, bringt höchstens kurzlebigen Genuss. Ihr Ziel sollte es vielmehr sein, durch das Ansammeln von Geld nachhaltige finanzielle Freiheit zu erreichen. Ihre langfristige finanzielle Unabhängigkeit muss Ihnen wichtiger sein als ein einmaliges Vermögenshoch, das Sie durch Luxusausgaben in Windeseile wieder abtragen. Vermeiden Sie den Lebensstil der Reichen, wenn Sie nicht reich sind. Machen Sie Schluss mit der Lebensstilinflation. Der Wert eines Menschen hängt schließlich nicht davon ab, wie viele Sachen er hat.

Wie oft liest man von Lottogewinnern, die vorher mit ein paar Tausend Euro im Monat klarkamen und trotz der gewonnenen Millionen pleitegingen? Wenn jemand ständig mehr ausgibt, als er einnimmt, ist es egal, wie viel er einnimmt. Er wird es auf jeden Fall schaffen, ein Minusergebnis hinzulegen. Wer sich jedoch bewusst macht, wie leicht er sein schwer verdientes Geld ausgibt, baut allein dadurch unbewusst eine Geldabflussbremse ein.

Falls auch Sie zu viel ausgeben, ist das ein Problem, vor dem Sie nicht die Augen verschließen dürfen. Genauso wie andere Tatsachen verschwinden zu hohe Ausgaben nicht dadurch, dass wir sie ignorieren. Im Gegenteil: Unsere Angst, Probleme zu sehen, hindert uns oftmals daran, die Lösungen zu sehen.

Es bringt Sie allerdings nicht weiter, wenn Sie sich wegen Ihres Ausgabeverhaltens zwar Sorgen machen, aber nichts daran verändern. Ihre Probleme können Sie einzig durch Handeln lösen. Tun Sie, was Sie zu tun haben, um Ihre Einnahmen-Ausgaben-Balance wiederherzustellen und bald wieder ein monatliches Plus zu schaffen. Je mehr Sie über Ihre Ausgaben wissen, desto leichter wird es für Sie, Ihr Konsumverhalten zu ändern. Vielleicht stellen Sie fest, dass Sie zu oft auf Musikkonzerte oder zu häufig in teure Restaurants gehen. Verstehen Sie mich nicht falsch: Sie sollen die Schlemmeressen nicht komplett streichen – doch einmal im Monat statt alle zwei Wochen reicht möglicherweise auch, oder?

Statt beispielsweise für 50 Euro Essen zu gehen, lassen Sie für 10 Euro den Pizzabringdienst kommen, was 40 Euro Gewinn bedeutet. Einmal pro Woche gerechnet, sind das monatlich 160 Euro (gut 2000 Euro Ersparnis pro Jahr) – zu jährlich 7 Prozent angelegt, macht das nach etwas mehr als 43 Jahren eine halbe Million Euro! Selbst die Hälfte, also nur 20 Euro Ersparnis pro Woche, ergibt über den gleichen Zeitraum immer noch eine Viertelmillion. Wenn Sie sogar 80 Euro pro Woche auf ähnliche Art einsparen, hätten Sie nach der gleichen Zeit bereits 1 Million Euro!

Analysieren, planen, vorbereiten – alles klasse. In die »Oberklasse« jedoch schaffen Sie es bloß, wenn Sie wirklich loslegen. Sobald Sie Ihren Kostensenkungsplan aufgestellt haben, starten Sie.

Lieber weit- als kurzsichtig

Oft denken wir zu kurzsichtig an das schöne Gefühl, das etwa ein Kauf oder eine Reisebuchung heute oder nächste Woche bei uns hervorrufen würde. Dabei können Finanzentscheidungen, von denen wir viele Jahre profitieren, für unser Leben sehr viel wichtiger und erfüllender sein.

Für diese wichtigen Entscheidungen brauchen wir oft Mut und Optimismus, aber wenn wir uns in diesen lebenswichtigen Fragen gar nicht oder falsch entscheiden, können wir uns im Rückblick nur noch ärgern. Dann ist es doch sehr viel besser, sich vorausblickend richtig zu entscheiden. Sie wissen bestimmt längst, dass Sie mit Ihrem Geld inzwischen besser umgehen können. Also, seien Sie ab sofort kein Besserwisser mehr, sondern lieber ein Bessermacher.

Es ist wichtiger festzulegen, wie viel Sie sparen wollen, als wie viel Sie kürzen wollen. Denn »*will* sparen« kommt vor »*muss* kürzen«. Setzen Sie sich daher positive Ziele. Beschließen Sie nicht: »Ich darf kein Geld ausgeben«, sondern: »Ich will eher in Rente oder später mit einer höheren Rente leben.« Nicht: »Ich muss mich einschränken«, sondern: »Ich will ein Haus kaufen.« Mit klaren Wunschbildern vor Augen fällt Ihnen der Konsumverzicht leichter. Denken Sie nicht daran, was Sie jetzt nicht kaufen dürfen, sondern was Sie dafür später an Gelderträgen ernten werden. Vergessen Sie den Gedanken, dass Sie für den

Moment etwas verlieren, denn Sie gewinnen durch den Verzicht eine großartige Zukunft. Sie erhalten finanzielle Sicherheit und können sogar finanzielle Freiheit erlangen. Definieren und messen Sie deshalb Ihre Einsparziele!

Wenn Sie sich vornehmen, Ihre Kosten zu senken, müssen Sie genau festlegen, welchen Betrag Sie ab heute einsparen wollen. Sofern Sie nämlich keine messbaren Kriterien für Ihre Zielannäherung haben, ist es kein echtes Ziel, sondern ein lockerer Wunsch, eine mehr oder weniger gute Idee. Daher ist es für Ihren Erfolg gleichermaßen hilfreich wie nötig, die einzelnen zielorientierten Handlungen zu definieren und zu messen.

Beobachten und überwachen Sie Ihre Entwicklung! Tennisspieler, die auch während des Trainingsspiels die Punkte zählen, spielen besser als diejenigen, die nicht mitzählen. Läufer, die Kilometer und Zeit stoppen, verbessern sich schneller. Wir brauchen ein Feedback durch Messungen.

Vielleicht haben Sie schon einmal den Ausdruck »Quick Wins« gehört. Das sind die kleinen Erfolge, die kleinen Verbesserungen, die man sofort spürt. Wenn Sie an eine schwierigere längere Aufgabe herangehen, werden die Quick Wins Sie mit Glückshormonen belohnen und für den nächsten Tag und den nächsten Schritt zusätzlich motivieren. Auch beim Kostensenken gilt: Teilen Sie Ihr Oberziel in Unterziele auf und steuern Sie Schritt für Schritt Ihre Teilziele an. Unter Umständen können Sie 150 Euro pro Monat einsparen, indem Sie 30 unnötige Ausgaben à 5 Euro aufspüren, die Sie bisher getätigt haben, fast ohne es zu merken. Dann können Sie jeden Tag ein Miniteilziel schaffen – zum Beispiel in der Firmenkantine essen statt im Restaurant gegenüber –, werden jeden Tag durch einen Dopaminanstieg belohnt und immer optimistischer, Ihr Gesamtziel zu erreichen. Um motiviert zu bleiben, sollten Sie sich Quick Wins aussuchen, die Sie Tag für Tag erreichen können. Motivation befördert Motivation. Heute leben Sie Ihr Ziel vielleicht noch in XXS-Ausgabe. Langfristig können Sie es dann in XXXL leben.

Aber: Stecken Sie sich nicht zu kleine Zwischenziele. Ein größeres Teilziel fast zu erreichen ist besser, als mühelos in ein zu kleines Ziel einzulaufen. Also verdoppeln oder verdreifachen Sie nach einer gewissen Zeit Ihr Teilziel (zum Beispiel von 5 Euro auf 15 Euro Einsparung pro Tag) und überlegen Sie, wie Sie das schaffen können. Dann fällt es Ihnen viel leichter, zumindest die Hälfte des vergrößerten Ziels zu erreichen, und 7,50 Euro statt 5 Euro sind eben satte 50 Prozent mehr.

Belohnen Sie sich ruhig mal, wenn Sie ein größeres Teilziel geschafft haben, das erhöht langfristig Ihre Motivation. Wenn Sie zum Beispiel viele Wochen hintereinander Ihre Kosten um täglich 10 Euro gesenkt haben, gehen Sie an einem Freitagabend schön aus. Wenn Sie die Budgetdisziplin bis zum Sommer durchhalten, belohnen Sie sich mit einem verlängerten Wochenende in einer tollen Stadt – vorausgesetzt, Ihr Notfallkonto ist bereits gefüllt. Solch kleine Zwischenbelohnungen stärken Ihr Selbstbewusstsein – bald werden Sie bereits ein bisschen süchtig nach weiteren Teilerfolgen und Goodies und kommen damit Ihrem großen Ziel immer näher.

Über Veränderungen nachzudenken ist noch recht einfach, sie aufzuschreiben schon weniger. Und dann kommt das Schwierigste: Sie müssen es *tun*.

Der Geldfresserfaktor

Es gibt Geldfresser, die schnell zu Vermögensvampiren mutieren können. Jedes Mal, wenn Sie eine kurzsichtige Ausgabenentscheidung treffen, mästen Sie einen solchen Geldfresser. Spüren Sie die Eurosauger auf und machen ihnen den Garaus!

Listen Sie auf, wofür Sie täglich Geld ausgeben, ohne dass Sie es wirklich müssen oder brauchen. Zum Beispiel für den Cappuccino auf dem Weg zur Arbeit oder für den Snack in der Mittagspause. Nachmittags gönnen Sie sich vielleicht ein Stück Kuchen, am Abend einen Schokoriegel für den Nachhauseweg und im Fitnessstudio einen Drink. Logisch, dass Sie nach dem Sport Durst haben, aber auch der Studiobetreiber denkt logisch und bietet Getränke mit Durstzuschlag an.

Der sogenannte Geldfresserfaktor, wie ich ihn nenne, ist eine Metapher für all jene Ausgaben, die wir unserem Gaumen zuliebe unbewusst tätigen. Stellen Sie sich einmal vor, dass Sie

5 Euro pro Tag wegtrinken beziehungsweise wegnaschen, was das in 20 Jahren für eine Summe ergibt. Wenn Sie von nebenher ausgegebenen 10 Euro täglich nur die Hälfte ab sofort einsparen und diese eingesparten 5 Euro mit 365 Tagen multiplizieren, haben Sie den Geldfresserfaktor. Er beträgt in diesem Beispiel exakt 1825 Euro im Jahr.

Egal, wie klein oder groß Ihr Einkommen ist – wenn Sie Ihre Geldfresser zur Strecke bringen, sind sie auf dem Weg zur finanziellen Unabhängigkeit. Auch wer sich keinen Kaffee nebenher leistet, keine Süßigkeiten vom Kiosk oder Drinks nach dem Sport, gibt mit Sicherheit zwischendurch kleine Beträge für anderes aus. Hier mal eine Zeitung, dort mal ein süßes Teilchen vom Bäcker oder kostenpflichtige Apps – das summiert sich schnell zu ein paar Euro am Tag.

Obwohl ich selbst keinen Kaffee trinke, habe ich nichts gegen Starbucks. Aber wie wäre es ab jetzt für Sie mit Spar-Bucks (*bucks* sind im amerikanischen Englisch Dollar)? Ihre eigene Kaffeemaschine kocht den schwarzen Koffeintrunk nahezu umsonst. Außerdem ist es doch manchmal viel gemütlicher, zu Hause im Morgenmantel zu frühstücken oder den ersten Kaffee vielleicht noch im Bett zu trinken.

Geldverhalten und Essensverhalten sind sich mitunter ähnlich. Zu viel essen ist wie zu viel ausgeben. Zu wenig Sport ist wie zu wenig sparen. Man könnte auch sagen: weniger Kilos, weniger Kosten. Und sparen Sie lieber bei Zigaretten als bei Ihrer Rentenversicherung. Senken Sie den Alkoholpegel, nicht aber den Investitionspegel.

5 Euro pro Tag, das scheint kaum der Rede wert zu sein. Einmal angenommen, Sie sind heute 27 Jahre alt und halten diese Einsparung bis zum Rentenbeginn mit 67 durch, dann klingelt es ganz schön bei Ihnen in der Kasse. Selbst ohne Verzinsung hätten Sie 72.000 Euro angespart; bei 7 Prozent jährlicher Rendite kämen sogar fast 375.000 Euro heraus. Doch selbst wenn Sie schon älter sind oder nicht so lange sparen wollen, kommen ansehnliche Summen zusammen (siehe Abbildung 2).

Schalten Sie Ihre Vermögensvampire also aus und treffen Sie eine weitsichtige Finanzentscheidung: Fortan füllen Sie nicht mehr die Kassen der Café- und Kioskbetreiber, sondern stattdessen und automatisch Ihr Zukunftskonto. Dann werden Sie in Zukunft nicht mehr nur für Ihr Geld arbeiten, sondern Ihr Geld fängt auch an, für Sie zu arbeiten. Schicken Sie Ihr Geld jetzt endlich zur Arbeit. Werden Sie der Arbeitsgeber Ihres Geldes!

Wenn Sie einmal beschlossen haben, dass es ab sofort keine teuren Süßigkeiten mehr für zwischendurch gibt, dürfen Sie allerdings keine Ausnahme durchgehen lassen. Sonst heißt es plötzlich: »Einmal ist keinmal« – und Ihre Serie ist gerissen, bevor sie zur Routine werden konnte. Am nächsten Tag sagen Sie dann: »Ach, gestern hab ich ja schon, dann kann ich heute erst recht, und morgen fang ich dann neu an.« Garantiert werden Sie so bald nicht wieder anfangen! Bleiben Sie eisern. Ihre neue Regel muss zu 100 Prozent gelten ohne Ausnahme, bis sie vollständig verinnerlicht und zur Gewohnheit geworden ist wie beispielsweise das tägliche Joggen. Versuchen Sie einmal, Ihre Handynummer rückwärts aufzuschreiben. Sie werden sich recht schwer dabei tun. Vorwärts sagen Sie Ihre Telefonnummer mühelos, weil unbewusst auf. Doch Sie würden es ebenfalls bald gut rückwärts können, wenn Sie es lange genug üben. So funktioniert gewohnheitsmäßiges Verhalten generell: leicht, aber unbewusst und fast wie ferngesteuert.

Genauso lassen sich positive Gewohnheiten gezielt antrainieren, bis sie automatisiert sind. Wenn Sie erst einmal anfangen, zweimal pro Woche ins Fitnesscenter zu gehen und das über ein paar Monate durchhalten, dann schaffen Sie es auf Dauer.

Eine täglich durchgeführte neue Aktivität wird nach drei Wochen zur Routine, und bei wöchentlichen Aktivitäten dauert es ungefähr ein halbes Jahr. Bis Sie die neue Gewohnheit verinnerlicht haben und fast gar nicht mehr daran denken, wie es früher ohne war. Überlegen Sie sich, welche neuen Gewohnheiten Sie Ihrem Erfolg näherbringen.

Der Kostendetektiv

Viele kleine Dinge, die wir nebenher kaufen, können uns unsere erstrebenswerte finanzielle Unabhängigkeit stehlen. Deshalb verbannen Sie die Vermögensvampire aus Ihrem Leben.

Spüren Sie ab heute Ihre Geldfresser auf, machen Sie Ihnen den Garaus und setzen Sie Ihre Reichwerdeautomatik in Gang.

Um Ihre Geldeingänge und -ausgänge zu steuern und zu kontrollieren, benötigen Sie das Einnahmen- und Ausgaben-Lenkrad. Wenn Sie am Lenkrad Ihrer Finanzen sitzen, steuern Sie, wohin das Geld geht, und werden sich nicht mehr im Rückblick wundern, wohin es entschwunden ist. Dafür sollten Sie ein möglichst einfaches System verwenden – das kann ein altmodisches Haushaltsbuch, eine Excel-Tabelle, Software für Haushaltsbuchführung oder eine App für Smartphone oder Tablet sein.

Sammeln Sie Kassenzettel, Belege und Quittungen möglichst an einem einzigen Ort, zum Beispiel in einer Schublade, wo Sie alles wiederfinden. Ordnen Sie jeweils am Monatsende Ihre Belege nach Kategorien. Es bringt nämlich herzlich wenig, wenn Sie Ausgaben für CDs, Süßkram und einen neuen Pullover einfach unter »Verschiedenes« addieren. Falls Sie in einem Geschäft mal keine Rechnung bekommen, machen Sie mit Ihrem Smartphone ein Foto vom Preisschild. Es gilt, lückenlos alle Ausgaben zu erfassen, denn Sie wollen schließlich in Ihrem künftigen Vermögen auch keine Lücken haben.

Ihr Finanzbudget erstellen Sie dann handschriftlich oder elektronisch. Egal wie, Hauptsache, Sie machen es. Zu Beginn kann es mitunter sinnvoll sein, die Ausgaben wöchentlich auszuwerten. Wenn Ihre Finanzen bereits in Schieflage geraten sind und dringend begradigt werden müssen, schreiben Sie sogar jeden Tag jeden ausgegebenen Cent auf und machen immer am Abend Kassensturz.

Übrigens hat es einen angenehmen Nebeneffekt, alle Belege sorgfältig aufzuheben: Manche Ausgaben können Sie, abhängig von Beruf und Branche, von der Steuer absetzen – nicht bloß Selbstständige und Freiberufler können nämlich das häusliche Arbeitszimmer sowie Werbungskosten steuermindernd geltend

machen. Sammeln Sie deshalb Belege und Kaufrechnungen beispielsweise von Bürogeräten wie Laptop und Kopierer sowie von
Verbrauchsgütern wie Druckerpapier oder Briefmarken. Je nach
persönlichem Steuersatz bei der Einkommenssteuer bekommt
man so einen Teil des Kaufpreises wieder zurück. Bei einem
Steuersatz von 25 Prozent wäre dies ein Viertel des Kaufpreises.
Quasi eine Extrarendite oder ein Sonderdiscount.

Als Ihr eigener Finanzchef sind Sie natürlich ebenfalls für die
Steuern zuständig. Steuerhinterziehung ist immer wieder mal
ein Aufreger in den Medien, dabei kommt Steuerverschenkung
viel häufiger vor! Auch das ist eine Form von Steuersünde, nur
versündigen Sie sich als Steuer-zu-viel-Zahler an Ihrer eigenen
Zukunft! Machen Sie daher unbedingt eine Steuererklärung. Es
gibt zahlreiche Sachverhalte, die zu Steuerrückerstattungen führen – manche verschenken hier wahrlich Vermögenspotenzial.

Wenn Sie budgetieren, wird sich Ihre Lebensweise verändern, denn es gibt kein besseres Gefühl, als Bescheid zu wissen,
wohin das eigene Geld geht. Menschen, die volles Wissen über
Ihre persönliche finanzielle Situation haben, sind wesentlich
wohlhabender. Legen Sie genau fest, wie viel von jedem Euro,
den Sie nach Hause bringen, in welche Budgetkategorie fließen
soll und darf. Geben Sie zuerst jeden Euro auf dem Papier aus.
Dann markieren Sie beispielsweise acht Euromünzen mit dem
Namen »Kino«. Sie haben Ihr Gesamtbudget vor Augen und wollen es nicht überschreiten. Lehnen Sie es daher konsequent ab,
in irgendeiner Kategorie mehr auszugeben als geplant. Durch
diese Ordnung organisieren Sie Ihr Finanzleben.

Manche Leute arbeiten sehr gut mit der Umschlagmethode.
Stecken Sie zum Beispiel pro Monat 400 Euro in bar für Essens-
einkäufe in ein Kuvert. Was meinen Sie, wie Sie in der dritten
Woche aufpassen werden, wenn sich das Geld dem Ende zuneigt,
der Monat aber noch nicht, und wie viel kontrollierter und über-
legter Sie schon zu Beginn des nächsten Monats Lebensmittel
einkaufen werden?

Oder Sie stellen ein durchsichtiges Sparschwein an einem gut
sichtbaren Ort in Ihrer Wohnung auf. Wann immer Sie bei einer
vermeintlich spontanen Konsumausgabe tapfer Nein gesagt

haben, werfen Sie das eingesparte Geld stattdessen dort ein. Und in dem Maße, wie das Sparschwein sich füllt, rückt zum Beispiel der Urlaub näher oder es wird ein schöneres Reiseziel ausgewählt.

Verfolgen Sie Ihre Kosten akribisch, betreiben Sie »Zasterfahndung«, spüren Sie Geldausgabefehler auf. Dank Buchhaltungs-App wird Ihr Laptop oder Smartphone zur Geldsuchmaschine, die Ihnen weiteres Geld anzeigt, das in Ihre Geldvermehrungsmaschine umgeleitet werden kann.

Ermitteln Sie außerdem die Gesamtsumme Ihrer Istausgaben und die Abweichung von den geplanten Sollausgaben. Jedes Mal, wenn Sie Ihr Monatsbudget errechnet haben, vergleichen Sie den aktuellen Monat mit dem davor sowie mit den Durchschnittswerten aus allen bisher erfassten Monaten.

Als Nächstes erstellen Sie eine »Plusliste«: In welcher Kategorie sind Sie besser geworden, wo haben Sie auf etwas verzichtet oder es günstiger erworben? Machen Sie ebenfalls eine »Minusliste«: Was hätten Sie rückblickend besser nicht oder erst später gekauft – bei einem preisgünstigeren Anbieter oder gebraucht – oder sogar nur gemietet?

Schon nach kurzer Zeit werden Sie eine wichtige Erkenntnis gewonnen haben: Mit unnötigen Spontankäufen muss Schluss sein, sonst gibt es niemals Überschuss.

Erstellen Sie ferner eine Liste mit dem Titel »Nächsten Monat besser machen«. Das ist schließlich der Zweck dieser Übung: Sie überwachen Ihre Ausgaben, um aus Fehlern zu lernen und Ihr künftiges Ausgabeverhalten besser zu steuern. Sich positive Gewohnheiten anzueignen und alte, negative Eigenschaften abzulegen, ist ein Schritt-für-Schritt-Prozess.

Natürlich kann einem das ewige Notieren und Budgetieren auch mal lästig werden. Bleiben Sie trotzdem beharrlich dabei, sonst schnellen Ihre Ausgaben sofort wieder in die Höhe.

Freuen Sie sich auf das Budgetieren. Machen Sie ein Spiel daraus – »Budgetoly« statt Monopoly. Ihr Ziel ist nicht die Schlossstraße mit einem Spielzeughotel, sondern Ihr wirkliches Traumhaus, Ihre reale Million. Finanzielle Unabhängigkeit zu erlangen ist zwar kein Hexenwerk, aber auch kein Kinderspiel;

sie wird in der Regel nicht auf dem Silbertablett serviert. Wenn Sie jedoch durchhalten, haben Sie die Chance auf eine goldene Finanzzukunft.

Reichtum durch Einfallsreichtum

Einsparungen sind für Ihr Geldvermögen genauso wichtig wie Gewinne in Form von Renditen und Dividenden. Wenn Sie bei den Ausgaben einsparen *und* für Ihr Vermögen ansparen, dann sparen Sie gleich doppelt.

Für Ihr Vermögen ist das, was Sie im ersten Schritt extra einsparen, sogar wichtiger als das, was Sie zusätzlich einnehmen, denn Ihre Einsparungen müssen Sie nicht versteuern. Im zweiten Schritt müssen Sie aber unbedingt vom Einsparen zum Ansparen kommen. Durch kluges Einkaufsverhalten sparen Sie Geld und verringern Ihren Geldabfluss. Diese ersparte Summe legen Sie dann geldvermehrend an. Wenn Sie sich das zur Gewohnheit machen, bleibt Ihr Finanzfundament stabil. Betreiben Sie kreative Centfuchserei. Seien Sie innovativ, statt einfach zu kaufen. Hier gilt »Kopf vor Zahl«: Strengen Sie Ihren Kopf an, um weniger zahlen zu müssen.

Ein paar Beispiele gefällig? Jeder hat es doch bei Kindern schon erlebt, dass sich die Anschaffung teurer Kleidung oftmals kaum lohnt, weil Kinder so schnell wachsen. Vielleicht tauschen Sie Hemden, Hosen, Kleider Ihrer Kinder innerhalb der Familie oder zwischen befreundeten Familien aus. Manchmal müssen Sie zu einer Behörde oder zum Arzt und brauchen einen Babysitter. Oder Sie wollen mit Ihrem Partner oder Ihrer Liebsten mal einen Abend alleine verbringen. Eine Nanny allerdings ist Ihnen zu teuer. Dann engagieren Sie einen Teenager aus der Nachbarschaft, dem Sie als Gegenleistung Nachhilfe in Mathe oder Englisch geben – ein finanzielles Nullsummenspiel. Oder Sie vereinbaren mit anderen Eltern, sich bei der Kinderbetreuung hin und wieder abzuwechseln.

Speziell junge Leute sollten, wenn sie sich ein Handy oder Smartphone holen, den Shopbetreiber fragen, ob es Werbe-

angebote oder ein kleines Guthaben zum Start gibt. Auch darüber hinaus können Sie bei Ihrem Handy eine Menge Kosten einsparen. Wählen Sie einen Tarif, der genau auf Ihre Bedürfnisse
zugeschnitten ist.

Sparen Sie beim Kleiderkauf. Im Secondhandladen kann man
nicht nur günstig kaufen, sondern meist ebenfalls Sachen verkaufen. Wenngleich Ihnen das schwerfallen mag, denken Sie
immer an das Ziel, das Sie später mit Ihrem Vermögen verwirklichen wollen. Also überlegen Sie, wo Sie gezielt Einsparpotenzial
nutzen können (Cashcode: 07).

Vielleicht kennen Sie in Ihrer Familie oder in Ihrem Bekann-
tenkreis ähnliche Beispiele. Wie viel das bringen kann, habe ich
selbst bei meinen Eltern gesehen.

Von meinen Eltern gelernt

Ich hatte niemals den geringsten Einblick, wie viel Geld meine
Eltern verdienten, und ahnte nicht mal im Ansatz, was sie auf
dem Konto hatten. Aber ich spürte natürlich, wie wichtig für
sie Sparsamkeit war. Als nach dem Tod meiner Mutter 2012
auch mein Stiefvater starb und das gemeinsam verfasste Testament eröffnet wurde, zeigte sich, dass sie eine halbe Million
Euro angespart hatten. Das erstaunte mich doch sehr. Nachträglich stellte sich heraus: Sie hatten beide kein besonders hohes
Einkommen und haben wahrscheinlich jahrzehntelang fast
die Hälfte davon für später zurückgelegt; anders ist dieser – für
ihre Einkommensverhältnisse – gewaltige Betrag nicht zu erklären.

Sie hatten Sparverträge über hohe Summen abgeschlossen,
und als Nettoeinkommen sahen sie offenbar nicht die Auszahlung des Arbeitgebers an, sondern den viel kleineren Betrag, der
nach Einzahlung in die Sparverträge auf ihrem Girokonto übrig
blieb. Nur das war für sie das verfügbare Einkommen. Einen
Großteil ihrer monatlichen Gehälter bekamen sie gar nicht erst
zu sehen, geschweige denn in die Hand, um dieses Geld für Einkäufe zu nutzen.

Während manche Menschen von Gehaltsscheck zu Gehalts-scheck leben, zweigten meine Eltern Monat für Monat einen beträchtlichen Teil von ihren Gehältern ab und legten ihn für später beiseite. Sie gingen arbeiten, um jede Mark, die sie ver-dienten, für sich selbst anzusparen. Aufgrund ihrer Erfahrungen mit Armut und Hunger im Krieg hatten sie ständig Angst, irgend-wann kein Geld mehr zu verdienen, schwer krank zu werden und deshalb teure Operationen zu brauchen oder für Kranken-hausaufenthalte viel Geld zu benötigen.

Obendrein wünschten sie wahrscheinlich wie so viele Eltern, dass es ihrem Kind einmal besser gehen sollte, und auch das war ein starker Sparanreiz für sie. Sie wollten mir und ihren Enkeln möglichst viel hinterlassen. Ihre Eigentumswohnung kauften sie erst, als sie fast 50 Prozent Eigenkapital angespart hatten. Und dann, so vermute ich jedenfalls, haben sie jede mögliche Sondertilgung genutzt. Nachdem sie keine Immobilienschulden mehr hatten, wurde die eingesparte Miete natürlich ebenfalls in Sparverträge gesteckt. Ihre Wohnung war bei ihrem Ableben seit vielen Jahren abgezahlt und an Renovierungen haben sie immer gespart. Die Tapeten waren mindestens 15 Jahre alt, der Teppich war abgetreten. Ihr Auto hatte über 13 Jahre auf dem Buckel; Kratzern und kleinen Beulen schenkten sie keine Beach-tung.

Urlaub machten meine Eltern im 80 Kilometer entfernten Harz. In der Nebensaison leisteten sie sich allenfalls mal einen Billigurlaub auf Mallorca. Die Sommerzeit verbrachten sie ein-fach auf Balkonien beziehungsweise Terrassanien.

Die Armbanduhr meines Stiefvaters, die ich nach seinem Tod vom Krankenhaus erhielt, war aus Plastik und hatte wahr-scheinlich nicht mal 50 Mark gekostet. Aber er hatte sie ungefähr 30 Jahre lang getragen.

Meine Eltern kauften viele gebrauchte Dinge. Bestimmt haben sie manchmal über andere gelacht, die aus ihrer Sicht den Feh-ler begingen, die Sachen neu und zum vollen Preis anzuschaffen und sie ihnen dann zu einem Bruchteil der Kosten zu überlassen. Kleidung trugen sie auf nach dem Motto »Ich wachse ja nicht mehr, und der Stoff ist noch nicht durchgescheuert.«

Kuchen vom Bäcker gab es bei meinen Eltern fast nie; meine Mutter backte lieber selbst. Essensreste wurden nie weggeschmissen, sondern wieder aufgewärmt. Wenn sie mal essen gingen, dann ins Kreisamt. Weil meine Mutter früher im öffentlichen Dienst gearbeitet hatte, konnten sie dort günstig in der Kantine essen.

Geschenkpapier inklusive Schleife wurde aufgebügelt und wiederverwendet. Ich habe, glaube ich, einige Jahre hintereinander mein Weihnachtsgeschenk immer im selben Papier eingewickelt und mit identischer Schleife vorgefunden.

Als meine Mutter noch rauchte, machten ihr weniger die gesundheitlichen Risiken als die Kosten Sorgen. Deshalb gönnte sie sich, obwohl sie damals gerne rauchte, lediglich eine Zigarette nach dem Mittagessen und eine zweite nach dem Abendessen.

Meine Eltern besaßen nie eine Kreditkarte. Ich glaube, sie wären geistig fit genug gewesen, um sich an diese Zahlungsart zu gewöhnen, obwohl sie in einer Zeit aufgewachsen waren, in der es kein »Plastikgeld« gab. Einmal auf das Thema Kreditkarte angesprochen, sagten sie sehr bestimmt: »Wir haben und brauchen keinen Kredit.« Für ihre Spardisziplin war es bestimmt hilfreich, dass sie beim Einkaufen unmittelbar erlebten, wie die Scheine in ihrem Portemonnaie weniger wurden. Und damit sie zwischendurch nicht schwach werden konnten, nahmen sie bloß genau so viel Geld mit, wie sie sich vorher als Limit gesetzt hatten.

Ich bin sicher, dass es sie eine enorme Überwindung kostete, ein Darlehen für die Eigentumswohnung aufzunehmen. Kredite waren für sie eine Horrorvorstellung. Nie Schulden zu haben war für sie außerordentlich wichtig.

Vielleicht war das eine etwas extreme Einstellung und meine Eltern haben das Ziel, sich wenigstens später im Leben etwas zu gönnen, aus den Augen verloren und nur noch um des Sparens willen gespart. Aber das Beispiel zeigt, was möglich ist, wenn man strikt auf die Ausgaben achtet.

Kostensenkung und Ausgabenkontrolle sind notwendige Bedingungen, damit die Millionärsformel auch bei Ihnen aufgeht.

Kapitel 6

Von der Geldquelle zum Vermögenssee

Stellen Sie sich eine Quelle vor, aus der ein Bach entspringt, der wiederum in einen Gebirgssee mündet. Dieses Wasser könnte Ihr dahinfließendes Geld versinnbildlichen: Ihr monatliches Gehalt oder Ihr Einkommen als Selbstständiger. Manchmal kommt ein weiterer Geldfluss dazu – dann haben Sie zum Beispiel gerade eine Gehaltserhöhung, Bonuszahlungen oder Weihnachtsgeld bekommen, und entsprechend steigt der Wasserpegel. Manchmal entsteht eine zusätzliche Quelle etwa durch Einkünfte aus Nebentätigkeiten, Kursgewinnen, Dividenden oder Mieteinnahmen und so weiter. In Zeiten, in denen Sie Überstunden machen, einen Nebenjob annehmen oder endlich wieder in Vollzeit arbeiten können, sollten Sie diesen Einnahmenanstieg zum Anstieg Ihres Geldsees nutzen. Auf diese Weise füllt sich in Zeiten, in denen Sie mehr verdienen oder Ihr Geld bereits Geld verdient, Ihr Geldsee stärker. Allerdings nur, wenn Sie kein großes Loch hineinbohren.

Leider hat der See, in den Ihr Geldbach mündet, nicht allein Zu-, sondern auch Abflüsse. Das sind die Ausgaben, durch die das Geld wieder aus Ihrem Geldsee entweicht. Damit ein großer Vermögenssee entstehen kann, müssen Sie also dafür sorgen, dass möglichst viel Geld in Ihren See hineinströmt und auf der anderen Seite möglichst wenig wieder hinausfließt. Bloß dann kann der Wasserpegel – Ihr Vermögensstand – steigen. Sie müssen schnellstmöglich herausfinden, wo die Löcher sind, sonst können Sie den unkontrollierten Abfluss nicht stoppen.

Umgekehrt können Sie, wenn der Pegelstand in Ihrem fiktiven Geldsee steigt, die ersten Anlageinvestitionen tätigen. Daraus entstehen Renditen, mit denen Sie eine weitere Geldquelle auftun und zum Fließen bringen: Vermögen schafft weiteres Vermögen. Achten Sie darauf, dass der Zufluss auf Ihr Zukunftskonto sich kontinuierlich vollzieht und sich möglichst mit der Zeit noch vergrößert.

Sparen kann Spaß machen!

Vielleicht sagen Sie sich jetzt:»Immer nur sparen! Wo bleibt da der Spaß?« Keine Sorge: Sie können Spaß haben und trotzdem sparen und Ihre Finanzzukunft aufbauen, ohne Ihre Geldgegenwart zu zerstören. Sie sollen ja nicht dem totalen Sparwahn verfallen. Sparen heißt keineswegs, dass Sie ab jetzt wie ein Bettler leben. Es geht eben nicht um totale Spaßbremsung, im Gegenteil: Schließlich werden Sie später noch jede Menge Spaß haben, weil Sie sich dann deutlich mehr leisten können. Sie werden auf ein wenig Kurzzeitglück verzichten müssen, aber viel Langzeitglück und eine höhere Lebensqualität erreichen.

Bereits in der Gegenwart können Sie genauso viel Freude am Leben haben wie Ihre Arbeitskollegen oder Verwandten, die nicht auf ein Zukunftskonto einzahlen. Höchstwahrscheinlich werden Sie sogar mehr Freude haben, weil Sie ohne Finanzstress leben und sich keine Zukunftssorgen zu machen brauchen.

Stellen wir uns einmal ein gut verdienendes Ehepaar vor. Herr und Frau Silber sind beide 35 Jahre alt und verdienen nach Abzug von Steuern und Sozialabgaben zusammen 50.000 Euro pro Jahr. 500 Euro monatlich geben sie für Essen in Restaurants aus, das sind 6000 Euro im Jahr und bis zum 65. Geburtstag 180.000 Euro. Diese monatlichen Beträge von 500 Euro zu jährlich 7 Prozent angelegt, ergäben über diese Zeitspanne eine so hohe Summe, nämlich fast 600.000 Euro, wofür sich das Ehepaar Silber schon ein eigenes Restaurant kaufen könnte.

Anstelle der Geldfresser, die Sie ja bereits aus Ihrem Leben verbannt haben, legen Sie sich neue Hobbys und Gewohnheiten zu, die nichts oder wenig kosten und mindestens genauso viel Spaß machen.

Führen Sie sich immer wieder vor Augen, was Sie mit ein paar eingesparten Euro pro Tag später alles machen könnten. Denken Sie an Ihre Träume und Wünsche und wägen Sie ab, was Ihnen wichtiger ist: Ihr Finanztraum oder der teure Kaffee zwischendurch?

Um einen großen Triumph zu erreichen, müssen Sie zunächst über Ihre kleinen schlechten Angewohnheiten triumphieren. Drei Zigaretten täglich nicht geraucht und das Geld stattdessen zu 7 Prozent jährlich angelegt, bringt beispielsweise in etwas weniger als 47 Jahren satte 100.000 Euro.

Wenn Sie bei der Kostensenkung einmal Rückschläge hinnehmen müssen, ist der Spaß dennoch nicht endgültig vorbei. Machen Sie sich klar, dass Sie es versucht haben und es in Zukunft eben besser machen werden. Nach wie vor ist es nicht zu spät, Ihr Ziel auf einem anderen Weg oder mit mehr Tempo doch noch zu erreichen. Räumen Sie die Probleme beiseite, verstecken Sie den Fehler nicht, sondern korrigieren Sie ihn. Behalten Sie immer Ihr Ziel vor Augen!

Ein bisschen Luxus geht fast immer!

Jeder Mensch hat mehr oder weniger besondere Hobbys oder Liebhabereien. Die eine liebt Handtaschen, der andere geht besonders gern essen oder in eine Bar. Und ein Dritter möchte öfter verreisen und macht sich nichts daraus, wie seine Wohnung eingerichtet ist, was wiederum seinem Nachbarn besonders wichtig ist.

Wenn Sie sichergestellt haben, dass Ihr Notfallkonto gefüllt ist und Sie genug in Ihr Zukunftskonto einzahlen, dann können Sie den Rest des verfügbaren Geldes ohne Schuldgefühle für das verwenden, was Sie möchten – und zwar ohne Warten. Gönnen Sie sich mal den Spaß!

Kostenbewusstsein heißt nicht, sämtliche Ausgaben nach dem Rasenmäherprinzip zu kürzen. Das würde nicht lange funktionieren. Es geht darum auszuwählen, was Ihnen besonders wichtig ist, und dafür bei den für Sie weniger wichtigen Sachen Abstriche zu machen.

Auf jeden Fall müssen Sie Prioritäten setzen. Sie können nicht in einem wunderschönen Haus leben, mit dem schönsten Schmuck herumlaufen, die neuesten Designerklamotten tragen, coole Weltreisen machen, das Neueste an elektronischen Geräten besitzen und vielleicht auch noch dauernd in teuren Edelrestaurants essen. Da bleibt vor lauter Gegenwartskonsum für Ihre Zukunft nichts übrig. Genauso wenig können Sie gleichzeitig Ihre Eltern unterstützen, Ihrer Tochter das Studium finanzieren, Kunstgegenstände kaufen und die neuesten Luxuskarossen fahren. Um reich zu werden, müssen Sie lernen, sich zu fokussieren.

Ideal wäre es, wenn Sie in der Regel kostenbewusst nach den niedrigsten Preisen für die meisten Dinge schauen, aber bereit sind, für Sachen, die Ihnen besonders wichtig sind, mal mehr auszugeben. Investieren Sie ins Haus, ins Studium. Kaufen Sie die Dinge, die Sie wirklich brauchen und lieben – und kürzen oder streichen Sie die Ausgaben, die Sie nicht unbedingt benötigen.

Nicht aufs Auto abfahren!

Identifizieren Sie die großen Geldausgaben, denn diese haben enormen Einfluss auf Ihre Spar- und Vermögensmöglichkeiten. Bei den meisten Menschen sind das in der ersten Linie die Wohnung und die Fahrzeugkosten. Da so viele Menschen ein eigenes Auto besitzen und dieser Kostenfaktor – meist der größte nach den Wohnungskosten – sich in der Regel am leichtesten vermeiden oder verringern lässt, gehe ich auf diesen Punkt ausführlicher ein.

Sie könnten wahrscheinlich sofort 10 Prozent mehr beiseitelegen oder, sofern Sie das bisher schon tun, das Doppelte, wenn Sie kein Auto mehr hätten. Mal ehrlich: Brauchen Sie in der Familie wirklich zwei Autos? Kann man sich nicht auch einmal von Freunden ein Auto leihen? Wichtig ist doch eigentlich nur, dass es für Sie da ist, wenn Sie es benötigen.

Streben Sie niemals aus Statusgründen nach einem teuren neuen Auto – außer wenn Sie supergut bei Kasse sind. Es könnte Sie ins Armenhaus bringen. Betrachten Sie stattdessen ein Auto als bloßes Transportmittel. Verlieben Sie sich lieber in eine nette Frau beziehungsweise einen smarten Mann, lieben Sie Ihre Kinder und Ihr Hobby, nicht jedoch ein Auto. Vorfreude und anfängliche Begeisterung werden sonst schnell der Ernüchterung weichen – spätestens dann, wenn Sie feststellen, wie Ihr Kontostand durch das Auto schrumpft.

Ein neues Auto zu kaufen ist eines der schlechtesten Investments, die Sie überhaupt tätigen können. Ein Neuwagen bedeutet für viele Menschen die größte Anschaffung ihres Lebens – aber im Grunde ist er nichts anderes als ein sich selbst entwertender Vermögenswert. Bereits wenn Sie damit vom Hof des Händlers fahren, hat das gute Stück 20 Prozent oder mehr an Wert verloren! Sie können den besten Kaufpreis erzielt haben, ein Neuwagen bleibt trotzdem ein schlechtes Geschäft, vor allem falls Sie ihn bald wieder verkaufen wollen. Einen Neuwagen für 45.000 Euro könnten Sie nach drei Jahren mit etwas Glück für 27.000 Euro weiterverkaufen. Damit hätte das damals neue und inzwischen alte Stück Sie also 6000 Euro pro Jahr gekostet. Gut wäre es, wenn Sie den Wertverlust, der bereits eine Sekunde nach dem Kauf einsetzt, nicht alle drei Jahre, sondern nur alle sechs Jahre erleiden würden.

Noch besser wäre es, wenn Sie das Auto gebraucht kaufen würden, dann brauchen Sie bloß gebrauchte Preise zu zahlen und Ihr Vermögensstand sieht ebenfalls besser aus. Ein Vorführwagen, der fast nagelneu ist, kostet oftmals bis zu 30 Prozent weniger als ein Neuwagen. Auch Jahreswagen sind mit gewaltigen Preisabschlägen zu haben.

Kaufen Sie daher lieber ein gebrauchtes, verlässliches Auto, pflegen Sie es gut und fahren Sie es so lange wie möglich.

Die Rechnung wird noch negativer, wenn Sie Versicherungs-
prämien, Spritverbrauch, Wartungskosten und so weiter hinzu-
addieren. Dann werden aus 6000 schnell 8000 Euro Jahreskos-
ten. Wenn Sie im Laufe Ihres Autofahrerlebens auf diese Weise
mehrere Autos neu gekauft und jeweils nach ein paar Jahren
verkauft haben, kommen riesige Beträge zusammen. Hätten Sie
die jährlichen Vollkosten von beispielsweise 8000 Euro stattdessen zu 7 Prozent angelegt, würde sich das über 30 Jahre zu
mehr als einer Dreiviertelmillion Euro summiert haben.

Nehmen wir einmal einen Liebhaber von schnellen Autos und
Besitzer eines tollen Sportwagens, der ihn allerdings langfristig
ein Vermögen kosten wird. Ein Wechsel in eine kleinere Auto-
klasse spart ihm vielleicht 250 Euro monatlich. Diese 3000 Euro
im Jahr machen über 20 Jahre 60.000 Euro (ohne Zinsen)
aus und bei 7 Prozent jährlicher Wertentwicklung sind es fast
130.000 Euro.

Bei einem Auto geht es ja vorrangig darum, von A nach B zu
kommen, und deshalb sollte man sich schon fragen, was das
größere Vergnügen ist: ein dickeres Auto zu fahren oder wirklich finanziell unabhängig zu werden. Oder können Sie nur dann
ruhig schlafen, wenn in der Tiefgarage unter Ihrer Wohnung Ihr
eigenes Auto steht?

Statistiken besagen, dass der Deutsche im Durchschnitt sein
Auto sieben Jahre lang hält und es eine Stunde am Tag fährt.
Wie das jedoch bei Statistiken so ist, gibt es individuell enorme
Abweichungen. Manche Pendler können mit öffentlichen Ver-
kehrsmitteln bloß schwer zu ihrem Arbeitsplatz gelangen und sitzen notgedrungen drei bis vier Stunden täglich im Wagen, während andere fast zu Fuß gehen könnten. Rein rechnerisch wird
das Auto im Mittel insgesamt an rund 106 Tagen (à 24 Stunden)
genutzt. Die restliche Zeit, also 96 Prozent, fast 2450 Tage, steht
es ungenutzt am Straßenrand oder in der Garage. Vielleicht hilft
Ihnen diese Betrachtungsweise ja, weder neu noch gebraucht
zu kaufen, sondern stattdessen auf andere Fortbewegungsmittel
zurückzugreifen. Selbst wenn Sie ein Drittel der jährlich anfallenden 8000 Euro für öffentliche Verkehrsmittel ausgeben müssten, könnten Sie mit den verbliebenen zwei Dritteln in 30 Jahren

immer noch ein Vermögen von etwas mehr als einer halben Million Euro generieren!

Bei den horrenden Kosten und Vermögenseffekten ist es kein Wunder, dass zunehmend mehr Menschen auf die Anschaffung eines eigenen Autos verzichten. Vielleicht könnte Carsharing für Sie ebenfalls eine Alternative sein oder Sie schließen sich einem Carpool an und können so auf ein Auto zurückgreifen, wann immer Sie eines brauchen. Auf diese Weise sparen Sie viele Tausend Euro im Jahr (Cashcode: 08).

Überlegen Sie mal, was Sie mit der Ersparnis Gutes und Schönes anfangen könnten, anstatt es durch den Auspuff Ihres Autos zu jagen!

Die reichste Minute

Überlegte, klug kalkulierte Entscheidungen sind besser als spontane, unkalkulierte Entscheidungen. Deshalb nehmen Sie sich ab sofort jedes Mal eine Minute Auszeit, bevor Sie etwas kaufen. Sie gehen ja nicht hundertmal am Tag shoppen, also hält sich der zeitliche Aufwand in Grenzen. Setzen Sie sich außerdem ein festes Zeitlimit, 30 Minuten oder höchstens eine Stunde, damit die Zeitbegrenzung zugleich zu einer Geldausgabenbegrenzung wird.

Halten Sie immer, wenn Sie etwas erwerben möchten, vorher eine Minute inne. Denken Sie nach und entscheiden Sie, was für Sie besser ist: dass Sie diese Sache jetzt kaufen – oder dass Sie später reich sind? Diese Überlegungsminute ist eine überaus wertvolle Investition, denn Sie erhöhen den Zuwachs und Wert Ihres späteren Vermögens, indem Sie so manche dumme Geldausgabe vermeiden. Sie werden schnell merken, ob Sie Ihren Finanzen einen Bonus oder einen Malus verpassen. Mittlerweile wissen Sie ja, was gut und was schlecht für Ihr Geld ist. Manchmal hilft allein die Vorstellung, dass man für die Jeans, die 75 Euro kostet, bei einem Steuersatz von 25 Prozent eigentlich 100 Euro bezahlt. Stellen Sie sich beim Einkaufen vor, wie viele Stunden Sie für die Summe, die Sie gerade ausgeben wollen, arbeiten müssen, dann kann diese eine Minute Geldauszeit zu Ihrer bestbezahlten Minute werden.

Bewerten Sie das, was Sie gerade kaufen möchten, doch einmal nach dem Schulnotensystem: Eins für sehr wichtig, Sechs für sehr unwichtig – man könnte fast schon »unrichtig« sagen. Und überlegen Sie anschließend, wie Sie das Ziel finanzielle Sicherheit und finanzielle Unabhängigkeit bewerten würden. Wahrscheinlich mit einer Eins, oder? Sie werden bestimmt mehr Freude an der finanziellen Freiheit haben als an Kosten für nicht unbedingt Nötiges. Viele Menschen haben übrigens oftmals nur beim Kauf einer Sache den Kick und fast gar nicht mehr, wenn Sie die Sachen erst mal haben. Also: Wo können Sie Ausgaben vermeiden, die Ihnen keinen Wert bringen?

Malen Sie sich möglichst lebhaft aus, wie Ihr zukünftiges eigenes Haus ein bisschen kleiner oder etwas später fertig wird, weil Sie wieder mal drauf und dran sind, einen unbudgetierten Lustkauf zu tätigen. Oder stellen Sie sich vor, wie Sie später als Rentner aus Ihrer Vierzimmerwohnung in ein Zweizimmerapartment umziehen müssen, weil Sie früher zu viel shoppen waren. Was können Sie eher verschmerzen: diesen Spontankauf – der allenfalls für ein paar Tage Spaß bringt – zu unterlassen oder später über viele Jahre beengt zu leben?

Kaufen Sie sich nicht arm, sparen Sie sich reich! Sie wollen schließlich nicht jede Sekunde Ihres restlichen Lebens gezwungen sein, sich um Ihr Geld Sorgen machen zu müssen.

Seien Sie nicht traurig, wenn Sie aktuell mal Ihren Urlaub streichen müssen, um später Ihr Eigenheim bauen zu können. Denken Sie nicht: Wir haben keinen Urlaub, wir haben keinen Urlaub! Denken Sie positiv: Wir wollen bauen! Klagen Sie nicht, dass Sie immer noch das alte Auto fahren, sondern sagen Sie sich: Umso schneller können wir bauen.

Auf diese Weise benennen Sie den Sparvorgang in einen Ermöglichungsvorgang um. Indem Sie heute auf die Kostenbremse treten, ermöglichen Sie morgen zum Beispiel Ihre hoffentlich unvergessliche Hochzeitsfeier, das Studium Ihres Sohnes oder den Bau Ihres Hauses.

Die reichste Minute und das Zeitlimit beim Shoppen reichen oft schon, um sich klarzumachen, wie viele Geldsamen für zukünftige Geldbäume man im Begriff ist, den Geldfressern und Vermögensvampiren in den Rachen zu stopfen, anstatt die Chance auf ein Millionenvermögen zu nutzen.

Wer ist der Einkaufsboss?

Sie sind der Ausgaben- und Kostenmanager und Sie entscheiden, nicht mehr blind und spontan zu kaufen. Geplante Einkäufe sind fast immer günstiger als Spontankäufe. Durch den Vergleich der Angebote und durch kluges Timing kann man mitunter sogar zu extrem niedrigen Preisen kaufen. Ich behaupte, dass allein durch das Planen von Einkäufen und das Erstellen einer Einkaufsliste locker 5 bis 10 Prozent der Ausgaben eingespart werden können. Schreiben Sie also eine Einkaufsliste, bevor Sie in die Läden hineinmarschieren, und halten Sie sich strikt daran. Dann haben Sie eine Chance, tapfer an allen Versuchungen vorbei- und Ihrem Wohlstand entgegenzugehen.

Die meisten Menschen kommen mental besser mit einer schwierigen Gegenwart klar – also auch mit finanziellen Einschränkungen –, wenn sie die Aussicht haben, dass die Zukunft besser wird. Je weiter Sie vorausschauen, desto besser können Sie Ihre Ausgaben optimieren. Wenn Sie wissen, dass Sie in einem halben Jahr eine Flugreise antreten werden, kaufen Sie das Ticket schon jetzt und freuen sich über den Frühbucherrabatt. Warum nicht mal ein Weihnachtsgeschenk bereits im Sommerschlussverkauf erstehen und nicht erst dann, wenn die Preise vorweihnachtliche Rekordwerte erreichen? Beim Einkaufen kann man durch richtiges Timing die Finanzen optimieren.

Besser ist es, die Dinge zu kaufen, wenn fast niemand sie will, und sie zu verkaufen, wenn fast alle sie haben wollen. Ihr Cabrio stoßen Sie also lieber im Frühling ab. Und sobald Sie wissen, dass Sie es im Sommer nicht mehr haben werden, können Sie sich mental darauf einstellen und das Fahrrad schon mal entstauben und reparieren. Und falls Sie sich den Luxus eines

Cabrios leisten wollen, kaufen Sie es im Herbst, wenn die Schön-wettermodelle nicht so gefragt, dafür aber preiswerter sind.

Schauen Sie in die Zukunft, planen Sie Ihre Einkäufe für die günstigste Zeit. Und fragen Sie sich immer: Was brauche ich wirklich? Was brauche ich heute? Was kann ich möglicherweise in ein paar Wochen preiswerter kaufen?

Grundsätzlich gilt: Kaufen Sie große Sachen nur bei günstigen Gelegenheiten. Geben Sie für kleine Dinge nie großes Geld aus. Sie können auch groß leben, wenn Sie zu kleinen Preisen kaufen. Seien Sie nicht nur smart bei Smartphone-Verträgen.

Sie müssen Ihr Leben nicht einengen und Ihren Lebensstil nicht massiv herunterfahren, bloß weil Sie weniger Geld ausgeben. Sie müssen lediglich smart(er) einkaufen. Legen Sie daher vor jedem Einkauf die Maximalausgaben fest und nehmen Sie am besten nicht mehr Geld mit, wie Sie laut Plan höchstens ausgeben wer-den. Für größere und folglich kostspieligere Einzelanschaffungen (Fernseher, Kühlschrank, Rasenmäher und so weiter) setzen Sie sich vorher gleichfalls eine Obergrenze. Mehr als diesen Betrag sind Sie unter keinen Umständen zu zahlen bereit.

Versuchen Sie ab jetzt immer, den Preis zu verhandeln. Fra-gen Sie jedes Mal nach einem Rabatt. Trauen Sie sich ruhig zu sagen: »Ich habe nicht mehr als 130 Euro.« Oder: »Das kann ich mir nicht leisten.« Fragen Sie, ob es in diesem Geschäft viel-leicht demnächst eine Rabattaktion gibt, und wenn ja, seien Sie bereit zu warten. Womöglich bietet Ihnen der Ladenbesitzer eine sofortige Reduzierung an, weil er ein paar Scheine mehr in der Kasse gut gebrauchen kann – nutzen Sie Ihre Chance und verhandeln Sie erst recht nach dem Motto »Da geht bestimmt noch mehr«. Lernen Sie, klug zu verhandeln und erfolgreich Preise auszuhandeln. Werden Sie ein Discountexperte, ein Run-terhandelprofi.

Nutzen Sie zudem die Möglichkeiten im Internet: Auf Preis-vergleichsplattformen können Sie sich mit ein paar Klicks Dut-zende Angebote auflisten lassen und haben damit schnell einen Überblick, was wo preiswerter angeboten wird.

Haben Sie eigentlich schon einmal überlegt, was Sie von all Ihren Einkäufen wieder verkaufen könnten? Sie sollen natürlich weder Ihr Gemüse vom Markt noch Ihre alten Socken weiterverkaufen. Aber im Internet oder über lokale Anzeigenblätter, selbst auf dem Flohmarkt lässt sich so gut wie alles andere gewinnbringend in Umlauf bringen. Diese Extraeinnahmen überweisen Sie am besten direkt auf Ihr Zukunftskonto.

Merke: Smart einkaufen ist gut – clever verkaufen oftmals noch besser.

Wer macht das bessere Geschäft?

Die Grundentscheidung ist immer dieselbe: ausgeben oder sparen? Die Geschäfte, die Verkäufer, die Dienstleister rufen Ihnen aus allen Richtungen zu: »Kaufen, kaufen, kaufen!« Ihre Antwort muss dagegen so oft wie möglich sein: »Nicht kaufen, nicht kaufen, nicht kaufen!« Das fällt Ihnen leichter, wenn Sie mit Ihrem Partner und Ihrer Familie an einem Ausgabenstrang ziehen, also ein Gesamtfamilienbudget festgelegt haben.

Gehen Sie mit sich selbst eine Wette ein. Wer gewinnt: der Ladenbesitzer oder Sie? Bleiben Sie im Rahmen Ihres Budgets, oder erreicht der Händler sein Ziel und nimmt Ihnen mehr ab, als Sie eigentlich ausgeben wollten?

Machen Sie sich klar, dass der Ladenbesitzer und Sie entgegengesetzte Ziele verfolgen: Sie wollen mit günstigen und wenigen Einkäufen den Laden verlassen und Ihr Geld retten, während der Händler will, dass Sie möglichst viel und teuer kaufen und mit wenig Geld seinen Laden verlassen. Im Grunde logisch. Der Geschäftszweck der Läden ist es ja, viel Geld einzunehmen. Sie jedoch machen ein besseres Geschäft, wenn Sie dort nicht so viel Geld lassen.

Die Werbeexperten sorgen zudem dafür, dass wir viele Angebote sehen. Je mehr wir sehen, desto mehr sind wir verführt, etwas zu kaufen. Wir sind an diese Platzierungs- und Dekorationskniffe bereits so gewöhnt, dass wir ein Geschäft, das nicht bei den Verführungskünsten mithält, fast schon langweilig finden.

Sie wollen schließlich raus aus der Tretmühle »Geld verdienen, Geld ausgeben – Geld verdienen, Geld ausgeben – mehr Geld verdienen, mehr Geld ausgeben«. Wenn die Preisschilder, die Werbespots, die Verkäufer zu Ihnen sagen: »Kaufen!«, dann sagen Sie so oft Sie können: »Sparen!«

Wenn Sie im November oder Dezember Ihren Bonus oder Ihr Weihnachtsgeld bekommen, haben die Einzelhändler bereits klare Pläne, wie sie dieses Sondergeld in ihre Geschäfte leiten wollen. Lassen Sie das nicht zu! Behalten Sie Ihre eigenen Pläne fest im Blick und leiten Sie Ihre Sondereinnahmen lieber auf Ihr Zukunftskonto. Greifen Sie bei Sonderangeboten einzig und allein zu, wenn Sie sowieso vorhatten, diese Dinge demnächst zu kaufen. Ich möchte Ihnen das Einkaufen überhaupt nicht vermiesen oder gar verbieten. Aber reine Lustkäufe sollten Sie sich schleunigst abgewöhnen.

Machen Sie sich am besten eine Liste, was Sie in Zukunft bei der Einkaufsplanung verändern wollen, um Ihre Finanzen zu optimieren. Indem Sie auf die Kostenbremse treten, steigt der Pegel Ihres Vermögenssees kontinuierlich an.

Kapitel 7

Die Nullzinswelt beenden

Es war einmal ein Volk, das hatte Angst, das Verdiente und Ersparte zu verlieren. Dieses Volk sind wir Deutschen – und unsere Sorge ist nicht ganz unbegründet. Ihr Reichwerdetraum ist zwei Bedrohungen ausgesetzt: den niedrigen oder Nullzinsen und der Geldentwertung durch Inflation. Das sind die Feinde Ihres Vermögens.

Die frühere Regel »Spare lange, bekomme hohe Zinsen und werde reich« gilt heutzutage nicht mehr. Trotzdem rechnen sich nach wie vor viele Zeitgenossen ihre Sparanlagen schön, weil die Wertzuwächse in der Vergangenheit attraktiv waren. Das ist menschlich durchaus verständlich: Wer würde sich nicht wünschen, dass sein Geld mindestens seinen Wert behält und sich von Jahr zu Jahr fast von allein durch Zinsen vermehrt? Doch anders als im Märchen genügt es nicht, sich etwas nur zu wünschen.

In der Vergangenheit war es kinderleicht, seine Ersparnisse anzulegen. Die Statik des gesamten Geldsystems beruhte darauf, dass Sparer Zinsen bekamen und Schuldner Zinsen zahlen mussten. Seit jeher ist der Zins quasi der Preis, den der Schuldner dem Gläubiger für die Überlassung von Kapital zahlen muss. Steht viel Geld zur Verfügung, ist der Zins niedrig – ist das Geld knapp, steigt der Zins an. Wenn Sie auf einem Festgeld- oder Tagesgeldkonto sparen, leiht sich die Bank sozusagen Geld von Ihnen und zahlt dafür entsprechend Zinsen.

Während die Märkte seit Jahren durch die Notenbanken geradezu mit Geld geflutet worden sind, war noch in den 1970er-Jahren das auf dem Kapitalmarkt verfügbare Geld vergleichsweise knapp und der Zins entsprechend hoch. Folglich genügte es, wenn man sein Geld zur Bank brachte: Die Zinsen und die daraus resultierenden Zinseszinsen sorgten dafür, dass die Guthaben kontinuierlich anstiegen. So konnte man es selbst mit niedrigem Einkommen und ohne größere Erbschaften über viele Jahre zu einem kleinen Vermögen bringen, indem man regelmäßig auf Sparkonten oder in Lebensversicherungen einzahlte. Man musste einfach lange genug sparen und den Zinseszinseffekt für sich arbeiten lassen.

Zinsen fallen allerdings nicht vom Himmel, sie werden von Menschen bestimmt, und leider richtet sich die Höhe der Kapitalmarktzinsen gegenwärtig nicht mehr vorrangig nach Angebot und Nachfrage, sondern wird hauptsächlich von politischen Erfordernissen bestimmt. Die niedrigen Leitzinsen der Zentralbanken definieren die Kapitalmarktzinsen – und werden so zu den »Leidzinsen« der Sparer.

In der Zinshölle

Traurig, aber wahr: Es gibt kein Menschenrecht auf Zinsen. Die Zeiten, in denen sich das Geld durch Anlegen sozusagen von selbst vermehrte, sind längst vorbei. Das bei den Deutschen so beliebte Dreigestirn aus Sparbuch, Tages- und Festgeld sowie Bundeswertpapieren ist verblasst. Einzig Lockangebote – meist ohnehin nur für Neukunden, geringe Summen und begrenzte Zeitdauer – werben noch mit einem Zinssatz, der eine Eins vor dem Komma hat. Dies versprechen meist ausländische Finanzinstitute, Autobanken und Leasinggesellschaften teilweise mit geringer Bonität.

Einen Rechtsanspruch auf hohe Zinsen gibt es schon gar nicht. Wir leben in einer neuen, verrückten Zinswelt, und der Preis des Geldes ist gefallen. Abbildung 9 zeigt, dass die Zinsen seit Beginn unseres Jahrhunderts auf breiter Front gesunken sind und historische Tiefststände erreicht haben. Stufenweise ging es immer weiter abwärts in die Zinshölle: Niedrigzinsen – Nullzinsen – Negativzinsen. So konnte man sich zum Beispiel noch Anfang der 2000er-Jahre mit Anlagen in zehnjährige Bundesanleihen mehr als 5 Prozent Rendite sichern. Im Jahr 2015 brachten Bundesanleihen mit der gleichen Laufzeit gerade mal ein mageres halbes Prozent.

Der Effekt auf die mögliche – oder eben unmögliche – Vermögensbildung ist immens. 100.000 Euro, für zehn Jahre zu jährlich 5 Prozent angelegt, addieren sich auf knapp 163.000 Euro; bei 1 Prozent pro Jahr dagegen vermehren sich die gleichen 100.000 Euro zu kaum mehr als 110.000 Euro – ein Wertzuwachs von weniger als einem Sechstel, verglichen mit den Erträgen 15 Jahre zuvor! Entsprechend erzielt der Sparer heute eine um gut 30 Prozent niedrigere Gesamtsumme als zu Beginn des neuen Jahrtausends.

Deutschland ist zwar nach wie vor der sicherste Hafen im Euroraum, doch nicht zuletzt deshalb ist der Zinspegel hierzulande auf einen Tiefststand gesunken. Aus deutschen Sparkönigen sind Zinsbettler geworden.

An die Nullzinswelt haben sich viele Menschen ja fast schon gewöhnt. Aber dass sie Geld zur Bank bringen, dafür in einigen Fällen sogar Negativzinsen berechnet bekommen und durch diesen pervertierten »Sparvorgang« weniger als vorher haben, ist eine Neuerung, an die man sich wohl kaum gewöhnen kann – und es auch keinesfalls sollte.

Wenn Strafzinsen für Sparguthaben verlangt werden, wäre es umgekehrt völlig konsequent, Belohnungszinsen für »Kreditschlechthaben«, also für Darlehen einzuführen. Dann könnten Sie sich ein Auto oder eine Eigentumswohnung auf Kredit kaufen – und Ihre Bank würde Ihnen für die aufgenommene Darlehenssumme sogar Zinsen zahlen. Verkehrte Welt? Wir sind nicht mehr allzu weit davon entfernt. Selbst wenn die Banken dazu übergehen sollten, auf breiter Front Positivzinsen für Kredite zu zahlen – die Nachteile der Zinstiefststände würden die vermeintlichen Vorteile dennoch erheblich überwiegen.

Zinsen im Sinkflug

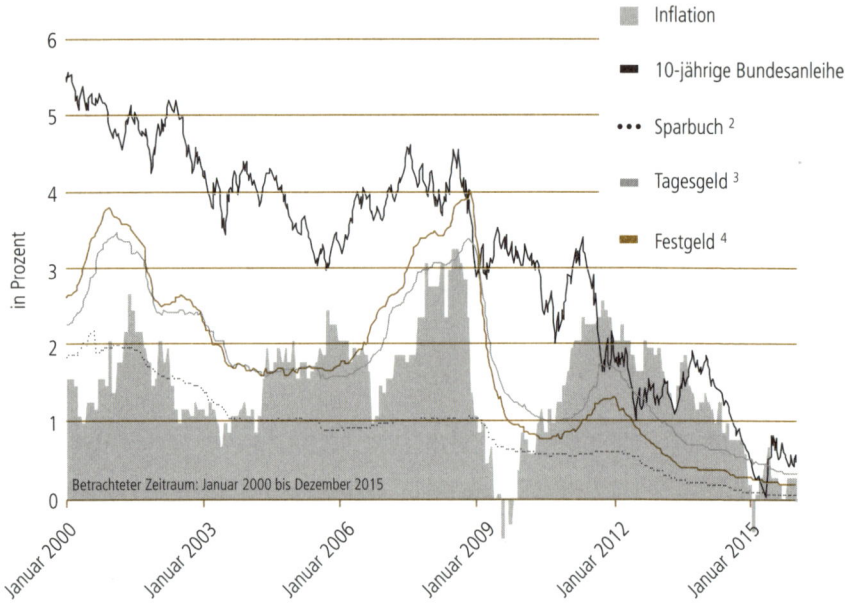

Betrachteter Zeitraum: Januar 2000 bis Dezember 2015

Legende:
- Inflation
- 10-jährige Bundesanleihe[1]
- Sparbuch[2]
- Tagesgeld[3]
- Festgeld[4]

[1] Rendite [2] Basiszins/Spareckzins [3] Basiszins [4] 5000 Euro / Laufzeit 3 Monate
Quelle: FMH; eigene Darstellung

Bereits Nullzinsen wirken sich auf den Zinseszinseffekt logischerweise lähmend aus. Null mal null ergibt eben null Komma gar nichts. Das kann man selbst ohne finanzmathematische Kenntnisse leicht ausrechnen. Eine Wende zum Besseren ist nicht in Sicht. Wir alle müssen uns also dauerhaft auf tiefe Zinsen und entsprechend sinkende – oder sogar negative – Sparrenditen einstellen.

Das ist das Ende des traditionellen Sparens, wie man es über viele Generationen kannte und praktizierte. Selbst konservative Tages- und Festgeldkontenfans kehren diesen Anlagen frustriert den Rücken. Früher brachten Fest- und Tagesgeld risikolose Zinsen. Mittlerweile bringen sie leider, wie man sarkastisch sagen könnte, nur noch »risikolosen Verlust« – zumal wenn man den

Geldwertschwund durch Inflation, auf den ich später zu sprechen komme, mitberücksichtigt. Wer also heute sein Geld auf dem Fest- oder Tagesgeldkonto deponiert, betreibt nichts anderes als vorprogrammierte Vermögensvernichtung. Da ist es fast schon egal, ob Sie Ihr Geld zur Bank tragen oder zu Hause horten: An Wert verliert es so oder so.

Sparerland ist abgebrannt

Wie sieht es bei einer weiteren von den Deutschen traditionell geschätzten Anlageform aus, der klassischen Kapitallebensversicherung? Mittlerweile leider ebenfalls ziemlich mau. Die Garantieverzinsung sackt seit Jahren immer weiter ab. 2014 beschloss die Bundesregierung eine weitere Senkung: Seit dem 1. Januar 2015 werden bei Neuverträgen lediglich kümmerliche 1,25 Prozent an Zinsen garantiert, und Ende 2015 diskutierte der Gesetzgeber sogar die komplette Abschaffung. Ein dramatischer Absturz, da der Garantiezins Ende der 1990er-Jahre immer noch bei stattlichen 4 Prozent lag. Die schöne Zeit, in der man mit Kapitalversicherungen Vermögen aufbauen konnte, ist passé.

Immer mehr Menschen wird bewusst, dass sie Geld verlieren, wenn sie auf traditionelle Weise ansparen. Allein mit den Zinskonditionen, die derzeit angeboten werden, können sie es nicht einmal schaffen, einen bereits vorhandenen Kapitalstock zumindest zu bewahren, geschweige denn durch beharrliche Einzahlungen ein Vermögen aufzubauen.

Investieren Sie deshalb keinesfalls in Sicht-, Termin- und Spareinlagen – außer Sie brauchen das anzulegende Geld möglicherweise kurzfristig, ähnlich wie bei Ihrem Notfallkonto, an das Sie jederzeit herankommen müssen. Lassen Sie die Finger von Zinstiteln, es gibt lukrativere Alternativen, die Sie in den folgenden Kapiteln kennenlernen werden.

Man braucht kein Prophet zu sein, um vorauszusehen, dass die europäischen Spitzenpolitiker und Zentralbanker weiterhin alles daransetzen werden, um mit Niedrigzinsen und Geldmengenausweitungen die Europäische Union und den Euro zu retten. Entsprechend sollten Sie schleunigst damit beginnen, Ihr Erspartes zu retten, indem Sie sich verschärft nach alternativen Anlagen umschauen.

Der deutsche Finanzminister und die Schatzmeister anderer hochverschuldeter Staaten freuen sich im Gegensatz zu Ihnen über die niedrigen Zinsen. Die Schulden der Bundesrepublik Deutschland betragen laut Statistik der Bundesbank etwas mehr als 2 Billionen Euro, und für diese unfassbar große Summe muss der Fiskus keine oder zumindest niedrigere Zinsen zahlen als je zuvor. Erliegen Sie daher bitte nicht dem Irrglauben, dass die Eurostaaten ein Interesse daran hätten, die Zinsen möglichst bald wieder klettern zu lassen. Seit Ausbruch der Finanzkrise 2008 bis 2014 hat allein der deutsche Bundesfinanzminister laut Regierungsangaben insgesamt knapp 100 Milliarden Euro an Zinszahlungen eingespart.

Den meisten privaten Haushalten muss diese Entwicklung Sorgenfalten, wenn nicht sogar den Angstschweiß auf die Stirn treiben. Historische Zinstiefststände mögen für Häuslebauer angenehm sein, da entsprechend die Hypothekenzinsen gesunken sind. Traditionelle Sparer jedoch haben allesamt, ob es ihnen bewusst ist oder nicht, ein gewaltiges Loch in ihrem Geldsee, durch das ihr gehortetes Kapital hinausrinnt und im Nullzinsgully auf Nimmerwiedersehen verschwindet.

So ermittelte beispielsweise die DZ-Bank, dass den privaten Haushalten in den Jahren 2010 bis 2014 Zinsgewinne in Höhe von rund 190 Milliarden Euro entgangen sind. Jeder Deutsche musste somit im Schnitt etwas mehr als 2300 Euro an Zinsverlusten hinnehmen. Dem standen zwar ersparte Sollzinsen in Höhe von 78 Milliarden Euro gegenüber, aber die Bilanz ist für die privaten Haushalte eindeutig negativ. Der Staat ist der Sieger, die Sparer sind die Verlierer. Den deutschen Sparern werden laut einer Studie des Center for Financial Studies in den nächsten fünf Jahren nochmals bis zu 200 Milliarden Euro an potenziellen Zinsgewinnen entgehen. Das entspricht eingebüßten Zinseinnahmen von 5600 Euro pro Haushalt.

Ein baldiges Ende der Zinsfolter ist nicht in Sicht: Würden die Zinsen nämlich spürbar steigen, brächen die EU-Krisenstaaten vollends unter ihren Schuldenbergen zusammen. Die Zinsen werden also deshalb nicht steigen, weil das politisch nicht gewollt ist – getreu der Maxime, dass nicht sein kann, was nicht sein darf.

Die Zinsen sind quasi ausgestorben, daher funktionieren auch Anleihen nicht mehr. Bei Bundesanleihen mit kurzen Laufzeiten laufen Investoren sogar Gefahr, regelrecht Geld zu verbrennen. Die Renditen für diese Papiere waren im Frühjahr 2015 im wahrsten Sinne des Wortes auf einem unterirdischen Niveau: Bundesanleihen mit fünfjähriger oder noch kürzerer Laufzeit wiesen für Neuanleger eine negative Rendite auf – gleichfalls ein historisches Novum.

Selbst die Renditen lang laufender Staatsanleihen sind immer weiter gesunken. Bei börsengehandelten Staatsanleihen errechnet sich die Rendite aus dem Zins und dem sich durch Angebot und Nachfrage ergebenden Kurs der Anleihe. Die Rendite einer zehnjährigen Bundesanleihe betrug Mitte April 2015 gerade mal absurde 0,07 Prozent. Bei einer solchen Nanorendite braucht man rein rechnerisch 991 Jahre, um seine Geldanlage zu verdoppeln! Bis Ende Juni stieg die Rendite wieder Richtung 1 Prozent. Von null auf 100 in acht Wochen ist sicher ein neuer Geschwindigkeitsrekord beim Zinsanstieg. Am 30. Juni 2015 waren es zwar immerhin wieder 0,76 Prozent, aber selbst damit würde man 92 Jahre brauchen, um zum Beispiel 50.000 Euro zu verdoppeln.

Bloß ist ein knappes dreiviertel Prozent bei zehnjährigen Bundesanleihen überhaupt eine gute Kondition, die Sie zum Kauf dieser Papiere verleiten sollte? Wahrscheinlich nicht, denn wenn Sie sich zehn Jahre an dieses niedrige Niveau binden, kann es gut sein, dass Sie sich über Ihre Entscheidung ärgern werden. Stellen Sie sich nur einmal vor, die Zinsen stiegen zwischenzeitlich wieder auf 3 Prozent, dann hätten Sie in den folgenden zehn Jahren womöglich viel an Wertzuwachs verschenkt.

Ganz abgesehen davon, dass hier ein weiteres Marktgesetz außer Kraft gesetzt worden ist: Wer hätte es vor Kurzem für möglich gehalten, dass die Rendite scheinbar grundsolider Bundesanleihen wie bei einer Fieberkurve nahezu auf null abfallen und vorübergehend wieder emporschnellen könnte, um Ende Dezember 2015 doch wieder auf 0,63 Prozent zurückzugehen.

Vielleicht hatten Sie ja ohnehin vor, dem Staat einen Teil Ihres Vermögens zu spenden. Dann kaufen Sie getrost zehnjährige Bundesanleihen und setzen Sie darauf, dass diese in der Zukunft sogar eine negative Rendite aufweisen werden. Die Chancen stehen gar nicht so schlecht – ich befürchte bloß, dass Ihnen der Fiskus dafür keine Spendenbescheinigung ausstellen wird …

Da also nicht einmal mehr Staatsanleihen sichere Renditen bieten, setzt eine wachsende Zahl von Anlegern auf Anleihen großer, erfolgreicher Unternehmen. Doch deren Renditen wurden im Gefolge der Euro- und Staatsschuldenkrise ebenfalls mit in den Abgrund gerissen und dümpeln auf Tiefstständen herum. Damit steht die Finanzwelt auch bei dieser Anlageart Kopf. Die Nachfrage nach Anleihen von Vorzeigeunternehmen wie beispielsweise Nestlé war im Februar 2015 so hoch, dass die Rendite in den Minusbereich abdrehte. Die Anleger zahlten also gewissermaßen drauf, um dem Unternehmen Geld leihen zu dürfen!

Vermögensenteignung durch Inflationsmonster

Sie haben allmählich genug von den schlechten Nachrichten für Sparer? Eine weitere müssen Sie leider noch verkraften: Die Inflation nagt an Ihrem Vermögen. Das Geld, das Sie sparen, wird jeden Tag etwas wertloser. So kosten, ein kleines Beispiel, die Brötchen in diesem Jahr mehr als im letzten, denn auch die Kosten für Lebensmittel sind stetig gestiegen, und das werden sie wohl in Zukunft weiterhin tun.

In der Vergangenheit mussten Sparer immer wieder reale Verluste durch Geldentwertung hinnehmen. Wer sein Geld in kurzfristige Spareinlagen steckte, erlitt sogar regelmäßig Verluste, da die Inflationsrate meist über dem Sparbuchzins lag (siehe Abbildung 9). Doch damals konnte man auf höher verzinste und vergleichsweise risikolose Sparformen ausweichen. Diese Alternativen gibt es heutzutage nicht mehr.

Wer nicht wahrhaben will, dass er beim klassischen Sparen reale Vermögensverluste erleidet, unterliegt der sogenannten Nominalwertillusion: Auf unseren Geldscheinen ist immer derselbe Eurobetrag aufgedruckt, heute genauso wie vor fünf oder in zehn Jahren. Aber man kann sich in Zukunft für den gleichen Betrag weniger kaufen als heute, weil das Geld stetig an Wert verliert. Genauso können Sie Ihr Erspartes auf Ihrem Bankkonto unangetastet lassen, und es verliert im Laufe der Zeit dennoch an Wert, weil seine Kaufkraft sinkt. Wenn also der Sparzins, den Sie auf Ihr Guthaben erhalten, nicht mindestens der Inflationsrate entspricht, werden Sie als Sparer kontinuierlich enteignet.

Vielleicht können Sie sich noch daran erinnern: Vor etlichen Jahren bekamen wir für eine D-Mark zwei Kugeln Speiseeis; mittlerweile erhält man für 1 Euro lediglich eine Kugel. Besonders bei Lebensmitteln droht künftig ein hoher Preisanstieg. So könnte beispielsweise ein Kilo Kirschen, das Sie heute beispielsweise für 5 Euro kaufen, bei einer Geldentwertung von jährlich 2 Prozent in zehn Jahren circa 6,10 Euro kosten – beziehungsweise bekommen Sie in zehn Jahren für Ihre 5 Euro eben nur noch rund 800 Gramm Kirschen.

Obwohl wir im Jahr 2015 eine besonders niedrige, in manchen Monaten gar keine Inflation hatten, möchte ich Ihnen die langjährige Durchschnittsinflation ins Bewusstsein rufen. Seit Einführung der D-Mark und Gründung der Bundesrepublik Deutschland war Geldentwertung nicht etwa die Ausnahme, sondern die Regel. Von 1950 bis Ende 2014 lag die Inflationsrate, die vom Statistischen Bundesamt ermittelt wird, im Durchschnitt bei rund 2,5 Prozent pro Jahr. Dies führte dazu, dass von umgerechnet anfänglich 1000 Euro am Ende dieses Zeitraums nur etwas mehr als 200 Euro Kaufkraft übrig geblieben waren – ein Kaufkraftverlust von rund 80 Prozent!

Die Rendite, die Sie auf Ihr Vermögen erhalten, muss also die Inflationsrate immer übersteigen – sie muss sie überholen.

Angenommen, Sie könnten 100.000 Euro investieren und hätten die Wahl, diesen Betrag entweder inflationsgeschützt oder inflationsgefährdet anzulegen. Im ersten Fall wäre bei

2 Prozent Inflation jährlich nach zehn Jahren die Kaufkraft von
100.000 Euro logischerweise noch erhalten, im zweiten Fall
wäre sie auf rund 80.000 Euro geschrumpft. Variante Nummer
zwei macht Ihnen bestimmt keinen Spaß – aber der Fiskus freut
sich, weil durch Geldentwertung eben auch die Staatsschulden
an Wert verlieren. Inflation belohnt also Schuldner und bestraft
Sparer.

Niemand vermag vorauszusagen, wie sich die Inflation in
den nächsten Jahren entwickeln wird. Die Notenbanken haben
jedenfalls das klare Ziel von 2 Prozent jährlich vorgegeben, und
sie unternehmen alles in ihrer Macht Stehende, um dieses Ziel
zu erreichen. Und selbst wenn man es kaum glauben mag: Diese
kontinuierliche Geldentwertung ist politisch gewollt. Ende Oktober 2015 betonte EZB-Chef Draghi: Wenn die mittelfristige Inflation von 2 Prozent in Gefahr ist, werde man alle notwendigen
Maßnahmen ergreifen, um das Ziel zu erreichen. Die Zentral-
bank ist noch nicht am Ende ihrer Mittel. Angesichts der historisch beispiellosen Geldmengenausweitung ist keineswegs auszuschließen, dass die Inflationsrate sogar über die von der EZB
anvisierte Ziellinie hinausschießen könnte.

Die offiziell gemessene Inflation war im Jahr 2015 gering.
Dies jedoch vorrangig aufgrund des Ölpreisverfalls. Die Preise
für die meisten Nahrungsmittel sind hingegen gestiegen. Vom
Statistischen Bundesamt wird die Inflation kontinuierlich auf
der Basis eines »Warenkorbs« ermittelt, der einen (angeblich)
für den deutschen Durchschnittshaushalt repräsentativen Mix
bestimmter Güter und Dienstleistungen enthält. Für Nichtrau-
cher ist es unerheblich, dass 2005 eine Schachtel Zigaretten
4 Euro kostete, im Jahr 2015 bereits 5,60 Euro und bei unterstellten 2 Prozent Inflation in 30 Jahren ungefähr 10 Euro kosten
wird. Diese Preisentwicklungen sprechen eine deutliche Sprache. Wer viel ins Kino geht, hat 2005 noch 5,85 Euro für eine
Eintrittskarte gezahlt – 2015 musste er bereits etwas mehr als
8 Euro aufwenden und wird bei durchschnittlicher Inflation
von jährlich 2 Prozent in 30 Jahren ungefähr 15 Euro auf den
Tisch legen müssen. Bei der offiziell gemessenen Inflation geht
man also von einem Durchschnittskonsumenten aus, dessen

Bedürfnisse und Konsumgewohnheiten von Ihrem individuellen Lebensstil und Kaufverhalten natürlich mehr oder wenig deutlich abweichen. Entsprechend kann Ihre eigene gefühlte Inflation ganz andere Werte erreichen als die behördlich ermittelte Rate (Cashcode: 09).

Schon wegen der stetigen Geldentwertung durch Inflation bleibt Ihnen gar nichts anderes übrig, als Ihr Vermögen zumindest mit einer Rendite anzulegen, die der Inflationsrate entspricht. Im gegenwärtigen Niedrigzinsumfeld ist bereits das eine sportliche Herausforderung.

Aufgrund schmerzlicher Erfahrungen mit massiver Geldentwertung im 20. Jahrhundert ist gerade den älteren Menschen in Deutschland die Angst vor der Inflation gleichsam in Fleisch und Blut übergegangen. Trotzdem horten die Bundesbürger ihr Erspartes leider nach wie vor überwiegend auf Sparbüchern, Tages- und Festgeldkonten – also ausgerechnet dort, wo es nicht den geringsten Inflationsschutz genießt. Sich lediglich vor etwas zu fürchten, bringt allerdings nichts, solange man nicht zugleich die Konsequenzen zieht und geeignete Schutzmaßnahmen ergreift. Mit anderen Worten: Sie müssen das Inflationsmonster austricksen!

Stoppen Sie den realen Vermögensverlust! Bei Mini- und Nullzinsen hört der Spaß endgültig auf. Passen Sie Ihr Finanzverhalten endlich den neuen Verhältnissen der neuen realen Welt des Geldes an.

Vom Sparschwein zum Investitionsbullen

Aber damit genug der schlechten Nachrichten, kommen wir zu den guten: Sparen lohnt sich immer noch, sofern Sie Ihre Sparmethode den veränderten Umständen anpassen. Künftig gelten andere Regeln, es gibt andere Renditen mit anderen Chancen und Risiken. Daher sollten Sie sich vom Zinseszins verabschieden und auf das Renditerenditemodell umsteigen, denn die für dieses Modell erforderlichen Renditen gibt es nach wie vor.

Höchste Eisenbahn also, die Weichen Ihrer Wohlstandsgleise neu zu stellen. Ihr Traum, ein ansehnliches Vermögen anzusparen oder beachtlichen Wohlstand zu erzielen, kann trotz allem wahr werden. Sie können der traurigen Realzinsfalle entfliehen, wenn Sie Ihr Vermögen größtenteils auf andere Anlageklassen umschichten.

Indem Sie jetzt sehenden Auges investieren, statt blind zu sparen. Verlassen Sie die Zinswüste, wechseln Sie in die Renditeoasen. Wenn Sie keine arme Sau werden wollen, dann setzen Sie Ihr Sparschwein auf Diät, mästen Sie lieber reale Sachwerte. Fixieren Sie sich nicht länger auf reine Geldwerte – konzentrieren Sie sich auf echte Substanzwerte. Zum Beispiel auf Immobilien, die viel wertbeständiger sind und Aussicht auf Wertsteigerungen und Mieteinnahmen bieten, oder auf Aktien, die ebenfalls Sachwerte sind und Chancen auf Kursgewinne und Dividenden eröffnen. Besonders gut wachsen kann Ihr Geld hier in Unternehmen, die wachsen.

Substanzwerte haben zudem eine Art eingebauten Inflationsschutz. Bei Aktien liegt das schlicht daran, dass meist die Preise für Güter und Dienstleistungen steigen, wenn die Wirtschaft wächst und die Unternehmen entsprechend mehr Gewinn machen. In den folgenden Kapiteln werde ich Ihnen zeigen, dass sich Geld nur dann vermehrt, wenn jemand etwas damit unternimmt. Unternehmen deshalb auch Sie etwas! Warum genießen Immobilien im Grunde ebenfalls Inflationsschutz? Das lässt sich recht einfach erklären: Mit den Kaufpreisen für Wohnungen und Eigenheime steigen in der Regel die Mieten, die Sie als Vermieter erzielen können beziehungsweise die Sie zahlen müssen, sofern Sie nicht in den eigenen vier Wänden leben. Als Vermieter können Sie also den allgemeinen Preisanstieg an die Mieter weiterreichen, als Selbstnutzer haben Sie mit Mieterhöhungen sowieso nichts zu tun.

Konkret folgt daraus meine dringende Empfehlung: Investieren Sie in Sachwerte! Mit guten Immobilien und einem gut ausgewählten Aktienportfolio wird Ihnen der Vermögensaufbau leichter gelingen. Beide Anlageformen bieten Ihnen einen recht robusten Schutz gegen Inflation. Dann stehen Sie auf zwei starken Füßen – im Gegensatz zum reinen Papiergeldmillionär, an dessen Vermögen ständig das Inflationsmonster zerrt. Am Weltspartag feiern Sie künftig Ihren Realwerttag. Retten und vermehren Sie Ihr Geld!

Kapitel 8

Die Renditerakete

Attraktive Renditen von 7 Prozent und mehr pro Jahr sind langfristig gut möglich, sogar mit eingebautem Inflationsschutz. Investieren Sie in Sachwerte, vor allem in Produktivvermögen, durch Beteiligungen an Firmen, dann partizipieren Sie, wenn die Unternehmen Umsatz und Gewinn steigern. Dann sind Sie nicht nur Kunde, sondern auch Mitbesitzer einer guten Firma, entsprechend verdienen Sie am Wachstum mit – und Ihr Vermögen kann (mit)wachsen.

Als Aktionär können Sie doppelt Geld verdienen: Zum einen in Form von Dividenden, weil Sie am Unternehmensgewinn beteiligt sind, zum anderen durch höhere Aktienkurse. Denn wenn sich die Unternehmensergebnisse verbessern, geht dies meist mit höheren Börsenständen einher, sodass Sie ebenfalls an der Aktienwertsteigerung verdienen. Beides zusammen nennt man die *Aktienrendite*.

Unter allen Geldanlageklassen erbringen Aktieninvestments langfristig die besten Gewinnzuwächse. Hier der Beweis: Der Finanzexperte Professor Jeremy Siegel hat untersucht, was aus einem US-Dollar in unterschiedlichen Geldanlagen in den USA von 1802 bis 2014 geworden ist (siehe Abbildung 10).

Hätte man diesen Dollar nicht in Aktien gesteckt, sondern unter die Matratze gelegt, wäre sein Wert umgerechnet auf jämmerliche 5 US-Cent zusammengeschmolzen. Durch inflati-

Aktien siegen mit großem Vorsprung

Was Sie bis 2014 verdient hätten, wenn
Ihre Urahnen im Jahr 1802 jeweils
1 US-Dollar für Sie in fünf verschiedene
Anlageklassen investiert hätten
(reales Anlageergebnis und
durchschnittliche Rendite p. a.).

US-Aktien
1.033.487 US$
+6,7 %

US-Staatsanleihen
mit langer Laufzeit
1642 US$
+3,5 %

US-Staatsanleihen
mit kurzer Laufzeit
275 US$
+2,7 %

Gold
3,11 US$
+0,5 %

Bargeld
0,051 US$
−1,4 %

Quelle: Jeremy Siegel; eigene Darstellung

onsbedingten Kaufkraftverlust wären 95 Prozent einfach nicht mehr da. In Gold investiert, hätte sich der erste Dollar immerhin gut verdreifacht auf 3,11 US-Dollar. Deutlich besser wäre das Ergebnis, wenn der Dollar in US-Staatsanleihen investiert worden wäre: Bei Staatsanleihen mit jeweils kurzen Laufzeiten wären es heute 275 Dollar, bei Staatsanleihen mit langer Laufzeit sogar 1642 Dollar.

Doch aus einem Dollar, den man im Jahr 1802 in Aktien investiert hätte, wären 1.033.487 Dollar geworden! Das entspricht einer durchschnittlichen Rendite von ungefähr 7 Prozent pro Jahr.

Seriensieger beim Renditemarathon

Langfristig sind Aktien allen anderen Anlageformen überlegen. Sie werden zwar oft als die riskanteste Anlageklasse bezeichnet, aber sie liefern auf Dauer den höchsten Ertrag – quasi seit Beginn der Aufzeichnung von Börsendaten und trotz der Weltkriege und aller Wirtschaftskrisen sowie teilweise extremer Kursverluste, mit denen gerechnet werden muss.

Betrachten wir einmal einen aktuelleren und an die Investmentdauer eines heutigen Anlegers angepassten Zeitraum (siehe Abbildung 11). Was ist innerhalb von 25 Jahren aus 10.000 Euro geworden, die in den unterschiedlichen Anlageklassen investiert wurden?

Das Sparbuch ist erwartungsgemäß das Renditeschlusslicht. Es hat lediglich ein Plus von ungefähr 3700 Euro zu verzeichnen, das sind knapp 1,3 Prozent Rendite pro Jahr vor Inflationsbetrachtung. Das Festgeld kommt auf rund 18.400 Euro, das entspricht gut 2,5 Prozent Rendite pro Jahr. Die Rentenpapiere bringen rund 44.000 Euro, also im Schnitt 6,1 Prozent jährliche Rendite. Das »Renten-Deutschland«-Ergebnis, also die Entwicklung des sogenannten REX-Index, der den Markt für Bundesanleihen widerspiegelt, ist allerdings wohl kaum in die Zukunft zu projizieren (das gilt für Sparbuch und Festgeld genauso). Denn vor zehn bis 20 Jahren gab es noch viel höhere Zinsen, und zusätzlich stecken in dieser Rendite hohe Kursgewinne, die durch die extrem gefallenen Zinsen entstanden sind.

Die beste Anlage waren auch hier Aktieninvestments. Bei einer Investition in den DAX wären in 25 Jahren aus den 10.000 Euro rund 77.000 Euro geworden, was wiederum einer Rendite von 8,5 Prozent jährlich entspricht. Ähnlich rentabel wie beim DAX war in diesem Zeitraum eine Anlage im MSCI-World-Index, der etwas mehr als 1600 Aktien aus 23 Industrieländern abbildet.

Den 1988 eingeführten DAX kann man einschließlich seiner Vorläufer bis 1959 zurückverfolgen, und durch Einbeziehung der entsprechenden Unternehmen lässt er sich sogar bis 1948 nachbilden, jenem Jahr, als mit der Währungsreform die westdeutsche Wirtschaft wieder in Gang kam. Wer seit der Einführung der D-Mark ununterbrochen im DAX investiert gewesen wäre, hätte bis Ende 2015 aus 1000 Euro (beziehungsweise damals knapp 2000 D-Mark) die gewaltige Summe von etwas mehr als 1 Million Euro gemacht. Das entspricht einer Rendite von rund 11 Prozent pro Jahr.

Wertentwicklungen verschiedener Geldanlagen

Anlage von 10.000 Euro vom 1.1.1991 bis zum 31.12.2015

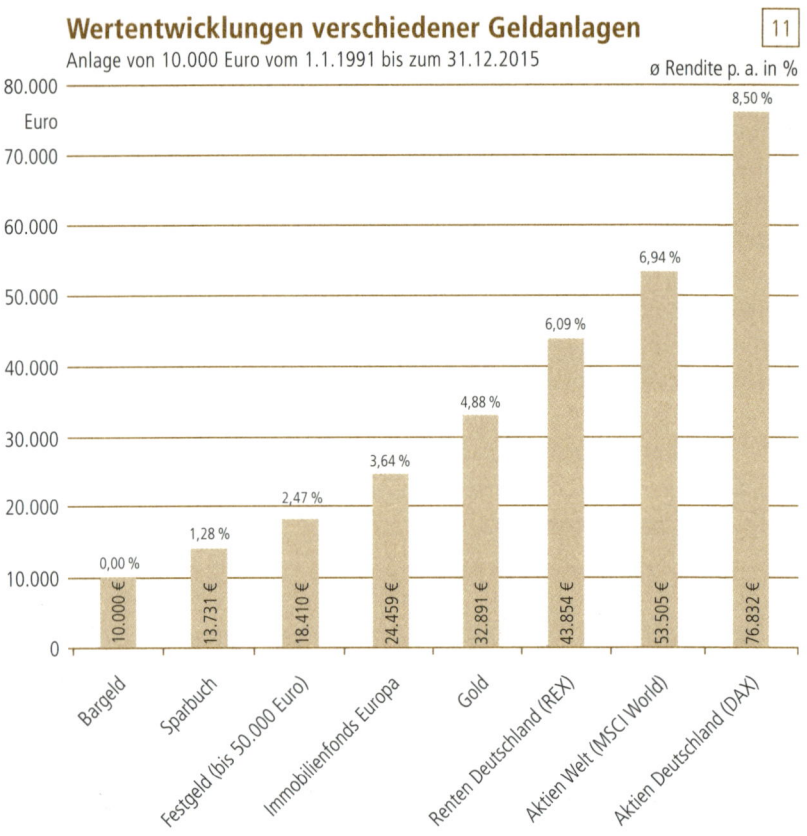

Quelle: FinanzPortal 24; eigene Darstellung

Im Frühjahr 2015 knackte der DAX erstmals die 12.000-Punkte-Marke und erreichte am 10. April 2015 seinen bisherigen absoluten Höchststand mit 12.390,8 Punkten. Die langfristige Durchschnittsrendite wäre also noch viel höher, wenn man bis zu diesem Zeitraum gerechnet hätte. Da es aber bei solchen Rekordständen jederzeit zu Kursrückgängen (am 29. September 2015 sank der DAX auf einen Punktestand von 9325,05) oder gar einem Aktiencrash kommen kann, unterstelle ich für die Zukunft des DAX lediglich den Wert, der in der Vergangenheit über sehr viele Zeiträume mindestens erzielt wurde: eine langfristige Stei-

gerung um 7 Prozent jährlich. Ähnlich erklärte Professor Jeremy
Siegel im Juni 2015, dass er im US-amerikanischen Aktienmarkt
für die Zukunft langfristig von einer durchschnittlichen Rendite
von 7 Prozent ausgeht (Cashcode: 10).

Und diese Wertsteigerung ist im Zinsumfeld Ende 2015 besonders attraktiv. Vor allem wenn wir die niedrigen Zinsen mit den
Ausschüttungen der Unternehmen im Verhältnis zu ihren Aktienkursen vergleichen.

Am 31. Dezember 2015 hatte das durchschnittliche Kurs-Ge-
winn-Verhältnis (KGV) aller DAX-Titel den Faktor 23. Wer also
den kompletten DAX auf dieser Basis gekauft hätte, hätte seinen
Einstand – gemessen an den Unternehmensgewinnen – nach
23 Jahren zurückverdient. Am gleichen Tag hätte man hingegen
für eine neu zu kaufende Bundesanleihe gerade einmal 0,63 Prozent Rendite bekommen.

Würde man für diese Bundesanleihe ein KGV berechnen, läge
es bei 159. Diese Gegenüberstellung verdeutlicht nochmals, wie
attraktiv Aktien im Vergleich zu festverzinslichen Wertpapieren
sind. Würde man nämlich dieses dargestellte KGV der Bundesanleihen auf den DAX übertragen, wäre das gleichbedeutend mit
einem DAX-Stand von knapp über 74.000 Punkten.

Das Deutsche Aktieninstitut hat ein sogenanntes Renditedreieck
erstellt (siehe Abbildung 12). Daraus lässt sich ablesen, in welchen Zeiträumen innerhalb der letzten 50 Jahre man mit DAX-
Aktien welche durchschnittliche Rendite erzielt hätte. Darin können Sie jeden beliebigen Anlagezeitraum betrachten. Schauen
Sie auf das Jahr, in dem Sie gekauft hätten, und auf das Jahr, in
dem Sie verkauft hätten. Zum Beispiel: Wenn Sie Ende 1982 in
den DAX eingestiegen und Ende 2002, also nach 20 Jahren, aus-
gestiegen wären, hätten Sie eine durchschnittliche Rendite von
9,2 Prozent pro Jahr erzielt (Cashcode: 11).

Die beste einjährige Halteperiode war 1985 mit plus 84,1 Prozent, und die schlechteste im Jahr 2002 betrug minus 43,9 Prozent. Nur rund 6 Prozent aller möglichen Halteperioden seit
1965 wiesen ein negatives Renditeergebnis aus. Wer seine Aktien
15 Jahre lang gehalten hätte, hätte beim DAX zu keiner Zeit eine

Das DAX-Renditedreieck für die letzten 50 Jahre   12

So lesen Sie die Abbildung: Wer Ende 1994 Aktien kaufte und bis Ende 2014 hielt, erzielte in diesem Zeitraum eine durchschnittliche jährliche Rendite von 8 Prozent. Weitere Anlagezeit-räume von 20 Jahren finden sich entlang der Treppe.

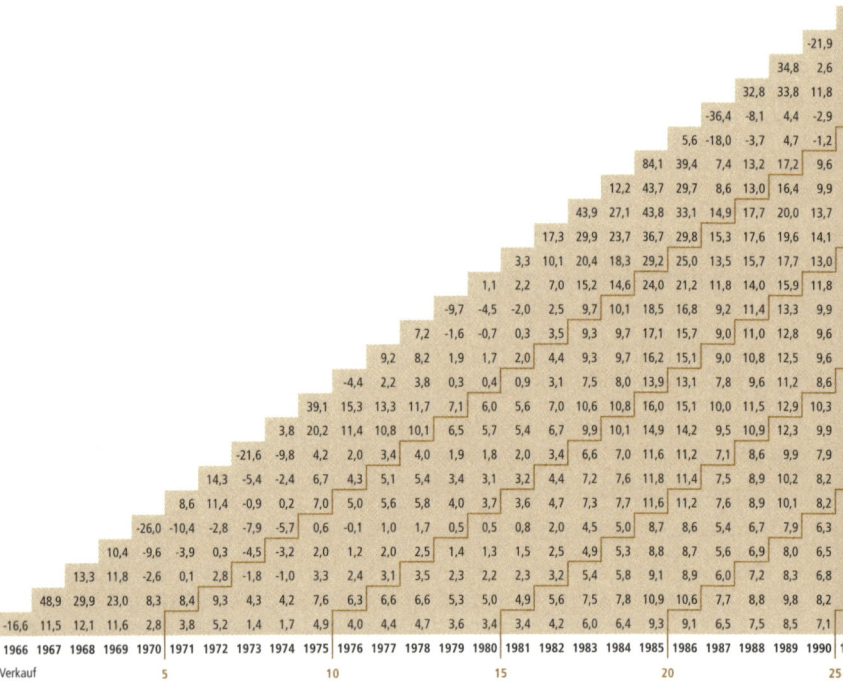

Quelle: Deutsches Aktieninstitut; eigene Darstellung

Kauf

1992	1993	1994	1995	1996	1997	1998	1999	2000	2001	2002	2003	2004	2005	2006	2007	2008	2009	2010	2011	2012	2013	2014	2015	Kauf
																							9,6	2014
																						2,7	6,1	2013
																					25,5	13,5	12,2	2012
																				29,1	27,3	18,5	16,2	2011
																			-14,7	4,9	11,4	9,1	9,2	2010
																		16,1	-0,5	8,5	12,5	10,5	10,3	2009
																	23,8	19,9	7,0	12,2	14,7	12,6	12,2	2008
																-40,4	-14,1	-5,0	-7,5	-1,2	2,9	2,8	3,6	2007
															22,3	-14,6	-3,3	1,2	-2,2	2,4	5,4	5,1	5,6	2006
														22,0	22,1	-3,8	2,4	5,0	1,5	5,0	7,4	6,8	7,1	2005
													27,1	24,5	23,8	3,1	7,0	8,4	4,8	7,5	9,4	8,7	8,8	2004
												7,3	16,8	18,5	19,4	3,9	7,0	8,3	5,1	7,5	9,2	8,6	8,7	2003
											37,1	21,3	23,2	22,9	22,8	8,8	10,9	11,5	8,2	10,2	11,5	10,7	10,6	2002
										-43,9	-12,3	-6,2	1,2	5,0	7,7	-1,0	1,8	3,3	1,3	3,6	5,3	5,1	5,4	2001
									-19,8	-32,9	-14,9	-9,8	-3,4	0,4	3,3	-3,6	-0,9	0,7	-0,8	1,4	3,1	3,1	3,5	2000
								-7,5	-13,9	-25,4	-13,1	-9,4	-4,1	-0,8	1,9	-4,0	-1,5	-0,1	-1,4	0,7	2,3	2,3	2,8	1999
							39,1	13,4	1,0	-12,8	-4,5	-2,7	1,1	3,5	5,5	-0,4	1,6	2,7	1,3	3,0	4,4	4,3	4,6	1998
						17,7	28,0	14,8	5,0	-7,4	-1,1	0,0	3,1	5,0	6,6	1,1	2,9	3,8	2,4	4,0	5,2	5,0	5,3	1997
					47,1	31,6	34,0	22,2	12,3	0,0	4,6	5,0	7,2	8,6	9,8	4,3	5,7	6,4	4,9	6,2	7,3	7,0	7,2	1996
				28,2	37,3	30,4	32,6	23,3	14,8	3,6	7,3	7,3	9,1	10,3	11,2	6,0	7,2	7,8	6,2	7,4	8,4	8,0	8,1	1995
			7,0	17,1	26,4	24,1	27,0	20,5	13,7	4,0	7,3	7,3	8,9	10,0	10,9	6,1	7,2	7,7	6,2	7,4	8,3	8,0	8,1	1994
		-7,1	-0,3	8,4	17,0	17,2	20,6	16,1	10,8	2,7	5,8	5,9	7,5	8,6	9,5	5,1	6,2	6,8	5,5	6,6	7,5	7,2	7,3	1993
	46,7	16,8	13,4	16,9	22,4	21,6	24,0	19,5	14,3	6,5	8,9	8,8	10,1	10,9	11,6	7,4	8,3	8,7	7,3	8,3	9,1	8,8	8,8	1992
2,1	19,9	10,1	9,3	12,9	18,0	17,9	20,4	16,9	12,6	5,7	8,0	7,9	9,2	10,0	10,7	6,8	7,7	8,1	6,8	7,8	8,5	8,3	8,3	1991
5,1	17,5	10,8	10,0	12,9	17,2	17,3	19,5	16,5	12,6	6,2	8,3	8,3	9,4	10,2	10,9	7,1	7,9	8,3	7,1	8,0	8,7	8,5	8,5	1990
4,8	6,1	3,3	3,9	7,1	11,4	12,1	14,5	12,3	9,2	3,8	5,8	5,9	7,2	8,0	8,7	5,3	6,2	6,6	5,6	6,5	7,2	7,0	7,1	1989
3,9	11,3	8,0	7,9	10,2	13,8	14,2	16,3	14,1	11,0	5,7	7,6	7,6	8,6	9,3	10,0	6,6	7,4	7,8	6,7	7,5	8,2	8,0	8,1	1988
9,1	14,6	11,2	10,7	12,5	15,6	15,8	17,5	15,4	12,4	7,3	9,0	8,9	9,8	10,4	11,0	7,8	8,5	8,8	7,7	8,5	9,1	8,8	8,8	1987
0,3	5,4	3,7	4,1	6,3	9,5	10,1	12,1	10,6	8,2	3,9	5,6	5,7	6,7	7,4	8,1	5,2	6,0	6,4	5,4	6,3	6,9	6,8	6,9	1986
-0,5	5,4	3,9	4,2	6,2	9,1	9,8	11,6	10,3	8,1	4,0	5,6	5,7	6,7	7,3	8,0	5,2	6,0	6,3	5,4	6,2	6,9	6,7	6,8	1985
8,4	12,1	10,1	9,8	11,2	13,6	13,9	15,4	13,8	11,5	7,3	8,7	8,7	9,5	10,0	10,5	7,7	8,3	8,6	7,6	8,3	8,9	8,7	8,7	1984
8,9	12,2	10,3	10,0	11,3	13,5	13,8	15,2	13,7	11,6	7,6	8,9	8,8	9,6	10,1	10,6	7,9	8,5	8,7	7,8	8,5	9,0	8,8	8,8	1983
1,9	14,7	12,7	12,3	13,3	15,3	15,5	16,7	15,2	13,1	9,2	10,4	10,2	10,9	11,3	11,8	9,1	9,6	9,8	8,9	9,5	10,0	9,7	9,7	1982
2,4	14,9	13,1	12,6	13,6	15,5	15,6	16,8	15,4	13,3	9,5	10,7	10,5	11,2	11,6	12,0	9,4	9,9	10,1	9,2	9,7	10,2	10,0	10,0	1981
1,6	14,0	12,3	12,0	12,9	14,7	14,9	16,0	14,7	12,8	9,3	10,3	10,2	10,8	11,2	11,6	9,2	9,6	9,8	9,0	9,5	10,0	9,8	9,8	1980
0,8	13,0	11,6	11,3	12,2	13,9	14,1	15,2	14,0	12,2	8,9	9,9	9,8	10,4	10,9	11,2	8,9	9,3	9,6	8,7	9,3	9,7	9,5	9,5	1979
9,2	11,3	10,1	9,9	10,8	12,5	12,8	13,9	12,8	11,2	8,0	9,1	9,0	10,0	10,4	10,8	8,2	8,7	8,9	8,1	8,7	9,1	8,9	8,9	1978
9,0	11,1	9,9	9,8	10,7	12,2	12,5	13,6	12,6	11,0	8,0	9,0	8,9	9,5	9,9	10,3	8,2	8,6	8,8	8,1	8,6	9,1	8,9	8,9	1977
9,0	11,0	9,9	9,7	10,6	12,1	12,3	13,4	12,4	10,9	8,0	9,0	8,9	9,5	9,9	10,3	8,2	8,6	8,9	8,1	8,6	9,1	8,9	8,9	1976
8,2	10,1	9,1	9,0	9,8	11,3	11,6	12,6	11,7	10,3	7,6	8,5	8,5	9,0	9,4	9,8	7,8	8,2	8,4	7,7	8,3	8,7	8,5	8,5	1975
8,7	11,4	10,4	10,2	11,0	12,4	12,6	13,5	12,7	11,2	8,6	9,4	9,4	9,9	10,2	10,6	8,6	9,0	9,2	8,5	9,0	9,4	9,2	9,2	1974
8,4	11,0	10,1	9,9	10,7	12,0	12,2	13,2	12,3	11,0	8,4	9,2	9,2	9,7	10,0	10,4	8,5	8,9	9,1	8,4	8,8	9,2	9,1	9,1	1973
7,6	9,2	8,4	8,3	9,1	10,4	10,7	11,6	10,9	9,6	7,2	8,1	8,1	8,6	9,0	9,3	7,5	7,9	8,1	7,5	7,9	8,3	8,2	8,2	1972
7,9	9,4	8,7	8,6	9,3	10,6	10,8	11,7	11,0	9,8	7,4	8,3	8,2	8,7	9,1	9,5	7,7	8,1	8,3	7,6	8,1	8,5	8,3	8,4	1971
7,9	9,4	8,6	8,6	9,3	10,5	10,7	11,6	10,9	9,8	7,5	8,3	8,2	8,7	9,1	9,4	7,7	8,1	8,3	7,6	8,1	8,5	8,3	8,4	1970
6,2	7,6	7,0	7,0	7,7	8,9	9,2	10,1	9,5	8,4	6,3	7,1	7,1	7,6	8,0	8,3	6,7	7,1	7,3	6,7	7,2	7,5	7,4	7,5	1969
6,4	7,7	7,1	7,1	7,8	9,0	9,2	10,1	9,5	8,5	6,4	7,2	7,2	7,7	8,0	8,4	6,8	7,1	7,3	6,8	7,2	7,6	7,5	7,5	1968
6,6	7,9	7,3	7,3	8,0	9,1	9,4	10,2	9,6	8,6	6,6	7,3	7,3	7,8	8,1	8,5	6,9	7,3	7,5	6,9	7,4	7,7	7,6	7,7	1967
8,0	9,2	8,6	8,5	9,1	10,2	10,4	11,2	10,6	9,6	7,6	8,3	8,3	8,7	9,0	9,3	7,8	8,1	8,3	7,7	8,1	8,5	8,3	8,4	1966
8,0	8,2	7,6	7,6	8,2	9,3	9,5	10,3	9,7	8,8	6,8	7,5	7,5	8,0	8,3	8,6	7,1	7,5	7,7	7,1	7,5	7,9	7,8	7,8	1965

(Rechte Randmarkierungen: 5, 10, 15, 20, 25, 30, 35, 40, 45, 50 — untere Markierungen: 30, 35, 40, 45, 50)

negative Rendite hinnehmen müssen. Bei 25 Jahren hätte die schlechteste durchschnittliche Rendite pro Jahr bei 5,4 Prozent und die beste bei 13,5 Prozent gelegen. Wer sein Geld 40 Jahre angelegt hätte, hätte im allerschlechtesten Fall 6,8 Prozent erzielt; in allen anderen Fällen 7,1 Prozent und mehr.

Merke: Je länger der Zeitraum, desto besser das Anlageergebnis.

Abbildung 13 lässt den folgenden Rückschluss zu: Zeit frisst Risiko. In den dargestellten 15-Jahres-Zeiträumen, die immer eine positive Rendite gebracht haben, sind eine Menge Krisen

Durchhalten sichert Rendite   13

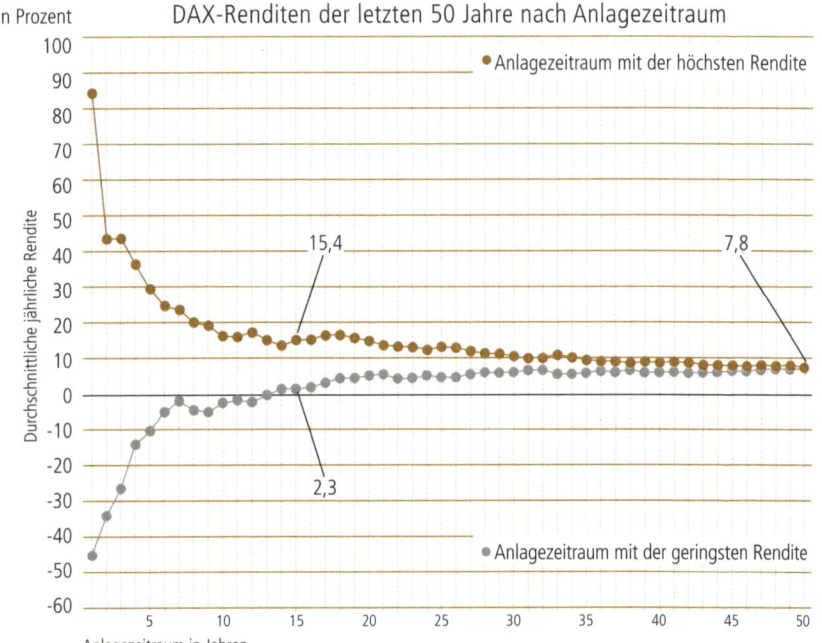

DAX-Renditen der letzten 50 Jahre nach Anlagezeitraum

So lesen Sie diese Abbildung: Wer mit einer Einmalanlage in den DAX investierte, konnte bei einer Anlagedauer von 15 Jahren im schlechtesten Fall eine durchschnittliche jährliche Rendite von 2,3 Prozent erzielen und im besten Fall eine durchschnittliche Rendite p. a. von 15,4 Prozent. Die Ergebnisse aller anderen möglichen 15-Jahres-Anlagezeiträume lagen dazwischen.

Quelle: Deutsches Aktieninstitut; eigene Darstellung

enthalten gewesen. Anleger, die Anfang der 2000er-Jahre oder im Jahr 2008 starke Kursrückgänge bei den Börseneinbrüchen erlitten haben, werden überrascht sein, wenn sie im Nachhinein erkennen, dass diese Kurseinbrüche im Langfristkurschart fast nicht mehr erkennbar sind.

Nachweislich investieren viele reiche Menschen in Aktien und das Wachstum ihres Vermögens und profitieren so vom Börsenboom. Leider denken die meisten Deutschen, Aktien seien lediglich etwas für Reiche. Dabei wäre die Beantwortung der Frage interessant, wie viel reicher die Menschen in unserem Land wären, wenn sie nicht so viel Angst vor Aktien gehabt hätten und mehr Aktien besitzen würden.

In 25 Jahren Geld versiebenfachen

Im Sommer 2013 wurde der DAX 25 Jahre alt. Wer zur Geburtsstunde des Deutschen Aktienindex Anteile für 100.000 Euro an einem DAX-Indexfonds gekauft hätte, dessen Depot wäre am 25. Geburtstag knapp 700.000 Euro wert gewesen – eine jährliche Rendite von rund 8 Prozent und fast eine Versiebenfachung des angelegten Betrags.

Mitunter befürchten Anleger, dass ihr in den DAX investiertes Geld komplett verloren gehen könnte. Aber: Dazu müssten alle 30 DAX-Konzerne pleitegehen, und dann wäre ohnehin unsere ganze Wirtschaft kollabiert.

Die Aktienrendite der Zukunft kennt natürlich niemand, doch man kann mit großer Wahrscheinlichkeit davon ausgehen, dass sich der Trend der letzten Jahrzehnte – der sogar durch die letzten 200 Jahre bestätigt wird – fortsetzt. Deshalb ist meine Langfristprognose für die nächsten Jahrzehnte ganz klar positiv. Bei meinen Empfehlungen und Renditeberechnungen in diesem Buch gehe ich, wie gesagt mit einem Sicherheitsabschlag, nur von einer 7-prozentigen Rendite aus. Das bedeutet allerdings nicht, dass Sie jedes Jahr garantiert 7 Prozent bekommen, aber im Durchschnitt sind die 7 Prozent pro Jahr bei langen Anlagezeiträumen praktisch immer erreicht worden.

Investieren Sie in die Anlageklasse Aktien, denn diese bringt über längere Zeiträume klasse Renditen. Auch Sie werden mit einem breit diversifizierten Aktienportfolio auf lange Sicht mit großer Wahrscheinlichkeit die Renditen anderer Anlageklassen übertreffen. Ich bin überzeugt davon, dass wir in Zukunft sogar noch viel höhere Börsenindexstände sehen werden als bisher – selbst wenn es unterwegs so manche Kursrücksetzer geben wird.

Das darf Sie nicht abschrecken. Leider haben viele Menschen zu große Angst vor kleinen Risiken. Sie legen ihr Geld zum Beispiel aufs Tagesgeldkonto, weil sie dort durch die Einlagenversicherung jeden Cent zurückbekommen, falls die Bank in Schieflage geraten sollte. Nur bedeutet null Risiko bei Investmententscheidungen oft zugleich null Rendite. Und 100-prozentige Sicherheit gibt es sowieso nicht.

Je länger die Anlagedauer, desto näher kommen Sie der Zielrendite von 7 Prozent jährlich. Das sollte Sie ermutigen, sich vom klassischen Sparer zum Aktieninvestor zu wandeln. Und es zeigt Ihnen einmal mehr, dass das Erreichen Ihres Reichtumsziels von Ihrem Durchhaltevermögen bestimmt wird. Lassen Sie sich nicht erzählen, dass Sie nicht langfristig 7 Prozent Rendite erzielen können.

Klären Sie für sich selbst, ob Sie davon überzeugt sind, dass Aktien auf lange Sicht ein gutes Investment für Sie sind.

Optimismusvermögen bestimmt Wunschvermögen

Menschen mit optimistischen Erwartungshaltungen sind erfolgreicher. Deshalb überwinden auch Sie negative Gedanken wie »Mit Aktien verliere ich Geld«. Tauschen Sie sie schleunigst gegen positive Gedanken aus: »Ich glaube daran, dass es die Vergangenheitsrenditen bei Aktien ebenfalls in Zukunft gibt.« Vielleicht haben Sie anfangs Angst, nicht das richtige Aktieninvestment zu finden. Viel mehr Angst sollte Ihnen aber die Vorstellung machen, nicht in Aktien zu investieren. Alle Menschen, die Lotto spielen, haben ja auch die Lust auf

Gewinn und nicht den Frust auf Verlust vor Augen. Und die Chance, mit Aktien Gewinne zu erzielen, ist zigfach höher als beim Lotto.

Klagen oder wagen? Sie haben die Wahl, Sie können entscheiden. Verantwortung übernehmen heißt, sich von Ausreden zu verabschieden, warum Sie etwas bisher nicht gemacht haben. Mit der Vorstellung vor Augen, was Sie mit Aktieninvestments erreichen können, wird es Ihnen mental leichter fallen, die vorübergehenden Kursschwankungen auszuhalten.

Optimismus ist das Baumaterial für Ihre glückliche Zukunft. Verwenden Sie ab jetzt auch Aktienbausteine für Ihre Finanzarchitektur und werfen Sie für Ihren Vermögensaufbau die Pessimismustrümmer Ihrer Zinsanlagen auf die Schutthalde. Optimismus macht Sie selbst und Ihre Ziele groß. Pessimismus dagegen sorgt für Verkleinerung, und die braucht niemand – Sie schon gar nicht. Ihr Vermögen soll schließlich weitläufig und großzügig werden.

Natürlich steuert das genetische Erbe etliche Prozesse in unserem Unterbewusstsein. Aber wir selbst steuern das Bewusstsein mit unseren aktuellen Gedanken und haben somit großen Einfluss auf unser Denken. Durch die Wiederholung von Gedanken gießen wir diese in feste, bloß schwer wieder zu ändernde Meinungsformen. Deswegen sollten Sie negative Gedanken auf keinen Fall wiederholen. Sammeln Sie lieber positive Gedanken und wiederholen Sie diese unermüdlich, bis sie unzerstörbar geworden sind. Denken Sie beispielsweise, dass Sie mit durchschnittlich 7 Prozent Aktienrendite wahrscheinlich eher Ihr Ferienhaus kaufen oder Ihren Sohn beim Start in die Selbstständigkeit finanziell unterstützen können.

Suchen Sie Bestätigung für die Überlegenheit der Anlageklasse Aktien? Erinnern Sie sich, dass Aktieninvestments langfristig die höchste Rendite bringen. Lernen Sie, an sich selbst zu glauben. Bleiben Sie dran an der Zielverfolgung und an Ihren Bekräftigungen. Wenn Sie dieses mentale Modul in Ihr Verhalten einbauen, können Sie sicher sein, dass Sie sich stetig voranbewegen. Sie haben sich für Ihr Ziel entschieden, und dieses Ziel ist es wert, dass Sie in angemessener Weise positiv mit Risiken umgehen,

um mit höheren Langfristrenditen auf Ihre finanzielle Unabhängigkeit zuzusteuern.

Durch Risiko zur Rendite

Was genau meint man eigentlich, wenn man von einem »Risiko«
bei Geldanlagen spricht? Es ist das Ausmaß, in dem sich der
zukünftige Wert Ihres Geldes gegenüber dem aktuellen Wert verringern kann. Dem steht Ihre Chance bei Geldanlagen gegenüber, also das Ausmaß, in dem sich der künftige Wert Ihres Vermögens gegenüber dem aktuellen Wert erhöhen kann. Wenn Sie
die wichtigsten Regeln für Aktieninvestments befolgen, ist die
Chance auf Gewinn weit größer als das Risiko eines Verlusts.

Die Rendite ist sozusagen Ihr Risikobonus. Frau Rendite und
Herr Risiko gehören zusammen wie ein unzertrennliches Liebes-
paar. Die sogenannten Volatilitäten an der Börse sorgen von Zeit
zu Zeit für Liebesturbulenzen, aber danach sind die beiden fast
immer wieder ein Herz und eine Seele. Also lassen Sie sich von
dem gelegentlichen Theaterdonner nicht verschrecken. Relevant
ist letztlich einzig und allein, dass Ihr Investment langfristig fun-
damental nicht an Wert verliert und auf lange Sicht die prognostizierte Durchschnittsrendite erzielt.

Manche Anlagen bergen höhere Risiken und bieten zugleich
höhere Renditechancen. Dabei gilt: Das eine ist ohne das andere
nicht zu haben. Das bedeutet: Wenn Sie nur geringe Risiken eingehen, werden Sie auch nur geringe Renditen erzielen können.
Große Renditen lassen sich nicht trotz, sondern gerade wegen
des eingegangenen Risikos erreichen.

Keinerlei Risiko einzugehen ist dabei genauso ein Fehler, wie
zu große Risiken einzugehen. Wenn Sie jedoch zu oft Risiken meiden, wird der Erfolg Sie ebenfalls oft meiden. Deswegen sollte Ihre
strategische Überlegung nicht sein, *ob* Sie bei Ihren Investitionen
Risiken eingehen wollen, sondern *welche* Risiken Sie zu akzeptie-
ren bereit sind. Sie müssen für sich den passenden Chance-Risiko-
Mix finden. Machen Sie sich bitte klar: Angst ist der Erfolgsgegner
Nummer eins, Ihr einziger (ernst zu nehmender) Feind. Der Preis

der Rendite ist das Risiko. Oder umgekehrt: Die Rendite ist die Belohnung, die wir für das Eingehen eines gewissen Risikos bekommen. Riskieren Sie ruhig ein wenig, um viel zu erreichen.

Sie können sich beim Kauf einer Aktie ausmalen, dass Sie damit pleitegehen oder reich werden. Rational betrachtet verhält es sich so, dass bei Aktieninvestments, die man breit streut und lange hält, die Erfolgswahrscheinlichkeit viel größer ist als das Verlustrisiko.

Jeden Menschen plagen von Zeit zu Zeit Zukunftsängste. Aber wenn wir in die Vergangenheit zurückschauen, stellen wir fest, dass oft vieles besser verlaufen ist, als wir es uns zunächst pessimistisch ausgemalt hatten. Nutzen Sie deshalb lieber die Stärke des Optimismus im Hier und Jetzt! Um Ihre Angst zu verscheuchen, fragen Sie sich, was Sie wirklich befürchten, und drehen diese Vorstellung in ihr positives Gegenteil um.

Natürlich bleibt ein gewisses Risiko immer bestehen. Werden Sie sich bewusst, dass kein Mensch alle Risiken vermeiden kann. Es gibt keine absolute Sicherheit, und hohe Sicherheit bei Geldanlagen kostet extra. Viele erfolgreiche Menschen sind sehenden Auges Risiken eingegangen – mit starkem Glauben an ihren Erfolg zwar, ohne jedoch genau zu wissen, wie es ausgehen würde. Machen Sie es genauso: Umzingeln Sie Ihre Angst mit Optimismus, mit Zukunftsplänen und Handlungen.

Wenn Sie bei Ihrer Geldanlage durch Meiden von Aktieninvestments das Verlustrisiko verringern, erhöhen Sie damit zwangsläufig das Risiko, später mit einem kleineren Vermögen oder einer geringeren Altersvorsorge dazustehen. Der nächste Börsencrash kommt bestimmt, aber wenn Sie ihn einfach aussitzen, bekommen Sie quasi als Entschädigung eine hohe Langfristrendite.

Gerade wenn Sie risikoscheu sind, vergegenwärtigen Sie sich, wie lange es schon Unternehmen wie beispielsweise Siemens oder Daimler gibt und wie viele Kursgewinne und Dividendenausschüttungen die Aktionäre inzwischen erzielt haben – anders als bei reinen Sparanlagen, deren Einlagen durch die Währungsreform nach dem Zweiten Weltkrieg vernichtet wurden.

Deshalb empfehle ich Ihnen: Investieren Sie einen Teil Ihres Geldes auf Dauer in einem guten »Aktienkorb«. Gehen Sie dieses kalkulierbare Risiko ein und erhöhen so Ihre Gesamtrendite. Machen Sie die Risiko-Rendite-Relation zu Ihrer langfristigen Verbündeten!

Es trifft zu, dass Sie im Extremfall mit Aktien an der Börse 100 Prozent verlieren können – maximal. Doch ebenso richtig ist, dass Sie (vor allem langfristig!) viele 100 Prozent gewinnen können – ohne Begrenzung nach oben!

Das häufigste Risiko besteht also darin, dass man zu einem bestimmten Zeitpunkt auf weniger Liquidität zurückgreifen kann; auf lange Sicht wird sich ein eventueller Rückgang höchstwahrscheinlich wieder umkehren und ins Plus wenden.

In einem gut gestreuten, langfristig angelegten Aktienportfolio ist das Risiko der Freund Ihrer zu erwartenden Rendite. Ganz ohne Risiko gibt es heute eben nahezu keine Rendite mehr, aber je länger Ihr Aktieninvestment dauert und je breiter Sie gestreut haben, desto geringer wird das Risiko.

Zeithorizont und Risikobereitschaft stehen in einer wichtigen Beziehung zueinander. Meist ist das Risikobewusstsein zudem bei Menschen höher, die die entsprechenden Anlagen nicht verstehen. Dieses Nichtwissen vergrößert die Angst. Wer dagegen die Investments und die Gesetze des Finanzmarkts kennt, vermag Risiken anders einzuschätzen. Insofern steigt die Risikotoleranz mit dem Wissensstand und dem Anlagezeithorizont. Mit Risikotoleranz ist der Maßstab gemeint, wie sehr man bereit ist, (vorübergehende) Vermögensrückgänge während bestimmter Marktphasen auszuhalten.

Jeder muss für sich entscheiden, wie viel Risiko er auf sich nehmen will. Auf keinen Fall dürfen Sie gegen Ihre Überzeugung investieren, denn dann würde Ihr Investment die ganze Zeit von einem Angstgefühl begleitet, und das ist kein Investment wert.

Die Anlagechampions

Wir leben in einer Zeit immer schnelleren Wandels und werden auch in der Zukunft Chancen haben, uns an neuen Geschäftsmodellen, an Industriekonzernen mit bahnbrechenden Produkten und innovativen Dienstleistungsunternehmen zu beteiligen. Der technologische Wandel wird weitergehen. Vieles wird künftig erfunden oder optimiert, bestehende Produkte verkleinert, variiert, verfeinert und beschleunigt werden. Daran können Sie durch Aktienbesitz teilhaben und Ihr Vermögen kräftig steigern – und zwar langfristig. Bestimmt würden Sie doch gerne am Wachstumspotenzial zukunftsträchtiger und/oder gewinnstarker Unternehmen partizipieren.

Als Aktionär gehört Ihnen zwar nur ein Bruchteil der Firma, aber Sie sind ein Mitinhaber. Das unterscheidet Aktionäre von Anleiheinvestoren: Letztere sind Fremdkapitalgeber und haben einen Anspruch auf die vereinbarten Zinsen und die Rückzahlung ihres Darlehens am Ende der Laufzeit. Die Anleiheninhaber erwerben jedoch keine Anteile und nehmen nicht an der Wertsteigerung des Unternehmens teil.

Durch Aktien können Sie ohne großen Aufwand an der Entwicklung eines Unternehmens teilhaben. Sie können Dividenden bekommen und von Kurssteigerungen profitieren, besitzen ein Stimmrecht und können Ihre Anteile jederzeit wieder verkaufen. Aktien sind oftmals Investitionen in real existierende Substanz wie Grundstücke, Gebäude oder Maschinenparks. In jedem Fall partizipieren Sie aber an den Zahlungsströmen, die ein Unternehmen durch den Verkauf seiner Produkte oder das Angebot seiner Dienstleistungen generiert. Und da erfolgreiche Unternehmen in der Lage sind, steigende Kosten an ihre Kunden weiterzugeben, hat man mit Aktien einen weitgehenden Inflationsschutz. Auf diese Weise haben viele Menschen mit einem gut ausgewählten Aktienportfolio im Durchschnitt immer Renditen deutlich oberhalb der Inflationsrate eingefahren.

Sollte das Unternehmen pleitegehen, ist Ihr Aktieninvestment allerdings verloren. Dieses Risiko können Sie allerdings minimieren, indem Sie Ihr Geld in Aktien mehrerer guter Unternehmen aus verschiedenen Branchen investieren. Die Wahrscheinlichkeit, dass alle diese Firmen völlig crashen, ist recht gering.

Schon mit kleinen, regelmäßigen Aktieninvestments ist es möglich, einen großen Kapitalstock aufzubauen und diesen dauerhaft zu vermehren. Sie werden sehen: Mit Aktien können Sie viel Geld verdienen, sogar sehr viel Geld.

Obwohl Aktieninvestments sehr reizvoll sind und Banken meist Aktien zu einer Höhe von 50 Prozent beleihen, lege ich Ihnen eindringlich ans Herz: Kaufen Sie niemals Aktien auf Kredit! Beleihen Sie auch nicht Ihr Haus, um von dem Darlehen Aktien zu kaufen. Nicht nur die Aktienkurse können fallen, sondern desgleichen die Immobilienpreise. Dann hätten Sie möglicherweise ein doppeltes Risiko der Vermögensreduzierung.

Deshalb bauen Sie lieber zuerst eventuell vorhandene Schulden ab, füllen Ihr Notfallkonto auf und nutzen den nun verfügbaren monatlichen Geldüberschuss für Aktienkäufe.

Von Profis profitieren

Manch einer glaubt, dass er die Aktienperle von morgen finden wird. Da sollte man sich nicht zu sicher sein. Angenommen, Sie hätten im Jahr 1990 Aktien von großen DAX-Unternehmen erworben. Hätten Sie damals darauf gewettet, dass sich SAP bis Mitte 2015 so viel besser entwickeln würde als Siemens? Aus damals investierten 10.000 Euro wären laut Analyse des Magazins *Capital* bei SAP 692.100 Euro geworden, das entspricht einer durchschnittlichen Jahresrendite von 18,6 Prozent, bei der Siemens-Aktie dagegen hätte sich der gleiche Anlagebetrag in diesem Zeitraum »nur« zu 68.400 Euro entwickelt, was einer durchschnittlichen Rendite von 8,2 Prozent entspricht.

Daneben gibt es auch Titel, deren Wertentwicklung in den letzten 25 Jahren ziemlich parallel verlaufen ist. Sie stehen in der DAX-Auflistung aufgrund ihrer beiden Anfangsbuchstaben direkt hintereinander: Der Chemie- und Pharmaziekonzern Bayer hat in diesem Zeitraum 12,7 Prozent Durchschnittsrendite erzielt, der Mischkonzern Beiersdorf 12,4 Prozent. Oder vergleichen wir zwei große Versicherungsunternehmen: Was vermuten Sie, wie sich die Aktien des Erstversicherers Allianz und des Rückversicherers Münchener Rück entwickelt haben – parallel oder unterschiedlich? Richtige Antwort: 10.000 Euro, die vor 25 Jahren in Allianz-Aktien investiert wurden, sind zu 29.500 Euro angewachsen. Der gleiche Betrag bei der Münchener Rück angelegt hat sich dagegen auf 80.200 Euro erhöht.

Ähnliche Beispiele ließen sich ebenfalls für Unternehmen mit Hauptsitz außerhalb der deutschen Landesgrenzen finden. Wer hätte vor 25 Jahren vorausgesagt, dass sich der Wert der Apple-Aktie binnen eines Vierteljahrhunderts verhundertfachen würde? Damals hat kaum jemand diesen gigantischen Aufschwung der kalifornischen Vorzeigefirma vorhergesehen, und entsprechend war der Kurs niedrig.

Natürlich ist die Vorstellung faszinierend, heute in »die Apple-Aktie von morgen« zu investieren. Wer möchte nicht sein Kapital verhundertfachen? Aber so leicht ist es leider nicht. Die Chance, unter all den Hunderten und Tausenden hoffnungsvoller Newcomer die Zukunftsaktie zu finden, die à la Apple durch die Decke geht, ist verschwindend gering.

Spekulieren heißt, nach dem nächsten großen Sieger Ausschau zu halten. Investieren dagegen ist eine klare Strategie mit abgesteckten Risikogrenzen. Und der dümmste Grund, eine Aktie zu kaufen, ist der, dass sie seit Längerem stark gestiegen ist.

Ein seriös geplanter Vermögensaufbau muss Vorfahrt haben vor der Hoffnung auf den Volltreffer von morgen. Am Roulettetisch kann man mal einen Glücksstreffer landen, indem man blindlings auf eine Zahl setzt, doch am Ende gewinnt immer das Kasino. Gleiches würde Ihnen an der Börse passieren, wenn Sie auf Schnäppchenjagd gehen und sich dabei allein auf Ihre Intuition und nur ein paar Informationen aus zweiter oder dritter Hand verlassen.

Deshalb rate ich Ihnen dringend: Wählen Sie selbst keine Einzelaktien aus. Versuchen Sie nicht, aus eigener Kraft besser zu sein als der Markt. Die meisten Anleger haben weder die Zeit noch die nötige Kompetenz, um unterschiedliche Aktien sachkundig auszuwählen. Das dürfte bei Ihnen ähnlich sein.

Selbst wenn Sie durch einen glücklichen Zufall zum richtigen Zeitpunkt die richtigen Aktien kaufen, also mit einem chancenreichen Einstiegskurs starten würden, wäre das noch lange keine Garantie für ein erfolgreiches Investment. Zu einem guten Aktiengeschäft gehört auch das erfolgreiche Deinvestment, also der Verkauf zum richtigen Zeitpunkt – und zwischen Kauf und Verkauf liegen meist viele Jahre. In dieser Zeit kann in und mit dem Unternehmen, von dem Sie Aktien erworben haben, viel passieren. Sie müssten also die jeweiligen Quartalsberichte lesen und analysieren, täglich Pressenotizen scannen, die aktuellen Zahlen des Unternehmens auswerten und die Entwicklung der Branche und des jeweiligen Landes verfolgen, um Kauf und Verkauf erfolgreich umzusetzen.

Eine gezielte, fundierte und professionelle Auswahl von Wertpapieren kann sehr lohnend sein. Wenn Sie Aktien von guten und werthaltigen Unternehmen erwerben und langfristig behalten, ohne auf schnelle Rendite zu schielen, sind Sie auf einem guten Wertsteigerungsweg. Aber welche Aktien aktuell diese Attribute besitzen, können eher die besten Profis mit großer Erfahrung und hoher Kompetenz beurteilen.

In den internationalen Topinvestmentgesellschaften versuchen Tausende Anlagespezialisten sieben Tage die Woche nahezu rund um die Uhr mit Scharen von Mitarbeitern und maximaler IT-Power, besser als der Markt beziehungsweise als der vergleichbare Index zu sein oder eine Benchmark zu schlagen, also besser als die anderen Fonds derselben Kategorie abzuschneiden.

Gesamtsieger statt Einzelgewinner

Mit einem guten Aktienfonds sind Sie auf lange Sicht gut dran. Wenn Sie sich für aktiv gemanagte Fonds entscheiden, kann es für den Einstieg sinnvoll sein, einen Fonds eines großen und schon viele Jahre gute Performance erzielenden Investmentunternehmens zu wählen.

Aktienfonds funktionieren im Grunde ganz einfach: Alle Anleger investieren ihr Kapital in einen gemeinsamen Korb – die einen zahlen monatlich ein paar Hundert Euro ein, andere Tausende oder sogar Hunderttausende Euro auf einen Schlag. Von diesem Geld kaufen die Portfoliomanager dann Anteile an diversen Unternehmen, und die Fondsinvestoren partizipieren vom hoffentlich eintretenden Wertzuwachs und den Dividendenausschüttungen. Auf diese Weise können selbst Kleinanleger an vielen verschiedenen Aktiengesellschaften beteiligt sein. Die Streuung ist teilweise so breit, dass der einzelne Anleger nur Bruchteile von Aktien an den einzelnen Unternehmen hält.

Bei einem aktiv gemanagten Fonds müssen Sie sich nicht um die Zusammenstellung der Aktien kümmern. Stattdessen zahlen Sie in der Regel 1,5 Prozent an einen Fondsmanager, der dies für Sie übernimmt. Diese Kosten für das Management beziehungsweise für die Beratung fallen natürlich an, zudem eventuell ein Ausgabeaufschlag bei Kauf. In Deutschland sind Tausende – nationale wie internationale – Investmentfonds als sogenannte Publikumsfonds registriert, die von jedermann ohne Beschränkung erworben werden können. Wenn Sie Anteile von diesen Fonds kaufen, sind Sie also kein Versuchskaninchen, das etwas Neues ausprobiert. Ganz im Gegenteil. Investitionen in Aktienfonds sind der Königsweg zur Mehrung des eigenen Vermögens, den vor Ihnen bereits Millionen Menschen erfolgreich beschritten haben.

Wenn Sie als Privatanleger mit kleinem oder mittlerem Vermögen in erstklassige aktiv gemanagte Fonds investieren, geben Sie Ihr Geld in bewährte Profihände und müssen sich nicht mehr darum kümmern. Die professionellen Manager legen es in vielen verschiedenen Wertpapieren an und begrenzen durch die breite Streuung Ihr Risiko. Sie erwerben Aktien mit dem aus ihrer Sicht größten Wertsteigerungspotenzial in den jeweiligen Sektoren, verkaufen renditeschwächere Papiere und halten unentwegt nach neuen Gelegenheiten Ausschau. Sie packen also quasi Ihren »Aktienrucksack«, damit Sie für die Wanderung zum Vermögensgipfel bestens gerüstet sind.

Natürlich kann es mal einen Monat geben, in dem Ihr Aktienfonds um 10 Prozent fällt. Rechnen Sie dann bitte nicht gleich hoch, dass er nach zehn Monaten bei null sein wird. Vergegenwärtigen Sie sich stattdessen, dass die Wertschwankung bei Aktieninvestments zu Ihren Reisebegleitern zählt. Sie ist ausschließlich bei kurzfristigen Anlagen Ihr Feind, bei langfristigen Investments sogar Ihr Freund. Denn über längere Zeiträume gleichen sich die Kursrückgänge mehr als aus, und niedrige Kurse geben Ihnen zudem die Chance, günstig nachzukaufen.

Machen Sie sich keine zu großen Sorgen darüber, wie Ihr Fonds letzten Monat oder im letzten Quartal abgeschnitten hat. Fonds sind Langfristinvestments, deshalb ist es viel wichtiger, welche Rendite sie über fünf, zehn oder 20 Jahre erzielen.

Freie Wahl bei der Gewinnsteigerung

Aktieninvestments können das Tor zu Ihrer Rendite sein. Es liegt nun an Ihnen, ob Sie hindurchgehen. Wenn Sie in alle DAX-Titel investiert hätten, wären Sie quasi Teilhaber der 30 größten deutschen börsennotierten Aktiengesellschaften. Sie würden dann an den Aufwärts- sowie an den gelegentlichen Abwärtsbewegungen aller DAX-Aktien teilnehmen. Wer in deutsche Aktienfonds investiert, dem gehört ein Teil der deutschen Industrie, wenngleich ein sehr geringer. Mit einem über die Landesgrenzen hinausgehenden internationalen Fonds sind Sie sogar in der Europa-League mit den größten börsennotierten Unternehmen aus vielen Ländern der Eurozone investiert. Noch globaler sind Sie aufgestellt, wenn Sie in einen Fonds einzahlen, der weltweit in große Unternehmen investiert. Sie sind dann sozusagen Weltkonzernbesitzer, wenngleich ein ganz kleiner.

Generell gilt: Je besser Ihr Fondsmanager die Aktientitel auswählt, desto höher ist die Performance. Entsprechend steigt der Wert Ihrer Fondsanteile, die Sie durch Ihre Einzahlungen erworben haben, und zwar auf lange Sicht. Dazu zwei Beispiele:

- Der älteste deutsche Aktienfonds, der Fondak, existiert seit Oktober 1950 und hat bis Ende Dezember 2015 im Durchschnitt 10,6 Prozent Rendite pro Jahr erzielt. Wer im ersten Jahr dort 1000 Euro (beziehungsweise knapp 2000 D-Mark) eingezahlt hätte, würde jetzt über einen Fondsstand von fast einer Dreiviertelmillion Euro verfügen.

* Der berühmte Templeton Growth Fund aus den USA besteht seit Ende 1954. Auch er hat im Durchschnitt eine jährliche Rendite von knapp über 10 Prozent erzielt.

Entscheiden Sie sich für Erfolg versprechende Fonds und starten Sie zu Ihrer Reise in die finanzielle Freiheit!

Anlagekörbe mit den besten Chancen

Bevor Sie sich für »Ihren« Fonds entscheiden, sollten Sie allerdings herausfinden, welche die für Sie richtige Fondskategorie ist.

Das Management eines Fonds kann auf die Wertsteigerung innovativer kleinerer Unternehmen (Small Caps) setzen oder auf die stabile Fortentwicklung großer Konzerne. Wieder andere Aktienfonds wählen vorrangig internationale Großkonzerne oder eben kleinere Aktiengesellschaften aus. Es gibt Fondsgesellschaften, die auf Emerging Markets wie Brasilien oder China fokussiert sind. Andere Fonds wiederum nehmen nur Unternehmen der Automobilbranche oder vorrangig dividendenstarke Firmen in ihr Portfolio auf.

Wenn Sie sich für eine Kategorie entschieden haben, geht es als Nächstes darum, die Performance einzelner Aktienfonds zu bewerten. Vergleiche ähnlicher Fonds derselben Kategorie werden regelmäßig in den Wirtschaftsteilen der großen Zeitungen publiziert. Aktienfonds, die in der von Ihnen favorisierten Gruppe eine langjährige Topperformance erbracht haben, sollten Sie in die engere Wahl ziehen.

Wählen Sie bitte nicht irgendeinen Fonds, den Ihnen ein Freund oder Onkel empfohlen hat, sondern entscheiden Sie sich stattdessen für einen Fonds mit sehr guter Bewertung und langjährig guten Renditen. Nutzen Sie dazu die Informationen, welche die zahlreichen Finanzinformations- und Analyseunternehmen herausgeben.

Natürlich hängt das Ergebnis eines aktiv gemanagten Investmentfonds von der Kompetenz und Stärke seines Portfoliomanagers ab. Ein Indiz dafür, dass Sie eine gute Wahl getroffen haben, können Awards sein, die der Fonds in den zurückliegenden Jahren erhalten hat. Einmal im Jahr werden die Performanceausweisungen der Fonds miteinander verglichen – über verschiedene Zeiträume, Durchschnittswerte, negative und positive Ergebnisse, in guten und in schlechten Zeiten. Ihr Fonds sollte mindestens auf Drei-Jahres-Sicht möglichst über dem Durchschnitt seiner Gruppe liegen. Wenn er langfristiger im oberen Drittel oder, noch besser, im oberen Viertel Ihrer Kategorie performt, können Sie davon ausgehen, dass er gute Chancen hat, auch in Zukunft besser als andere Fonds abzuschneiden. Übrigens, wenn Ihre Fondsmanager in einem Abwärtstrend besser als der Index abschneiden, haben sie unter schwierigen Bedingungen trotzdem gute Arbeit geleistet.

Schauen Sie sich die einschlägigen Anlegermagazine an. Recherchieren Sie im Internet, welche Fonds in den letzten Jahren die beste Performance hatten. Statistiken beziehen sich natürlich auf die Vergangenheit und garantieren keine Zukunftsergebnisse. Aber sie sind eine gute Informationsquelle und bieten Orientierungs- und Auswahlhilfe. Achten Sie jedoch auf die ausgewiesene Performance *nach* Kosten. Entscheidend für Ihre Rendite ist, was nach Abzug der Gebühren effektiv übrig bleibt.

Gleichgültig, ob Sie einige Hunderttausend Euro haben oder monatlich einen kleineren Betrag investieren – mit gut performenden Aktienfonds, die angemessen breit gestreut sind, können Sie langfristig ein schönes Vermögen aufbauen. Zudem sind Aktienfonds gut für Ihren Reichwerdeplan geeignet. Schauen Sie mindestens einmal im Jahr nach – bei dramatischen Wirtschaftsereignissen sofort –, wie sich Ihr Investment entwickelt und wie der Fonds performt hat. Prüfen Sie an diesem Stichtag, ob alles wie erhofft läuft.

Um in einen Aktienfonds zu investieren, müssen Sie lediglich ein Depot bei einer Bank eröffnen. Dabei handelt es sich selbstverständlich nicht um ein Schließfach, sondern um ein Konto, auf dem – virtuelle – Aktienurkunden lagern. Ihre Einzahlung in den Fonds ist übrigens ein sogenanntes geschütztes Sondervermögen bei der Investmentgesellschaft. Falls diese Insolvenz anmelden muss, gehört Ihr Depot nicht zum Betriebsvermögen der Fondsgesellschaft, sondern bleibt unangetastet und zugriffssicher in Ihrem Besitz.

Sie müssen nicht reich sein, um ein Depot für Ihren Aktienfonds zu eröffnen. Aber wenn Sie es eröffnen und regelmäßig über viele Jahre einzahlen, sind Sie auf dem besten Weg, reich zu werden.

Aktienfondssparpläne können Sie entweder bei Ihrer Bank abschließen oder bei einer Onlinebank. Das gilt nicht nur dann, wenn Sie einen größeren Einmalbetrag einzahlen wollen. Sie haben genauso die Möglichkeit, regelmäßig kleine Beträge zu leisten – oft schon ab 25 Euro monatlich. Dadurch sind Aktien- ebenso wie Indexfonds eine ideale Anlageart für Sparer.

Um Anteile an einem Aktienfonds zu kaufen oder in einen Indexfonds zu investieren, müssen Sie kein Volkswirtschaftsstudium und keine Banklehre abgeschlossen haben. Sie müssen ja auch kein Informatiker sein, um Ihren Laptop benutzen zu können – es reicht, wenn Sie ein paar Bedienungshinweise verstehen und die Anleitung befolgen. Entsprechend müssen Sie in unserem Fall im Grunde lediglich eine Einzugsermächtigung für die monatliche Einzahlung erteilen.

Diese Sparpläne unterstützen Sie, ja zwingen Sie überdies fast im positiven Sinne zum Einzahlen und Weiterzahlen.

Wenn Sie in Aktien investieren, haben Sie gute Gründe, bezüglich Ihres Zukunftskontos optimistisch zu sein. Investieren Sie langfristig und regelmäßig, dann werden Sie wahrscheinlich zu den Renditesiegern gehören.

Aktiv oder passiv investieren?

Die Alternative zu aktiv gemanagten Fonds sind die börsengehandelten Indexfonds. Hier gibt es keinen Manager, der aktive Anlageentscheidungen fällt – passiv verwaltete Fonds werden sozusagen per Autopilot gesteuert. Allein der Markt managt Ihren Indexfonds.

Der Indexfonds bildet den betreffenden Börsenindex – ob DAX oder EURO STOXX 50 – möglichst präzise nach, enthält also alle Wertpapiere mit der gleichen Gewichtung wie der Index selbst. Mit einem passiven Indexfonds können Sie die Rendite des Index logischerweise nicht schlagen, weil es ja der Index ist. Somit verabschieden Sie sich von höheren Renditechancen als im Gesamtindex, aber auch von falschen Entscheidungen der Fondsmanager.

Wenn Sie also an allen Aktienunternehmen des Deutschen Aktienindex, des EURO STOXX 50, des Dow-Jones-Index oder des japanischen Börsenindex Nikkei teilhaben wollen, brauchen Sie keinen Fondsmanager, sondern investieren in den entsprechenden Indexfonds. »Indexieren« ist dann hier investieren. Für praktisch jeden Aktienindex rund um den Globus gibt es Fonds, die diese abbilden.

Indexfonds werden auch als Exchange-Traded Funds (ETF) bezeichnet, da passiv verwaltete Indexfonds ursprünglich die einzigen börsengehandelten Fonds waren. Viele ETFs sind noch nicht lange auf dem Markt und entsprechend noch nicht allzu bekannt. Trotzdem sind Indexfonds schwer im Kommen und verzeichnen hohe Zuwachsraten.

Passives Investieren ist praktisches Investieren. Bei einem Indexfonds haben Sie nicht die Qual der Wahl, welche Aktien beziehungsweise welchen Aktienfonds Sie kaufen. Der Index übernimmt die Entscheidung für Sie.

In den letzten Jahren hatten sie oftmals eine bessere Performance als die meisten gemanagten Fonds. In vielen Fällen lag dies daran, dass bei einem Indexfonds weniger Kosten anfallen. Da die Gebühren und Transaktionskosten bei Indexfonds sehr niedrig sind, entspricht die Nettorendite nahezu der Rendite des Index.

Mit ETFs sparen Sie beim Sparen, nämlich bei den Gebühren. Bei den aktiven gemanagten Aktienfonds geht ein Teil Ihres Geldes für die Kosten drauf und kann sich nicht mehr mit vermehren. Transaktionskosten beim Börsenhandel sind Renditeverkürzer. Trading-Gebühren sehen auf den ersten Blick gering aus, summieren sich aber auf Dauer zu beachtenswerten Kosten, die Ihre Gewinne schmälern. Ein sorgfältig ausgewählter Indexfonds könnte schon aus diesem Grund eine Alternative für Sie sein.

Die ETFs bieten eine kostengünstige Möglichkeit, ganze Märkte komplett abzudecken. Wenn Sie sich nicht mit dem Thema des Aktieninvestments groß auseinandersetzen können, sollten Sie in einen Indexfonds investieren. Wer keine Zeit, kaum Wissen und wenig Lust hat, sich damit zu beschäftigen, fährt mit preisgünstigeren ETFs besser. Als Einsteiger sollten Sie einen der bekannten internationalen Indices auswählen – zum Beispiel MSCI World, Dow Jones, EURO STOXX 50. Oder Sie verteilen Ihr Investment gleichmäßig auf zwei bis drei Indexfonds und zahlen in jeden beispielsweise 100 Euro monatlich ein (Cashcode: 12).

Mindestens einmal im Jahr sollten Sie sich allerdings die Performance Ihres Indexfonds anschauen und mit anderen Fonds vergleichen. Und Sie dürfen nicht vergessen, dass ETFs immer nur so gut performen können wie der Börsenindex. Selbst als der DAX im Frühjahr 2015 auf historischem Rekordhoch war, verzeichneten nicht automatisch alle dort gelisteten Unternehmen Kurshöchststände. In dem Indexfonds sind nicht ausschließlich Gewinner, denn dort werden automatisch ebenfalls die Verlierer abgebildet.

Wem dieser Mechanismus nicht gefällt, wird wahrscheinlich nicht den ganzen DAX per Indexfonds kaufen wollen, sondern lieber Profis eine Auswahl treffen lassen. Die besten Fondsmanager können oftmals recht treffsicher einschätzen, ob sie Aktien, die besonders gut gelaufen sind, besser verkaufen und stärker auf Papiere setzen sollen, die ihr Potenzial vermutlich noch nicht ausgeschöpft haben.

Der selbst erklärte Anspruch von Fondsmanagern ist es, besser abzuschneiden als der Markt. In guten Zeiten ist es zweifellos lohnend, in einem Indexfonds investiert zu sein. In schwierigeren Zeiten dagegen kann ein gemanagter Fonds vorteilhafter sein: Die Manager aktiver Fonds können auf einen erwarteten Rückgang ganzer Aktienmärkte reagieren und weniger in Aktien investieren, also den Cash-Anteil im Fonds erhöhen. Bei Indexfonds geht das logischerweise nicht, weil diese bilden den Index in seiner Gesamtheit abbilden und immer zu 100 Prozent in Aktien investiert bleiben müssen.

ETFs sind sozusagen »Instantinvestmentprogramme«, die bequeme Rendite bieten, solange der betreffende Index bergauf

geht. Bei einem Indexfonds müssen Sie bloß starten, und danach
lautet die Devise: nichts tun. Geht der betreffende Index jedoch
in den Keller, sind Sie mit ETFs bei allen Titeln dabei. Wenn Börsen ins Negative drehen, wird man Opfer der statischen Struktur.
Der ganze Indexfonds rauscht dann nach unten.

Hier hoffen die Fondsmanager, besser abzuschneiden – bei
falscher Einschätzung beziehungsweise Auswahl können die
Verluste allerdings höher sein als beim Index. Sofern die Profis
jedoch die richtige Wahl getroffen haben, haben Sie die Chance
auf eine überdurchschnittliche Wertentwicklung durch aktiv
gemanagte Fonds. In dem Fall spielen die Fondmanager auch
mehr Gewinn ein, als sie an Kosten verursachen.

Ob aktives oder passives Investieren besser ist, wird permanent in der gesamten Aktienwelt diskutiert. Ich persönlich glaube
daran, dass sorgfältig ausgewählte, aktiv gemanagte Fonds die
Indexrendite übertreffen können. Trotzdem sollten Sie sich möglichst erst dann für einen aktiv gemanagten Fonds entscheiden,
wenn Sie sich schon ein gewisses Fonds-Know-how angeeignet und zudem Lust und Zeit haben, sich mit der Auswahl zu
beschäftigen.

Zeitdauer schlägt Zeitpunkt

Ob aktiv oder passiv, Aktienfonds sind langfristig ein sehr gutes
Investment, wie die Finanzmarktgeschichte zeigt. Kurzfristig
können sie allerdings auch sehr schlecht abschneiden. Deswegen raten ja alle Börsengurus: »Kaufen Sie niedrig, verkaufen
Sie hoch.« Nur: Wann ist dieser Zeitpunkt jeweils gekommen?

Durch Einschätzung der Chancen von morgen versucht man
sein Timing zu verbessern, also vorherzusehen, ob gerade jetzt
ein guter Kurs zum Kaufen oder zum Verkaufen ist. Steigt der
Kurs in Kürze, wäre es gut zu kaufen; fällt er demnächst, sollte
man umgehend verkaufen. Doch nicht einmal Experten können
einigermaßen präzise vorhersagen, wie sich einzelne Aktien oder
Märkte entwickeln, die Einflussfaktoren sind einfach zu zahl-
reich und vielfältig: Zinsen, Inflation, Deflation, Währungskurse,

Gewinnentwicklung, Umsatzentwicklung, Margenentwicklung, Rohstoffpreise ... Kaum jemand ist imstande, aus dieser Vielzahl von Variablen seriöse Vorhersagen abzuleiten. Hinzu kommt die Börsenpsychologie, die Aktienkurse nach unten oder oben jagt, häufig losgelöst von fundamentalen Entwicklungen und allein getrieben durch Angst und Gier. Man sagt zwar, Gier frisst den Verstand, aber Angst frisst Ihr Vermögen.

Egal, was Ihnen selbst ernannte Experten aus Ihrer Nachbarschaft oder im beruflichen Umfeld über ihren angeblichen Riecher und ihr sagenhaftes Timing erzählen: Sie sollten nicht auf den richtigen Zeitpunkt für den Einstieg in einen Aktienfonds oder ETF hoffen, sondern die Zeit als ihre Verbündete gewinnen.

Die Zeitdauer ist für Ihre Gewinne nämlich viel wichtiger als der Zeitpunkt, zu dem Sie kaufen oder verkaufen. Ausdauer schlägt Timing. »Time, not timing«, wie man in Großbritannien sagt. Das bedeutet: Je länger der Anlagezeitraum, desto mehr glättet sich das Auf und Ab der Aktienkurse und desto wahrscheinlicher erzielen Sie die prognostizierte Durchschnittsrendite.

Es geht schließlich nicht darum, zu einem idealen Zeitpunkt »mal schnell«, also kurzfristig Aktien einer Firma zu kaufen, sondern darum, in viele verschiedene Aktien langfristig zu investieren.

Wählen Sie, um es noch einmal zu betonen, tunlichst selbst keine Einzelaktien aus und verlassen Sie sich erst recht nicht auf das Glück des richtigen Timings beim Kaufen und Verkaufen Ihrer Aktien. Setzen Sie stattdessen auf einen Fonds- oder ETF-Sparplan mit festen monatlichen Raten. Das mag nicht halb so spannend sein, wie mit Einzelaktien in der Hoffnung auf Glückstreffer zu zocken, aber mit einem Sparplan können Sie ganz entspannt zusehen, wie sich Ihr Vermögen vollautomatisch langfristig vermehrt. Sie müssen den Bauch aus- und den Kopf einschalten und Ihr Aktienprogramm laufen lassen.

Über einen langen Zeitraum in Aktienfonds oder ETFs investiert zu sein, ist also auch für Ihre Nerven viel besser als das kurzfristige Spekulieren mit Einzelaktien. Sie können dann zwar bei Geburtstagsfeiern oder bei einem Firmenjubiläum nicht im

Chor mitjubeln oder -jaulen, wenn andere sagen, dass ihre Aktie gerade um 10 Prozent hochgeschossen oder in den Keller gesaust ist. Dafür schmunzeln Sie still in sich hinein.

Sie spielen Ihr System, das bis auf Ausnahmen, die die Regel bestätigen, erfolgreicher ist als das Abfeuern einzelner Schüsse. Die bringen vielleicht mal einen Sonntagstreffer, doch es gibt bekanntlich viel mehr Werktage als Sonntage.

Durch regelmäßiges Sparen investieren Sie gerade bei stark schwankenden Aktienkursen automatisch antizyklisch: In Börsentiefphasen erwerben Sie mit einem konstanten monatlichen Investitionsbetrag viele Fondsanteile und in anderen Phasen, wenn die Aktienkurse höher sind, genauso automatisch weniger Anteile.

Die meisten Menschen wollen prozyklisch handeln, also gerade dann Aktien kaufen, wenn alle davon reden, dass die Kurse steigen – ein Reflex, der häufig zu Fehlkäufen verleitet. Glücklicherweise gibt es eine Methode, mit der Sie dem gegensteuern können. Denn am ehesten verdient man an Börsen Geld, indem man antizyklisch investiert und Aktien kauft, wenn die Kurse unten sind.

Diese Methode heißt Cost Average. Das Timing-Problem lösen Sie hierbei durch den Durchschnittskosteneffekt und brauchen sich um optimale Zeitpunkte für Kauf und Verkauf nicht mehr zu kümmern.

Im Durchschnitt mehr Wertzuwachs

Cost Average ist ein cooler Investmenttrick für kontinuierliches Sparen. Gerade wenn Sie viele Jahre regelmäßig investieren wollen, ist diese Strategie der Schlüssel zum Aktienerfolg. Sie geben vor, wie viel Sie monatlich sparen und ab wann Sie in einen Aktienfonds investieren. Da Sie mit der Durchschnittskostenmethode bei niedrigen Kursen automatisch mehr Anteile als bei hohen Kursen erwerben, erzielen Sie einen günstigen durchschnittlichen Erwerbspreis und damit ein zusätzliches Renditeplus.

Der Cost-Average-Effekt kann so zum Gewinnverstärker werden. Für Ihr Reichwerdekonto können vorübergehend niedrigere Fondskurse sogar die Gesamtrenditechance erhöhen. Es kann zwar vorkommen, dass Ihnen die Cost-Average-Methode ein Quartal oder länger keine Vorteile einbringt, doch über die Jahre gesehen – und Sie wollen und sollen ja zehn Jahre und mehr Monat für Monat Anteile erwerben – wird sie fast immer einen zusätzlichen Wertbeitrag bringen.

Je mehr der Markt steigt, je teurer also Aktien werden, desto weniger Anteile kaufen Sie mit der Cost-Average-Methode. Ihr Ziel ist es schließlich, möglichst noch über einen langen Zeitraum viele Aktien zu niedrigen Preisen zu erwerben. Deshalb sollten Sie sich sogar freuen, wenn in Ihrer Startphase oder zwischendurch die Kurse längere Zeit niedrig sind. Denn umso mehr Aktien haben Sie dann schnell angesammelt.

Monatlich automatisch zu investieren, ist so einfach wie jeder gute Zaubertrick: Ihr Aktienfonds wird höchstwahrscheinlich jeden Monat einen anderen Kurswert haben, und dementsprechend erhalten Sie unterschiedlich viele Fondsanteile, obwohl Sie Monat für Monat den gleichen Betrag einzahlen. Das Auf und Ab der Kurse auf den Aktienmärkten können Sie fast wie eine Achterbahnfahrt auf dem Jahrmarkt genießen, weil für Sie Börsenschwankungen von Vorteil sind.

Stellen Sie sich zwei verschiedene Aktienfonds mit fiktiven, extrem unterschiedlichen Verläufen vor (siehe Abbildung 14). Von beiden Aktienfonds werden ab 2002 zur vereinfachten Darstellung jedes Jahr nur für 100 Euro Anteile gekauft:

Aktienfonds A wird pro Jahr um einen Euro teurer. Somit steigt der Stückpreis zwischen 2002 und 2014 von anfangs 10 Euro auf 22 Euro.

Aktienfonds B hat 2002 ebenfalls einen Einstiegskurs von 10 Euro. Der Preis fällt allerdings zunächst jedes Jahr um einen Euro, bis er im Jahr 2008 nur noch 4 Euro beträgt. Danach klettert er bis zum Jahr 2014 wieder auf den Einstiegskurs von 2002, also auf 10 Euro.

Mehrrendite durch den Cost-Average-Effekt   14

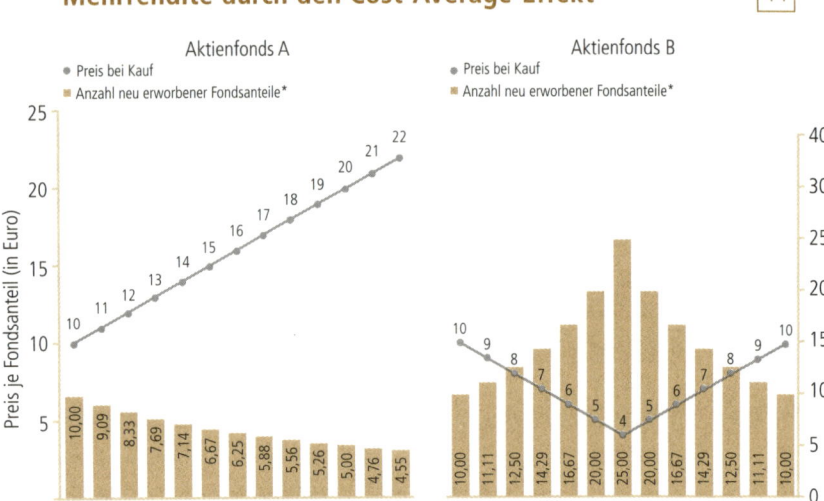

* In diesem fiktiven Beispiel werden jedes Jahr 100 Euro investiert.
Quelle: Eigene Berechnungen

Mit welchem Fonds und dem entsprechenden Kursverlauf hat man mehr Geld verdient? Bestimmt würden auch Sie spontan antworten: mit Aktienfonds A. Die überraschende Antwort ist hingegen: Das Investment in Aktienfonds B hat die höhere Rendite erzielt.

Beide Male wurden 1300 Euro investiert. Anteile von Aktienfonds A haben bis Ende 2014 einen Wert von 22 Euro erreicht. Wenngleich man sich über die Kurssteigerung freuen konnte, war man gleichzeitig traurig, weil man für die 100 Euro pro Jahr immer weniger Anteile dieses Fonds kaufen konnte: insgesamt rund 86 Stück. Diese haben jetzt einen Gesamtwert von fast 1900 Euro. Bezogen auf die investierten 1300 Euro ist das ein Plus von knapp 46 Prozent.

Der Wert der Anteile von Aktienfonds B war Ende 2014 lediglich so viel wert wie die 2002 zuerst gekauften, nämlich 10 Euro. Über die Jahre war man bei Aktienfonds B traurig, weil der Kurs stets weiter fiel und durchweg unter dem Einstiegspreis lag. Allerdings hatte man zugleich Grund zur Freude, da man Jahr für Jahr viele neue Anteile kaufen konnte: insgesamt rund 194 Stück. Diese haben jetzt einen Gesamtwert von etwa 1940 Euro. Auf die investierten 1300 Euro ist das ein Plus von ungefähr 49 Prozent, obwohl der Kurs des Fonds nie so stark gestiegen ist wie bei Aktienfonds A.

Ich habe dieses Finanzbeispiel mit einem Vorteil von nur rund 45 Euro bewusst gewählt. Es gibt selbstverständlich viel extremere positive Verläufe oder umgekehrt Konstellationen, bei denen der Effekt nicht eintritt.

Je länger die Laufzeit, desto wahrscheinlicher sind größere Preisunterschiede. Sie lassen durch die Cost-Average-Methode die Volatilität des Marktes für sich arbeiten. Dadurch, dass die Aktien beziehungsweise Aktienfonds oder ETF-Kurse – trotz aller Preisschwankungen – tendenziell meist langfristig steigen, wird dieser Effekt zusätzlich verstärkt (Cashcode: 13). Wenn die Kurse jedoch dauerhaft fallen würden, nützt der Cost-Average-Effekt natürlich nichts, aber das gilt genauso für andere Methoden des Aktienkaufs.

Gewinne durch Kursschwankungen

Die Cost-Average-Methode hilft Ihnen überdies, in stürmischen Zeiten Ruhe zu bewahren. Es bleibt Ihnen gewissermaßen nichts anderes übrig, als die Füße still zu halten. Als die Aktienmärkte 2002 und 2008 stark verloren, hatten viele Menschen nichts Eiligeres zu tun, als ihre Investments zu kündigen und das leider stark zusammengeschmolzene Restgeld herauszuziehen. Hätten sie stattdessen gerade in dieser Phase abgestürzter Kurse günstig nachgekauft, so hätten sie für die gleiche Investitionssumme viel mehr Anteile bekommen.

Das Cost-Average-Prinzip zwingt Sie regelrecht dazu, gerade in Krisenzeiten mehr zu kaufen, weil Sie ja für den gleichen Einsatz mehr Aktien erwerben. Also bleiben Sie bei Aktienfonds einfach stur bei der Durchschnittskostenmethode. Sie verbessert Erfolgsquote und Performance auf Dauer enorm. Sie kaufen Fondsanteile in einem klaren Zeitrhythmus mit einem festgelegten Betrag. Das ist auch deshalb von Vorteil, weil Sie sich so an den monatlichen Einzahlvorgang gewöhnen. Und gerade diese monatliche Einzahlung auf Ihr Zukunftskonto ist ja Ihr Reichwerdeprinzip.

Mit der Cost-Average-Methode gibt es keine guten und keine schlechten Aktienkurse mehr, sondern einzig Kauf- und Verkaufskurse. Auf lange Sicht ist sie ein Risikominimierer und Gewinnmaximierer.

Sie verkaufen Ihre Fondsanteile erst dann, wenn Sie in die Endsparphase oder Entnahmestartphase eintreten. Dann müssen Sie sich das Geld nicht mit einem Mal auszahlen lassen, sondern können jeden Monat einen festen Betrag entnehmen. Sie müssen je nach aktuellen Kursen dafür mal mehr und mal weniger Anteile verkaufen.

Beim Einzahlungsmodus nutzen Sie das Cost-Average-Prinzip, beim Auszahlungsmodus entsprechend das Sell-Average-Prinzip. Beides funktioniert nach der gleichen Technik. Als Käufer haben Sie bei niedrigeren Kursen den Vorteil, mehr Anteile zu erhalten – als Verkäufer freuen Sie sich bei höheren Kursen darüber, dass Sie weniger Anteile verkaufen müssen. Darauf komme ich in Kapitel 11 noch zu sprechen.

Konstantes Investieren wird sich rentieren

Rendite hat nichts mit Rennen zu tun, auch wenn es so ähnlich klingt. Als Aktienanleger sollten Sie sich nicht wie ein Windhund ins Rennen stürzen, sondern mit der gelassenen Bedächtigkeit und Stetigkeit einer Schildkröte agieren, die sehr weise ist und sehr alt werden kann. Machen Sie Monat für Monat einen Investitionsschritt nach dem anderen.

Um außergewöhnlich reich zu werden, müssen Sie kein Genie sein – es reicht, über einen langen Zeitraum kontinuierlich in gute Fonds zu investieren und regelmäßig Monat für Monat Ihre

Geldvermehrungsmaschine zu füttern. Manche Fonds schütten die Dividenden an ihre Fondsanleger aus. In der Ansparphase sollten Sie diese allerdings keinesfalls entnehmen, sondern im Fonds belassen, sodass der Fondsmanager sie in zusätzliche Aktien investieren kann. Experten sprechen in diesem Zusammenhang von »thesaurieren«. Dadurch wird quasi Ihr Reichwerdeturbo mit dem Renditerenditeeffekt gezündet.

Ihr Reichwerdeplan sollte stur nach diesem Schema durchgezogen werden: automatische monatliche Einzahlung, automatische Wiederanlage der jährlichen Dividenden und Kurssteigerungsgewinne im Fonds. Automatische Investmentsparpläne verlangen Beharrlichkeit, denn nur wenn Sie konstant dabeibleiben, kann die Systematik des Fondssparens zum langfristigen Vermögensaufbau funktionieren. Kurze Laufzeiten von zum Beispiel drei oder fünf Jahren erhöhen das Risiko extrem. Ebenso sind Unterbrechungen gefährlich, denn da kann es passieren, dass Sie genau den für die durchschnittliche langfristige Entwicklung entscheidenden Anlagezeitraum verpassen und auf Ihrem Weg zum Reichtum ins Stocken geraten oder sogar zurückfallen.

Es wäre nur menschlich, wenn auch Sie bis zum Rentenalter zwischendurch immer wieder mal in Versuchung geraten, Ihr Wertpapierdepot – also Ihre Aktien- oder Indexfonds – anzuzapfen oder gar zu plündern. Die Weltreise mit Ihrer neuen Liebe, ein Ersatz für das geschrottete Auto, der angeblich unbedingt nötige Umzug, die teure Renovierung … All das und vieles mehr wird Sie verlocken und verführen. Bleiben Sie möglichst standhaft und sagen sich jedes Mal: So schön die Reise oder die Neuanschaffung für ein paar Wochen sein würde, sie ist es nicht wert, dass ich dafür das Risiko eingehe, in 20 oder 30 Jahren an chronischem Geldmangel oder sogar an Altersarmut zu leiden.

Mit Durchhalten Rendite erzielen

Ein Aktieninvestment müssen Sie sich vorstellen wie eine Achterbahn: Niemand würde mitten im Looping – selbst wenn er panisch schreit – aussteigen. Und in aller Regel kommt der

Wagen, in dem es die Fahrgäste scheinbar schier zerrissen hat, sicher im Ziel an.

Auch Sie werden bitte nicht zwischendurch aussteigen, wenn ein Börsenabsturz droht. Sie werden weitermachen, Sie werden durchhalten – streichen Sie Floskeln wie »Ich kann nicht mehr« oder »Es geht nicht mehr« aus Ihrem Vokabular. Sie können! Es geht! Wandeln Sie negative in positive Energie um. Sagen Sie nicht: »Lass uns aufgeben. Lass uns zurückgehen«, sondern: »Lass uns vorangehen. Lass uns weitermachen mit unseren monatlichen Investments.«

Supererfolgreiche Menschen haben sich dafür entschieden, grundloser Furcht und trübem Pessimismus keinen Einfluss auf ihr Fühlen, Denken und Handeln zu gewähren. Deshalb gehen Sie genauso unbeirrbar Ihren eingeschlagenen Weg weiter.

Börsenabstürze schaden nur denjenigen, die mittendrin oder am Tiefpunkt eines Kurseinbruchs voreilig ihre Aktien oder Fondsanteile veräußern. In einem solchen Fall hat man keine Chance, beim Wiederanstieg die Verluste aufzuholen – man ist raus aus dem Spiel. Selbst wenn Sie mit Aktienfonds in Crash-Phasen mal starke Rückgänge hinnehmen müssen, relativiert sich dies in der Regel bei einem langfristigen Anlagehorizont. Als Langfristsparer investieren Sie mit langem Atem und haben Zeit und Geduld, auf das nächste Hoch zu warten.

Seien Sie dennoch vorbereitet! Größere Einbrüche gab es in den letzten Jahrzehnten immer wieder. Die Geschichte zeigt, dass die Aktieninhaber, die bei einem solchen Kursabsturz nicht verkauften, später – aufgrund des wahrscheinlichen langfristigen Aufwärtstrends an den Börsen – wieder eine gute Performance hatten. Wer seine Aktien nahe des Tiefpunkts verkauft, verpasst danach häufig den Wiedereinstieg. Und das schmerzt dann besonders.

Also schauen Sie sich bitte nicht täglich Ihren Depotauszug an und fahren Sie nicht alle paar Stunden Ihren Computer hoch, um nachzusehen, wie der DAX gerade steht. Von großen Wirtschaftskrisen abgesehen reicht es, wenn Sie sich halbjährlich auf den neuesten Stand bringen. Sie schauen sich schließlich Ihre Rentenansprüche ebenfalls nicht täglich an oder bewerten alle drei Tage Ihre Immobilie neu.

Vorzeitiger und unüberlegter Aktionismus birgt die größte Geldvernichtungsgefahr. Ich habe in meinem Buch *Selfmade* zwar geschrieben, dass Nichtstun falsch ist – hier jedoch, bei langfristigen Aktienstrategien, trifft das Gegenteil zu: Nichts zu tun beziehungsweise nichts zu ändern bringt viel! Weitermachen wie bisher!

Wenn Sie hin und wieder Zweifel überkommen, ob Sie Ihr Ziel wirklich erreichen können, machen Sie sich klar: Mit Ihrer »Buy and hold«-Strategie werden auch Sie die bisherige Durchschnittsrendite von 7 Prozent erzielen. Sie kaufen die Fondsanteile, halten diese und kaufen wie geplant weiter monatlich dazu.

Es gibt keinen Lift zum Erfolg. Sie müssen die Treppe nehmen, jede einzelne Stufe, jeden einzelnen Monat, und das erfordert Disziplin, Konsequenz und Ausdauer. Aber mit diesen Tugenden können Sie es bis ganz nach oben schaffen. Wenn Sie Ihre Tour zum Wohlstand nie unterbrechen, werden Sie ziemlich sicher Ihr Reichtumsziel erreichen und mit himmlischer Ruhe und Engelsgeduld in Ihr Renditeparadies gelangen.

Am besten schließen Sie einen Fondssparplan mit regelmäßigen Einzahlungen ab, legen ihn in den Safe und verlegen dann den Schlüssel. Sie entscheiden sich ein einziges Mal und zahlen Monat für Monat automatisch immer wieder ein. Je eher Sie beginnen, desto länger kann die Geldvermehrungsmaschine für Sie arbeiten und entsprechend eine besonders hohe Rendite erzielen.

Wenn Sie in regelmäßigen Abständen Ihre Depotauszüge bekommen, fühlen Sie sich bitte nicht reicher oder ärmer, je nachdem, in welche Richtung die Kurse gerade schwanken. Gehen Sie nicht bei einem hohen Depotstand luxusshoppen und kündigen Sie bei einem niedrigen Stand nicht Ihren Fondsvertrag. Freuen Sie sich in guten Phasen über Ihren Depotstand und in schlechten über die günstigen Zukaufchancen.

Halten Sie Ihren Fonds mit Geduld. Das sollte Ihr Grundsatz auf dem Weg zum Reichtum sein: GEduLD = GELD + *du*. Mit Geduld machst du Geld.

Dividenden sind die neuen Zinsen

Statt zinsarm zu sparen, investieren Sie lieber dividenden-
reich. Wenn Sie mit Ihrem Vermögen mehr als eine schwarze
Null erwirtschaften wollen, investieren Sie in Aktien von Unternehmen, die in der Vergangenheit solide Umsatz- und Gewinn-
entwicklungen aufweisen, denn die zahlen meist auch attraktive
Dividenden.

Nicht thesaurierende Fonds oder ETFs sind insbesondere für
solche Anleger interessant, die laufende Erträge wünschen oder
benötigen oder von Zinsdürre auf Dividendenregen umschalten
wollen.

Als Anteilseigner dividendenstarker Unternehmen erhalten
Sie höhere Renditen, als die meisten anderen Kapitalanlagen
Ihnen bieten können – selbst dann, wenn die betreffenden
Unternehmen keine oder nur geringe Kursanstiege verzeichnen
sollten.

Dividenden schlagen Zinsen   15

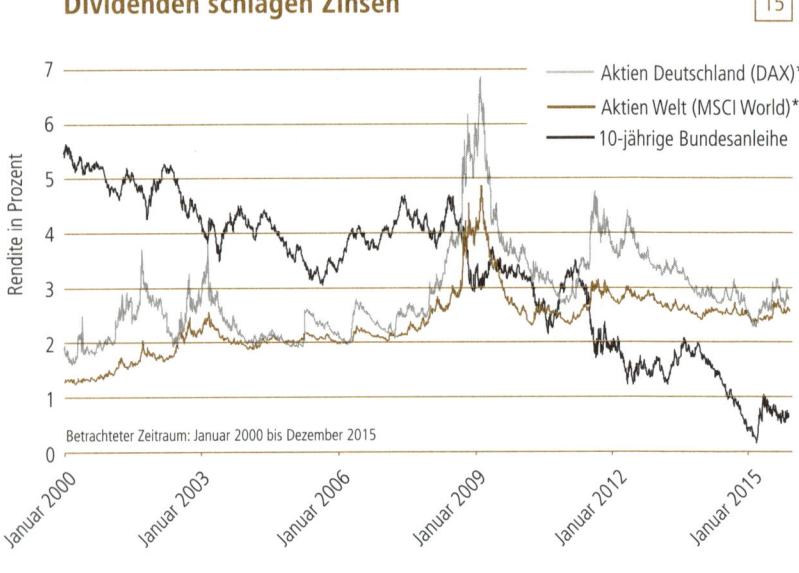

* Dividendenrendite
Quelle: Bloomberg; eigene Darstellung

Es gibt in Deutschland und weltweit eine ganze Reihe von Dividendenaristokraten – das Magazin *Finanztest* spricht bei solchen Unternehmen von zuverlässigen Dividendenaktien –, die in den vergangenen Jahrzehnten gute Gewinne gemacht und diese größtenteils als stetig steigende Dividenden ausgeschüttet haben. Aktien sind zwischen 2010 und 2015 zwar teurer geworden, werfen aber in Relation zu anderen Geldanlagen immer noch lukrative Dividendenrenditen ab, mit denen Anleger bei deutschen Standardaktien im Jahr 2015 auf durchschnittlich 2,6 Prozent und mehr kamen – ein Vielfaches dessen, was man derzeit zum Beispiel für eine zehnjährige Bundesanleihe erhält (Abbildung 15). Daher bieten selbst Aktien, deren Kurse seit dem Beginn der letzten Börsenrallye zwischen 2009 und 2015 stark gestiegen sind, eine deutlich attraktivere Rendite als Anleihen.

Hierzu ein einfaches Rechenbeispiel: Wenn Sie eine Aktie für 100 Euro kaufen, die 4 Euro Dividende bringt, haben Sie eine Rendite von 4 Prozent. Zahlen Sie für die gleiche Aktie 150 Euro, haben Sie bei 4 Euro Dividende lediglich eine Rendite von knapp 2,7 Prozent. Je höher also die Dividendenrendite, desto niedriger ist im Verhältnis der Aktienpreis – und das könnte eventuell mehr Spielraum für einen Kursanstieg bei dieser Aktie ergeben.

Viele Aktienskeptiker betrachten ausschließlich angstvoll das Auf und Ab der Börsenkurse – und übersehen dabei die Airbag-Wirkung von Dividenden. Wenn Sie 10.000 Euro in dividendenstarke Aktien investiert haben, die zehn Jahre lang durchschnittlich 3,5 Prozent pro Jahr an Dividenden auskehren, dann bringt Ihnen das 3500 Euro dieser »neuartigen Zinsen«! Doch allein bei 3 bis 4 Prozent Dividendenrendite bauen Sie über zehn Jahre quasi einen Puffer, ein ordentliches Finanzpolster für Aktienkursrückgänge, auf, mit dem Sie vorübergehende Talfahrten locker aussitzen können. Je länger die Anlagedauer, desto geringer sind ohnehin die durchschnittlichen Kursverluste und desto größer wird folglich der Puffer zum Abfedern von Kursrückschlägen.

Achten Sie aber nicht allein auf die Höhe der Dividende und auf das Dividendenwachstum, sondern desgleichen auf die Stetigkeit der Dividendenzahlung. Dadurch ist die Wahrscheinlichkeit höher, dass es auch in Zukunft attraktive Dividenden gibt (Cashcode: 14).

Die Betrachtung der zuletzt ausgeschütteten Dividende ist sowieso wie ein Blick in den Rückspiegel – wichtiger ist der Blick nach vorn durch die Frontscheibe, also die Betrachtung von Gegenwart und unmittelbarer Zukunft. Wie werden sich im nächsten Jahr Umsatz und Gewinn entwickeln, aus denen sich ja die Dividende ableitet?

Wenn es Ihnen hauptsächlich auf jährliche Gewinnausschüttungen ankommt, wählen Sie einen Aktienfonds, der schwerpunktmäßig solide Unternehmen mit traditionell hohen Dividenden enthält, oder eben einen ETF mit Dividendenausrichtung.

Plädoyer für »zerstreute« Anleger

Zerstreut zu sein ist normalerweise eher nachteilig. Ein zerstreuter Anleger jedoch, der seine Investitionen über viele Jahre auf verschiedene Aktien streut, verfolgt eine vorteilhafte Anlagestrategie. Sie kennen das ja: Bei Eis und Schnee rutscht man nicht so leicht aus, wenn gut gestreut ist. Ein besonders guter Weg der Aktienstreuung kann es sein, den ganzen Index in Form eines Aktienindexfonds zu besitzen.

Bestimmt kennen Sie die Redensart, dass man nicht alle Eier in einen Korb legen soll. Was logisch ist, denn falls dieser einzige Korb mal herunterfällt, sind alle Eier kaputt. Viele kleine verschiedene Körbe hingegen werden kaum zur gleichen Zeit auf den Boden fallen.

Eine gute Streuung ist zwar keine Garantie für eine besonders hohe Rendite. Aber sie hilft Ihnen, Verluste zu minimieren, und erhöht die Chance, die angestrebte 7-prozentige Rendite zu erreichen.

Gleiches gilt im Prinzip, wenn Sie ein Vermögen anlegen wollen: Verteilen Sie Ihre Investition auf möglichst viele Branchen, Märkte und Regionen, also in Aktienfonds oder ETFs mit verschiedenen Investitionsschwerpunkten. Die beste Sicherheit für

Ihr Kapital ist Streuung – doch bitte nicht so übertreiben, dass die einzelnen Positionen zu klein werden und Sie aufgrund der vielen unterschiedlichen Segmente Gefahr laufen, den Überblick zu verlieren.

Wer nicht bloß langfristig investiert, sondern zudem ausgewogen streut, wird auf lange Sicht nicht viel verlieren. Je breiter Sie Ihr Geld durch Ihr Fondsportfolio auf verschiedene Aktien verteilen, desto besser. Je kleiner und enger dagegen das Marktsegment ist, in das Sie investieren, desto größer können die Wertschwankungen sein.

Manche Leute glauben, dass das Gesamtrisiko eines Depots steigt, wenn man breit international streut. Das Gegenteil trifft zu: Sie reduzieren dadurch Ihr Risiko und es gibt Streugewinne statt Streuverluste! Trauen Sie sich, weltläufiger zu werden.

Mit Aktien aus verschiedenen Branchen und Ländern in Ihrem Fonds wird Ihr Reichwerdefundament stärker und Ihr Verlustrisiko geringer. Wie bei einer Immobilie bildet das Fundament die Basis, auf der sich hohe Bauten errichten lassen.

International gestreute Fonds sind nicht teurer als rein deutsche Fonds. Deshalb gilt: »Start small, dream big. Think global, invest global.« Wenn Sie sozusagen die ganze Welt in Ihrem Aktiendepot halten, werden schon irgendwo die Kurse steigen, sodass Ihr Vermögen langfristig wachsen kann.

Ihr Motto sollte also lauten: Streuen, streuen, streuen. Denn eine weltweite Streuung birgt die Chance auf großartige Vorteile und stabilisiert die positive Kraft der Millionärsformel.

Kapitel 9

Der Immobilientraum

Träumen Sie davon, eines Tages in Ihrer eigenen Immobilie zu leben? Dann haben Sie Grund zur Freude: Ihr Traum kann Realität werden.

Jeder braucht ein Dach über dem Kopf, auch Sie. Was die Geldanlage betrifft, steht die eigene Immobilie auf der Wunschliste der Bundesbürger ganz weit oben. Eine große Mehrheit der Deutschen hält das Eigenheim für besonders wichtig, doch erst 53 Prozent leben laut Europäischem Statistikamt in den eigenen vier Wänden – deutlich weniger als etwa in Spanien oder Italien.

Drei Viertel der deutschen Sparer halten Immobilien laut Investmentbarometer der GfK zurzeit für die attraktivste Geldanlage. Kein Wunder, dass sie aktuell der meistgewünschte Sachwert sind. Gerade sicherheitsorientierte Menschen glauben zunehmend, dass das eigene Haus, die eigene Wohnung eine attraktive Alternative zum fast zinslosen Sparen sind. Als weitere Kaufgründe geben Immobilienkäufer an, dass sie Angst vor Inflation hätten und eine Chance auf Wertzuwachs ihrer Immobilie sähen. »Betongeld« ist im Moment für viele die begehrteste Währung.

Bei den derzeitigen Niedrigzinsen ist es so günstig wie noch nie, ein Haus oder eine Eigentumswohnung zu finanzieren. Da ist es kein Wunder, dass immer mehr Fest- und Tagesgeld- sowie Sparbuchfans ins Lager der Immobilienbefürworter wechseln.

Der Traum, im Alter mietfrei zu wohnen, kann bei den aktuellen Bonsai-Bauzinsen für viele Menschen Wirklichkeit werden. Obendrein haben sie eine gute Chance, dass der Wert ihrer Immobilie steigt – mit großer Wahrscheinlichkeit stärker als ihr Sparbuch. Immobilien sind oftmals ein solides Vermögensfundament und können ein guter Vermögensvermehrer werden – sie sind Stein gewordener Inflationsschutz und bewohnbare Altersvorsorge.

Das Konzept des mietfreien Wohnens besteht – vereinfacht dargestellt – darin, anzusparen, und zwar wie folgt: Das Eigenkapital wird für die selbst genutzte Immobilie verwendet und die Miete quasi durch die Hypothekenabtragung ersetzt. Das hat den Vorteil, dass Sie statt lebenslanger Mietzahlung einschließlich Erhöhungen für eine begrenzte Zeit eine Hypothekenbelastung schultern müssen, die während der Zinsfestschreibung nicht steigt und nach Kreditrückzahlung ganz entfällt. Und das Ausfallrisiko ist gering, denn Sie kennen den Mieter – sich selbst – ja ziemlich gut. Die Mietkosteneinsparung muss überdies – anders als die Rendite auf Sparvermögen – nicht versteuert werden.

Da Sie sich in Ihrem Leben wahrscheinlich nur ein einziges Haus zulegen, geht es hierbei um den größten Kauf und damit einhergehend um das größte Darlehen, das Sie je aufnehmen werden. Umso wichtiger ist, dass Sie sich klarmachen: Zumindest kurz- bis mittelfristig werden Ihre Ausgaben nach dem Immobilienkauf im Normalfall höher sein als Ihre vorherigen Mietzahlungen. Zudem kann die Immobilie zwischenzeitlich im Wert fallen und es kann unter Umständen schwierig sein, sie wieder zu verkaufen. Wer eine Immobilie kauft, bindet sein Geld langfristig. Wichtig ist deshalb, dass Sie nicht zu teuer, jedoch in guter und für Sie richtiger Lage kaufen.

Wenn Sie ein Haus oder eine Wohnung erwerben und selbst nutzen, wirkt sich das sehr stark für den Rest Ihres Lebens auf die Entwicklung Ihrer Finanzen aus. Überlegen Sie gründlich, ob eine eigene Immobilie für Sie das Richtige ist. Der Immobilienerwerb muss zu Ihrem Lebensstil passen und es muss Ihr sehnlicher Wunsch sein, eigene vier Wände zu besitzen.

Vielleicht möchten Sie ja gar nicht die Verantwortung für eine Immobilie tragen. Möglicherweise sind Sie sich nicht sicher, ob Sie lange an diesem Standort leben werden. Da kann es unter Umständen die wesentlich bessere Entscheidung sein, ein Objekt zu mieten. Wenn Sie aber zutiefst davon überzeugt sind, dass der Immobilienerwerb zu Ihnen und Ihrem Leben passt, dann legen Sie los.

Immobilien sind bewohnbares Vermögen, dessen Wert sich hoffentlich vermehrt, während Sie darin wohnen. Das eigene Haus ist ein erlebbares Investment und kann ein lukrativer Teil Ihres Vermögensaufbaus werden. Wenn Sie dagegen zur Miete wohnen, vermehren Sie im Zweifelsfall das Vermögen Ihres Vermieters. Damit können Sie Schluss machen, indem Sie zukünftig quasi die Miete an sich selbst auszahlen. Es gibt also handfeste Gründe dafür, die Realisierung der eigenen vier Wände optimistisch anzugehen.

Seien Sie positiv und trauen Sie sich Ihr Immobilienprojekt zu! Dann geht es leichter, denn Optimisten sehen eher offen stehende Tore, Pessimisten hingegen eher geschlossene Türen. Wenn Sie jetzt schon grundsätzlich positiv sind, pflegen Sie Ihren Optimismus weiter. Optimismus ist das Thermostat, mit dem Sie regulieren, wie erfolgreich Sie werden. Stellen Sie Ihr Thermostat auf positiv ein, und Ihnen wird viel mehr gelingen – vielleicht sogar mehr, als Sie sich in Ihren optimistischsten Gedanken erhofft haben. Wenn Sie hingegen zu negativen Gedanken und pessimistischen Erwartungen neigen, brauchen Sie erst ein neues Gedankenhaus, um positive Vorstellungen zu entwickeln. Reißen Sie die Pessimismusbude ab und erbauen Sie sich Ihren Optimismuspalast!

Das meine ich durchaus wörtlich: Ihr Eigenheim, das Sie nach Ihren Vorstellungen und für Ihre Bedürfnisse errichten lassen, ist sozusagen Ihr Architektur gewordener Optimismus. Sie haben es nicht nur gewagt zu denken: So will ich leben, sondern als Bauherr oder Immobilienkäufer einen entscheidenden Schritt zur Verwirklichung Ihrer Träume gemacht. Dieser Schritt erfordert Optimismus und er beweist Ihnen selbst und Ihrer Umgebung jeden Tag, dass Sie zuversichtlich eingestellt sind und Ihr Leben erfolgreich in die eigenen Hände genommen haben.

Wertsteigerung inklusive

Wenn Sie volljährig sind, spätestens dann, wenn Sie zu Hause ausziehen, brauchen Sie ein eigenes Dach über dem Kopf – ob als Mieter oder Eigentümer. Die meisten ziehen erst einmal in eine Mietwohnung, doch mit der Zeit steigt das Einkommen, und die ersten Ersparnisse sammeln sich an. Dann stellt sich so langsam die Frage des Erwerbs einer eigenen Immobilie. Diese ist weniger ein Renditeobjekt als ein Raum, in dem Sie leben wollen, weil Sie ihn lieben und schätzen.

Wenn Sie in den eigenen vier Wänden wohnen, sind Mietsteigerungen logischerweise kein Thema mehr. Niemand kann Sie vor die Tür setzen – es sei denn, Sie bedienen die Hypothek nicht. Sie selbst können entscheiden, wie Sie eine Bestandsimmobilie umbauen oder wie Sie bei einem Neubau die Flächen aufteilen wollen: zwei Kinderzimmer und ein normal großes Wohnzimmer oder ein riesengroßes Wohnzimmer und bloß ein Kinderzimmer oder, oder …

Es ist einfach schön, wenn man alles nach dem eigenen Geschmack einrichten kann. Außerdem wird es Sie wahrscheinlich mit Stolz erfüllen, unter Ihrem eigenen Dach zu wohnen, und viele Immobilieneigentümer fühlen sich einfach glücklicher, weil es ihr Eigentum ist. Sicherheit vor Mieterhöhung und Kündigung führt langfristig zu einer höheren Lebensqualität – und ist oft zudem mit einem attraktiven, inflationsgeschützten Renditepotenzial verbunden.

»My home is my castle«, das war gestern. Heute denkt sich manch einer: Meine Wohnung ist mein Gewinn. Tatsächlich bieten Immobilien in guten Lagen steinerne Rendite statt zerbröselnder Zinsen.

Viele Häuslebauer haben zudem den Gedanken im Hinterkopf, dass die eigenen Kinder die Immobilie eines Tages erben werden oder sogar einmal mit ihrer Familie im Elternhaus leben können und keine Miete zahlen müssen.

Für viele Menschen ist der gefühlte Wohnwert in den selbst genutzten vier Wänden höher als in einer Mietimmobilie. Auf dem eigenen Grund und Boden zu leben ist ein tief verwurzeltes Bedürfnis. Wenn Sie eine Immobilie kaufen, treffen Sie zwar auch eine Anlage-, aber mehr noch eine Lebensentscheidung. Sie kaufen sich ein Stück Lebensqualität. Der individuelle Wohlfühlfaktor lässt sich nur schwer in Beziehung zu Zahlen und Fakten setzen, er ist vor allem ein Ausdruck des eigenen Lebensstils. Ihr Hauskauf ist ein wirklich guter Kauf, wenn er sich für Sie gut anfühlt.

Wenn Sie keine Konsumschulden haben und Ihr Notfallkonto gefüllt ist, haben Sie die Reichwerdeautomatik Ihres Zukunftskontos schon längst eingeschaltet. Als Erstes sparen Sie wahrscheinlich privat für Ihre Altersvorsorge (siehe Kapitel 10). Den verbleibenden monatlichen Restbetrag können Sie so in Ihren Investmentsparplan einzahlen, wie in Kapitel 8 beschrieben. Oder Sie verwenden das Zukunftskonto ganz oder teilweise, um Ihre eigene Immobilie kaufen oder bauen zu können. Also trauen Sie sich, kreieren Sie Ihre Traumimmobilie gedanklich nach Ihren Vorstellungen.»Before you make it, fake it!« Erschaffen Sie ein virtuelles Bild, damit daraus später ein echtes Bild wird. Je intensiver Sie Ihren Traum visualisieren, desto stärker wird sein Eigenleben – desto mehr *will* Ihre Vision real werden!

Sehen Sie vor sich, was Sie wollen, dann können Sie bekommen, was Sie sehen. Auch unsere Fantasie lässt sich trainieren. Visualisieren ist eine Fähigkeit, die man erlernen und verbessern kann. Richten Sie sich Ihr mentales Fitnessstudio ein. Je öfter Sie dort trainieren, desto stärker und besser können Sie visualisieren. Stellen Sie sich in Ihrem Kopfkino – dem geistigen Zukunftsprojektor – Ihr ersehntes neues Zuhause vor.

Damit aus ihrem Haustraum wirklich ein Traumhaus wird, müssen Sie genau festlegen, was für eine Immobilie Sie sich wünschen – vom Penthouse bis zum Reihenhaus – und wie Sie Ihr Ziel erreichen wollen. Zerlegen Sie Ihr Gesamtziel in Teilschritte und legen Sie fest, wann Sie welchen Zwischenschritt machen werden. Viele Menschen bauen lediglich ein Wolkenkuckucksheim und beschäftigen sich nicht konkret mit ihrem Ziel. Manche kaufen, obwohl sie gut verdienen und jung genug sind, um Hypotheken abzubezahlen, nur deshalb keine Immobilie, weil sie nicht genau wissen, ob sich der Erwerb rechnet, oder weil sie glauben, die finanzielle Belastung sei für sie zu hoch. Dabei haben sie die Sache meist einfach nicht präzise durchkalkuliert.

Zunächst hilft es, sich zu vergegenwärtigen, wie viel Miete man langfristig insgesamt zahlen würde. Wenn Sie zum Beispiel noch 40 Jahre in einer Mietwohnung leben und monatlich 800 Euro Miete zahlen, überweisen Sie dem Wohnungseigentümer (ohne Mietsteigerung) insgesamt noch 384.000 Euro. Das ist eine Menge Geld, von der Sie keinen Euro wiedersehen. Bei einer bloß 2-prozentigen Mietsteigerung sind es sogar 580.000 Euro.

Für Ihre Vermögensstrategie auf dem Weg zum Reichtum kann es daher viel besser sein, in die eigene Immobilie zu investieren. Bei einem Kaufpreis von beispielsweise 240.000 Euro für eine Zwei-Zimmer-Eigentumswohnung (in gleicher Größe und ähnlicher Lage) sollten Sie mindestens 48.000 Euro an Eigenkapital aufbringen. Den Darlehensbetrag von 192.000 Euro könnten Sie in monatlichen Raten à 800 Euro – was Ihrer bisherigen Monatsmiete entsprechen würde – entsprechend tilgen. Mietsteigerungen wären logischerweise kein Thema mehr für Sie, da Sie ja in den eigenen vier Wänden wohnen. Und später, wenn die Immobilie abbezahlt ist, würden Sie weder Miete noch Hypothekentilgung belasten. Zudem könnten Sie von potenziellen Wertsteigerungen und von etwaigen Steuervergünstigungen profitieren – bei ausschließlich selbst genutzten Immobilien in der Regel von völliger Steuerfreiheit.

Steht der Eigentümer auf lange Sicht tatsächlich besser da als ein Mieter? Hierzu ein einfaches Vergleichsbeispiel: Angenommen, Sie kaufen die erwähnte Zweizimmerwohnung für 240.000 Euro. Der Übersichtlichkeit halber unterstellen wir, dass deren Wert über all die Jahre unverändert bleibt. Da Sie 20 Prozent Eigenkapital einbringen können, nehmen Sie eine Hypothek in Höhe von 192.000 Euro auf. 30 Jahre lang zahlen Sie 3 Prozent Zinsen und einen Tilgungssatz von anfänglich 2 Prozent. Die gesamte Hypothekenrate von 5 Prozent auf 192.000 Euro macht über die Laufzeit rund 294.000 Euro aus. Wenn Sie die 48.000 Euro Eigenkapital hinzuzählen, haben Sie knapp 342.000 Euro, also rund 102.000 Euro mehr gezahlt, als die Immobilie gekostet hat.

Wie sähe die Rechnung für Sie als Mieter aus? Bei einer Miete von zunächst 800 Euro und jährlicher 2-prozentiger Steigerung über 30 Jahre würden Sie insgesamt etwa 390.000 Euro an den Vermieter zahlen. Je nach Ihrem Alter und der verbleibenden statistischen Lebenserwartung können noch etliche Hunderttausend Euro an Miete anfallen. Bei 2 Prozent Mietsteigerung kämen Sie nach 30 Jahren immerhin auf eine Monatsmiete von knapp über 1400 Euro. Nach weiteren, sagen wir, 20 Jahren wäre das eine zusätzliche Mietbelastung von über 400.000 Euro! Damit würden Sie als Mieter insgesamt über 800.000 Euro zahlen.

Dagegen hätten Sie als Immobilienbesitzer nach 30 Jahren Ihre Hypothek abgetragen und könnten die Mietersparnis für den Rest Ihres Lebens beiseitelegen oder für andere Dinge ausgeben. Allerdings müssen Sie eine Rücklage für die regelmäßige Instandhaltung Ihrer Wohnung oder Ihres Hauses abziehen. Hierfür sollten Sie pro Jahr mindestens 1 Prozent des ursprünglichen Kaufpreises kalkulieren, im konkreten Fall also 2400 Euro. Trotzdem würden Sie als Immobilieninhaber gegenüber dem Mieter in der Regel einen beträchtlichen Vermögensvorteil erzielen.

Ob sich ein Immobilienkauf wirklich rentiert, hängt allerdings von etlichen weiteren Faktoren wie Darlehenssumme, Zinsbindungsdauer, Zinsentwicklung, Kaufnebenkosten, Grunderwerbssteuer, Instandhaltungsaufwendungen und natürlich vor allem von der Wertentwicklung der Immobilie ab. Mitentscheidend ist zudem, wie Sie das für die Immobilie aufgewendete Eigenkapital (und die nicht geleisteten Erwerbsnebenkosten) alternativ anlegen und welche Renditen Sie erhalten könnten. Schauen Sie auf Cashcode: 15, ob sich der Immobilienkauf für Sie lohnt!

Vom geistigen Luftschloss zum irdischen Palast

Haben Sie Bedenken, eine Hypothek aufzunehmen? Können Sie sich nicht vorstellen, die nötige Disziplin und Ausdauer aufzubringen, um das Eigenkapital für Ihre Immobilie anzusparen? Wenn Sie jetzt schon glauben, dass Sie niemals in die eigenen vier Wände ziehen werden, dann wird es garantiert schwierig. Wenn Sie hingegen glauben, dass Sie es schaffen können, werden Sie mit Ihren Finanzen bewusster umgehen – und es wird garantiert leichter, die benötigte Summe aufzubringen.

Machen Sie sich immer wieder klar: Viele scheinbar unüberwindbare Hürden bestehen allein in unserer Vorstellung. Mit Optimismus können Sie Grenzen verschieben, die bei pessimistischer Einstellung tatsächlich unverrückbar sind.

Auch unsere Umgebung hat Einfluss auf unser Denken und somit auf unser Handeln. Wenn Sie Ihren Immobilientraum verwirklichen wollen, dann platzieren Sie jede Menge Skizzen, Grundrisse und Grafiken von Ihrer Traumimmobilie in Ihrer Umgebung. Hängen Sie die Bilder so auf, dass Sie sie immer sehen.

Wenn Sie negativ drauf sind, wird garantiert alles schiefgehen. Wenn Sie etwa ein Hypothekendarlehen aufnehmen wollen und sich pessimistisch einreden: »Es hat keinen Sinn, mit der Bank zu sprechen, die geben mir sowieso keinen Kredit oder bloß zu schlechten Konditionen«, dann kommen Sie nie zu Ihrem Eigenheim. Bleiben Sie lieber optimistisch, setzen Sie sich mit Ihrem Ansprechpartner bei der Bank zusammen und besprechen Sie mit ihm Ihr Immobilienprojekt.

Der Mensch tendiert zu selektiver Wahrnehmung: Wir sehen nur, was wir zu sehen erwarten. Umso wichtiger ist positives Denken. Wenn wir uns vornehmen, unseren Hausbau in Angriff zu nehmen, entdecken wir auf einmal tolle und trotzdem erschwingliche Grundstücke und entwickeln Ideen, wie wir unsere Einnahmen steigern können. Unser Gehirn nimmt dann verstärkt Signale, Botschaften und Ideen auf, wie unser Ziel für uns erreichbar wird. Wenn wir ein Ziel bejahen, sehen wir es bereits in einem nahezu vollendeten Status vor unserem geistigen Auge wie etwa den fertigen Umbau und die neue Möblierung.

Erzeugen Sie deshalb im Voraus die Gefühle, die Sie empfinden werden, wenn Sie Ihr Ziel erreicht haben. Je stärker diese Vorgefühle sind, desto stärker werden Sie an der Erreichung arbeiten. Mit dieser Einstellung und Blickrichtung gehen Sie positiv an die Finanzierung Ihres Traumes aus Steinen heran.

Wie viel Immobilie passt finanziell?

Die Haus- oder Wohnungsgröße, die zu Ihnen passt, hängt von Ihrem Eigenkapital und Ihrem verfügbaren Einkommen ab. Je höher beides ist, desto höher kann natürlich der Preis für die Immobilie sein.

Die Deutschen geben laut Untersuchung des Statistischen Bundesamts etwa 35 Prozent ihres Konsumbudgets für Wohnen, Energie und Wohnungsinstandhaltung aus. Immobilienexperten und Verbraucherschützer empfehlen Häuslebauern und Wohnungskäufern, maximal 40 Prozent des monatlichen Nettoeinkommens für die Rückzahlung eines Hypothekendarlehens aufzuwenden. Bei einem Nettoeinkommen von 3000 Euro entspricht das 1200 Euro.

Wie viel darf die Traumimmobilie kosten? `16`

Der Preis der Traumimmobilie einschließlich der Nebenkosten sollte den Darlehensbetrag samt verfügbares Eigenkapital nicht übersteigen.

Monatsrate (in Euro)	Maximaler Darlehensbetrag (in Euro)* bei unterschiedlichen Zinssätzen						
	2 %	2,50 %	3 %	3,50 %	4 %	5 %	6 %
500	150.000	133.333	120.000	109.091	100.000	85.714	75.000
600	180.000	160.000	144.000	130.909	120.000	102.857	90.000
700	210.000	186.667	168.000	152.727	140.000	120.000	105.000
800	240.000	213.333	192.000	174.545	160.000	137.143	120.000
900	270.000	240.000	216.000	196.364	180.000	154.286	135.000
1000	300.000	266.667	240.000	218.182	200.000	171.429	150.000
1100	330.000	293.333	264.000	240.000	220.000	188.571	165.000
1200	360.000	320.000	288.000	261.818	240.000	205.714	180.000
1300	390.000	346.667	312.000	283.636	260.000	222.857	195.000
1400	420.000	373.333	336.000	305.455	280.000	240.000	210.000
1500	450.000	400.000	360.000	327.273	300.000	257.143	225.000

*Annahme: 2 Prozent anfängliche Tilgung, Auszahlung zu 100 Prozent
Quelle: Eigene Berechnungen

In Abbildung 16 sehen Sie, mit welchen Monatsraten Sie bei unterschiedlichen Zinssätzen zu rechnen haben. Beispielsweise müssen Sie 800 Euro für die Finanzierung einplanen, wenn Sie ein Darlehen in Höhe von 192.000 Euro benötigen, bei dem Ihre Bank einen Zins von 3 Prozent sowie eine anfängliche Tilgung von 2 Prozent verlangt. Mit Ihrem hoffentlich schon vorhandenen Eigenkapital in Höhe von 20 Prozent der gesamten Anschaffungskosten könnten Sie bis zu 240.000 Euro für Ihre Traumimmobilie ausgeben. Lägen die Zinsen bei 6 Prozent, wäre bei 2 Prozent Tilgung nur ein Darlehen von 120.000 Euro und somit ein Kaufpreis von 150.000 Euro möglich.

Wenn die zu erwartende monatliche Gesamtbelastung (inklusive Zins und Tilgungsrate, Versicherung, Grundsteuer, Instandhaltungsrücklage) nicht höher ist als die Summe aus Ihrer Warmmiete und Ihrem bisherigen monatlichen Sparbetrag, haben Sie eine gute Ausgangsbasis für den Erwerb eines Eigenheims. Die Miete ist dann quasi Ihre Zinszahlung und die Tilgungsleistung entsprechend Ihr Sparbetrag. Wenn Sie aber allzu anstrengende Klimmzüge machen müssten, um die Hypothek bedienen zu können, schieben Sie den Immobilienerwerb lieber noch auf. Bei Tilgungshöhe und Tilgungsdauer dürfen Sie keine faulen Kompromisse eingehen, denn spätestens wenn Sie in den Ruhestand gehen, sollte Ihre Immobilie schuldenfrei sein. Sonst wäre es ja keine Altersvorsorge, sondern würde Ihnen im Alter Sorgen bereiten.

Betrachten Sie das Kreditvolumen, das Sie mit Ihren monatlichen Raten schultern möchten, nicht allein in Relation zu Ihrem Nettoeinkommen. Die Beziehung zu Ihrem Gesamtvermögen ist ebenfalls eine wichtige Orientierungsgröße. Wenn Sie beispielsweise bereits über 200.000 Euro in Aktienfonds verfügen und kleinere Beträge in Gold und anderen Sachwerten angelegt haben, sieht die Rechnung anders aus, als wenn Sie gerade erst ein paar Tausend Euro auf Ihrem Zukunftskonto angesammelt haben.

Fragen Sie sich, welche Summe, welcher Quadratmeterpreis, welcher Monatsbetrag zu Ihrer Finanzkraft passt und was Ihnen dieses Eigentümerwohngefühl wert ist.

Auch wenn Sie sich in eine Immobilie verliebt haben, verlieren Sie nicht den Kopf! Überstürzen Sie keine Kaufentscheidung. Lassen Sie sich nicht von dem Gefühl steuern, so eine Chance nie wieder zu bekommen. Bewahren Sie Geduld. Der Bauch lenkt Sie zur Immobilie, der Kopf sollte Preise vergleichen und die besten Finanzierungskonditionen auswählen.

Die größten Fehler beim Immobilienerwerb kommen leider ziemlich häufig vor: Es wird zu teuer gekauft, und die Eigenkapitaldecke ist zu knapp bemessen. Sie müssen den Kaufpreis gut verhandeln, sonst helfen Ihnen die besten Zinssätze wenig. Informieren Sie sich gründlich über die aktuellen Mietpreise in der von Ihnen favorisierten Region und Lage.

Natürlich kann Ihnen nicht einmal eine Wohnungsbauministerin garantieren, dass der Wert Ihrer Immobilie steigen oder zumindest nicht fallen wird. Obwohl Immobilien nicht wie an der Börse im Sekundentakt bepreist werden, unterliegen sie Schwankungen. Oft ist der aktuelle Marktwert den Immobilienbesitzern egal, solange Sie dort wohnen. Aber Preisrückgänge gibt es eben, vor allem bei abgewohnten Häusern und in unverkäuflichen Lagen. Selbst wirtschaftlich scheinbar stabile Regionen können sich durch Abwanderung von Unternehmen und Arbeitskräften in Geistergegenden mit jeder Menge Immobilienleerstand verwandeln – nicht über Nacht, jedoch im Laufe von vielen Jahren. Also hoffen Sie nicht blauäugig darauf, dass Ihr Eigenheim unter allen Umständen eine sichere, rentable Anlage sein wird. Regionale Besonderheiten, Zinsphasen, Glück und Geschick beim Aushandeln des Kaufpreises – das alles sind entscheidende Faktoren für den wirtschaftlichen Misserfolg oder Erfolg, und zwar unabhängig von Ihrem Zufriedenheitsgefühl.

Bevor Sie ernsthaft in Verhandlungen einsteigen, erkunden Sie die Umgebung Ihrer Wunschimmobilie, vergleichen Sie die geforderte Summe mit den Angebotspreisen ähnlicher Objekte in der Nachbarschaft. Überlegen Sie, wie lange Sie in dieser Region leben wollen. Stimmen dort die Voraussetzungen für eine Wertsteigerung? Und wenn Sie das alles geprüft haben und die Grundbedingungen passen, dann gehen Sie Preisverhandlungen

und Darlehensauswahl nüchtern an. Vergleichen Sie die Konditionen der verschiedenen Anbieter und wägen Sie ab. Dadurch
können Sie Zehntausende Euro sparen.

Falls Sie in einem Immobilienportal oder über einen Makler
nach geeigneten Immobilien suchen, geben Sie ein oberes Preislimit ein und schauen sich teurere Gemäuer gar nicht erst an. Die
Gefahr ist sonst zu groß, dass Sie sich in ein Anwesen jenseits
Ihrer Finanzmöglichkeiten vergucken – und sich an der Finanzierung verheben.

Haben Sie noch anderweitige Schulden, beispielsweise Kon-
sumentenkredite? Dann ist es oberstes Gebot, erst einmal diese
Schulden abzutragen (siehe Kapitel 13), bevor Sie eine Immobilie
erwerben und dafür ein Hypothekendarlehen aufnehmen.

Falls die Immobilie Ihrer Träume aktuell für Ihr Budget zu
teuer ist, müssen Sie Wege finden, um Ihr Eigenkapital zu erhöhen und/oder Ihre laufenden Einkünfte zu steigern. Dann heißt
es eben noch ein paar Jahre anzusparen, in denen Sie Ihre
Karriere vorantreiben oder einen Zweitjob annehmen, um die
Voraussetzungen für den Kauf zu erfüllen. Verbessern Sie Ihre
Finanzfitness!

Falls Sie Ihre Finanzkraft nicht steigern können, müssen Sie
Ihre Ansprüche den Realitäten anpassen, also weiter zur Miete
wohnen oder sich mit einer kleineren und vielleicht in nicht ganz
so guter Lage angesiedelten Immobilie zufriedengeben.

Der Hebeleffekt

Manche Immobilienfans glauben an besondere Wertsteigerungen von Immobilien und wittern durch eine hohe Fremdfinan-
zierung weitere Vermögensvorteile. Für diese These ein vereinfacht dargestelltes Beispiel: Kauf eines Objekts für 500.000 Euro,
davon 100.000 Euro an Eigenkapital eingebracht. Die restlichen
400.000 Euro müssen mit einem Hypothekenkredit finanziert
werden. Damit hat man sich eigentlich nicht selbst verschuldet,
sondern das Haus. Natürlich muss man dafür geradestehen,
doch der Hypothek steht ein entsprechender Sachwert gegen-

über. Während sich der Kredit durch Tilgung Schritt für Schritt verkleinert, hoffen die Immobilienbefürworter, dass sich der Wert des Hauses gleichfalls von Jahr zu Jahr vergrößern wird.

Bei einer angenommenen Wertsteigerung von durchschnittlich 2 Prozent pro Jahr wäre das Haus nach fünf Jahren 550.000 Euro wert. 400.000 Euro abgezogen, sind aus den 100.000 Euro 150.000 geworden. Das entspricht, bezogen auf das Eigenkapital, einer Rendite von satten 50 Prozent. Und bezogen auf den Gesamtwert (550.000 statt 500.000 Euro) wurde eine »Verzinsung« von insgesamt 10 Prozent erzielt. Den Rest, den man als Hypothekenzahlungen leistet, wäre ja sonst in ähnlicher Höhe als Miete aufzubringen.

In diesem Fall hat man für den Vermögensanstieg nicht selbst gearbeitet, sondern das Geld anderer für sich arbeiten lassen, wahrscheinlich das Geld von der Bank, Bausparkasse oder Versicherung. Die Finanzierungskosten für das höhere Darlehen sowie die alternativ mit dem Kapital erzielbaren Renditen sind in dieser Vergleichsrechnung allerdings nicht einbezogen.

Wenn wir die gleiche Wertentwicklung nun für einen Zeitraum von zehn Jahren annehmen, hat sich das Eigenkapital von 100.000 auf 200.000 Euro verdoppelt. Man profitiert hier von einer beachtlichen Hebelwirkung, da auch die belasteten Hausanteile bei jeder etwaigen Preissteigerung an Wert gewinnen. Wenn man also eine Immobilie für 500.000 Euro kauft und 20 Prozent des Kaufpreises mit Eigenkapital bezahlt, dann ergibt sich eine Wertsteigerung nicht allein für die eingezahlten 100.000 Euro, sondern für den fünffachen Betrag, die gesamten 100 Prozent des Immobilienwerts. Dieser Leverage-Effekt, das Hochhebeln des Eigenkapitals – in diesem Fall um den Faktor fünf –, kann Immobilien über einen längeren Zeitraum zu einer äußerst attraktiven Geldanlage machen.

Angenommen, bei einem Immobilienpreis von 300.000 Euro werden 60.000 Euro Eigenkapital eingezahlt und der Wert der Immobilie steigt auf 400.000 Euro, dann ist das Eigenkapital im Grunde auf 160.000 Euro angestiegen, hat sich also um 166 Prozent erhöht. Wären die 300.000 Euro für die Immobilie

komplett bar bezahlt worden, würde der Anstieg zwar gleichfalls 100.000 Euro betragen, aber das Eigenkapital hätte sich
nur um 33 Prozent erhöht. Das Darlehen der Bank wurde als
Renditehebel genutzt. Der erhöhte Wertzuwachs – 166 Prozent
statt 33 Prozent – kann zu einem höheren Vermögensanstieg
verhelfen.

Die Kritiker dieses Hebeleffekts betonen, dass bei falscher
Objektauswahl oder stagnierenden und, noch schlimmer, bei
fallenden Immobilienmärkten der Hebel natürlich auch funktioniert – bloß leider in die andere Richtung: Dann hebelt sich der
Wert des Eigenkapitalanteils quasi nach unten. Angenommen,
der Wert des Hauses fällt von 300.000 auf 200.000 Euro und es
wird veräußert, bleibt man bei lediglich 60.000 Euro Eigenkapital
auf 40.000 Euro Restschulden sitzen. Natürlich hätte unter diesen Umständen der Barzahler ebenfalls einen Gesamtverlust von
100.000 Euro erzielt.

Der Hebeleffekt kann also dann ein geeignetes Instrument
für den Immobilienkauf sein, wenn die Zinsen günstig und die
monatlichen Hypothekenraten vom eigenen Einkommen problemlos bezahlt werden könnten. Das setzt voraus, dass ein Objekt
lange Zeit selbst bewohnt wird und im Wert steigt. Unter diesen
Voraussetzungen kann man mit dem Hebeleffekt bares Geld verdienen, und er kann zum Vermögensbooster werden.

Die Auswahl der vier Wände

Mit einer guten Wahl der Immobilienlage können gute Wertsteigerungen erzielt werden, bei einer schlechten verhält es sich
umgekehrt. Bevor Sie ein neues Auto kaufen, machen Sie vermutlich eine Probefahrt, und einen Mantel probieren Sie vor
dem Kauf an, um festzustellen, ob er Ihnen passt. Entsprechend
sollten Sie auch mit der Wohnung oder dem Haus verfahren, für
die oder das Sie sich interessieren. Eigentlich müssten Sie darin
probewohnen, aber zumindest sollten Sie sich mehrfach und so
lange wie möglich probeweise darin aufhalten, am besten zu
unterschiedlichen Tageszeiten. Der subjektive Eindruck – ob Sie

sich darin wohlfühlen, ob Ihnen der Zuschnitt passt oder der Stil gefällt – ist hier von großer Bedeutung. Viele Menschen finden Häuser besonders attraktiv, die von außen super aussehen. Denken Sie jedoch daran: Sie wohnen drinnen. Also ist es fast wichtiger, dass Sie von Ihrem Fenster aus nicht auf eine hässliche Nachbarimmobilie schauen müssen.

Vor dem Kauf müssen Sie natürlich die Qualität der Immobilie sorgfältig prüfen. Wahrscheinlich fehlt es Ihnen selbst an der nötigen Erfahrung. Aber vielleicht sind Sie ja mit einem Architekten oder Bauingenieur befreundet. Wenn nicht, könnte es sich lohnen, das Honorar für einen Sachverständigen zu investieren.

Achten Sie außerdem darauf, dass die Immobilie die Kriterien für ein gutes Investment erfüllt. Das Wort »Immobilie« kommt aus dem Lateinischen und bedeutet »unverrückbar«, also unbeweglich, nicht verschiebbar. Da die Lage des Objekts die Grundlage für seine Wertentwicklung darstellt, sollten Sie möglichst einen Standort auswählen, von dem Sie sich auch langfristig viel versprechen. Es kann klüger sein, das schlechteste Haus in der besten Straße zu kaufen als das beste Haus in der schlechtesten Straße. Sie können ein Haus außen anstreichen und innen umbauen, die Lage dagegen können Sie nicht verändern. Bei der Einschätzung der Lage kommt es auf die Wirtschafts- und Bevölkerungsstruktur der Region und auf viele weitere Parameter an.

Das alles kann Ihnen egal sein, solange Sie selbst die Immobilie bewohnen. Sobald Sie allerdings das Objekt aus irgendeinem Grund verkaufen wollen oder müssen, können ein ungünstiger Schnitt oder eine weniger begehrte Lage zu ernsten Verkaufshürden werden.

Wenn Sie sich für ein Objekt entschieden haben, müssen Sie Ihr Schloss beschützen – nicht nur indem Sie Ihr Haus abschließen, sondern indem Sie es zudem versichern. Sie können die Risiken einkalkulieren oder ignorieren. Ich empfehle Ihnen, bei einer Baufinanzierung die wichtigsten Risiken – Tod oder Berufsunfähigkeit des Hauptverdieners – durch Risikolebens- und Berufsunfähigkeitsversicherungen abzudecken. Außerdem müssen Sie Ihr Notfallkonto gefüllt halten. Es ist ausschließlich dafür da, unvorhersehbare Ausgaben abzufedern, darf also nicht für den Hauskauf in Anspruch genommen werden.

Eigenmittel fürs Eigenheim

Wie viel Eigenkapital sollte man sinnvollerweise bei einem Immobilienkauf aufbringen? Mit dieser Frage sind Sie gewissermaßen in der Zwickmühle. Einerseits sollten Sie so viel wie möglich ansammeln, damit die Hypothekenbelastung einschließlich Zinszahlung geringer ausfällt. Anderseits sollten Sie Ihre Immobilie möglichst frühzeitig kaufen, weil es sich umso besser für Sie rechnet, je länger Sie in den eigenen vier Wänden statt zur Miete wohnen.

Als Faustregel empfehlen nahezu alle Experten, mindestens 20 Prozent Eigenkapital aufzubringen, also maximal 80 Prozent der Kaufsumme zu finanzieren. Aufgrund der Kaufnebenkosten läuft es in der Realität unter dem Strich auf 30 Prozent Eigenkapital und 80 Prozent Darlehen hinaus, weil der Immobilienpreis durch die rund 10 Prozent Anschaffungskosten eigentlich 110 Prozent beträgt.

Aber tauschen Sie möglichst nicht Ihre ganze Liquidität in illiquide Steine. Lösen Sie nicht Ihre gesamten Rücklagen auf, stecken Sie nicht alles in Ihre Traumimmobilie. Ihr Finanzfundament muss unbedingt stabil bleiben!

Insbesondere wenn Sie kein fertiges Haus kaufen, sondern sich an einen Neubau wagen, sollte Ihr Eigenkapitalanteil etwas höher sein und Sie sollten über ein Polster verfügen. Immer wieder erleben Häuslebauer, dass es teurer wird als geplant. Unter anderem verursachen Extrawünsche, die während der Bauphase entstehen, erfahrungsgemäß spürbare Zusatzkosten.

Das Eigenkapital ist ein wichtiger Sicherheitspuffer, der gewährleistet, dass Sie bei finanziellen Problemen nicht durch den Immobilienkauf in die Bredouille geraten und auf Restschulden sitzen bleiben. Denn Ihre Einkommens- und/oder Vermögenslage kann sich beispielsweise durch Arbeitslosigkeit, Scheidung, Tod des Partners oder eine schwere Erkrankung verändern. Wenn Ihr Budget dann auf Kante genäht ist, kann Ihr Traum vom Eigenheim schnell zerplatzen.

Fügen Sie für Ihr Traumhaus also lieber solide Finanzstein auf Finanzstein. Ihr Wohnungs- oder Hausziel ist ein Traum mit Fertigstellungsdatum, doch dieses Datum sollten Sie realistisch wählen. Dennoch ist Optimismus ein wichtiges Baumaterial für Ihre glückliche Immobilienzukunft.

Bei Immobilien ist der Unterschied zwischen Traum und Verwirklichung mit Händen zu greifen. Die Bauzeichnung oder der Anblick Ihrer Wunschimmobilie können Sie noch so sehr begeistern, es ist zunächst nur ein Fantasiegebäude. Auch wenn der Rohbau steht und Sie das Richtfest gefeiert haben, ist es bis zur Ziellinie noch ein gutes Stück. Aber wenn Sie Kurs halten, werden Sie schließlich in Ihr Stein gewordenes Traumhaus einziehen.

Günstiger finanzieren

Der Immobilienerwerb soll emotional Vergnügen bereiten und gleichzeitig rational Freude machen. Deshalb wäre es gut, wenn Sie möglichst wenig Zinsen zahlen und die Tilgung des Darlehens sich möglichst nicht bis in Ihr Ruhestandsalter erstreckt. Für die Gesamtkalkulation Ihrer Immobilie sind neben der Höhe Ihrer Hypothek deren Laufzeit und der Zinssatz von entscheidender Bedeutung.

Denn Ihre ganze Kalkulation würde durchkreuzt, wenn die Zinsen stark steigen würden und Sie es versäumt hätten, niedrige Zinsen langfristig festzuschreiben. Bei stark steigenden Zinsen wäre die monatliche Hypothekenrate für Ihre Immobilie plötzlich viel höher als der Betrag, den Sie für eine vergleichbare Mietwohnung zu zahlen hätten. Deswegen müssen Sie die richtige Art der Hypothekentilgung finden und die Zinsfestschreibung passend auswählen.

In der Vergangenheit – bei einem Zinsniveau von 5 Prozent – sahen die meisten Hypotheken eine Tilgungsdauer von 30 Jahren vor, was je nach Zinssatz einer Tilgungsrate zwischen 1 und 1,5 Prozent entspricht. Seit Jahren sind die Hypothekenzinsen im Sinkflug (siehe Abbildung 17). Aber Hypotheken laufen lange, mitunter viele Jahrzehnte. Bei variablen, kurzfristigen Zinsen zahlen Sie zwar zunächst weniger Zinsen, doch in der Zukunft erwartet Sie möglicherweise eine böse Überraschung in Form von deutlich höheren Zinsen.

Im April 2015 lagen die Sätze für ein Hypothekendarlehen mit zehnjähriger Zinsbindung bei etwa 1,3 Prozent. Bis Ende Dezember 2015 stiegen sie auf rund 1,6 Prozent, aber auch das ist im langjährigen Vergleich noch supergünstig. Ende Dezember 2008 beispielsweise lagen die Zinsen noch bei gut 4,5 Prozent, waren also dreimal so hoch. Unterm Strich konnten Sie im Jahr 2015 von den Finanzierungskosten her mehr Immobilie als je zuvor für Ihr Geld bekommen, zumal man aufgrund der niedrigen Zinsen bei gleicher monatlicher Hypothekenbelastung derzeit schneller tilgen kann.

Hypothekenzinsen im Sinkflug   17

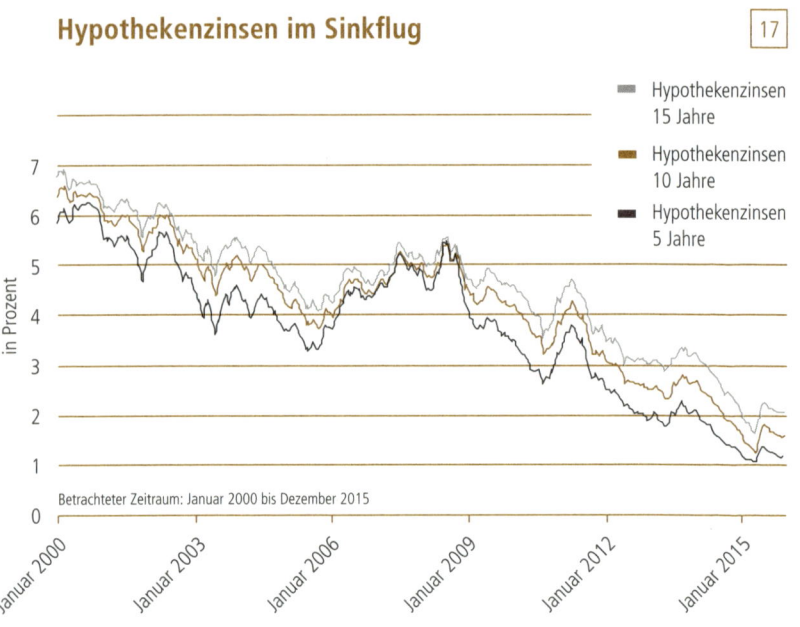

Betrachteter Zeitraum: Januar 2000 bis Dezember 2015

Quelle: FMH; eigene Darstellung

Wenn Sie die Zinsen für die ganze Laufzeit festschreiben lassen, bleiben die monatlichen Raten bis zum Vertragsende gleich. Also gehen Sie auf Nummer sicher und zurren Sie niedrige Zinsen für einen langen Zeitraum fest! Sind die Zinsen eines Tages dagegen hoch, wählen Sie eher eine kürzere Laufzeit.

Endet Ihre Hypothekenzinsfestschreibung mit besonders niedrigen Sätzen nach langjähriger Zinsbindung und sind die Zinsen beispielsweise wieder auf 6 Prozent gestiegen, bleibt Ihre Belastung trotzdem überschaubar: Sie haben Ihre Restschuld durch die schnelle Tilgung ja bereits drastisch verringert.

Mitte 2015 kostete ein Immobiliendarlehen von 100.000 Euro, das nach 20 Jahren getilgt wäre, nicht einmal 500 Euro im Monat. Fünf Jahre zuvor musste man dafür einige Hundert Euro mehr zahlen. Suchen Sie sich in Onlinevergleichsportalen die Angebote mit den niedrigsten Zinssätzen und der für Sie optimalen Laufzeit und Tilgungsrate heraus. Wenn Sie sich die niedrigen Hypothekenraten jetzt schon sichern möchten, schließen Sie ein sogenanntes Forward-Darlehen ab. Das macht für Menschen, die ziemlich sicher in den nächsten drei Jahren eine Baufinanzierung benötigen, durchaus Sinn (Cashcode: 16).

Es gibt kein Patentrezept für das optimale Darlehen. Holen Sie so viele Informationen wie möglich ein. Fragen Sie Finanzexperten und Spezialisten für Baufinanzierung, besuchen Sie Homepages zum Thema Immobilienfinanzierung, informieren Sie sich über unabhängige Expertenmeinungen, berücksichtigen Sie auch die Vergleichstests der Stiftung Warentest und gegebenenfalls die Hinweise der Verbraucherschutzzentralen. Rund ums Thema Immobilien finden Sie zudem weiterführende Informationen unter Cashcode: 17.

Darlehen vertilgen

Wissen Sie eigentlich, wie viel Sie insgesamt über die Kreditlaufzeit an Zinsen zahlen werden? Die Zahl dürfte Sie erschrecken. Dem berühmten positiven Effekt des Zinseszinses, der sich vor der Niedrigzinsära über die Laufzeit eines Sparvertrags zum

Renditeturbo entwickelte, entspricht beim Hypothekendarlehen
ein spiegelbildlicher Negativeffekt: Je langsamer Sie tilgen und je
höher die vereinbarten Zinsen sind, desto höher ist die Gesamtsumme, die Sie an das darlehensgebende Institut leisten (siehe
Abbildung 18).

Angenommen, Sie zahlen einen Darlehensbetrag von
150.000 Euro bei 3 Prozent Zinsen und anfänglicher Tilgung von
1 Prozent ab, dann müssen Sie monatlich 500 Euro aufbringen
und benötigen mehr als 46 Jahre, bis Sie Ihre Hypothekenschul-
den komplett abgetragen haben. Ihre gesamten Zinsausgaben
für den Kredit sind dann mit circa 128.000 Euro nicht sehr viel
geringer als die aufgenommene Kreditsumme.

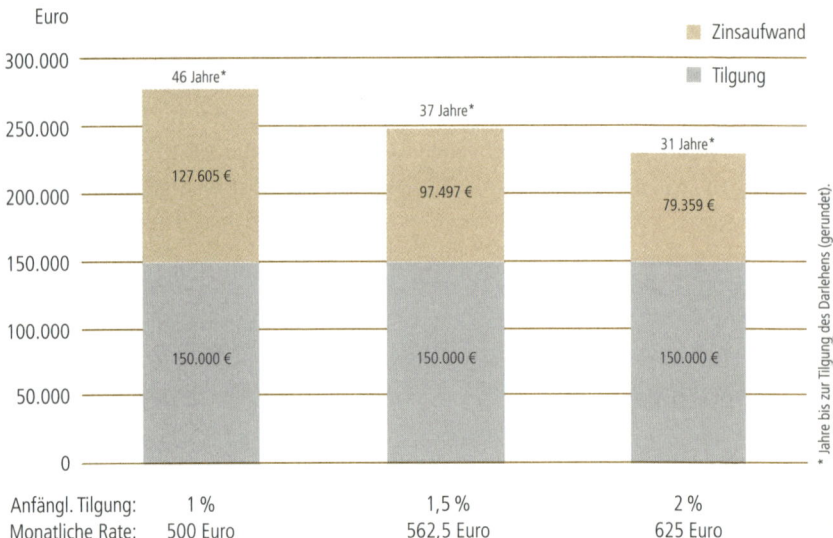

Weniger zahlen durch mehr Tilgung   18

Beispiel: 150.000 Euro Hypothek, 3 % Sollzinsen p. a.

Euro			■ Zinsaufwand
300.000	46 Jahre*		■ Tilgung
		37 Jahre*	
250.000			31 Jahre*
200.000	127.605 €	97.497 €	79.359 €
150.000			
100.000	150.000 €	150.000 €	150.000 €
50.000			
0			

* Jahre bis zur Tilgung des Darlehens (gerundet).

Anfängl. Tilgung:	1 %	1,5 %	2 %
Monatliche Rate:	500 Euro	562,5 Euro	625 Euro

Quelle: Eigene Berechnungen

Schalten Sie daher möglichst den Tilgungsbooster ein! Wenn Sie bei der anfänglichen Tilgung nicht 1 Prozent, sondern 1,5 Prozent wählen würden, läge Ihre monatliche Rate zwar etwas höher, nämlich bei 562,50 statt 500 Euro. Allerdings wären Sie fast 10 Jahre früher schuldenfrei. Bei 2 Prozent Tilgung hätten Sie Ihr Darlehen sogar 15 Jahre eher getilgt. Insgesamt müssten Sie dann nicht mehr knapp 128.000 Euro, sondern nur noch rund 79.500 Euro an Zinsen bezahlen – eine Ersparnis von etwas mehr als 48.000 Euro und eine zweifellos willkommene Optimierung auf Ihrer Reise zum Reichtum. Falls die Zinsen ähnlich niedrig sind wie in 2015, versuchen Sie möglichst so viel zu tilgen, dass Sie eventuell schon nach 15 Jahren fertig sind.

Die Tilgungsrate zu steigern lohnt sich nicht allein finanziell, es verringert auch die Risiken Ihres Immobilienprojekts. Gerade in den ersten Jahren einer Hypothekenbedienung kommen Sie von den Schulden kaum herunter, wenn Sie lediglich mit dem Standardsatz von 1 bis 1,5 Prozent tilgen.

Je niedriger die Zinsen, desto höher sollte daher die Tilgung sein. Was Sie durch den kleineren Zins monatlich einsparen, verwenden Sie für einen entsprechend größeren Tilgungsanteil. Bei gleicher monatlicher Belastung sparen Sie so enorme Summen ein. Denn wenn Sie Monat für Monat, Jahr für Jahr mehr tilgen, sinken die Zinskosten ebenfalls und Ihre Traumimmobilie ist umso eher schuldenfrei.

Also, geizen Sie mit den Zinsen und tilgen Sie großzügig. Hierzu noch ein Tipp: Viele Arbeitnehmer bekommen ein 13. Monatsgehalt. Andere erhalten stattdessen oder zusätzlich Bonuszahlungen, Tantiemen oder sonstige Extras. Nehmen wir exemplarisch den Fall, dass Sie Ihre Hypothek in Höhe von 150.000 Euro zu 3 Prozent Zinsen pro Jahr bei 2 Prozent anfänglicher Tilgung aufnehmen. Nach etwas mehr als 30 Jahren hätten Sie die Hypothek abgetragen. Zahlen Sie aber eine 13. Monatsrate in Höhe von 625 Euro ein, so sind Sie rund vier Jahre früher Ihre Schulden los – und sparen etwas mehr als 10.000 Euro an Zinsen ein. Dabei haben Sie unter dem Strich keinen Cent mehr getilgt, sondern bloß schneller abgezahlt.

Durch Sondertilgungen kommen Sie mit der Millionärsformel schneller auf dem Weg zum Reichtum voran. Andere können es, andere tun es – und Sie ab sofort auch. Vereinbaren Sie bei Ihrem Darlehensvertrag daher Sondertilgungen (in der Regel jährlich 5 Prozent der Darlehenssumme) und – wenn das geht – die Möglichkeit, die Tilgungshöhe zu verändern.

Doch obwohl es sich lohnt, die Hypothek so schnell wie möglich abzuzahlen, dürfen Sie dabei den anderen Grundpfeiler Ihres Reichwerdeplans nicht gefährden und müssen weiter für Ihre Altersvorsorge Geld ansammeln (siehe Kapitel 10). Allein was darüber hinaus verfügbar ist, können Sie für die schnellere Tilgung einsetzen.

Auf jeden Fall lautet für Sie das Tilgungsziel: Mit Beginn des Ruhestands sollte das Immobiliendarlehen möglichst komplett getilgt sein. Wenn Sie die Möglichkeit haben, das Darlehen einige Jahre vor Rentenbeginn durch eine Sondertilgung vollständig zurückzuzahlen, könnten Sie gerade bei niedrigen Hypothekenzinsen überlegen, dieses Geld lieber in einen Aktienfonds zu investieren. An der generellen Leitlinie aber sollte sich nichts ändern: Schulden tilgen vor investieren.

Allerdings empfehle ich Ihnen nicht, eine Immobilie komplett cash zu zahlen, wenn Sie noch nicht Rentner sind und Ihre Zinsrate gerade sehr niedrig ist. Denn es wäre nicht ideal, hausreich, aber casharm zu sein. Deshalb sollten Sie das sorgfältig durchdenken und abwägen.

Letztlich kann diese Frage nur jeder für sich selbst beantworten. Hier sollten Sie nicht allein auf Ihren finanzmathematischen Verstand hören, sondern zusätzlich auf Ihr Bauchgefühl. Wenn Ihr Bauch Ihnen sagt:»Je schneller du tilgst, desto ruhiger kannst du schlafen«, dann folgen Sie diesem Rat. Wenn Ihr Inneres Ihnen sagt:»Die Resthypothek ist kein großes Abzahlungsrisiko mehr«, dann können Sie genauso gut daran denken, den verbleibenden Überschuss monatlich in Aktien zu investieren. Wichtiger als alle Finanzakrobatik ist schließlich, dass Sie glücklich sind und noch glücklicher werden. Her mit der Wohnung, her mit der Finanzierung – doch bleiben Sie stets Herr der Finanzsituation!

Sich in die eigene Hütte fördern lassen

Die eigenen vier Wände werden sich für Sie zusätzlich lohnen oder noch besser rechnen, wenn Sie die staatliche Förderung nutzen, die Sie bei Bau oder Erwerb einer selbst genutzten Immobilie erhalten können.

Seit Langem gibt es hierzulande Abschreibungen und Steuervergünstigungen, die bei denkmalgeschützten Immobilien und Sanierungsobjekten besonders hoch sind. Zusätzlich unterstützt der Staat Häuslebauer seit einigen Jahren mit geförderten »Wohn-Riester«-Produkten. Diese beinhalten Zulagen und Steuervorteile und eignen sich daher sowohl zum Ansparen von Eigenkapital als auch zum Entschulden der selbst genutzten Immobilie. Seit dem Jahr 2014 können bereits in der Ansparphase Guthaben der Wohn-Riester-Verträge für die Tilgung einer bestehenden Immobilienschuld oder für den Immobilienerwerb eingesetzt werden.

Dadurch können Sie den Ansparvorgang zusätzlich optimieren und das benötigte Eigenkapital weiter verringern. Diese Vergünstigung ist aktuell das beliebteste Riester-Produkt. Anders als beim normalen Riester-Vertrag, der in der Regel bis zum Rentenbeginn läuft, kann die Förderung durch den Wohn-Riester jederzeit in Anspruch genommen werden, was sich natürlich vorrangig für jüngere Bauherren oder Immobilienkäufer lohnt. Dank staatlicher Förderung sparen Sie im Vergleich zu nicht geförderten Immobilienkrediten viele Tausend Euro ein.

Es gibt noch weitere Ansparprodukte und Hypothekenvarianten, etwa von Versicherungsgesellschaften, sowie Förderungen, Zuschüsse und Steuervorteile. Hierzu finden Sie ausführliche Informationen unter Cashcode: 18.

Immobiliensparen macht reich

Immobilieneigentum ist im Übrigen eine Art Sparguthaben. Man kann Geld oder Steine ansammeln, beides sind Vermögenswerte. Laut einer Studie der Bundesbank sind Immobilienbesitzer wohlhabender als Haushalte ohne Wohneigentum – und zwar ist das Vermögen um ein Mehrfaches höher als das von Mietern. Die Ursache dafür liegt auf der Hand: Da Immobilienkäufer häufig eine Hypothek benötigen, sind sie über viele Jahre zu einer hohen Ausgaben- und Tilgungsdisziplin gezwungen. Die Hypothek muss abgezahlt werden, und Tilgungsleistungen kann man nicht zugunsten von Konsumkäufen »schnell mal« aussetzen, wie das bei vielen Sparverträgen möglich ist. Also bleibt den Immobilienbesitzern oftmals nichts anderes übrig, als dem einmal eingeschlagenen Weg zum Wohlstand Jahr für Jahr konsequent weiter zu folgen.

Mieter dagegen haben oftmals Sparverträge abgeschlossen, die sie jederzeit kündigen oder aussetzen können. Sie müssen diese Zahlungen nicht unbedingt leisten und geben entsprechend häufiger auf. Der Tilgungszwang fördert und automatisiert sozusagen die Spardisziplin der Immobilieneigentümer. Deshalb verfügen sie im Alter durchschnittlich über ein viel größeres Vermögen. Durch eine Immobilieninvestition können Sie also Ihr Lebensfinanzvermögen erheblich vergrößern.

Kapitel 10

Ersatzeinkommen im Alter

In Ihrem ganzen Leben gibt es keinen wichtigeren Finanzvorgang als die rechtzeitige Planung Ihrer Altersversorgung beziehungsweise des Vermögensaufbaus für später. Viele Menschen haben Angst vor Naturkatastrophen oder davor, dass die Eurokrise ihr Geld vernichtet; dabei ist die Gefahr sehr viel realer, im Alter ohne ausreichende Vorsorge mit zu wenig Geld dazustehen.

Doch gerade über diese Dinge wollen vor allem junge Menschen am liebsten gar nicht nachdenken. Schließlich handelt es sich um die scheinbar so ferne Zeitspanne zwischen dem Ausscheiden aus dem Arbeitsleben und dem eigenen Tod. Aber das bedeutet auch, dass es in gewisser Weise um Leben und Tod geht.

Ruheständler wollen ja nicht mehr Rentner oder Pensionäre genannt werden, sondern lieber »Best Ager«. Ohne ausreichende Altersversorgung allerdings kann manch einer schnell zum »Worst Ager« werden, eben wenn er in jüngeren Jahren nicht genug oder zu ängstlich – zu konservativ – für sein Alter gespart hat.

Erstaunlich oft sind bei diesem Thema Ausreden wie »Wer weiß schon, was in 40 Jahren ist?« zu hören. Es ist zwar menschlich verständlich, wenn jemand sich sagt: »Wird schon alles irgendwie gut sein, wenn ich in den Ruhestand gehe ...«, doch letzten Endes hilft es nichts, unangenehme Dinge zu verdrängen oder sie sich schönzudenken. Das Problem ist nun einmal da und muss gelöst werden. Wer heute ein Arbeitnehmer von 30 Jahren ist und in 37 Jahren nicht auch auf eine private Altersvorsorge oder eine betriebliche Altersversorgung zurückgreifen kann, dem stehen harte Rentnerjahre bevor. Unternehmen Sie alles, um die Lücke zwischen Lohn und Rente möglichst klein zu halten.

Viele Deutsche werden im Alter arm dran sein. Und es wäre schließlich tragisch, ausgerechnet dann chronisch knapp bei Kasse zu sein, wenn man als gesunder und fitter Best Ager endlich einmal Zeit hätte, das Leben zu genießen.

Die zwei Halbzeiten des Lebens

Die Altersvorsorge ähnelt in gewisser Weise einem Fußballspiel. Wenn Sie in der ersten Halbzeit genügend Tore geschossen haben, können Sie es in der zweiten ruhig angehen lassen. Wenn Sie hingegen in der ersten Hälfte Ihre Chancen nicht oder unzureichend genutzt haben, kann es in der zweiten Halbzeit eng und ungemütlich für Sie werden.

Die erste Halbzeit entspricht Ihren beruflich aktiven Jahren. In dieser Zeit baut man ein Altersvermögen auf, um in den Jahren des Ruhestands von den zusätzlichen Erträgen zu leben oder das Vermögen durch Entnahmen aufzuzehren. Der Vermögensaufbau geschieht meist, indem man Ansprüche bei der gesetzlichen Rentenversicherung aufbaut; hinzu kommen die betriebliche Altersversorgung, die privaten, staatlich geförderten Versicherungen sowie die Aktienfonds und Immobilien.

Ob Sie wollen oder nicht, die Zukunft kommt schneller, als Sie denken. Für jeden von uns ertönt einmal der Halbzeitpfiff. Und wenn die zweite Hälfte beginnt, sollte jeder etwas für diesen glücklicherweise immer länger werdenden Herbst des Lebens zurückgelegt haben. Das betrifft nicht nur Arbeiter und Angestellte, sondern ebenso Beamte und Selbstständige. Im höheren Lebensalter sind wir auf Vorsorgeleistungen aus unserer beruflich aktiven Zeit angewiesen. Deshalb sparen auch Sie genug an, dann ersparen Sie es Ihren Kindern – so es sie gibt –, Sie im Alter unterstützen zu müssen.

Sicher benötigt nicht jeder eine private oder betriebliche Altersvorsorge. Wenn Sie beispielsweise durch eine große Erbschaft oder ein bereits vorhandenes größeres Vermögen gut versorgt sind oder als Beamter mit einer im Vergleich zu den gesetzlichen Renten recht komfortablen Pension rechnen können, brauchen Sie sich mit dem Thema wahrscheinlich nicht zu beschäftigen. Aber wenn das nicht auf Sie zutrifft, sollten Sie sich rechtzeitig fragen, wie Ihr Lebensabend aussehen soll und wie Sie ihn finanziell bestreiten wollen. Wahrscheinlich heißt es: einsparen fürs Rentensparen.

Der Ruhestand ist ja kein plötzlich eintretendes Ereignis, sondern lässt sich planen. Vielleicht denken Sie sogar an einen Frühruhestand und bauen sich eine Altersversorgung auf, mit der Sie eher als gesetzlich vorgesehen in Rente gehen können.

Die Vorbereitung auf den Ruhestand hat allerdings neben dem finanziellen ebenfalls einen psychologischen Aspekt. Es geht ja nicht allein darum, auf welche Weise Sie eine ausreichende Rente bekommen – genauso wichtig ist, dass Sie Ihre bisherige Lebensqualität erhalten oder die erreichen, nach der Sie sich sehnen und die Sie nach einem langen Arbeitsleben auch verdienen. Unterschätzen Sie nicht die seelischen Auswirkungen des Wechsels vom Arbeits- ins Rentnerleben! Es ist eine tief greifende Transformation mit einschneidenden Veränderungen. Planen Sie Ihren Ruhestand zusammen mit Ihrem Lebenspartner. Finden Sie Hobbys, denen Sie später gemeinsam nachgehen können. Überlegen Sie rechtzeitig, was Sie mit der gewonnenen Zeit machen möchten, sonst droht Ihnen ein Langeweileüberschuss.

Deshalb fürchten sich sehr viele Menschen vor dem Rentnerdasein. Erst recht, wenn sie sich nicht darauf vorbereitet haben oder sich zusätzlich Sorgen um ihre Altersversorgung machen müssen. Manche merken leider zu spät, dass sie entweder noch länger oder trotz Rente weiterhin nebenbei arbeiten müssen, weil die Altersbezüge ihre Ausgaben nicht decken. Dagegen können Sie mit einer ausreichenden finanziellen Sicherheit im Alter frei bestimmen, wie Sie leben und was Sie machen wollen.

Sie müssen nicht unbedingt aufhören zu arbeiten, wenn Sie das normale Rentenalter erreicht haben. Viele Menschen, gerade mit hohem Einkommen und hohem Vermögen, haben große Freude daran weiterzuarbeiten.

Hauptsache, Sie sind flexibel, und es bleibt Ihnen überlassen, ob Sie gar nicht mehr arbeiten, nach wie vor voll oder bloß ein bisschen arbeiten wollen. Wenn Sie nicht mehr wegen des Geldes arbeiten müssen, macht Ihnen vielleicht eine ehrenamtliche Tätigkeit Spaß. Das gibt Ihnen Befriedigung und Sie kommen unter Leute. Wichtig ist: Ruhestand bedeutet vor allem die Freiheit, den eigenen Tagesablauf selbst zu bestimmen.

Ich empfehle Ihnen, von Zeit zu Zeit Ihre finanzielle Rentenplanung zu überdenken und eventuell anzupassen. Wahrscheinlich klettern Sie in Ihrem Berufsleben weiter auf der Karriereleiter hoch und erhalten echte Gehaltserhöhungen (also mehr als nur den Inflationsausgleich). Deshalb kann es sinnvoll sein, Ihren späteren Geldbedarf als Ruheständler nicht als fixen Betrag, sondern als Prozentsatz des Einkommens zu berechnen, das Sie vermutlich kurz vor dem Ruhestand haben werden.

Genauso können Sie sich dafür entscheiden, eine bestimmte Summe anzusparen, die Sie in eine Zeitrente mit Verbrauch umwandeln, sodass Sie zum Beispiel ab dem 65. Geburtstag über zehn Jahre zusätzlich zu Ihrer Rente 1500 Euro im Monat zur Verfügung haben. Nach dem Motto »Von dem Moment an, in dem ich nicht mehr morgens aufstehen muss, bis zu dem Zeitpunkt, ab dem ich morgens nicht mehr so gut aufstehen kann, will ich das Leben genießen.« Spätestens bei Rentenbeginn sollte es im Idealfall so sein, dass Ihr Geld fortan mehr arbeitet als Sie.

Fragen Sie sich, in welchem Alter Sie in Rente gehen und welchen Lebensstandard Sie haben möchten. Legen Sie fest, über wie viel Rente beziehungsweise wie viel Prozent Ihres Nettoeinkommens Sie später verfügen wollen. Überlegen Sie, wie Ihr Altersvermögen investiert werden und welche Rendite es erzielen soll.

Altersreichtum statt Altersarmut

Leider reicht die gesetzliche Rente schon heute kaum mehr zum Bestreiten des Lebensunterhalts aus. Dazu einige Zahlen der Deutschen Rentenversicherung: In den alten Bundesländern betrug die Altersrente Ende 2014 durchschnittlich 1020 Euro im Monat, bei Rentnerinnen 566 Euro monatlich. Kaum besser geht es den Ruheständlern in den neuen Bundesländern: Rentner erhalten dort im Durchschnitt Altersbezüge von 1111 Euro im Monat und Rentnerinnen 824 Euro.

Würde Ihnen das reichen? Wohl kaum. Also reißen Sie rechtzeitig das Ruder herum. Sie sollen ja nicht Altersreichtum anstreben und jetzt unter Jugendarmut leiden, sondern heute von Ihrem Berufseinkommen zum Beispiel 200 Euro monatlich in Ihre Altersversorgung investieren. Dann fehlt Ihnen zwar dieser Betrag, aber dafür werden Sie im Ruhestand viele Hundert Euro zusätzlich pro Monat erhalten. Legen Sie genug für Ihre Zukunft beiseite, damit Sie später eine monatliche Zusatzrente oder ein Vermögen haben, das entsprechende Erträge abwirft. Backen Sie lieber heute etwas kleinere Brötchen, als dass Sie im Alter gar keine Brötchen mehr kaufen können.

Einmal im Jahr teilt Ihnen die Deutsche Rentenversicherung mit, wie hoch Ihre bereits erworbenen Rentenansprüche sind und wie sie bis zum Rentenbeginn steigen werden, falls Sie weiter wie bisher einzahlen. Mit diesem jährlichen Bescheid erhalten Sie auch Hinweise zu den Auswirkungen des Kaufkraftverlusts auf Ihre Rente.

Aufgrund dieser Daten können Sie die Höhe Ihrer wahrscheinlichen Rentenlücke ermitteln. Rechnen Sie bereits von Ihnen besparte, private oder betriebliche Rentenleistungen mit ein, die Sie später erhalten werden. Diese Summe gleichen Sie mit Ihren Alltagskosten ab. Aus der Differenz ersehen Sie, wie viel Sie von heute bis zum Rentenbeginn ansparen müssen, um Ihre gewünschte monatliche Rente oder das angestrebte Vermögen zu erreichen (Cashcode: 19).

Falls Sie als Selbstständiger oder Freiberufler weder in die gesetzliche Rentenkasse noch in ein berufsständisches Versor-

gungswerk einzahlen, müssen Sie bei der Altersvorsorge sowieso
selbst initiativ werden. Sie haben schließlich keinen Arbeitgeber,
der für Sie – aufgrund gesetzlicher Vorgaben – den automa-
tischen Anspar- beziehungsweise Vorsorgeprozess in Gang setzt.
Viele Selbstständige denken bei diesem Thema hauptsächlich
an »Betongeld«, immerhin fast 60 Prozent der Selbstständigen in
Deutschland besitzen nach Angaben des Statistischen Bundesamts
bereits Wohneigentum – mehr als jede andere Berufsgruppe. Ein
lastenfreies Eigenheim kann die Rentensituation zweifellos verbessern. Aber das reicht keineswegs allein, denn Sie brauchen ja
auch Geld für die Lebenshaltungskosten. Deshalb sollten Sie auch
als Selbstständiger ebenfalls regelmäßig überprüfen, ob Sie genug
zurücklegen, um Ihren Lebensstandard im Alter zu sichern.

Obwohl wir in Deutschland an sich ein gutes und stabiles Ren-
tensystem haben, ist es auch negativen Entwicklungen ausgesetzt.
Infolge der Überalterung unserer Gesellschaft müssen immer
weniger junge für immer mehr alte Menschen aufkommen. So
erfreulich die Zunahme der Lebenserwartung ist, sie bedeutet
zwangsläufig, dass wir entsprechend unser Renteneinkommen
deutlich verlängern müssen. Sonst werden nicht wenige Arbeitnehmer sich wahrscheinlich darauf gefasst machen müssen, dass
sie noch mit 70 einen Job oder eine Teilzeitstelle haben. Andernfalls werden sie mit weniger Geld bis ins hohe Alter leben. Da
die jungen Menschen zudem später als in der Vergangenheit ins
Arbeitsleben eintreten, schrumpft die Periode, in der Beiträge für
die Rente geleistet werden – während die Zeitspanne wächst, in
der man Rente bezieht. Verkürzung der Lebensarbeitszeit bedeutet eben logischerweise zugleich Verkürzung der Ansparzeit.

Deshalb wird es Ihnen kaum gelingen, mit der staatlichen
Rente auch nur annähernd den Lebensstandard zu halten, den
Sie aus den letzten Jahren Ihres Berufslebens gewohnt sein dürf-
ten. Denn das Lohnersatzniveau – gerade bei den heute Jünge-
ren – entkoppelt sich zunehmend vom Erwerbseinkommen. Kein
Wunder, dass Umfragen zufolge jeder Zweite in Deutschland
Angst vor Altersarmut hat.

Aber das muss nicht sein. Nehmen Sie Ihr Rentenschicksal
selbst in die Hand. Der Staat unterstützt Sie dabei, ganz gleich,

ob Sie Arbeitnehmer oder Angestellter, Beamter, Freiberufler oder Selbstständiger sind.

Bestimmte private und betriebliche Rentenprodukte werden nämlich mit beachtlichen Zulagen und/oder Steuersparmöglichkeiten gefördert, die Sie sich keinesfalls entgehen lassen sollten. Die Rentenzahlungen aus diesen Vorsorgeverträgen müssen zwar später im Ruhestand versteuert werden, doch das ist günstiger als eine Vorausversteuerung. Mit dieser Art Rentensparen verschieben Sie die Steuerzahlung auf später. Vermutlich werden Sie als Rentner einen geringeren Einkommensteuersatz haben als während des Arbeitslebens, und bis dahin hat zudem der Rendite- und Renditerenditeeffekt zu Ihrem Vorteil gearbeitet.

Natürlich ist auch die private, kapitalfundierte Alterssicherung mit der steigenden Lebenserwartung ihrer Kunden konfrontiert. Um eine längere Rentenphase abzusichern, muss man entsprechend eine höhere Summe ansparen. Dafür ist es erforderlich, den monatlichen Sparbetrag zu erhöhen und/oder das Eingezahlte rentierlicher anzulegen. Aber wenn Sie die richtigen Vorsorgeprodukte wählen und rechtzeitig damit beginnen, den optimalen, passenden monatlichen Betrag einzuzahlen, können Sie mit der privaten Altersvorsorge das Ruder herumreißen: Kurs auf privaten Altersreichtum statt auf staatlich verordnete Altersarmut.

Das gilt ebenso für die sogenannte Eigenheimrente (Wohn-Riester genannt, siehe Kapitel 9): Bei diesen Produkten gewährt der Staat Zuschüsse und Steuererstattungen, die Sie zur Finanzierung Ihrer selbst genutzten Immobilie nutzen können. Später nach abgeschlossener Tilgung hilft Ihnen das als Mietersparnis in Ihren Ruhestandsjahren. Beides bedeutet eine schöne Steigerung der Millionärsformel!

Sparen oder sparen lassen?

Die Riester-Rente zählt bei Arbeitnehmern zu den am häufigsten gewählten staatlich geförderten privaten Altersvorsorgeprodukten. Das Verhältnis zwischen Eigenbeitrag und staatlicher Förderung ist bei Riester-Verträgen für Geringverdiener mit mehreren Kindern besonders attraktiv.

Versuchen Sie, so viel einzuzahlen, dass Sie die gesamte Förderungssumme erhalten, auf jeden Fall aber mindestens 5 Euro pro Monat für eine Riester-Rente aufzubringen. Für diese 60 Euro jährlich gibt Ihnen der Staat eine Zulage von 154 Euro – mehr als das Zweieinhalbfache Ihres eigenen Betrags! Aus 1 Euro machen Sie auf diese Weise 3,50 Euro. Und für jedes Kind, das nach dem Jahr 2007 zur Welt gekommen ist, gibt es für eine gewisse Zeit zusätzlich 300 Euro jährlich. Sind die Kinder vor 2008 geboren, gibt es stattdessen 185 Euro.

Wie hoch die Zulagen und steuerlichen Vorteile sein können, zeigt folgendes Beispiel: Ein Ehepaar, beide 37 Jahre alt, hat drei Kinder, die noch nicht zur Schule gehen. Die Mutter verdient 20.000 Euro im Jahr, der Vater 30.000 Euro, beides brutto. Solange für alle Kinder die Zulagen gewährt werden, zahlt die Mutter nur den Mindesteigenbetrag von 60 Euro jährlich. Der Vater hingegen zahlt von Anfang an einen Eigenbetrag von 1046 Euro jährlich. An Zulagen insgesamt erhalten sie anfänglich 1208 Euro pro Jahr. Die genauen Details können Sie unter Cashcode: 20 einsehen.

Pro Euro, den sie selbst einzahlen, bekommen sie also anfangs etwa 1 Euro vom Staat hinzu. Das gesamte staatliche Fördergeschenk einschließlich etwaiger Steuerersparnisse beläuft sich in diesem Beispiel auf rund 30.000 Euro. Bei einer unterstellten späteren monatlichen Riester-Rente für beide von 450 Euro (je nach Anbieter unterschiedlich) und einer Rentenbezugszeit von beispielsweise 15 Jahren würden die Rentenzahlungen insgesamt 81.000 Euro betragen – nicht einmal die Hälfte davon, nämlich ungefähr 36.000 Euro, hätte das Ehepaar selbst investiert.

Die Riester-Rente lohnt sich nicht allein für Geringverdiener wegen der Förderung, sondern auch für Besserverdiener, denn man kann die Beiträge auch stattdessen von der Steuer absetzen. Also sparen hier nicht allein Sie, sondern die Bundesrepublik Deutschland spart für Sie mit. Das ist ein netter Rentenerhöhungseffekt!

Um sich im Detail zu informieren, ob und in welcher Form Sie »riestern« können und welche steuerlichen Folgen im Alter für Sie dadurch auftreten, fragen Sie bei Rentenexperten, Verbraucherschutzorganisationen oder bei der Deutschen Rentenversicherung Bund nach.

Wenn Sie heute bereits zu den Riester-Vertragsbesitzern gehören, möchte ich Ihnen nahelegen, trotz der aktuellen Minizinsen Ihren Riester-Rentenvertrag nicht zu kündigen – es sei denn, die Gesellschaft und der Tarif, den Sie gewählt haben, schneiden in fast allen Testvergleichen besonders schlecht ab. Dann kann es sinnvoll sein, die Gesellschaft zu wechseln.

Sichern Sie sich für Ihre Altersvorsorge so viel wie möglich an Zuschüssen und Steuervorteilen. Verschenken Sie keinen Euro! Damit sind Sie in guter Gesellschaft: In Deutschland sind bereits etwas mehr als 16 Millionen Riester-Verträge, knapp 2 Millionen Rürup-Renten-Policen und mehr als 20 Millionen Verträge für eine betriebliche Altersversorgung abgeschlossen worden.

Die Anbieter miteinander zu vergleichen, lohnt sich in jedem Fall. Bei Versicherungen und Sparfondsanbietern lohnt sich das noch viel mehr. Sie können hier locker auf ein paar Tausend Euro Stundenlohn kommen, wenn Sie sich hierfür ein paar Stunden nehmen. Doch ausgerechnet dort wird meist nicht genau hingeschaut. Machen Sie es besser! Altersvorsorgeprodukt ist nicht gleich Altersvorsorgeprodukt.

Rentenzuschuss vom Chef

Die Arbeitgeber unterstützen mit betrieblicher Altersversorgung gleichfalls Ihre Rente. Das Geld geht direkt von Ihrem Brutto- und nicht erst vom Nettolohn ab. Sie dürfen einen Teil Ihres Gehalts steuer- und sozialabgabenfrei für Ihre Altersversorgung umwandeln. Seit 2005 gilt: Bis zu 4 Prozent der sogenannten Beitragsbemessungsgrenze der Rentenversicherung (alte Bundesländer) können etwa in eine Pensionskasse, einen Pensionsfonds oder in die häufig gewählte Direktversicherung eingezahlt werden. Im Jahr 2015 konnte man so 2904 Euro steuer- und sozialabgabenfrei umwandeln. Zusätzlich waren bei dieser Entgeltumwandlung weitere 1800 Euro steuerfrei.

Arbeitgeber sind gesetzlich verpflichtet, dem Wunsch ihrer Arbeitnehmer nach dieser Entgeltumwandlung nachzukommen. Häufig zahlen Sie einen Teil dazu und die Frage, ob der Chef die eingesparten Sozialabgaben beisteuert, ist sicherlich nicht unverschämt. Das funktioniert vereinfacht gesagt so, dass der Arbeitgeber konstant Monat für Monat zugunsten des Arbeitnehmers in einen Altersversorgungsvertrag einzahlt. Wenn Sie also auf einen bestimmten Teil Ihres Gehalts zunächst verzichten und sich diesen später als Betriebsrente auszahlen lassen, haben Sie dadurch große finanzielle Vorteile: Über eine lange Laufzeit kommen Zigtausende Euro an staatlicher Förderung zusammen.

Ein Beispiel: Jemand verdient 40.000 Euro brutto im Jahr und ist 27 Jahre alt; netto bleiben ihm rund 2050 Euro monatlich. Werden nun 150 Euro pro Monat zugunsten einer Direktversicherung umgewandelt, sinkt das Monatsnettoeinkommen nicht um diesen Betrag, sondern nur um etwas mehr als 70 Euro, also nicht einmal die Hälfte. Den Rest steuert der Staat in Form von weniger Einkommensteuer und weniger Sozialabgaben bei. Für jeden eingezahlten Euro bekommt man etwas mehr als 1 Euro dazu. Bis zum Ruhestandsbeginn ergibt das eine staatliche Förderung von etwas mehr als 37.000 Euro.

Unterstellt man eine durch die Entgeltumwandlung erworbene und vom Versicherungsanbieter garantierte spätere Monatsrente von circa 250 Euro sowie eine Rentenbezugsdauer von 20 Jahren, so sind das insgesamt 60.000 Euro, also das fast 1,8-Fache des selbst investierten Betrags. Nähme man die üblicherweise erwirtschaftete, bei Vertragsabschluss jedoch noch nicht feststehende Überschussbeteiligung hinzu, könnte der Faktor bei guten Anbietern sogar der Dreifache und mehr sein.

Nutzen Sie den Förderturbo als Renditebooster! Steuererleichterungen helfen Ihnen beim Sparen. Legen Sie einfach die Vorsteuereuro zurück, denn vom Bruttoeinkommen zu sparen lohnt sich sehr, der Nettoeffekt wirkt als sofortiger Beschleuniger bei Ihrem Vermögensaufbau. Wie das im Einzelnen funktioniert, können Sie leicht im Internet oder unter

Cashcode: 21 nachschauen. Oder fragen Sie im Personalbüro Ihres Arbeitgebers nach. Hilfe bietet möglicherweise auch Ihr Steuerberater an.

Für Sie stellt sich jetzt die Frage, ob Sie mit einer Riester-Rente oder mit der betrieblichen Altersversorgung besser fahren. Sobald Sie alle erforderlichen Fakten beisammen haben, entscheiden Sie sich – für den für Sie vorteilhaftesten Weg in ein wirtschaftlich gesichertes Rentenzeitalter.

Es gibt noch eine weitere attraktive Form der von Arbeitgebern bezuschussten Vermögensbildung, die Sie auch als Altersvorsorge verwenden können: die vermögenswirksamen Leistungen für Arbeitnehmer.

Der Arbeitgeber zahlt dabei bis zu 40 Euro pro Monat in einen Fondssparplan für Sie ein. Singles mit weniger als 20.000 und Verheiratete mit bis zu 40.000 Euro zu versteuerndem Jahreseinkommen erhalten überdies eine staatliche Arbeitnehmersparzulage von bis zu 80 beziehungsweise 160 Euro im Jahr. Diese Möglichkeit sollten Sie sich nicht entgehen lassen (Cashcode: 22).

Die Arbeitgeberzuschüsse und die staatlichen Fördergelder werden sechs Jahre lang angespart, danach ist das Geld ein Jahr lang gesperrt. Anschließend können die Anleger frei darüber verfügen. Über sieben Jahre kommt so ein ordentlicher Betrag zusammen. Die 40 Euro monatlich, über sechs Jahre in einen Aktienfonds mit einer unterstellten Rendite von jährlich 7 Prozent gesteckt, addieren sich zu einem Depotwert von rund 3800 Euro. Dieser Betrag kann erheblich größer werden, wenn Sie die durch vermögenswirksame Leistungen entstehende Summe nicht zwischendurch entnehmen, sondern stehen lassen und als weiterer Baustein Ihres Vermögensaufbaus einsetzen.

Angenommen, Sie sichern sich 30 Jahre lang die Beträge und Erträge der vermögenswirksamen Leistungen. Dann können Sie in dieser Zeit fünf Verträge nacheinander (à sechs Jahre Laufzeit) abschließen. Jeweils zu Beginn des siebten Jahres schließen Sie schon den nächsten Vertrag ab, sodass Sie nach 30 Jahren lediglich ein Jahr lang auf die Gesamtauszahlung warten müssen. Bei 7 Prozent Rendite sind das im Großen und Ganzen etwas mehr als 50.000 Euro.

Bereits viele Millionen Menschen besitzen Verträge, mit denen sie die vermögenswirksamen Leistungen nutzen. Auf dem Weg zur finanziellen Unabhängigkeit kann das eine lohnende Schützenhilfe sein, ein toller Pluspunkt bei der Umsetzung der Millionärsformel.

Selbst ständig Rente

Auch Selbstständige und Freiberufler werden älter – leider ohne gesetzliche Altersversorgung. Deshalb müssen sie hier Eigeninitiative zeigen.

Eine attraktive Altersvorsorgeform für diese Personengruppe sowie für gut verdienende und entsprechend hoch besteuerte Angestellte und Beamte ist die Rürup-Rente, bei der es um richtig große Summen geht. Die Rürup-Rente wurde 2005 auf Vorschlag von »Rentenpapst« Prof. Bert Rürup, dem damaligen Chef der Wirtschaftsweisen, als steuerlich geförderte Form der privaten Altersvorsorge eingeführt. Wie bei der gesetzlichen Rente oder bei den Leistungen aus den berufsständischen Versorgungswerken wird sie als monatliche Rente ausgezahlt, und zwar unabhängig davon, wie alt Sie werden. Auch deshalb wünsche ich Ihnen ein besonders langes Leben.

Die Rürup-Rente hilft, das finanzielle Risiko, das die Langlebigkeit mit sich bringt, vollständig abzudecken. Damit funktioniert sie nach dem gleichen Prinzip wie alle Rentenversicherungsprodukte: Stirbt der Versicherte früh, ist das Kapital für seine Hinterbliebenen verloren. Stirbt er hingegen spät, hat er unter Umständen wesentlich mehr herausbekommen, als er ursprünglich eingezahlt hat.

Es gibt hier zwar keine staatlichen Zulagen, jedoch können hohe Beiträge beim zu versteuernden Einkommen abgezogen werden – im Jahr 2015 waren das fast 18.000 Euro, bei Ehepaaren das Doppelte. Bereits heute und ebenfalls in Zukunft gilt: Je mehr Sie verdienen und je höher somit Ihre Steuerbelastung ist, desto besser für Sie (Cashcode: 23).

Nehmen wir einmal folgendes Beispiel: Ein 40-jähriger Selbstständiger mit einem zu versteuernden Einkommen in Höhe von 80.000 Euro zahlt im Jahr 8000 Euro in einen solchen Vertrag ein. In den 27 Jahren bis zum Rentenbeginn ist das eine Gesamteinzahlung von 216.000 Euro. Die Ersparnis bei der Einkommensteuer beträgt aber in etwa 100.000 Euro. Netto muss also der Selbstständige nur 1 Euro einsetzen, um fast 2 Euro in seine Altersversorgung einzuzahlen.

Auch im Rentenalter profitiert man von Steuervorteilen. Zwar unterliegt die Basisrente der Einkommensteuer, aber in der Regel sind dann das Einkommen und damit der Steuersatz niedriger.

Sie profitieren also nicht allein von der potenziellen Rendite des angesparten Kapitals, sondern zusätzlich von den überaus lohnenden Steuervorteilen. Möchten Sie die steuerlichen Auswirkungen einer Rürup-Rente detailliert kennenlernen? Dann fragen Sie einen Finanzberater oder lesen Sie die Hefte der Stiftung Warentest. Wählen Sie einen starken Leistungsträger mit guten Konditionen aus. Wie alle Versicherungsarten können sich Rürup-Verträge erheblich voneinander unterscheiden. Nicht allein die Gebühren und die Tarifart bestimmen die Performance, der Investitionsschwerpunkt des jeweiligen Anbieters ist ebenfalls von entscheidender Bedeutung.

Bei fondsgebundenen Policen werden Teile der Beitragszahlungen in Fondsanlagen investiert, was die Chance auf höhere Rendite bietet, allerdings bei geringerer garantierter Ablaufleistung. So gibt es bei den Rürup-Renten sogenannte Indexversicherungen. Statt eine fixe Verzinsung zugesichert zu bekommen, kann der Kunde bei diesen Produkten an der Wertentwicklung eines Aktienindex teilhaben. Diese Policen haben logischerweise eine ähnliche Wertentwicklung wie die entsprechenden Indexfonds (siehe Kapitel 8).

Im Übrigen können Sie jedes Jahr neu entscheiden, wie viel Sie in Ihren Rürup-Rentenvertrag einzahlen möchten – mal mehr, mal weniger, mal gar nichts oder jedes Mal das Maximum. Selbstständige machen das von ihrer jährlichen Geschäftsentwicklung und der Gewinnsituation abhängig.

Geben Sie sich einen Ruck: Zahlen Sie Beiträge in die private Altersversorgung ein und genießen Sie später Ihre vergrößerte finanzielle Unabhängigkeit. Eine weitere nette Zutat fürs Reichwerden und den Alterswohlstand.

Zukunftskonto für die Alterszukunft

Sorgen Sie durch rechtzeitiges und ausreichendes Ansparen dafür, dass Sie im Alter würdevoll leben können. Mit dem Kapitalaufbau durch das Zukunftskonto verfolgen Sie ja ein bestimmtes Ziel: Vermögen zu bilden, um mehr Rente im Alter zu haben und sich später schöne Dinge gönnen zu können.

Das geht zum einen mit privaten Altersvorsorgeprodukten, die eine schöne indirekte Rendite in Form von Steuervorteilen und Zuschüssen enthalten, zum anderen durch rentables Aktien- oder Indexfondssparen, mit dem Sie langfristig eine attraktive Rendite erzielen können. Sie können natürlich alle drei Quellen für Ihre Altersvorsorge anzapfen: die betriebliche Altersvorsorge, die staatliche Förderung und die Marktrendite – dann helfen Ihnen der Chef, der Staat und die Börse.

Meine Empfehlung: Wenn Ihr Zukunftskonto noch nicht für beides reicht, konzentrieren Sie sich vorerst auf die staatlich geförderte Altersvorsorge. Wenn Sie sich zum Beispiel 300.000 Euro an zusätzlichem Altersvermögen aufbauen wollen und dafür 30 Jahre Zeit haben, müssten Sie bei nur 1 Prozent an Sparzinsen 715 Euro monatlich beiseitelegen, bei 7 Prozent hingegen lediglich 255 Euro. Und diese 7 Prozent sind genau die jährliche Rendite, die Sie langfristig bei einem Engagement mit Aktienfonds erzielen.

Sofern Sie bereits genug gefördertes Altersvorsorgesparen betreiben und eine ausreichend hohe Tilgung für Ihre Baufinanzierung (falls eine Immobilie vorhanden ist) leisten, dann ist für Sie spätestens jetzt der Zeitpunkt für zusätzliches Aktiensparen gekommen. Jeder Euro, den Sie nach Bestreitung der Lebenshaltungskosten, dem Altersvorsorgesparen und dem Baufinanzierungstilgen übrig haben, könnte sich, wenn in Aktien investiert, sehr lohnen.

Je früher Sie starten, desto besser. Handeln Sie sofort! Mit jedem Jahr, um das Sie den Beginn Ihrer ergänzenden Altersvorsorge verschieben, schmälern Sie Ihr Einkommen im Ruhestand. Und zwar kräftig.

Führen Sie sich die großartige Wirkung der Geldvermehrung

durch den Renditerenditeeffekt anhand des folgenden Beispiels noch einmal vor Augen. Wieder gehen wir davon aus, dass langfristig 7 Prozent Rendite pro Jahr erzielt werden können. Wenn Sie 30 Jahre alt sind und ab sofort monatlich 100 Euro einzahlen, dann erhalten Sie zum Renteneintritt mit 67 Jahren insgesamt knapp 200.000 Euro – eingezahlt haben Sie jedoch nur 44.400 Euro. Der Renditerenditeeffekt bringt somit etwas mehr als 155.000 Euro (siehe Abbildung 19). Beginnen Sie dagegen erst zehn Jahre später, haben Sie 32.400 Euro eingezahlt, also gut ein Viertel weniger. Und Ihre Gesamtauszahlung beträgt mit knapp 93.000 Euro weniger als die Hälfte. Der Renditerenditeeffekt macht hier lediglich rund 60.000 Euro aus.

Renditerenditeeffekt für den Ruhestand nutzen 19

Das Altersvorsorgesparen mit einer monatlichen
Einzahlung von 100 Euro bis zum Rentenalter 67 Jahre*

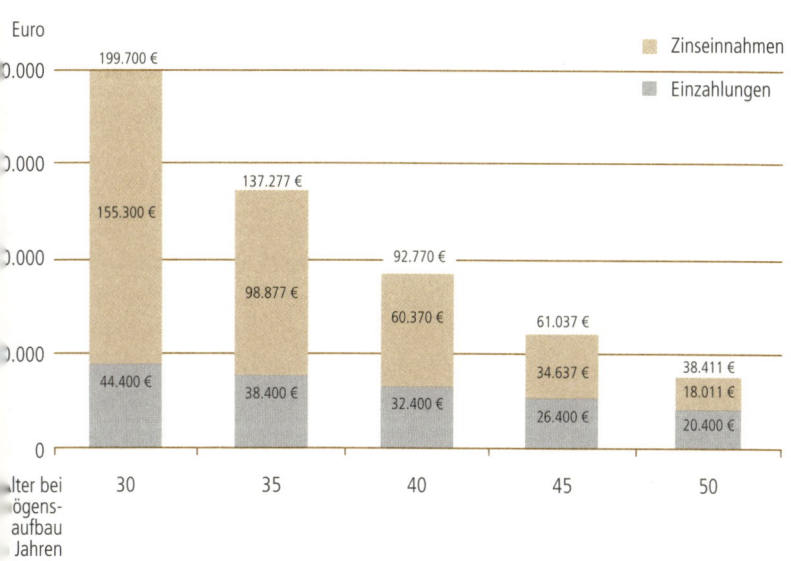

Euro

| | | | | | Zinseinnahmen |
| | | | | | Einzahlungen |

199.700 €
0.000

137.277 €
0.000
155.300 €

92.770 €
0.000
98.877 €

60.370 € 61.037 €
0.000 44.400 € 34.637 € 38.411 €
38.400 € 18.011 €
32.400 € 26.400 €
20.400 €
0

lter bei   30   35   40   45   50
ögens-
aufbau
Jahren

* Zinssatz 7 % p. a., mit Zinseszins
Quelle: Eigene Berechnungen

Also machen Sie Schluss mit Verdrängung und Ausreden. Starten Sie sofort mit dem Altersvorsorgesparen! Sagen Sie sich nicht: »Es ist schon zu spät.« Denn es ist nie zu spät. Starten Sie genau von da, wo Sie sind. Das beste Alter ist: Jetzt. Tun Sie den ersten Schritt und dann die nächsten Schritte, Monat für Monat. Machen Sie sich klar: Nichtstun ist in diesem Fall die schlechteste Entscheidung, die Sie treffen können.

Wenn Sie es in Ihrer Erwerbsphase nicht schaffen, das finanzielle Fundament fürs Alter zu legen, können Sie dieses Versäumnis später kaum noch aufholen. Im Altersruhestand werden Sie bloß eine begrenzte Summe zur Verfügung haben, eine sehr knappe Ressource. Wahrscheinlich müssen Sie sich in der Folge einer strengen Ausgabenkontrolle unterwerfen und sich an ein klar vorgegebenes, relativ niedriges Budget gewöhnen.

Deshalb sollten Sie Ihre Altersvorsorge auf breitere Füße stellen. Investieren Sie jetzt in Ihre Zukunft. Kreieren Sie Ihren eigenen Mix aus verschiedenen Altersvorsorgemöglichkeiten. Nutzen Sie möglichst alle Chancen der privaten bezuschussten Altersvorsorge, und addieren Sie, wenn möglich, Aktienfondssparen als Altersvorsorgesparen hinzu. Das ist ein attraktiver Rentenverbesserer!

Ersatzrenditen sichern

Es reicht nicht, Geld fürs Alter zurückzulegen – es muss zudem *richtig* zurückgelegt werden. Was derzeit gar nicht so leicht ist, weil aufgrund der Niedrigzinsen die klassischen Sparanlageformen nur wenig Rendite bringen. Das wirkt sich so aus, als hätte man über einen kürzeren Zeitraum oder lediglich einen geringeren Monatsbetrag eingezahlt. Daher müssen die Berufstätigen heute mehr fürs Alter zurücklegen, um als Ruheständler 20 oder mehr Jahre ohne größere Einschränkungen leben zu können.

Die vom Gesetzgeber geförderte Altersvorsorge garantiert hier so eine Art Ersatzrendite. Nehmen wir zum Beispiel die Riester-Rente: Da jeder Anbieter einer Riester-Police gewährleisten muss, dass am Laufzeitende des Vertrags mindestens alle eingezahlten Beiträge und Zulagen noch vorhanden sind, stellen die jedes Jahr gewährten staatlichen Zulagen sozusagen eine sichere Rendite dar. Laut Berechnungen von *Finanztest* beläuft sich diese je nach Sparer auf 0,4 bis 8,5 Prozent im Jahr. Obendrauf kommt zusätzlich die Anbieterrendite. Das ist der Wertzuwachs, den der jeweilige Anbieter des Riester-Produkts über die mitunter mehrere Jahrzehnte dauernde Vertragslaufzeit erwirtschaftet, indem er die eingezahlten Beiträge rentabel anlegt. Deshalb lohnt sich die private Altersvorsorge selbst dann, wenn man kaum oder sogar überhaupt keine Zinsen bekommt. Holen Sie sich daher dieses zusätzliche Rentengeld!

Die Augen vor dem Problem der zu niedrigen Altersbezüge zu verschließen nützt nichts. Schließen Sie lieber rechtzeitig Ihre Rentenlücke, indem Sie mehr, länger und rentierlicher sparen und nicht fürchten zu müssen, dass Sie Ihr Geld überleben werden.

Ebenso sollten Sie sich rechtzeitig mit dem Risiko beschäftigen, eventuell ein Pflegefall zu werden.

Vermögenspflege oder Pflegekosten?

Die frohe Kunde lautet: Von Jahr zu Jahr gibt es mehr ältere Menschen, die länger leben werden als ihre Eltern oder Großeltern. So glücklich wir über diese Entwicklung sein können, hat sie auch eine Schattenseite, denn viele Menschen werden im Seniorenalter pflegebedürftig sein. Länger leben heißt leider nicht automatisch länger gesund bleiben.

Die Kosten im Pflegefall können sich schnell auf viele Zehntausende oder gar Hunderttausende Euro aufaddieren. Je nach Grad der Pflegebedürftigkeit variiert der monatlich zu tragende private Kostenanteil bisweilen erheblich und kann gewaltig anwachsen. Allein in der Pflegestufe eins, bei der man durch Pflegekräfte zu Hause betreut wird, sind dies laut Stiftung Warentest monatlich 530 Euro. In der Pflegestufe drei würde der private Anteil für die Pflege im Heim monatlich knapp 1300 Euro betragen. Da können schnell erhebliche Kosten auf eine Familie

zukommen, besonders wenn zwischen dem Eintritt der Pflegebedürftigkeit und dem Tod viele Jahre liegen.

Wer keine üppige monatliche Rente bekommt, keine ergänzende Altersvorsorge betrieben hat oder über keine andere
Einkommensquellen verfügt wie etwa Mieteinnahmen oder
Vermögen, wird kaum eine Chance haben, die im Pflegefall entstehende Versorgungslücke zu schließen. Selbst pflegebedürf-
tige Personen mit Vermögen werden dieses ohne zusätzliche
und ausreichende private Vorsorge nicht weiter pflegen können, sondern müssen es für die Pflege aufwenden – und sogar
etwa vorhandene Immobilien verkaufen. Anschließend haften dann die Kinder für ihre Eltern. Verwandte ersten Grades
sind per Gesetz zum Unterhalt verpflichtet: Sie müssen einen
»Finanzstriptease« machen, also ihre Vermögens- und Einkommensverhältnisse offenlegen und entsprechend Unterhalt für
die Eltern zahlen.

Um Ihre Immobilie und letztlich auch Ihre Angehörigen zu
schützen sowie Ihr Vermögen weiter pflegen zu können, benötigen Sie daher unbedingt eine private Pflegezusatzversicherung.
Hier bieten sich mehrere Varianten an.

Frauen leben im Allgemeinen länger als Männer. So erklärt
sich, dass bei ihnen im Durchschnitt circa doppelt so hohe Kosten anfallen wie bei Männern, wenn sie pflegebedürftig werden – nämlich laut Pflegereport der BARMER GEK etwas mehr
als 80.000 Euro. Die gesetzliche Pflegeversicherung bietet jedoch
nur einen Teilkaskoschutz: In etwa die Hälfte der anfallenden
Kosten müssen die Betroffenen selbst tragen, also 40.000 Euro.
Diese Lücke kann mit einer ergänzenden Pflegeversicherung
geschlossen werden. Einen Eigenbetrag von mindestens 10 Euro
im Monat fördert der Staat – seit Anfang 2013 gibt es für die
private Pflegevorsorge eine Zulage von 60 Euro pro Jahr – mehr
unter Cashcode: 24.

Man kann keine pauschale Empfehlung für eine optimale
private Pflegevorsorge abgeben. Ob Sie sich für eine Pflegezusatzversicherung entscheiden sollten und wenn ja für welche
Variante, hängt nicht zuletzt von Ihrer zu erwartenden Einkom-
menssituation und Vermögenslage im Alter ab.

Die Variante der Pflegetagegeldversicherung wird am häufigsten gewählt, da sie die Wahl lässt, das Geld für die Pflege durch Angehörige oder durch professionelle Pfleger zu verwenden. Wie bei vielen anderen Versicherungsarten gilt auch hier: Je früher Sie abschließen, desto niedriger ist der Beitrag. Manch einem wird erst nach der Diagnose einer schweren Krankheit bewusst, dass er von nun an in einem Pflegeheim wohnen muss oder bloß mit einer Betreuerin weiterhin in den eigenen vier Wänden leben kann.

Doch wenn der Pflegefall bereits eingetreten ist, ist es für die Vorsorge definitiv zu spät. Dann können Sie höchstens noch bereuen, dass Sie in jüngeren Jahren die rechtzeitige Absicherung versäumt haben. Warten Sie besser nicht zu lange!

Kapitel 11

Kapital erhalten und verwalten

Wenn Sie über ein größeres Vermögen verfügen, wollen Sie es vermutlich so klug verwalten, dass es mindestens erhalten bleibt und gegen Wertverlust durch Inflation geschützt ist. Ihr Geld soll schließlich in vielen Jahren so viel wert sein, dass Sie dafür genauso viel kaufen können wie heute. Insbesondere wenn Sie schon älter sind und kein aktives Einkommen mehr beziehen, wollen Sie sicherstellen, dass Ihr Geld so lange reicht, wie Sie leben werden. Noch lieber würden Sie es bestimmt weiter vermehren.

Aber wie? Eine große Summe werterhaltend und gewinnträchtig anzulegen, ist schwieriger als je zuvor. Wer 2010 vor dieser Frage stand, hatte Glück. Die Preise für Aktien, Immobilien, Kunst oder andere Sachwerte waren damals deutlich niedriger. Ob sich diese Wertanstiege noch ein paar Jahre fortsetzen, ob einige Assetklassen keine Gewinnsteigerungen mehr erzielen oder sogar Kursrückgänge erfahren werden, ist derzeit schwer vorauszusehen. Wahrscheinlich werden wir häufig hohe Volatilitäten erleben, also starke kurz- und mittelfristige Schwankungen. Nicht wenige Anleger erwarten, dass die alte Weisheit »Cash is king« (Nur Bares ist Wahres) wieder zu Ehren kommen wird. Allerdings ist diese Prognose umstritten und Cash ist nun wahrlich kein Investment.

Vermutlich werden Sie nicht über Nacht zu viel Geld kommen, sondern über viele Jahre Ihre Vermögensstruktur aufbauen.

Wenn Sie jedoch eine größere Summe angespart, eine Abfindung erhalten, Ihnen eine vor langer Zeit abgeschlossene Kapitalversicherung ausgezahlt wird, wenn Sie geerbt oder einen namhaften Verkaufserlös erzielt haben und anlegen wollen, dann kommt für Sie die regelmäßige monatliche Einzahlung in einen Fonds nicht infrage. Diese Methode ist zur Anhäufung von Kapitalvermögen gedacht und nicht zur Verwaltung einer großen Geldanlage.

Was also tun? Die gleiche Frage stellt sich natürlich ebenfalls hinsichtlich Ihres angesparten Altersvermögen, für das Sie hart und viel geschuftet und auf Konsumausgaben verzichtet haben. Das wollen Sie nun optimal investieren: in Aktien, Immobilen und in andere Anlageklassen. Doch welche sollte man hier bevorzugen? Welche Beimischungen machen Sinn?

Ihr gesamtes Geld in eine einzige Anlageklasse zu investieren, wäre keine Lösung. Stattdessen sollten Sie klug diversifizieren, also Ihr Geld auf die wesentlichen Anlageklassen aufteilen. Sie stehen jetzt vor der Frage: Wo und wie viel werden Sie in die jeweiligen Anlageklassen investieren?

Diversifikation hat diverse Vorteile

Sie müssen Ihr Vermögen ausgewogen aufsplitten, um Risiko und Rendite möglichst auszubalancieren. Diversifikation können Sie sich so vorstellen, als würden Sie Ihren Rucksack für eine Bergwanderung packen. Außer Anziehsachen zum Wechseln nehmen Sie Lebensmittel und Getränke mit sowie technisches Gerät wie zum Beispiel Taschenlampe und Kompass. Im übertragenen Sinne sind Sie mit verschiedenen Geldanlagen für verschiedene Risikosituationen besser gewappnet und werden Ihr Ziel, den Gipfel, sicherer erreichen.

Anlageklassen sind nicht dasselbe wie Investmentprodukte. Wenn Sie Ihr Vermögen diversifizieren, verteilen Sie es nicht einfach auf verschiedene Aktienfonds – das wäre nur eine Streuung innerhalb einer Anlageklasse. Auf das Rucksackbeispiel übertragen, würden Sie lediglich vier Anziehgarnituren mitnehmen, aber weder Speis und Trank noch irgendwelche Hilfsgeräte einpacken. In Anlageklassen dagegen werden Investments mit ähnlichen Merkmalen zusammengefasst, also beispielsweise Aktienfonds in einer Anlageklasse und Anleihen in einer anderen.

Die einfachste Form der Risikoreduzierung und des Vermögensmanagements ist Diversifikation, also eine Vermögensaufteilung auf verschiedene Investments. Wenn man das Geld über verschiedene Anlageklassen richtig diversifiziert, verringert man nicht bloß das Risiko, sondern erhöht auch die Chance auf Wertzuwachs, und das Ganze kostet nichts extra – außer Zeit und Mühe, diese Diversifikation vorzunehmen. Es bedeutet nämlich, ausbalanciert zum einen in sehr sichere, aber zum anderen auch in gering rentierliche und etwas risikoreichere Anlagen zu investieren, z. B. in verschiedene Märkte, verschiedene Währungen mit verschiedenen Laufzeiten. Wer diversifiziert, senkt das Risiko des Wertverlusts deutlich, denn die Werte der verschiedenen Anlagearten entwickeln sich meist nicht parallel. Beispielsweise sind die Chancen und Risiken bei Zins- und Aktiengeld höchst unterschiedlich. Also könnte es sich mit Blick auf die Risikoreduzierung anbieten, in beides zu investieren.

Ein anderes Beispiel: Bei hoher Inflation und damit einhergehendem Zinsanstieg fallen automatisch die Anleihepreise; während meist parallel die Goldpreise steigen. In einer Phase mit hoher Inflation wird daher ein Portfolio, dem Gold beigemischt ist, weniger leiden als eines, das ausschließlich Anleihen enthält. Wenn Sie also Geldanlagen mit unterschiedlichem Risikoprofil in Ihr Portfolio aufnehmen, wirken sich einzelne Risiken weniger stark auf Ihr Gesamtinvestment aus und das Gesamtrisiko Ihres Portfolios sinkt.

Legen Sie deshalb nicht alle Eier in einen Korb, sondern investieren Sie in mehrere Körbe, also in verschiedene Anlageklassen. Lassen Sie sich von Experten ein nach Ihren Präferenzen für Sie optimales Anlageprofil erstellen. Bringen Sie deutlich zum Ausdruck, was das maximale Risiko sein darf. Orientieren Sie sich am sogenannten Risikobarometer, das zwischen fünf Risikoklassen unterscheidet und das auf fast allen Beratungsformularen von Geldinstituten und Finanzdienstleistern dargestellt wird. Mehr dazu finden Sie unter Cashcode: 25.

Ihre Risikobereitschaft und damit Ihr Anlageschwerpunkt können sich mit der Zeit verändern. Wenn sich etwa Märkte gewandelt haben, also die Börsen beispielsweise viele Jahre angestiegen sind oder wenn Ihre Lebenssituation eine andere geworden ist. Zudem hängt die Art der Diversifizierung auch von der Anlagedauer ab. Logisch ist auch, wenn der Cash-Anteil höher ist, dass die Risikoquote entsprechend sinkt.

Kein Investment ist risikofrei, wohl aber ist jedes Investment frei von bestimmten Risiken. Zum Beispiel funktionieren fast alle Kapitalmärkte in Zyklen. Es gibt also gute und schlechte Phasen. Das bedeutet: Wenn Sie breit diversifizieren, können Sie negative Entwicklungen in einer Anlageklasse durch positive in einer anderen ausgleichen. Also wählen Sie sorgfältig aus und definieren Sie Ihre persönliche Risikotoleranz.

Ein fiktives Beispiel veranschaulicht die Auswirkungen unterschiedlicher Diversifikationsstrategien. Sie teilen 100.000 Euro folgendermaßen auf: Ein Viertel setzen Sie beim Pferderennen und verlieren es komplett, ein Viertel vergraben Sie bei sich im Garten, ein Viertel legen Sie zu 1 Prozent bei der Bank festverzinslich an, und ein Viertel investieren Sie in den Aktienmarkt mit durchschnittlich 7-prozentiger Rendite. Nach 25 Jahren ist das Geld vom Pferderennen, das Sie gleich zu Anfang verloren haben, logischerweise immer noch weg; Sie haben eben aufs falsche Pferd gesetzt. Die 25.000 Euro aus dem Garten sind nach wie vor da – nicht mehr und nicht weniger. Aus den 25.000 Euro bei der Bank sind bei Langfristzinsen von 1 Prozent gut 32.000 Euro geworden, und die 25.000 Euro im Aktienfonds zu jährlich 7 Prozent sind auf rund 136.000 Euro angewachsen. Obwohl Sie mit einer der vier Anlageklassen kompletten Schiffbruch erlitten und bei einer zweiten nichts hinzugewonnen haben, sind aus den ursprünglich 100.000 Euro immerhin knapp 193.000 Euro geworden.

Der Gewinn der besten Anlageklasse übersteigt den Verlust der schlechtesten Anlageklasse bei Weitem. Allein die Diversifizierung hat dafür gesorgt, dass Sie trotz der einen Anlageart, die sich vollständig in Luft aufgelöst hat, insgesamt mehr Rendite haben, als wenn Sie alles in das vermeintlich sichere 1-Prozent-Bankpapier investiert hätten.

Hätten Sie Ihren Ausgangsbetrag anders aufgeteilt, beispielsweise mit einem Aktienanteil von 40 Prozent zulasten der anderen drei Anteile mit je 20 Prozent, dann hätten Sie Ihr Geld bei gleicher Entwicklung der vier Anlageklassen auf fast 263.000 Euro gesteigert. Bei einem geringeren Aktienanteil wäre das Endergebnis entsprechend niedriger ausgefallen. Bildlich kann man sich das als Tortendiagramm mit vier Tortenstücken vorstellen. Die Größe der einzelnen Stücke veranschaulicht, wie viel Prozent Sie zum Beispiel in Immobilien, Aktien, Anleihen und Festgeld investieren wollen.

Der maximale Verlust bei jeder Anlageklasse ist logischerweise auf den Betrag limitiert, den Sie investiert haben. Der maximale Gewinn dagegen kann ein Vielfaches des investierten Betrags sein.

Wenn Sie Ihr Investment diversifizieren, könnte es sinnvoll sein, in Prozenten statt in Euro zu denken. Da die Börsenkurse schwanken, ist der Eurowert der einzelnen Kuchenstücke mal größer und mal geringer. Legen Sie also lieber prozentual fest, wie Sie Ihr Vermögen auf Anlageklassen aufteilen wollen.

Nehmen wir zur Veranschaulichung noch einmal 100.000 Euro, die Sie zu je einem Viertel in Aktien, in festverzinsliche Papiere sowie in zwei weitere Anlagearten investieren. Wenn nun Ihre Aktienpositionen beispielsweise um 20 Prozent steigen und die Kurse der festverzinslichen Papiere um 5 Prozent sinken, die beiden anderen Anlagearten hingegen konstant bleiben, dann haben Sie statt jeweils 25.000 Euro nun 30.000 Euro in Aktien und 23.750 Euro in Zinspapieren, zusammen 103.750 Euro. Insgesamt haben Sie sich also verbessert.

Jetzt nehmen Sie zunächst 1250 Euro von den Aktien und stecken sie in die festverzinslichen Anlagen, damit diese wieder bei 25.000 Euro stehen. Bleiben 3750 Euro übrig, von denen Sie 937,50 Euro bei den Aktien belassen und den anderen drei Anlagearten ebenfalls je 937,50 Euro zuteilen, womit wieder in allen vier Anlagearten der gleiche Betrag investiert ist.

Das bedeutet unter dem Strich, dass Sie die Gewinneranla-
gen reduzieren und die Verliererwerte aufstocken, um erneut je
25 Prozent Ihres Vermögens in den vier Anlageklassen verteilt
zu haben. Sie selbst können die Grenzen definieren, indem Sie
beispielsweise sagen: Keine Klasse darf über 30 Prozent steigen
oder unter 20 Prozent am Gesamtvermögen fallen. Diese Re-
Balancing genannte Methode zwingt Sie, Ihre Emotionen hint-
anzustellen – denn gefühlsmäßig mögen Sie ja die Gewinner und
nicht die Verlierer.

Damit die Quote zwischen den einzelnen Anlagearten wie
geplant bestehen bleibt, müssen Sie die Gewichtung dann und
wann der unterschiedlichen Wert- beziehungsweise Kurs-
entwicklung der einzelnen Anlagearten anpassen. Wenn zum
Beispiel der Aktienanteil durch Kursgewinne gestiegen ist,
verkaufen Sie eben hier entsprechend Aktien und kaufen eine
andere Assetklasse nach, um die Ausgangslage der vorher festgelegten Prozentanteile neu zu fixieren.

Es gibt allerdings eine weitere Möglichkeit. Sie belassen die
Gewinne in der risiko-, aber zugleich ertragsreicheren Anlage,
also im Risiko-Wachstums- Topf: Sie bleiben bei der ursprünglich
festgelegten Summe, den Zuwachs entnehmen Sie. Das bedeutet,
dass Sie nicht in Prozent, sondern in festen Beträgen denken.
Hauptziel des Re-Balancing war, ist und sollte jedoch bleiben,
dass Sie Risiken abschwächen. Denken Sie immer daran: Vergangenheitsrendite garantiert keine Zukunftsrendite. Diversifikation ist eine Finanzstrategie und keine Investmentvorhersage.
Gewinner bleiben nicht unbedingt Gewinner und Verlierer nicht
zwangsläufig Verlierer. Deshalb ist Re-Balancing von Zeit zu
Zeit nötig. Damit können Sie Ungleichgewichte ausbalancieren
und die angestrebte ausgewogene Mischung erzielen. Die Wahl
der richtigen Mischung zwischen den einzelnen Anlagearten ist
wichtiger als zum Beispiel die Suche nach dem richtigen Aktienfonds.

Früher lautete eine der klassischen Verteilungsformeln: je ein
Drittel Aktien, Immobilien und festverzinsliche Anlagen. Heutzu-
tage gelten neue Spielregeln. Die in der Vergangenheit erzielten
Renditen und daraus abgeleiteten Anlageprinzipien lassen sich

nicht mehr fortschreiben. Wir alle werden eine neue Dimension der Anlage von Geldbesitz erleben. Diese wird sich auf viele weitere, für Sie vielleicht noch neue Assetklassen erstrecken, die man erst einmal verstehen und auf die man sich einlassen muss. In diesem Buch werde ich Ihnen nicht alle infrage kommenden Finanzinstrumente erklären können. Einige weitere lernen Sie jedoch unter Cashcode: 26.

Die Suche nach rentierlichen Anlagen lockt manche Anleger auf mitunter kostspielige Abwege. Mein Rat: Machen Sie keine Experimente! Waldinvestments, Agrarland, »grünes Geld«, Solaranlagen sind sogenannte exotische Geldanlagen. Und manche, die finanziell das ganz große Rad drehen wollten, sind mit ihren Windrädern auf die Nase gefallen. Teilweise hängen sie am Tropf staatlicher Subventionen und vom Wohlwollen der Politik ab und bergen daher ganz eigene Risiken. Auch Rohstoffwetten, Flugzeug- und Schiffsfonds, Fischzucht und so weiter weisen unkalkulierbare Risiken auf und sind wie alle exotischen Anlagen in der Regel nicht von jetzt auf gleich wieder zu verkaufen.

Bleiben Sie deshalb lieber bei den Klassikern. Aktienfonds und Indexfonds kennen Sie ja mittlerweile gut, und über Immobilien haben Sie ebenfalls schon einiges gelesen.

Höhere Renditen leihen

Anleihen werden auch Bonds genannt und sind festverzinsliche Wertpapiere. Wenn die Zinsen, gemessen am langfristigen Mittelwert, hoch sind, kann es Sinn machen, Anleihen zu kaufen. In Niedrigzinsphasen aber erzielen Sie damit kaum Rendite und sind zudem der Gefahr ausgesetzt, dass der Wert Ihrer Anleihe fällt, wenn die Zinsen nach Niedrigzinsphasen steigen.

Auf einer Anleihe ist der Nominalzins aufgedruckt. Wenn sich nun das Zinsumfeld ändert, kann man die Anlage ja nicht gleich vernichten und eine neue drucken. Als entsprechender Reflex verändert sich deshalb der Anleihekurs. Zinsen und Kurse von Bonds entwickeln sich logischerweise in gegensätzliche Richtungen. Wenn die Anleihepreise steigen, fallen die Zinsen – steigen

die Zinsen, fallen die Kurse. Man nennt das auch das Rendite-
paradoxon (Cashcode: 27).

Spätestens seit 2015 sind gerade die als risikoarm gelten-
den Staatsanleihen der Gefahr eines Kurseinbruchs ausgesetzt.
Sollten die Zinsen wieder stärker steigen, werden sie trotzdem
nicht die damit einhergehenden hohen Kursverluste auffan-
gen können. Seit über 40 Jahren sind die Renditen deutscher
Staatsanleihen unaufhörlich gesunken – von über 10 auf nahezu
0 Prozent. Dieser Sinkflug kann nicht noch einmal eintreten, es
sei denn, Sie glauben an Negativzinsen von minus 10 Prozent.
Deswegen sind die Vergangenheitsrenditen bei dieser Anlageart
kaum mehr erzielbar, zumal nahezu die gesamten Renditen aus
Kursgewinnen durch die sinkenden Zinsen entstanden sind.
Aus dieser Zwickmühle der derzeit niedrigen Zinsen und hohen
Anleihekurse lässt sich eindeutig folgern: Aktuell sind Investments in lang laufende Staatsanleihen zu riskant. Eigentlich
müssten Staatsanleihen mittlerweile Warnhinweise enthalten.

Wenn Sie trotzdem Anleihen kaufen wollen, orientieren Sie
sich bei der Auswahl am Ranking der Ratingagenturen. Wie bei
anderen Finanzprodukten gibt es hier gleichermaßen qualitätsvolle Angebote wie solche von zweifelhafter Güte. Allerdings gilt
wiederum: Je höher die Bonität des Schuldners, desto niedriger die Renditen. Seit 2014 mussten die Anleger des Öfteren ver-
schiedentlich sogar – in Form von Negativrenditen – dafür zahlen, dass sie ihr Geld in sicheren Staatsanleihen parken konnten!

Bei Ihrem Anleiheinvestment kann der Schwerpunkt ruhig auf
dem europäischen Markt liegen; dann gehen Sie zumindest kein
Währungsrisiko ein. Wahrscheinlich beziehen Sie Ihr Einkommen sowieso in Euro und kaufen im täglichen Leben in Euro ein.

Bei Rentenfonds denkt manch einer vielleicht an die gesetzliche oder private Rentenversicherung. Der Name rührt jedoch
daher, dass diese Fonds in sogenannte Rentenpapiere investieren, also in Schuldverschreibungen beziehungsweise Anleihen,
die meist mit einer festen, zum Beispiel jährlichen, Zinszahlung
ausgestattet sind.

Diese Anleihen heißen deshalb Rentenpapiere, weil sie eine
Zinsrente bringen. Der Zinsrentier war in Hochzinszeiten ein

finanziell gut gestellter Ruheständler, der von den Zinsen seiner Ersparnisse leben konnte. Wenn Sie eine Anleihe erwerben, leihen Sie einem Unternehmen oder Staat Geld. Sie sind dann ein Kreditgeber und haben das Recht auf Rückzahlung zu einem fest definierten Zeitpunkt sowie auf die vereinbarten Zinsen.

In der Vergangenheit waren Rentenpapiere als Geldanlage beliebt. Sie galten als Allzweckwaffe, sozusagen als Pauschalanlage. Mit der derzeitigen Bonsai- beziehungsweise Nullrendite rentieren sich Rentenpapiere dagegen nicht mehr und sind logischerweise nicht gerade der Renner. Man könnte sogar sagen: Mit Rentenpapieren rauschen Sie in die Rentenarmut.

Das Betongeld

Wer über eine größere Kapitalsumme verfügt, für den käme eine weitere Anlageklasse zur Diversifizierung infrage: das Geld aus Steinen, ich nenne es Betongeld. Gerade wenn Sie einen größeren Einmalbetrag zum Anlegen haben und bereits in mehrere andere Assetklassen investiert sind, kann es für Sie vernünftig sein, über den Erwerb einer nicht selbst genutzten Immobilie nachzudenken. Mit einer solchen Investition können Sie dreifach profitieren: durch Mieteinnahmen, durch die Wertsteigerung und teilweise zudem durch gewisse Steuervorteile.

Immobilien gelten mit Recht als Stein gewordener Inflationsschutz: Die steigenden Preise schlagen sich im Anstieg der Immobilienpreise nieder. Und da die Einkünfte Ihrer Mieter inflationsbedingt meist gleichfalls steigen, können Sie die Miete entsprechend erhöhen. Wenn Sie bei der Auswahl und Finanzierung alles richtig machen, fahren Sie mit Ihrer Vermietungsimmobilie jedenfalls besser als mit Bundesanleihen oder gar mit einem Tagesgeldkonto bei der Bank. Im Übrigen gilt: Gewohnt wird immer. So gesehen ist die Vermietungsbranche grundsätzlich relativ zukunftssicher und krisenfest.

Vermeiden Sie aber das Risiko von Objekten mit wenigen oder nur einer einzigen Mietpartei wie zum Beispiel bei einem Einfamilienhaus oder einer Doppelhaushälfte. Wenn hier die Mieter mit den Zahlungen in Verzug geraten oder die Zahlung komplett einstellen, haben Sie echte Renditekiller am Hals.

Früher hieß es immer, die drei wichtigsten Kriterien für eine gute Immobilie seien Lage, Lage und Lage. Heutzutage allerdings haben wir es gerade in Deutschland mit teilweise extrem unterschiedlichen regionalen Entwicklungen zu tun. Aufgrund der demografischen und ökonomischen Entwicklung hierzulande werden sich etliche Regionen in den nächsten Jahrzehnten nahezu entleeren, während andere Regionen von Zuzüglern aus der Provinz und aus aller Herren Länder geradezu überrannt werden.

Setzen Sie daher lieber auf Region, Region, Region. Ideal wäre es natürlich, eine Toplage in einer begehrten Region zu finden. Wenn bei Ihrem Immobilienkauf Region und Lage stimmen, dann wird ebenfalls der Wertzuwachs stimmen.

Generell gilt: Wo es Jobs gibt, wo es landschaftlich schön ist, wo eine gute Infrastruktur besteht und wo etwas geboten wird – etwa kulturell –, da ist mittelfristig eher mit steigenden als mit fallenden Immobilienpreisen zu rechnen. In Regionen mit gut bezahlten Arbeitsplätzen sind logischerweise auch die Mieten höher, und das Wertsteigerungspotenzial ist entsprechend größer. Erwerben Sie dagegen ein Objekt in einer Region mit hoher Abwanderung, ist das Risiko des Leerstands hoch und es ist somit sehr wahrscheinlich, dass Sie diese Immobilie mit schmerzlichem Preisnachlass oder gar nicht mehr veräußern können. Denn wenn die Region keine Zukunft hat, hat zwangsläufig der regionale Immobilienmarkt ebenfalls keine.

Werden in Ihrer Region die Immobilien immer schneller verkauft und die Käufer überbieten einander sogar, dann handelt es sich eindeutig um einen Verkäufermarkt, was bedeutet, dass Sie als Käufer in dieser Phase eher schlechte Karten haben. Falls Sie jedoch bereits eine Immobilie besitzen und schon länger mit dem Gedanken spielen, diese zu veräußern, wäre das möglicherweise der richtige Zeitpunkt.

Steigen allerdings die Immobilienpreise deutlich schneller als die Mieten, ist Vorsicht angesagt. Dann wird die Rendite aus Mieteinnahmen im Verhältnis zur Miete durch die hohen Kaufpreise geschmälert. Ein echtes Alarmzeichen ist es, wenn der Wert der Immobilien in einer Region schneller steigt als die durchschnittlichen Einkommen. Das Platzen einer solchen Immobilienblase in den USA löste 2007 bekanntlich die weltweite Finanz-, Banken- und Wirtschaftskrise aus.

Wenn es Monate oder sogar Jahre dauert, bis Häuser und Eigentumswohnungen verkauft werden, und der aufgerufene Preis vielfach nicht erzielt werden kann, dann handelt es sich um einen Käufermarkt: Ihr Kaufzeitpunkt!

Ich empfehle Ihnen dringend: Kaufen Sie niemals in einem Verkäufermarkt mit explodierenden Preisen – oder machen Sie sich darauf gefasst, dass Ihr Finanzplan für die Vermietungsimmobilie implodiert. Passen Sie auf und analysieren Sie genau, wenn der Verkäufer mehr als das 20-Fache der Jahresnettokaltmiete aufruft.

So reizvoll die Vorstellung sein mag, regelmäßige Mieteinnahmen zu erhalten, so ernüchternd ist für manch einen Vermieter die Realität: Laut Studie des DIW erzielt rund ein Drittel der privaten Besitzer aus der Vermietung von Immobilien keinerlei Rendite. Zwar können Immobilien durch Mieteinnahmen und Wertsteigerung schöne Erträge bringen, zunächst aber kosten Erwerb und Vermietung, Verwaltung und Erhaltung von Immobilien eine schöne Stange Geld. Berücksichtigen Sie deshalb bei der Berechnung Ihrer Rendite, dass die Anschaffungskosten – Grunderwerbssteuer, Notargebühren, Maklerprovision – für Sie verloren sind, also zur Wertsteigerung der Immobilie keinen Cent beitragen. Kalkulieren Sie außerdem rund 1 Prozent der Gebäudekosten als Instandhaltungsrücklage ein – leider nicht einmalig, sondern jährlich.

Einen Teil Ihrer Ersparnisse in zu vermietende Immobilien zu stecken ist trotzdem gerade in Zeiten der Sparzinsschmelze eine gute Idee. Mietshäuser nannte man früher auch Zinshäuser, und genau das können sie im optimalen Fall sein: steinerne Kapitalanlagen.

Eine einzige große Immobilie, die im Verhältnis zu Ihrem gesamten verfügbaren Anlagekapital einen sehr hohen Wertanteil hätte, wäre jedoch für Ihr Vermögen beziehungsweise für Ihre Altersvorsorge ein viel zu hohes Klumpenrisiko.

Gerade wenn Sie sich mit dem Immobilienthema nicht auskennen und sich nicht darum kümmern wollen, kommt für Sie der Kauf einer ganzen Immobilie besser nicht infrage. Für viele Anleger ist allein aufgrund der hohen Preise der Erwerb eines kompletten Objekts in einer rentablen Größenordnung ohnehin kaum möglich.

Eine Alternative wäre es, sich an Immobilienfonds zu beteiligen oder Immobilienaktien zu erwerben, also Aktien von Unternehmen aus der Immobilienbranche. Auf diese Weise lassen sich unbewegliche Immobilien für Sie als Kapitalanleger beweglich machen, denn die Aktien können Sie täglich kaufen oder verkaufen. Natürlich haben Sie bei dieser Variante ein zweifaches Risiko: dass nämlich die Immobilienpreise fallen oder die Immobilien zeitweise leer stehen oder niedrigere Renditen erbringen; Umgekehrt profitieren Sie natürlich ebenfalls doppelt: von der Wertsteigerung der Immobilie oder den laufenden Mieteinnahmen, was sich beides zusammen in den Aktienkursen niederschlägt. Die regelmäßigen Mieteinnahmen führen meist zu relativ verlässlichen Dividenden in dieser Anlageart.

Offene oder geschlossene Rendite?

Bei Immobilienfonds sind Sie sowohl an den Mieterträgen als auch an der möglichen Wertentwicklung der Objekte beteiligt. Sie funktionieren ähnlich wie aktiv gemanagte Aktienfonds, nur investieren die Manager hier das Geld der Fondsanleger in Wohn- und Gewerbeimmobilien.

In der Vergangenheit hatten die Anleger allerdings oft keine Freude mit Immobilienfonds. Gerade die geschlossenen Immobilienfonds haben sich oft genug nicht als lohnende Geldanlage entpuppt. Wenn man Anteile an einem geschlossenen Immobilienfonds erwirbt, meist mit einer Laufzeit von zehn oder mehr Jahren, trägt man als Miteigentümer der entsprechenden Objekte auch das Verlustrisiko mit. Oft bestehen solche Fonds nur aus einem oder wenigen Objekten, aus Spezialimmobilien wie Hotels oder Einkaufszentren.

Im Nachhinein hat sich herausgestellt, dass die Initiatoren dieser geschlossenen Fonds oftmals vorher zu viele Zwischenpreissteigerungen abgeschöpft und die betreffenden Immobilien dann überteuert als Beteiligungsobjekt für die Anleger angeboten haben. Manchmal bestehen bei solchen Fonds die Objekte noch gar nicht, sondern sind bloß projektiert. So gab es geschlossene Fonds, die die Fertigstellung der Spezialimmobilie niemals erlebt haben!

Außerdem kam es leider zu diversen Korruptionsskandalen – da waren mitunter Käufer und Vermittler gleichermaßen leichtgläubig. Einige dieser Fonds hatten Ärger mit dem Finanzamt, weil die Steuervorteile nicht in der prognostizierten Größenordnung anerkannt oder sogar komplett gestrichen wurden. Im Übrigen wurden Immobilienfonds häufig als ein Steuersparinstrument angesehen, sodass mehr auf die Steuervorteile als auf die Qualität der Immobilien geachtet wurde.

Zusätzlich sind während der Finanzmarktkrise die Preise der in den geschlossenen Fonds enthaltenen Immobilien stark gefallen, weil es mehr Verkaufsdruck als Kaufbedarf gab. Wegen dieser schlechten Erfahrungen machen die meisten Anleger seitdem einen großen Bogen um geschlossene Immobilienfonds.

Etwas anders sieht die Situation bei offenen Immobilienfonds aus. Hier können sich die Anleger mit ihrem Investment gleichzeitig an mehreren Immobilien in verschiedenen Regionen beteiligen. Das geht bereits mit kleinen monatlichen Einzahlungen und käme ebenfalls für Sie in Ihrer Ansparphase in Betracht. Teilweise erzielen die Fonds ihre Renditen mittlerweile durch regionale Diversifikation und Mieteinnahmen in verschiedenen Währungen – und sind dadurch weniger abhängig von regionalen Wirtschaftszyklen und nationalen Währungskrisen (Cashcode: 28).

In der Vergangenheit wurden Immobilienfonds vielfach als Parkstation für Geld angesehen. Als institutionelle Anleger dann während der Finanzkrise sozusagen über Nacht massenhaft große Teile ihres Geldes abzogen, gerieten einige dieser Fonds aufgrund von Liquiditätsproblemen in Schieflage. Anders als Aktien lassen sich Immobilien eben nicht jederzeit verkaufen. Nicht allein die Immobilie selbst ist immobil, auch das investierte Kapital ist zu Stein und damit quasi illiquide geworden. Und wer in Panik verkaufen muss, erzielt bekanntlich meist keine guten Preise. Etliche Fonds konnten nicht rasch genug Immobilien abstoßen, um die vielen Geldrückzahlungswünsche zu bedienen, und schlitterten in die Auszahlungsunfähigkeit, was für den Anleger hohe Einbußen bis hin zu Totalverlusten bedeutete.

Im Segment der offenen Immobilienfonds hat seitdem eine extreme Marktbereinigung stattgefunden. Die Bundesregierung hat Konsequenzen gezogen und zur Jahresmitte 2013 die gesetzlichen Spielregeln für offene Immobilienfonds geändert: Wer jetzt in einen solchen Fonds einsteigt, darf sein Kapital frühestens nach zwei Jahren wieder abziehen und muss seine Verkaufsabsicht außerdem ein Jahr vorher ankündigen. Dadurch kann es nicht zu überstürzten Zwangsverkäufen und einer plötzlichen Verkaufswelle kommen, die zu Anlageverlusten führt. Als weitere stabilisierende Sicherheitsmaßnahme ist bei offenen Immobilienfonds eine maximale Finanzierungsquote festgelegt worden.

Aufgrund der Gesetzesreform ist es unwahrscheinlich geworden, dass solche Fonds zwischenzeitlich einmal schließen und die Anleger nicht mehr an ihr Geld kommen. Mittlerweile fließen offenen Immobilienfonds wieder beträchtliche Mittel zu. Sie bieten nämlich genau das, was Sparer auf ihren Bankkonten schon lange nicht mehr erhalten: Erträge, die bei den großen deutschen Immobilienfonds häufig zwischen 2 und 3,5 Prozent im Jahr liegen. Nicht schlecht, denn ob Sie 100.000 Euro festverzinslich zu einem oder zu 3 Prozent pro Jahr anlegen, macht über 20 Jahre eine Differenz von knapp 60.000 Euro aus.

Da offene Immobilienfonds mittlerweile relativ wertstabil und risikoärmer geworden sind, können sie unter den gegenwärtigen Marktbedingungen eine lohnende Alternative zu Staats- oder Unternehmensanleihen sein.

Unterbewertete Werte

Falls Sie ein sehr großes Vermögen haben, könnten für Sie ebenfalls Investments in Private-Equity-Fonds vorteilhaft sein. Durch
solche Fonds werden Zukunftsunternehmen in Wachstumsbran-
chen mit Geld versorgt, um die weitere Unternehmensentwick-
lung zu finanzieren. Sie investieren meist in mehrere Firmen und
sind nicht börsennotiert. Später werden dann die Anteile an den
Unternehmen – so jedenfalls die Hoffnung – zu deutlich höheren Bewertungen verkauft oder die Unternehmen an die Börse
gebracht. Die Fonds sind uneingeschränkt am Gewinn beteiligt.

Allerdings spricht man in diesem Zusammenhang nicht
umsonst von Wagniskapital: Bei einigen dieser Fonds ist nicht
einmal das eingesetzte Kapital übrig geblieben. Die Anteile sind
nicht handelbar und nicht allzu transparent. Deshalb sind sie
nur etwas für erfahrene Profianleger und institutionelle Investoren, die sich mit diesem Thema gut auskennen und mit den
Risiken einerseits und den hohen Wertsteigerungschancen andererseits vertraut sind.

Eine weitere, sehr attraktive Investmentform sind Value-
Aktienfonds, bei denen ein wertorientierter Investmentansatz
verfolgt wird. Sie investieren im Gegensatz zu den Private-Equity-
Fonds nicht in Unternehmen, deren eigentliches Potenzial in
der Zukunft liegt und deren Börsenbewertung auf einer hohen
Wachstumserwartung gründet, sondern konzentrieren sich auf
Unternehmen, deren Börsenbewertung bereits aus belastbaren
Umsätzen, nachhaltigen Gewinnen und vorhandenen Vermö-
genswerten hergeleitet werden kann. Hierbei handelt es vor
allem um Unternehmen aus etablierten Branchen mit erprobten
Geschäftsmodellen. Nicht selten sind es bekannte Firmen, die
seit Jahrzehnten am Markt tätig sind. Solche Unternehmen sind
vermeintlich langweiliger als junge Internet-Start-ups oder Bio-
tech-Unternehmen, aber genau diese Berechenbarkeit verleiht
ihnen eine Stabilität, die ängstliche Anleger beruhigt.

Das imposanteste Beispiel für Value-Investments ist Warren
Buffett mit seiner Beteiligungsgesellschaft Berkshire Hathaway.
Der Altmeister der Vermögensanlage, einer der reichsten Män-

ner der Welt, wird für sein sogenanntes Value-Investment bewundert. Im Durchschnitt hat er seit 1965 fast 22 Prozent Rendite pro Jahr generiert; in einem Zeitraum von 50 Jahren waren das insgesamt märchenhafte 1,8 Millionen Prozent! Berkshire Hathaway ist zwar kein Aktienfonds im klassischen Sinn. Doch durch den Kauf von Aktien seiner börsennotierten Beteiligungsgesellschaft haben viele Anleger in den letzten Jahrzehnten die Chance genutzt, an einem attraktiven Portfolio zu partizipieren und somit einen gewaltigen Vermögensvorteil erzielt.

Mit Value-Aktien können Sie eine attraktive und vor allen Dingen risikoreduzierte Rendite erzielen. Wer mit seinen Aktieninvestments möglichst weniger Achterbahn fahren möchte und keine große Lust auf Kursloopings hat, könnte bei Value-Fonds besser aufgehoben sein.

Die Fondsmanager analysieren die Zielunternehmen gründlich, um herauszufinden, welche eigentlich höher notiert sein müssten, weil ihre aktuellen Aktienkurse unter dem tatsächlichen Wert der entsprechenden Unternehmensanteile liegen. Zwischenzeitliche Kursausschläge sind hier nicht so entscheidend, weil man sich an den echten oder »inneren« Unternehmenswerten orientiert, die auch die Ein- beziehungsweise Ausstiegszeitpunkte ergeben.

Diesen inneren Wert leiten Value-Investoren aus dem Zahlenwerk des analysierten Unternehmens ab. Sie kaufen, wenn der Aktienpreis aus ihrer Sicht zu tief ist, und verkaufen, wenn die Aktie den Wert erreicht hat, der nach ihrer Ansicht angemessen ist. Bei solchen Value-Aktien ist natürlich das Downside geringer, weil sie bei einer Börsenrallye die hohen Kurssteigerungen meist nicht (zumindest nicht voll) mitgemacht haben und zum Beispiel die Kurs-Gewinn-Verhältnisse recht niedrig sind. Auf diese Weise entsteht ein Sicherheitspolster, wenn es unerwartet zu Rückschlägen an den Aktienbörsen kommen sollte.

Umgekehrt ist das Kurspotenzial nach oben dementsprechend größer. Jeder würde Aktien gerne bei niedrigen Kursen kaufen und bei hohen Kursen verkaufen. Durch Value-Investment kommt man diesem Ziel schon recht nahe – sofern der auf solche Titel spezialisierte Fondsprofi mit seinen Annahmen zur Unterbewertung der Aktie richtigliegt. Es gibt ausreichend Beispiele, dass diese Fonds weniger Kursschwankungen aufweisen und trotzdem nach Kosten attraktive Renditen erzielen. Aufgrund der etwas konservativeren Ausrichtung sind Value-Aktien eher für Einmalanlagen oder für ältere Anleger geeignet.

Ob Sie nun in Aktien, Immobilien, Anleihen oder Value-Fonds investieren – die Devise kann für Sie nur lauten: langfristig denken, optimal diversifizieren und gute Qualität wählen. Vermeiden Sie große Klumpenrisiken in Ihrem Portfolio. Bilden Sie lieber mehrere kleine Klumpen: einen Aktienklumpen, dazu einen Anleiheklumpen und daneben einen Immobilienklumpen. Und vermutlich haben Sie gegen werterhaltende Goldklumpen ebenfalls nichts einzuwenden.

Reich bleiben auch in Krisenzeiten

Gold und andere kleine kostbare Sachwerte sind mitunter als Beimischung in Ihrem Anlageportfolio zweckmäßig. Gerade wenn Sie Angst vor der Entwertung des Euro haben, können Ihnen »seltene« Rohstoffe Sicherheit geben, dass die Kaufkraft Ihres Vermögens erhalten bleibt. Speziell während Krisenphasen, in denen das Vertrauen der Menschen in die jeweilige Papierwährung schwindet, erleben Gold und Edelsteine als »Angstwährung« oftmals einen Höhenflug.

Diese Anlageklassen haben durchaus ihren Reiz – aber zugleich ihre Tücken. Sind solche Sachwerte wirklich die Sache wert?

Generell sollten Anleger mit größerem Vermögen einzelne Rohstoffe in ihrem Portfolio haben, jedoch nicht unbedingt allein Gold. Silber ist ein beliebter Goldersatz, denn mit dem weißen Metall können sich Anleger ebenfalls vor Inflation und Finanzkrisen schützen. Auch Platin ist ein faszinierendes Edelmetall mit einer stabilen Wertentwicklung, da seit Jahren die Nachfrage das Angebot übersteigt. Gold allerdings ist das bekannteste und häufigste Krisenversicherungsinstrument. Es gilt als ewige Währung und ist deshalb weltweit der gefragteste Sachwert. Aber ist Gold tatsächlich das bessere Geld?

Ein 500-Euro-Schein hat einen Materialwert von wenigen Cent. Gold dagegen ist nicht nur ein Zahlungsversprechen, sondern hat von sich aus einen Wert. Anders als viele andere Rohstoffe – wie zum Beispiel Öl oder Nahrungsmittel – wird es zudem nicht verbraucht beziehungsweise nutzt sich durch seinen Gebrauch höchstens minimal ab. Daher ist es seit vielen Tausend Jahren ein Tauschmittel und bis heute ein weltweit anerkanntes Zahlungsmittel, sozusagen die letzte »Zahlungsinstanz«.

Münzen, wie beispielsweise im Mittelalter der Gulden, enthielten eine genau definierte Menge an Gold – daher der Name. Direkt oder indirekt war der Wert aller großen Währungen bis vor wenigen Jahrzehnten an den sogenannten Goldstandard gebunden. Heute hingegen ist keine der überregional bedeutenden Währungen mehr durch Sachwerte gedeckt oder an deren Preise gekoppelt. Ob US-Dollar, Britisches Pfund, Yen oder Euro – sie alle sind bloß ungedecktes Papiergeld. Auf jeder US-Dollar-Note steht »In God we trust«, und in der Tat hängt der Wert von Papierwährungen hauptsächlich davon ab, ob wir mehrheitlich glauben, dass wir wirklich die Kaufkraft erhalten, die auf dem Geldschein beziffert ist. Dagegen sagen sich viele Menschen in Finanz- und Wirtschaftskrisen eher »In gold we trust«. An den Wert des Goldes zu glauben ist natürlich viel leichter, weil es sich eben nicht nur um bedrucktes Papier handelt.

Die Geldversicherung

Viele Menschen sehen Gold als eine Art Versicherung gegen Geldentwertung an. Immer wenn Inflation oder Währungskrisen drohen, findet fast reflexartig eine Goldaufwertung statt. Gold als Krisenschutz wird folglich weiterhin benötigt. Zur Vermögenssicherung kann es in unsicheren Zeiten sogar unverzichtbar sein. Also erwerben Sie ruhig ein bisschen Goldgeld.

Gold ist gerade deshalb so wertvoll, weil immer mehr Menschen bewusst wird, dass ihre Währung im Grunde aus nichts als bunt bedruckten Zetteln besteht. Wenn der Goldpreis steigt, ist das ein untrügliches Zeichen dafür, dass das Papiergeld unter Druck gerät und die Kaufkraft einer wichtigen Währung wie US-Dollar oder Euro sinkt.

Goldbefürworter betonen gerne, dass sich die Goldmenge nicht willkürlich vermehren lasse, wodurch ihr Wert zwangsläufig sinken werde. Geldscheine hingegen kann man in beliebigen Mengen nachdrucken beziehungsweise per Knopfdruck als digitales »Giralgeld« vermehren – und genau das machen die großen Zentralbanken in New York, Tokio und Frankfurt seit Jahren in exzessiver Weise.

Geld ist künstlich, Gold ist echt und wird nie billiges Blech. Gold ist der konkrete Konkurrent des abstrakten Papiergeldes. Im alltäglichen Finanzleben ist Gold eine Art Wertbewahrungsmittel, und genau dafür wird es aufbewahrt. Gold ist im wahrsten Sinn des Wortes stabil. Es kann nicht pleitegehen, durch keine Währungsreform entwertet werden. Gold war und ist eine Reservewährung und wird es wohl immer bleiben.

Mit Gold konnte man sich früher, kann man sich heute und wird man sich wahrscheinlich ebenfalls in Zukunft immer etwas zu essen oder zu trinken kaufen oder sich eine Unterkunft leisten können. Im Gegensatz zu einer Immobilie aus Stein kann man Gold transportieren. Wer Gold besitzt, wird sich beim Tausch stets mit seinem Geschäftspartner einigen können.

Wie wertbeständig Gold ist, zeigt ein historischer Vergleich: Im alten Ägypten bekam man für ein Gramm Gold zehn Brote. Derzeit ist ein Gramm Gold ungefähr 30 Euro wert. Dafür würde man zu Durchschnittspreisen nach wie vor etwa zehn Brote bekommen. Für eine Unze gab es im alten Rom eine Tunika, und dafür bekommen Sie heute bei einem guten Herrenausstatter einen Anzug. Sie werden auch in Zukunft gerade in Wirtschaftskrisen immer mehr für eine Goldunze bekommen als für ein Bündel Geld. Gold ist sozusagen Cash für den Crash.

Seien Sie sich jedoch bewusst: Gold ist nicht verzinsbar. Während Geld arbeitet, ruht sich das Gold aus. Wenn Sie Gold in Ihrem Safe haben, bringt Ihnen das keine Zinsen. Kurzum:

Es gibt keine Goldzinsen, wohl aber Goldsicherheit (Cash-code: 29).

Schlägt Gold langfristig Papiergeld? Auf diese Frage gibt es zwei Antworten: Als Sicherheit in Krisenzeiten ist Gold dem Papiergeld überlegen. Doch das bedeutet nicht automatisch, dass Gold ein rentables Anlageobjekt wäre. Wie sich der Preis von Gold in Zukunft entwickeln wird, kann niemand voraussagen. Trotzdem könnte Gold für ein ausgewogenes Portfolio der goldene Boden sein. Und im Winter 2015/2016 ist der Kaufpreis sehr viel günstiger als vor ein paar Jahren.

Bleibt Gold also künftig ein Muss? Sollten Sie einen Teil Ihres Vermögens in Gold anlegen? Ja, zumindest zu einem kleinen Teil, vielleicht 5 oder 10 Prozent. Kaufen Sie Gold als Privatanleger nicht, um kurzfristig Gewinn zu erzielen, sondern um zukünftige Krisen sicherer zu überstehen. Denn es verbindet die Vorteile von Liquidität und Inflation, es ist Geldvermögen und Sachvermögen zugleich. Wenn Sie Gold als Absicherungsinstrument ansehen, sollten Sie eine gewisse Menge in Form von physischem Gold – also in Münzen oder Barren – im Safe zu Hause oder im Bankschließfach haben. Gold ist, ebenso wie Diamanten, eine berührbare Anlage und kann sich in Krisenzeiten als goldrichtig erweisen.

Hochkarätige Anlagen

Edelsteine sind buchstäblich das härteste Kapital. Sie werden zum Schutz gegen Inflationsgefahren und Währungsverfall genutzt und gelten ebenfalls als Fluchtkapital: Diamanten im Wert von 1 Million Euro passen in eine Streichholzschachtel und lassen sich unauffällig transportieren.

Eine frühere Nachbarin von mir – zugegebenermaßen keine arme Frau – trug während des Zweiten Weltkriegs ein Diamantencollier, und wenn sie in Notsituationen etwas kaufen musste, löste sie einfach ein Glied aus der Diamantenkette und bezahlte damit.

Diamanten eignen sich also nicht nur als kostbare Geschenke. Obwohl natürlich ein Edelstein am Hals, am Finger oder an den Ohren einer schönen Frau wunderschön aussieht, ist er eben zugleich eine wertbeständige Geldanlage und wird mehr und mehr zum Anlageobjekt. Denn hochkarätige Steine können besonders hochkarätige Renditen bringen und ein glänzendes Investment sein, das Ihre Augen funkeln lässt – vor Freude über die Schönheit Ihrer Juwelen und vor Glück über den Wertzuwachs.

Farbige Edelsteine sind seit Jahren die Preisgewinner des Edelsteinindex Gemval. In den Jahren 2005 bis 2015 hat dieser sich nahezu verdoppelt. Trotzdem sollte man auch bei Investitionen in Edelsteine langfristig denken. Durch ihre Stabilität setzen die Diamantenpreise Maßstäbe. Statistiken und über Jahrzehnte bewährte Qualitätsstandards sorgen hier für Transparenz und Risikominimierung.

Kaufen Sie aber keine Edelsteine, wenn Sie damit kurzfristig spekulieren oder sie diese schon nach wenigen Jahren verkaufen wollen oder gar müssen. Freuen Sie sich über eine funkelnde Anlage, mit der Sie im Laufe der Jahrzehnte steinreich werden können.

In Krisenzeiten können Sie zudem den in Brillanten, Edelsteinen und/oder Gold angelegten Teil Ihres Geldvermögens vor einem drohenden Wertverfall recht gut schützen, sodass diese kostbaren Schätze ein wichtiger Stabilisator für Ihre Millionärsformel sind.

Vollkasko gegen Verluste

Wollen Sie den Teil Ihres Vermögens, den Sie in Aktien angelegt haben, schützen? Dafür gibt es spezielle Optionen, die wie eine Vermögensversicherung funktionieren können. Ihre Eigentumswohnung versichern Sie doch auch, gegen einen großen Wasserschaden beispielsweise. Spätestens wenn Sie ein Vermögen haben, das ähnlich viel wert ist wie eine Immobilie, sollten Sie über eine Art Aktienversicherung nachdenken. Schließlich sind das Risiko und die Höhe eines Börsenkursrutsches größer als die Wahrscheinlichkeit, dass in Ihrer Wohnung ein Wasserrohr bricht, alles überschwemmt wird und ein riesengroßer finanzieller Schaden eintritt.

Mit Aktienoptionen können Sie den Aktienpreis nach unten absichern, wenn die Kurse fallen. Damit meine ich nicht, dass Sie extra spekulieren, Zeitverluste riskieren oder mit Zockerinstrumenten zusätzliche Risiken und Kosten eingehen sollten. Wenn Sie aber eine größere Aktienposition besitzen und schon hohe Kurssteigerungen erzielt haben, könnte es Sinn machen, diese Aktien weiter zu halten und die Kurse durch Optionen abzusichern. Dieser Schutzzaun um Ihr Aktienportfolio wird auch »hedge« (wörtlich Hecke) genannt. Durch Optionen sichern Sie Ihr Investment in Aktienmärkte ab, bleiben quasi mit Vollkasko in Aktien investiert.

Durch Optionsscheine erwerben Sie gewisse Rechte, zum Beispiel die Option, Ihre Aktie an einem bestimmten Datum zu einem festgelegten Preis zu verkaufen. Sie können die Aktien dann an den Herausgeber des Optionsscheins veräußern, sind jedoch nicht dazu verpflichtet. Diese Absicherung kostet selbstverständlich eine entsprechende Prämie, sozusagen als Versicherungsbeitrag für den Börsenkatastrophenschutz. Je tiefer der Kurs fällt, desto höher ist Ihr Optionsgewinn. Geht die Aktie seitwärts, also weder rauf noch runter, oder steigt sie, haben Sie die entsprechende Prämie bezahlt und nichts gewonnen. Aber wie bei einer Eigentumswohnung ist niemand traurig, wenn seine Wohnung nicht unter Wasser steht oder abgebrannt ist und die Versicherungsbeiträge damit umsonst gezahlt wurden.

Mit Optionsscheinen können Sie also den Teil Ihres Vermögens, der aus Aktien besteht, absichern. Damit hätten Sie Ihr Vermögen nicht nur auf mehrere Anlageklassen verteilt, sondern zudem die Aktienanlageklasse gegen größeren Wertverlust versichert. Optionen können ein Rettungsring für Ihr Depot sein, damit Ihr Vermögen nicht untergeht.

Beim »Hedgen« kommt es auf das Timing an. Wenn die Börsen – historisch gesehen – eher niedrig stehen, ist die Absturzgefahr im Allgemeinen geringer. Sind die Kurse dagegen sehr hoch, bietet sich eine solche Vermögensversicherung an.

Für Indexfonds wie beispielsweise den DAX oder den EURO STOXX 50 werden gleichfalls Optionen angeboten, mit denen Sie Ihr Vermögen hedgen können. Diese nennt man Verkaufs- oder Put-Optionen. Darüber hinaus gibt es weitere Kursabsicherungsinstrumente wie zum Beispiel das Setzen von Stop-Loss-Marken oder der Einsatz von Reverse-Zertifikaten, Short-ETFs und so weiter, über die Sie sich unter Cashcode: 30 informieren können. Mit diesen Schranken und Produkten können Sie den Teil Ihres Vermögens, der aus Aktien besteht, gegen größere Wertverluste absichern.

Aber Finger weg von Spielchen mit weiteren Arten von Optionsinstrumenten! Gerade Privatanleger ohne Erfahrung sollten sich nicht auf schwer zu durchschauende Optionskonstruktionen einlassen, weil man bei falscher Anwendung viel Geld verlieren kann.

Es gibt noch eine weitere Schutzvariante für Aktieninvestments, nämlich Aktienzertifikate mit Kapitalschutz und Gewinnsteigerungsanteil. Das sind spezielle Finanzmarktprodukte, mit denen Sie zum Beispiel Anteile eines DAX-Papiers erwerben, und selbst wenn die Märkte zusammenbrechen, erhalten Sie Ihr komplettes Ursprungsinvestment zurück. Es ist natürlich klar, dass Sie im Gegenzug einige Prozente des etwaigen Gewinns an den Zertifikatgeber abtreten müssen. Trotzdem bekommen Sie einen großen Teil der Kursgewinne, allerdings keine Dividenden.

Es gibt also Finanzprodukte, mit denen man Geld verdienen kann, wenn die Aktienmärkte nach oben gehen, und die gleichzeitig garantieren, dass der Wert der ursprünglichen Investmentsumme erhalten bleibt, wenn die Börsenmärkte runtergehen. Ich nenne es das »Aufwärts-ohne-Abwärts-Vehikel«, eine technisierte Sicherheit. Diese Finanzinstrumente sind eigentlich Versicherungsprodukte. Sie bekommen zwar 100 Prozent Sicherheit, dass Ihr Geld nie verloren ist, dafür jedoch nicht 100 Prozent vom Gewinn, denn die Versicherung nimmt je nach Laufzeit und Kursständen z. B. ein Viertel. Wenn also der Kurszuwachs 10 Prozent beträgt, bekommen Sie nur 7,5 Prozent.

Stellen Sie sich einmal den Vorteil dieser Konstruktion im übertragenen Sinne vor: Im Kasino gäbe es einen Spieltisch, an dem Sie Ihr Geld nicht verlieren können. Sie müssten lediglich einen Teil des Gewinns abliefern. Wahrscheinlich würden Sie alles, was Sie haben, an diesem Tisch setzen. Sie würden so lange spielen wie eben möglich. Nichts verlieren zu können und vom Gewinn lediglich einen kleinen Teil abgeben zu müssen – ein solches Finanzprodukt kann dienlich sein, wenn es sich um ein hohes Aktienvermögen handelt und wenn Sie schon älter oder Rentner sind und nicht mehr sehr viele Jahre Zeit haben, um etwaige Aktienkursrückschläge aufzuholen, aber in großem Maße in Aktien investiert bleiben wollen.

Die Multivitaminanlagen

Größere Summen klug zu investieren bedeutet heutzutage, ganzheitlich zu investieren. Zum Beispiel nicht auf eine einzelne Aktie, sondern auf einen Fonds einer Anlageart zu setzen, also sozusagen auf einen ganzen Wald und nicht auf einzelne Bäume. Wenn Sie sich einen guten Multi-Asset-Fonds suchen, sind Sie häufiger auf der richtigen Seite, weil Sie auf diese Weise an vielen »Wäldern«, in denen prächtige Bäume wachsen werden, beteiligt sind.

Mittlerweile sind solche Mischprodukte eine stark gefragte Fondsgattung. Sie kennen doch Multivitamingetränke, die aus vielen verschiedenen Fruchtsäften bestehen und uns deshalb mit den verschiedensten Vitaminen versorgen, die es in einer einzelnen Frucht nie gibt. Gerade der Mix sorgt für die Optimierung. In der Vermögensverwaltung sind das eben qualitätsvolle Multi-Asset-Fonds. Sie gibt es auch als ETF, sozusagen als Misch-ETF.

Die Manager dieser nervenschonenden Einrichtungen investieren in verschiedene Anlageformen wie Anleihen und Aktien, Rohstoffe, Immobilien und Währungen. Entsprechend der jeweiligen Marktsituation und der unterschiedlichen Risikofreudigkeit der Anleger fallen die Zusammensetzungen unterschiedlich aus. Sie können Ihr Depot außerdem global in verschiedenen Anlageklassen diversifizieren, also auf verschiedenen Märkten und in verschiedenen Regionen als echtes Weltdepot.

Diese Fonds sind sehr flexibel und eignen sich für steigende, aber auch für fallende Märkte. Je diversifizierter der Mix aus verschiedenen Anlageklassen, desto kleiner ist die Gefahr, dass alle Kurse zur gleichen Zeit einbrechen.

Multi-Asset-Fonds sind ebenfalls für Anleger vorteilhaft, die sehr langfristig anlegen möchten. Je länger die Laufzeit ist, desto größer ist der Vorteil, weil sich über die Zeit die jeweiligen Anlageklassen mit einzelnen – vorübergehend schwächeren – Anlagepositionen ausgleichen und zu einem Gewinn führen können. Bei drohenden Markteinbrüchen lassen sich große Anteile des Fonds in wertstabilere Anlageklassen und bei wahrscheinlichen Kursanstiegen in risikoreichere Anlageklassen umschichten.

Diese Art Sicherungssystem hat gegenüber boomenden Aktienmärkten natürlich einen Renditenachteil, bei Kurseinbrüchen hingegen einen Renditevorteil. Wenn Sie einen guten Mix gefunden haben, sind Sie bei den Gewinnen mit dabei. Dass alle Anlageklassen gleichzeitig abstürzen, ist so gut wie ausgeschlossen.

Für die Performance ist oft der jeweilige Aktienanteil entscheidend. Er kann von 0 bis 100 Prozent variieren. In den letzten Jahren bis 2015 waren die Renditen der Mischfonds recht hoch. Im Durchschnitt erzielten defensive Mischfonds jährlich knapp 6 Prozent Rendite, die besten Mischfonds der großen deutschen Geldhäuser im gleichen Zeitraum durchschnittlich sogar etwa 10 Prozent. Das beruht teilweise auf einer Sondersituation, denn mit den hohen Aktien- und Anleiheanteilen konnten die Anleger gleichermaßen von den rekordverdächtigen Kursanstiegen an den Börsen wie vom Preisanstieg bei Anleihen aufgrund der historisch niedrigen Zinsen profitieren. Dass beide Anlageklassen gleichzeitig steil nach oben gehen, war allerdings in der längeren Vergangenheit eher die Ausnahme.

Doch auch Multi-Asset-Fonds sind nicht völlig risikolos. Die Doppel-A-Kombination – Aktien und Anleihen – galt lange als besonders Erfolg versprechend, weil Anleihen zwar geringere, aber konstantere Renditen brachten und Aktien zwar mehr abwerfen, dafür aber höheren Schwankungen unterliegen. In der derzeitigen Niedrigzinswelt allerdings werfen Anleihen keine

nennenswerten Zinsen mehr ab und werden sogar zum Risiko-
faktor, weil bei steigenden Zinsen ihre Kurse sinken.

Multi-Asset-Fonds verlangen ähnliche Gebühren wie andere
aktive Investmentfonds. Wenn Sie, um die Zukunftsaussichten
beurteilen zu können, nach der Vergangenheitsrendite fragen,
dann lassen Sie sich den Performance-Wert nach Kosten nennen.

Falls Sie Spaß daran haben und zudem genügend Zeit sowie
das nötige Wissen, wollen Sie Ihre Anlagen vielleicht selbst verwalten. Dann kann es nicht schaden, sich an den Konzepten
von Multi-Asset-Fonds zu orientieren. Die Bauanleitung für ein
gut gemischtes, breit gestreutes Depot ist ganz einfach: Aktien,
Unternehmensanleihen, Cash, Immobilien und so weiter.

Ich möchte Sie ermutigen, eine solche Strategie für sich festzulegen, auszuwählen und umzusetzen. Ich weiß nicht, wann Sie
dieses Buch lesen, ob dann die Börsen hoch oder niedrig sind
oder welcher Zinssatz dann gelten wird. Doch ich weiß, dass
Ihnen eine Strategie, Ihr Portfolio allwetterfest zu machen, helfen wird. Also nehmen Sie eine Allmarktfunktionsstrategie. Sie
brauchen ein diversifiziertes Anlageportfolio für alle Saisonalitä-
ten. Den auf Ihre individuellen Bedürfnisse und Ihre persönliche
Situation zugeschnittenen Mix an Finanzprodukten besprechen
Sie bitte mit einem Finanzplaner, mit Ihrem Vermögensverwalter
oder Bankberater.

Wahrscheinlich werden Sie dank solcher Anlagediversifika-
tionen länger und mehr von Ihrem durch die Millionärsformel
erreichten Vermögen haben.

Phasing-out statt Blackout

Vielleicht sind Sie kurz vor oder seit Kurzem im Ruhestand
und haben nie in Ihrem Leben Aktien besessen. Dann haben
Sie wahrscheinlich über viele Jahre einiges an Renditechancen
verpasst, denn ohne Aktien im Portfolio ist die Rendite heutzutage äußerst mager. Aber für einen Richtungswechsel muss es
nicht zu spät sein. Auch Sie können immer noch einen Teil Ihres
angesammelten Vermögens in Aktien investieren. Wahrschein-

lich liegt ja bei Rentenbeginn mehr als ein Fünftel Ihres Lebens noch vor Ihnen. Wer 65 ist, wird nach Prognose des Statistischen Bundesamts durchschnittlich als Frau noch fast 21 Jahre und als Mann noch rund 18 Jahre leben. Deswegen kann ruhig ein Teil Ihrer Altersvorsorge in Aktien investiert sein.

Wenn Ihr Vermögen nicht mehr anwachsen und bei Minuszinsen sogar schrumpfen würde, während die Lebenshaltungskosten munter weiterlaufen bzw. sogar klettern, könnte es passieren, dass Ihr Geld lange vor Ihnen am Ende ist. Daher darf die Sicherheit Ihrer Geldanlage auch im Rentenalter nicht die einzige Sorge sein. Ebenso sollten sich ältere Menschen mit der Inflationsgefahr beschäftigen, denn die Preise – insbesondere für Nahrungsmittel – werden ziemlich sicher weiter steigen. Der Inflation ist es egal, ob Sie älter oder jünger sind – sie zernagt jedes Vermögen, das sie zwischen die Zähne kriegt. Also brauchen Sie einen Inflationsschutz für Ihr Vermögen, und den bieten am einfachsten Immobilien und Aktienbesitz.

Man könnte den Beginn Ihres Rentendaseins damit umschreiben, dass es der Tag ist, an dem der Verbrauch Ihrer Ersparnisse beginnt. Vielen älteren Menschen wird gar nichts anderes übrig bleiben, als an ihr Erspartes zu gehen. Dann heißt es: Sparen war gestern, entsparen ist heute. Nachdem Sie während eines Großteils Ihres Lebens Ihren Vermögensberg angehäuft haben, können Sie nun Ihr entsprechend erhöhtes Alterseinkommen genießen und Ihr Vermögen nach und nach abtragen oder sogar über die Jahre aufbrauchen.

Bestimmt wollen Sie aber Ihr Vermögen nicht auf einmal auf den Kopf hauen, sondern zum Beispiel monatlich Anteile entnehmen. Bei der privaten Altersvorsorge ist die Auszahlungsphase genauso wichtig wie die Kapitalaufbauphase. Wie bei einem Gebäude – es gibt einen Eingang, es muss aber auch einen Ausgang geben. Die Entnahmephase sollte viel stärker als bislang in den Vordergrund der Altersabsicherung rücken. Es gibt mehrere Möglichkeiten, über einen längeren Zeitraum zu entsparen.

Bei einem Aktienfonds zum Beispiel können Sie nach der umgekehrten Cost-Average-Methode – ich nenne sie die »Sell-Average-Methode« – vorgehen, also die Ausstiegspunkte entsprechend über einen größeren Zeitraum verteilen. Wenn Sie jeden Monat einen festen Betrag entnehmen, müssen Sie dafür je nach Kursen mal mehr und mal weniger Aktienfondsanteile verkaufen. Je größer dieser Entnahmezeitraum ist, desto größer ist die Wahrscheinlichkeit, dass Sie jeweils nicht nur tiefe, sondern ebenfalls hohe Kurse erwischen und das Vermögen länger reicht.

Eine andere Möglichkeit, Ihrem Vermögen gleichmäßig monatliche Beträge zu entnehmen, ist die sogenannte Sofortrentenversicherung. Darunter versteht man eine private Rentenversicherung, bei der Sie nicht vorher regelmäßig eingezahlt haben, sondern einmalig eine höhere Einzahlung leisten. Dafür erhalten Sie dann eine lebenslange monatliche Rente. Wer beispielsweise 50.000 Euro in eine Sofortrente anlegt, erhält bis ans Lebensende etwa 150 Euro monatlich. Sie können auch umgekehrt vorgehen, indem Sie die gewünschte Höhe Ihrer privaten Zusatzrente auswählen und die zu leistende Einmalzahlung ermitteln (Cashcode: 31). Solche sogenannten Sofortrenten sind besonders praktisch im Rentendasein. Sie können, solange Sie leben, eine Art »Gehaltszahlung« erhalten, ohne selbst zu arbeiten. Schaffen Sie also Ihr lebenslanges Einkommensprogramm.

Sie können entweder in Eigenregie ganz nach Ihren Vorstellungen und Wünschen oder mithilfe eines Auszahlungsplans von einem Finanzinstitut Ihr angespartes Kapital schrittweise entnehmen. Oder Sie ziehen bloß den Ertrag heraus, dann bleibt die investierte Summe auf Ihrem Konto und kommt eines Tages Ihren Erben zugute. Das ist natürlich eine höchst individuelle Entscheidung, die nur Sie selbst – gegebenenfalls mit Ihrem Partner – zu treffen vermögen.

Bei Auszahlungen mit Kapitalverzehr können Sie zwar eine höhere Entnahmesumme wählen, müssen sich aber dessen bewusst sein, dass das Geld irgendwann alle ist. Das birgt ein gewisses Risiko, weil niemand weiß, wie lange er noch zu leben hat. Und Sie sollten sich schließlich nicht sorgen müssen, dass es nicht bis an Ihr Lebensende reicht.

Wenn Sie Ihr Vermögen nicht sukzessive verbrauchen, sondern bloß die Erträge entnehmen, haben Sie natürlich in dieser Hinsicht kein Problem.

Sie müssen sich das im übertragenen Sinne so vorstellen, als hätten Sie viele Hühner, die regelmäßig viele Eier legen. Je mehr Hühner Sie schlachten, umso weniger Eier werden Sie in Zukunft erhalten. Die Menge der Eier ist limitiert und hängt von der Menge der noch lebenden Hühner ab. Ihre Altersversorgung funktioniert genauso. Später erhalten Sie natürlich lediglich so viel Euro an Rendite, wie das Vermögen abwirft. Wenn Sie mehr ausgeben, als Ihr Vermögen erwirtschaftet, wird das Geld entweder nicht so lange wie nötig reichen oder es stehen am Ende nur noch kleinere monatliche Auszahlungen zur Verfügung.

Sie haben die freie Wahl, über welchen Zeitraum Sie Ihr Vermögen entnehmen wollen.

In Abbildung 20 ist exemplarisch dargestellt, welches zusätzliche monatliche Einkommen Sie bei unterschiedlichen Zinsen aus Ihrem angesparten Kapital erwarten können, wenn die im

Wie lange reicht das Geld? [20]

Verrentungs-kapital (in Euro)	Entnahmezeit in Jahren	Monatsrente (in Euro) bei einem Zinssatz p. a. von:*		
		5 %	6 %	7 %
50.000	5	937	958	979
	10	525	548	572
	15	391	416	441
	20	326	352	379
100.000	5	1874	1916	1958
	10	1051	1097	1143
	15	782	831	882
	20	651	704	758
200.000	5	3748	3832	3916
	10	2101	2193	2286
	15	1563	1662	1763
	20	1302	1407	1516

*Annahme: Das Verrentungskapital wird komplett aufgebraucht.
Quelle: Eigene Berechnungen

Verlauf der Entnahme verbliebene Summe weiterhin verzinst wird (mehr unter Cashcode: 32).

Ein solcher Zustand bedeutet, dass Sie nicht mehr arbeiten müssen, weil Sie eine ausreichende Masse an Vermögen erreicht haben und mit den passenden Anlagekonzepten regelmäßige lebenslange Einnahmen erzielen.

Damit ist das wichtigste Ziel erreicht: Sie haben sich finanzielle Unabhängigkeit gesichert und sich womöglich sogar schon finanzielle Freiheit verschafft, sodass Sie sich die von Ihnen ersehnte Lebensqualität ermöglichen können. Versuchen Sie aus Ihren Investitionen positiven Cashflow zu generieren, und zwar mit der Regelmäßigkeit und Konstanz eines Schweizer Uhrwerks.

Mit zunehmendem Alter empfiehlt es sich logischerweise, immer mehr von Aktienanlagen zu weniger volatilen Anlagewerten umzuschichten. Wenn der Zeithorizont, bis wann Sie das Geld benötigen, zunehmend kürzer wird, sollten Sie ebenfalls Ihr Vermögensrisiko kürzen. Haben Sie zum Beispiel lediglich 30 Monate bis zum Rentenbeginn, ist Ihre Risikotoleranz sicherlich sehr viel geringer, als wenn noch 30 Jahre Arbeit und Einkommen vor Ihnen lägen. Also ein Phasing-out und kein Blackout.

Es gibt spezielle Fonds, bei denen das Management die Anlageklassen umschichtet und schwankungsarme Anlagen wie Anleihen oder Geldmarktpapiere Zug um Zug höher gewichtet. Hat die Aktienquote ursprünglich 100 Prozent betragen, können Sie zum Beispiel eine jährliche Senkung um 10 Prozent veranlassen. So haben Sie fünf Jahre später eine Aktienquote von bloß 50 Prozent und weitere fünf Jahre später von 0 Prozent. Oder Sie senken schrittweise auf 50 Prozent ab und behalten diese Aktienquote bei.

Wie bei jeder mathematischen Aufgabe kommt es auch hier auf die Endrechnung an. Damit Sie auf der Zielgeraden möglichst lange etwas von Ihrem Vermögen haben, kann ein strategisch kluges und ausbalanciertes Phasing-out sehr wichtig sein. Denn Sie wollen ja sehr lange Ihre finanzielle Unabhängigkeit behalten und Ihre finanzielle Freiheit ausleben.

Kapitel 12

Auf eigene Rechnung zum größeren Vermögen

Sie können doppeltes Glück, nämlich persönliche Befriedigung und mehr Einkommen, durch eine selbstständige oder freiberufliche Tätigkeit erreichen. Dies könnte besonders dann eine aussichtsreiche Perspektive sein, falls Sie als Angestellter in Ihrer Firma oder Branche unglücklich sind.

Mit abhängiger Beschäftigung ist es nicht ganz so einfach, ein großes Vermögen zu erzielen. Dagegen können Sie als Selbstständiger, Freiberufler und Unternehmer ein hohes Erwerbseinkommen erreichen, das oftmals weit über dem Durchschnitt liegt, und somit ein beträchtliches Vermögen aufbauen.

Unternehmer haben zudem eine deutlich höhere Risikobereitschaft – und entsprechend bringen es in dieser Bevölkerungsgruppe mehr Menschen zu Reichtum. Allein schon die Tatsache, dass jemand sich selbstständig macht, zeigt, dass er risikobereiter ist – jedenfalls dann, wenn er diesen Schritt aus Überzeugung und freien Stücken geht.

Keine andere Gruppe in unserer Gesellschaft hat ein ähnlich hohes Risiko, ihr Geld oder ihre gesamte wirtschaftliche Existenz zu verlieren. Doch wenn Sie als Unternehmer mit einer Geschäftsidee durchschlagenden Erfolg haben, sind Ihre Einkommens- und Gewinnmöglichkeiten praktisch grenzenlos. Selbstständigkeit kann also zum Joker in Ihrer Millionärsformel werden und Sie zum Multimillionär machen!

Wenn Sie als Angestellter mit Ihrem Job nicht zufrieden sind, ist es für Sie möglicherweise an der Zeit, auf Ihrem Berufslebensweg die Ausfahrt zur Selbstständigkeit zu nehmen. Vielleicht ist es besser für Sie, Ihr eigenes Geschäft zu haben, um endlich tun zu können, was Sie lieben, und es so zu tun, wie Sie es für richtig halten.

Ich selbst verließ mit 50 Jahren die Firma, die ich aufgebaut hatte. Als Vorstand einer börsennotierten Aktiengesellschaft war ich fremdbestimmt, musste mich immer nach den Terminen von Analysten, Aufsichtsräten und Hauptversammlungen richten und war mehr als ein Jahr im Voraus für etwa 100 Tage verplant. Ich war nicht mehr mein eigener Herr; ich konnte nicht selbst entscheiden, wann ich in Urlaub gehen wollte und ob ich bei der Geburtstagsfeier eines meiner Kinder dabei sein durfte. Stattdessen musste ich immer mehr Dinge machen, zu denen ich keine Lust hatte, ja die für mich teilweise fast eine Qual waren.

2007 sagte ich mir: Jetzt ist Schluss, ich trenne mich von meinen Anteilen. Seit meinem Ausscheiden aus dem operativen Geschäft bin ich wieder frei, denn ich habe keine Muss-Termine mehr, sondern nur noch Will-Termine. Ich kann weitestgehend tun, was mir liegt und Spaß macht: Jungunternehmer in Start-ups fördern und unterstützen oder Konzerne in Vertriebsfragen beraten und meine Termine dabei autonom steuern – zumindest wenn ich nicht gerade ein Buch schreibe oder einen Vortrag zu einem klar festgelegten Datum auf einem Kongress zugesagt habe.

Wenn Sie als Selbstständiger Geld einnehmen, ist dies mit einem besonders schönen Gefühl verbunden, schließlich ist es Ihr Geld – es gehört nicht Ihrem Chef oder der Firma, in der Sie früher gearbeitet haben. Sie entscheiden, wie viel Geld Sie privat entnehmen oder wie viel Sie wieder in Ihr Unternehmen investieren, damit es weiterhin wachsen kann. Sie können zudem frei bestimmen, wie viel Sie für Ihre Altersvorsorge beiseitelegen.

Erfolg unternehmen

Als Selbstständiger sind Sie frei und unabhängig. Sie bestimmen, wann Sie Pause oder Urlaub machen. Sie stimmen Ihre Arbeit auf Ihre Familienbelange ab, natürlich nur in dem Maß, wie Ihre Kunden das mitmachen. In jedem Fall können Sie flexibler planen und handeln und selbst die Verantwortung übernehmen. Allerdings müssen Sie diese dann auch tragen: Wenn an einem Tag mal alles richtig schlecht läuft, können Sie es keinem anderen in die Schuhe schieben. Der Chef und damit der Verantwortliche sind Sie selbst. Selbstständigkeit und Unabhängigkeit haben ein Preisschild: die permanente Pflicht, Kunden zufriedenzustellen, im Notfall immer für Käufer und Nutzer zur Verfügung zu stehen und sich ständig Marktveränderungen anzupassen.

Damit sind Sie als Selbstständiger ähnlich weisungsgebunden wie früher als Angestellter – mit dem Unterschied, dass Sie sich selbst Anweisungen erteilen und auf der Erfolgsstraße fahren, die Sie für sich und Ihr Unternehmen ausgewählt haben. Im Englischen nennt man Selbstständige »self-employed«: Der Betreffende stellt sich sozusagen selbst an.

Als Unternehmer müssen Sie Visionär und Praktiker in einer Person sein. Sie müssen Ihre Aufgaben nicht einfach umsetzen, sondern sie zuvor selbst ersinnen. Dafür brauchen Sie Kreativität und Flexibilität, Durchhaltevermögen, Entscheidungsstärke und viel Selbstdisziplin, zudem Zielorientierung, Willensstärke, Risikobereitschaft und Verbindungen. Als Gründer müssen Sie zudem improvisieren und experimentieren können.

Hand aufs Herz: Bringen Sie das alles mit? Wenn nicht, dann ziehen Sie eher andere Karrierewege oder einen Firmenwechsel in Betracht, falls Sie mit Ihrer beruflichen Situation unzufrieden sind.

Unternehmer haben keine Verträge, die ihnen Kündigungsschutz oder Lohnfortzahlung im Krankheitsfall garantieren. Ihre Sicherheit beziehen sie allein aus ihrer Überzeugung, erfolgreich zu sein, aus ihrer Vision von einer nützlichen Dienstleistung oder einem attraktiven Produkt und aus ihrem Selbstbewusstsein.

Sprechen Sie doch mal mit anderen Gründern, diskutieren Sie mit Firmeninhabern, recherchieren Sie Berichte über Selbstständigkeit und lernen Sie aus den Erfahrungen, die andere auf diesem Weg gemacht haben. Überlegen Sie gut, ob das Leben als Selbstständiger oder Freiberufler für Sie das Richtige ist. Probieren Sie zunächst einmal neben Ihrem alten Job verschiedene Dinge aus. Das Wichtigste ist, dass Sie ein Geschäftsmodell entdecken, das zu Ihnen passt, Ihren Neigungen und Eignungen entspricht und Ihnen Befriedigung bringt – nur dann können Sie mit Ihrem Unternehmen wirklich und nachhaltig erfolgreich sein.

Als Unternehmer müssen Sie sich auf Probleme regelrecht freuen. Erst diese lösen den Bedarf für Lösungen aus. Wenn Sie immer lösungsorientiert bleiben, werden Sie die meisten Ihrer Probleme auch besiegen. Eine 100-prozentige Erfolgsquote gibt es sowieso nicht.

Um Probleme zu lösen, müssen Sie sie dreidimensional sehen:

* Hinsehen: Was läuft nicht?
* Ansehen: Warum läuft es nicht?
* Umsehen: Wie könnte es laufen?

Fragen Sie sich, ob Sie in Ihrem bisherigen Leben schon Eigenmotivation und Problemlösungsqualitäten an den Tag gelegt haben – etwa als Sportler oder bei Projekten, die Sie in eigener Initiative organisiert und durchgezogen haben. Treffen Sie gerne Entscheidungen? Können Sie gut planen? Können Sie mit künftig schwankenden Einkünften emotional klarkommen und mit der Angst leben, eventuell pleitezugehen? Können Sie sich mit unregelmäßigen Arbeitszeiten anfreunden? Sind Sie bereit, sich lebenslang fortzubilden? Kommen Sie mit neidischen Konkurrenten und mit bürokratischen Hürden zurecht? Können Sie Mitarbeiter gewinnen, führen und motivieren? Sind Sie bereit, sich selbst zu wandeln, wenn die sich unablässig verändernden Märkte das verlangen?

Wenn Sie die meisten dieser Fragen eindeutig mit Ja beantworten, haben Sie zumindest eine gute Grundeignung zum Unternehmertum.

Aber Sie sind nicht allein auf dieser Welt. Wie sieht es mit Ihrem Partner aus, unterstützt Ihre Familie Sie? Stehen Ihre Angehörigen hinter Ihnen? Werden sie Ihnen den Rücken stärken, auch wenn Sie 60 Stunden die Woche arbeiten müssen und – zumindest in den ersten Jahren – mit Ihren Gedanken eigentlich immer in Ihrer Firma sind?

Grenzenlose Gewinnmöglichkeiten

Mit Ihrer neuen selbstständigen Tätigkeit werden Sie möglicherweise zunächst bloß einen kleinen Gewinn machen, also unter Umständen weniger verdienen als vorher in Ihrem Angestelltenjob. Doch wenn Sie dafür die Tätigkeit ausüben, von der Sie immer geträumt haben, ist es das wert. In der Startphase ihrer Selbstständigkeit haben viele Menschen unzählige Stunden investiert und dafür anfangs kaum Geld bekommen. Erst mit der Zeit wurde es ihnen möglich, mehr zu verdienen, als sie vorher je gedacht hatten.

Die Schweizer Großbank UBS und die Wirtschaftsprüfungsgesellschaft PwC haben im Jahr 2015 einen umfangreichen Milliardärsbericht veröffentlicht, für den sie das Vermögen von 1300 Milliardären untersucht haben. Demnach haben die meisten ihr Vermögen ihrem Unternehmertum zu verdanken. 23 Prozent waren unter 30 Jahre alt und 66 Prozent jünger als 40, als sie eine Firma gegründet haben.

Die reichsten Unternehmer wurden durch Erfindergeist vermögend. In den USA sind das vorrangig Computer-, Internet- und Social-Media-Gründer, in Deutschland hauptsächlich Discounter und Industrielle. Von den 100 reichsten Menschen der Welt sind die allermeisten Unternehmer.

Zu großem Reichtum führen unternehmerisches Handeln und kreative Leistung. Zu den häufigsten Eigenschaften besonders erfolgreicher Unternehmer zählen Fleiß und Offenheit für Neues. Ihre riesigen Vermögen sind weder auf Glück noch auf ihren sozialen Hintergrund zurückzuführen, sondern auf die Bereitschaft, Risiken einzugehen, auf einen ausgeprägten Geschäftssinn und ein strenges Arbeitsethos. Machen Sie sich klar, dass selbst ganz reiche Menschen nicht mit viel Geld gestartet sind, oft sogar ohne jegliches Startvermögen begonnen haben. Das ist die gute Nachricht: Reichtum kann von nahezu jedem erreicht werden.

Diese Selfmademilliardäre haben einfach gemacht, was nach ihrer Überzeugung gemacht werden musste, und zwar beharrlich und mit Leidenschaft! Wollen Sie ebenfalls der Macher Ihres eigenen Erfolgs werden? Die zahlreichen Beispiele von superreichen Prominenten, die ganz klein angefangen, ihre eigene Firma gegründet und Millionen und Abermillionen verdient haben, sollen Sie zu dem Versuch motivieren, gleichfalls als Selbstständiger mehr zu verdienen.

Stellen Sie sich einmal den Vermögensvorteil im Erfolgsfall vor: Wenn es Ihnen gelingt, langfristig 1000 Euro monatlich mehr an Nettoeinkommen zu erzielen und Sie diesen Betrag mit 7 Prozent jährlich anlegen, haben Sie nach 30 Jahren selbstständiger Berufstätigkeit über 1 Million Euro an Mehrvermögen aufgebaut.

Viele Menschen würden sich eigentlich gerne selbstständig machen, schrecken aber vor diesem Schritt zurück. Als Gründe werden meist mangelndes Startkapital und fehlende betriebswirtschaftliche oder kaufmännische Kenntnisse genannt. Und manch einem fehlt es auch schlichtweg an Mut und Zuversicht, dass er mit seiner Geschäftsgründung Erfolg haben würde.

Verbannen Sie das Wort »unmöglich« aus Ihrer Gedanken- und Sprachwelt und ersetzen Sie es durch das Wort »möglich«. Eine positive Grundeinstellung ist die Basis für eine erfolgreiche Gründung. Negatives Denken schließt die Eingänge zu den Chancen. Optimismus hingegen erhöht den Glauben an uns selbst und macht vieles möglich.

Schreiben Sie sich die Erfolge, die Sie bisher schon erreicht haben, einmal auf. Oder wie es einige Gründer machen: Sprechen Sie Ihre bisherige Erfolgsgeschichte auf Ihr Smartphone oder ein Diktiergerät und hören Sie sie sich immer wieder an. Ihr Unterbewusstsein schaltet nämlich schneller und stärker auf Optimismus um, wenn Sie die Chronik Ihrer Erfolge nicht nur niedergeschrieben sehen, sondern zusätzlich hören.

Jeder kann etwas Positives in seinem Leben finden: Vielleicht sind Sie frisch verliebt, erfreuen sich bester Gesundheit, haben ein gutes Gedächtnis, können hervorragend mit dem Computer umgehen oder kennen sich mit Pflanzen aus.

Erstellen Sie eine Liste der positiven Dinge in Ihrem Leben. Dadurch wird Ihnen – verdientermaßen – bewusst, dass Sie bereits viel Positives erreicht haben und daher auch Ihren beruflichen Traum von der Selbstständigkeit verwirklichen können.

Verwenden Sie die Einzigartigkeit Ihres Geistes, um bewusst positiv und optimistisch, kreativ und herzlich zu sein. Gerade diese innere Einstellung zeichnet praktisch alle Selbstständigen aus, die ihre Unternehmen – oftmals nach bescheidensten Anfängen – zu großartigen Erfolgsgeschichten gemacht haben. Für ihr positives Denken wurden sie alle über kurz oder lang durch sensationell positive Kontostände belohnt. Eifern Sie ihnen nach!

Existenzgründung oder -gefährdung?

Die Chance auf Reichtum ist letztlich eine Belohnung für erhöhte Risikobereitschaft. Das bedeutet allerdings keineswegs, dass Sie unverantwortlich große Risiken eingehen sollten. Sich unvorbereitet in eine Existenzgründung zu stürzen, ist kein Beweis für Unternehmergeist, sondern ein Kennzeichen kopfloser Amateure. Es gibt immer Potenzial für Verbesserungen. Schließen Sie sich dem Klub der Selbstverbesserer an, die nach einem noch besseren Weg, nach einer noch besseren Methode suchen.

Wenn es Ihnen an kaufmännischem Wissen mangelt, bilden Sie sich zunächst fort. Belegen Sie E-Learning-Kurse oder besuchen Sie eine Business-Abendschule. Wenn Sie schüchtern sind und zu negativen Gedanken neigen, lesen Sie Erfolgsliteratur oder suchen Sie sich einen Coach, um Ihre Persönlichkeit zu entwickeln, mutiger und positiver zu werden und so Ihre Erfolgschancen zu steigern.

Wenn Sie beispielsweise 10.000 Euro in Ihre Selbstständigkeit oder neue Nebentätigkeit investieren müssen und nicht genug Rücklagen haben, sparen Sie sich dieses Startkapital zusammen – erst dann legen Sie los. Den Sparprozess können Sie beschleunigen, indem Sie Überstunden machen und Ihre Ausgaben weitestmöglich reduzieren. Oder Sie nehmen in diesem Fall das Startkapital von Ihrem hoffentlich schon ausreichend gefüllten Zukunftskonto. Erkundigen Sie sich außerdem, ob Sie vielleicht einen Gründungszuschuss oder ein Existenzgründungsdarlehen bekommen.

Was Sie auf keinen Fall riskieren sollten, ist ein Start in die Selbstständigkeit aus einer akuten Finanzklemme heraus. Wenn Sie bis zum Hals in Schulden stecken, hatten Sie entweder Pech oder können vielleicht (noch) nicht gut genug mit Geld umgehen. Im letzteren Fall fehlt es Ihnen möglicherweise an Selbstdisziplin, und folglich wäre es für Sie besser, bis auf Weiteres Angestellter zu bleiben.

Gerade beim Start in die Selbstständigkeit ist eine Vorbelastung durch Schulden das Letzte, was Sie brauchen. Sie müssen Büroräume mieten und einrichten oder eine Werkstatt mit Werkzeugen und Maschinen. Hinzu kommt, dass Sie am Anfang auf Ihrem Geschäftskonto möglicherweise rote Zahlen schreiben werden. Das können, im Gegensatz zu Konsumschulden, durchaus ehrenwerte und notwendige Anfangslasten sein. Manch eine Geschäftsidee braucht Monate oder sogar Jahre, bis sie ihrem Erfinder ein gutes Einkommen beschert. Wenn Sie kein ordentliches Finanzpolster – zumindest für Ihre persönlichen Lebenshaltungskosten – haben, droht Ihnen eine schmerzhafte Bruchlandung.

Freiberuflichkeit auf Probe

Wenn Sie einen risikoärmeren Start bevorzugen, üben Sie zunächst Ihren Angestelltenjob weiter aus und machen sich nebenbei selbstständig. Für eine gewisse Zeit fahren Sie dann zweigleisig und finden dabei heraus, ob Sie zum Unternehmer geeignet sind, ob Ihre Geschäftsidee funktioniert und das Abenteuer Freiberuflichkeit beziehungsweise Selbstständigkeit Ihnen so viel Spaß macht, wie Sie sich das vorgestellt haben.

Vielleicht testen Sie als freier Berater oder Handelsvertreter nach Feierabend oder am Wochenende, inwieweit Ihr Traum dem Praxistest standhält. Und bedenken Sie immer: Nur wenn Sie von Ihrem Produkt oder von Ihrer Dienstleistung fasziniert und überzeugt sind, werden Sie bei Ihren Kunden Leidenschaft entfachen können und erfolgreich sein.

Es gibt natürlich auch Geschäftsideen, zu deren Realisierung man wenig oder gar kein Startkapital benötigt. Wenn Sie kein Eigenkapital haben oder einbringen möchten, kann es für Sie eine Alternative sein, sich als Franchisenehmer selbstständig zu machen, also ein Unternehmen unter dem Label der Franchisekette und mit einem Geschäftsmodell eröffnen, das seit Jahren eingeführt ist und funktioniert. Sie werden geschult und bekommen Empfehlungen, in welcher Region oder welcher Stadt Sie die Niederlassung eröffnen können. Zumindest für den Start ist das womöglich ein gutes Konzept, wenngleich Sie in Ihren Entscheidungen und Gestaltungsmöglichkeiten nicht wirklich frei sind. Beispielsweise dürfen Sie bloß die Produkte des Franchisegebers verkaufen und müssen sein Design und sein Logo übernehmen. Aber dafür haben Sie ein praxisbewährtes Geschäftskonzept und bekommen üblicherweise die gesamte Startausrüstung gestellt.

Es gibt außerdem viele Ideen für Onlinegeschäfte, die man anfangs von zu Hause verwirklichen kann. Etwa ein Drittel aller Selbstständigen startet von zu Hause aus (nicht selten aus der Garage). Gerade in der heutigen Onlinewelt und im Social-Media-Umfeld geht das noch leichter als früher. Ich bin an etlichen Internetfirmen beteiligt, vor allem in Berlin und München. Die Gründer haben sich oft neben dem Studium selbstständig gemacht. Ein Professor unterstützte sie anfangs, sie teilten sich vielleicht zu dritt ein kleines Zimmer als Büro. Wenn man erst einmal losgelegt hat, stellt sich ziemlich schnell heraus, ob man sein Geschäftsmodell umzusetzen vermag, ob die Dienstleistung genutzt wird und ob sich das Produkt verkaufen lässt.

Oder Sie hängen sich an andere Gründer dran, tauschen mit ihnen Kunden, gehen Kooperationen ein, nutzen Büros gemeinsam und so weiter. Gerade in der Start-up-Szene sind solche Kooperationsmodelle verbreitet.

Bevor Sie beschließen, mit Ihrer Geschäftsidee endgültig in die Selbstständigkeit zu starten, stellen Sie sich die entscheidende Frage: Sehen Sie mehr Chancen – oder mehr Risiken? Im letzteren Fall sollten Sie die Finger davonlassen.

Selbst und ständig arbeiten?

Selbstständige arbeiten nicht etwa weniger als Angestellte, sondern mehr, meistens sogar viel mehr. Jedenfalls gilt das für die erfolgreichen Unternehmer – die Erfolglosen würden vielleicht gerne mehr arbeiten, haben jedoch manchmal einfach nicht genug Kunden, weil sie noch nicht gut genug sind.

Als Selbstständiger dürfen Sie sich gerade am Anfang für keine Arbeit zu schade sein. Im Gegenteil sollten Sie jeden Arbeitsschritt in Ihrem Geschäft aus dem Effeff beherrschen. Dann können Sie Ihren Kunden erklären, wie es geht, und Ihre Mitarbeiter können Ihnen nichts vormachen. Schließlich sind jetzt Sie allein für alles zuständig und verantwortlich. Sie selbst müssen die Probleme lösen.

Daher müssen Sie als Selbstständiger auch stets für neue Einfälle offen sein. Gewöhnen Sie sich an, spontane Eingebungen sofort zu notieren. Denken Sie möglichst gleich darüber nach und schreiben Sie auf, was Ihnen vertiefend dazu in den Sinn kommt. Gerade solche Blitzideen können für Ihr Geschäft sehr wertvoll sein.

Als Freiberufler sind Sie, vor allem am Anfang, von Freizeit weitgehend befreit. Die gute Nachricht ist allerdings: Langweilig wird Ihnen auf diese Weise nie. In vielen Branchen müssen Sie antizyklisch arbeiten, also beispielsweise abends Ihre Kunden betreuen. Wenn Sie einen Vortrag oder eine Präsentation vorbereiten, gehen schnell mal halbe Nächte und ganze Wochenenden dabei drauf. Aber wenn Sie sich mit Ihrem Traumberuf selbstständig gemacht haben, werden Ihnen selbst die Überstunden und Nachtschichten Freude machen – mehr Freude, als Sie in Ihrem Angestelltenleben wahrscheinlich je bei der Arbeit empfunden haben.

Positiv gestimmte Unternehmer und Freiberufler arbeiten oft weit über das 70. Lebensjahr hinaus. Weil sie optimistisch denken, sind sie häufig im höheren Alter noch richtig fit. Für Menschen, die positiv denken, sind das oftmals die besten Berufsjahre ihres Lebens – obwohl die körperliche Leistungsfähigkeit mit zunehmendem Alter nachlässt. Schließlich kommt es in den meisten Berufen vor allem auf geistige Leistung und positive Einstellung an, und zwar in jedem Lebensalter.

Der größte Fehler, den Sie als Selbstständiger machen können, ist, Angst davor zu haben, Fehler zu machen.

Mit dem Hobby Geld verdienen

Was würden Sie am liebsten Ihr Leben lang machen? Was können Sie am besten? Bei welcher Tätigkeit fühlen Sie sich ganz im Einklang mit sich selbst? Die Tätigkeit, zu der Sie sich berufen fühlen, sollte Ihr Beruf werden. Wenn Sie Ihr Hobby zum Beruf machen, müssen Sie nie mehr arbeiten. Zumindest empfinden Sie Ihr Wirken dann nicht mehr als mühselige oder gar unangenehme Tätigkeit.

Um erfolgreich zu sein, brauchen Sie eine gute Geschäftsidee – aber genauso wichtig ist es, dass Sie auf diesem Gebiet besser als Ihre Wettbewerber sind oder zumindest sehr schnell Spitzenqualitäten entwickeln. Bestimmt gibt es in Ihrer Stadt mehr als genug Bäckerläden, Friseursalons und Pizzerien. Mit einer 08/15-Geschäftsidee kommt man auf keinen grünen Zweig. Genauso wenig macht es jedoch Sinn, sich zum Beispiel als Fotograf oder Werbetexter selbstständig zu machen, wenn man sein Handwerkszeug nicht spitzenmäßig beherrscht.

Es gibt Ideen, mit denen man von der Vision zur Million gelangen kann. Wenn Sie ein neuartiges Produkt oder eine innovative Dienstleistung entwickelt haben und auf Ihrem Gebiet wirklich gut sind, können Sie einen Raketenstart in die Selbstständigkeit hinlegen. Solange es keinen Tablet-Computer gab, hat ihn scheinbar niemand vermisst, aber nachdem Apple-Visionär Steve Jobs das erste iPad herausgebracht hat, kommt kaum jemand mehr ohne so ein smartes Gerät aus. Entwickeln auch Sie eine Vision! Es muss ja nicht gleich »das nächste große Ding« von globalen Dimensionen sein.

Achten Sie darauf, sich nicht zu verrennen, doch lassen Sie sich ebenso wenig von skeptischen Mitmenschen beirren. Reißverschlüsse etwa oder vegane Menüs schienen, jedes zu seiner Zeit, abseitige Ideen zu sein, und heute gehören sie zum Alltag.

Um herauszufinden, ob Ihre Innovation das Zeug zum Klassiker hat, machen Sie den Praxistest. Begeistern Sie Ihre Kunden mit neuartigen Produkten und Dienstleistungen. Ihr Kunde ist nämlich zugleich Ihr Boss. Fragen Sie sich, wie er Sie sieht. Könnten Sie pünktlicher liefern, besseren Service leisten oder ihm mit anderen Dingen zusätzlich helfen? Indem Sie seine Probleme lösen und seine Wünsche erfüllen, werden Sie ebenfalls neuartige Erfolgs- und Einkommenshöhen erreichen.

Selbst wenn Sie nicht mehr Geld verdienen als vorher im Angestelltenverhältnis, können Sie hoffentlich mehr Freiheit genießen und mehr Spaß bei der Arbeit haben. Obendrein winkt am Ende Ihres Berufslebens eine wirtschaftliche Zusatzchance – wenn Sie Ihre Firma oder Ihren Betrieb verkaufen. Überlegen Sie einmal, was daraus werden kann, wenn Ihre Firma von Jahr zu Jahr um ein paar Prozent im Wert steigt. Um nicht bis ins hohe Alter warten zu müssen, ist es vielleicht ein Kompromiss, einen Teil zu verkaufen und mit diesem Geld Ihr Vermögen zu diversifizieren und sich trotzdem weiter in Ihrer Firma zu verwirklichen und deren Wert weiter zu steigern.

Oft erzielen Selbstständige und Kleinunternehmer bei der Veräußerung eine Viertelmillion, nicht selten sogar 1 Million Euro oder mehr. Das wäre doch ein schönes Vermögensgeschenk für Ihr Lebenswerk!

Erfolg vervielfachen

Für manche Unternehmer in spe ist es sinnvoll, zu zweit in die Selbstständigkeit zu starten. Mit einem Partner kommt man leichter durch schwierige Zeiten, weil man sich gegenseitig Mut macht. Wenn Sie eher der Typus Visionär sind, würde Sie vielleicht ein Kompagnon optimal ergänzen, der mit beiden Beinen auf dem Boden steht. Der eine wäre dann kreativ, der andere gut in der Planung.

Wenn Sie dagegen ein Ingenieurstyp sind, der sich mit Zeichnungen und Zahlen wohler fühlt als mit Emotionen und Verkaufssituationen, dann könnten Sie einen Partner mit kommunikativem Talent gut gebrauchen. Kein Unternehmen wird nachhaltig erfolgreich sein, wenn seine Kommunikationskanäle blockiert sind. Schließlich wollen Sie Ihre Waren oder Dienstleistungen verkaufen. Deshalb sollten Sie – oder eben Ihr Partner – die Fähigkeit besitzen, Kundenkontakte zu pflegen und neue Interessenten anzuziehen.

Nicht zuletzt meine vielfältigen Kontakte zu Jungunternehmern und Gründern der Firmen, an denen ich beteiligt bin, haben mich zu der Erkenntnis geführt, dass es hilfreich sein kann, einen Geschäftspartner zu haben. Man sollte sich jedoch nicht blind auf ihn verlassen. Schließlich kann es auch im Geschäftsleben vorkommen, dass Partner sich zerstreiten.

Legen Sie daher von Anfang an eindeutig fest, wer für welche Bereiche zuständig ist. Definieren Sie Ihre Entscheidungsprozesse, und zwar rechtzeitig. Wie im Privaten ist es für vernünftige Vereinbarungen meist zu spät, wenn die Beziehung erst zerrüttet ist. Daher sollten Sie im Voraus regeln, wie Sie Ihre Partnerschaft im Fall der Fälle beenden können: Von der Abfindung für den ausscheidenden Kompagnon über Vorkaufsrechte bis hin zu Wettbewerbsverboten gibt es vieles festzulegen.

Spätestens ein, zwei Jahre nach der Gründung wissen Sie, ob Ihr Geschäftskonzept trägt. Wenn es richtig gut funktioniert, sollten Sie Ihre Geschäftsidee zügig multiplizieren. Stellen Sie Mitarbeiter ein, sobald Sie erkennen, dass Sie mehr Aufträge bekommen könnten, als Sie allein zu bewältigen vermögen. Gewöhnen Sie sich an, Ihre Mitarbeiter großzügig zu entlohnen. Sehr gute Angestellte bekommen Sie nur dann, wenn Sie sehr gut bezahlen – und wenn Sie ihnen durch Anerkennung und Wertschätzung zeigen, wie wichtig sie für Ihr Unternehmen sind. Lediglich Mitarbeiter, die sich bei Ihnen wohlfühlen, arbeiten gerne für Ihre Firma.

Investieren Sie ebenfalls in die Fortbildung Ihrer Mitarbeiter. Mit entsprechenden Schulungen werden diese mehr leisten oder Ihre Kunden besser beraten. Zudem freuen sie sich und sind motivierter, wenn sie merken, dass Sie auf sie setzen. Das spricht sich schnell herum, und spätestens wenn die Kunden der Konkurrenz zu Ihnen abzuwandern beginnen, sehen Sie schwarz auf weiß, dass sich Ihre Investition gelohnt hat.

Die beste Motivation für Ihre Spitzenkräfte, im Unternehmen zu bleiben, ist eine Beteiligung am Gewinn. Gerade die fähigsten Mitarbeiter sollten Sie deshalb so an Ihr Unternehmen binden – sonst gründen diese am Ende eigene Firmen und machen Ihnen Konkurrenz.

Ergebnishelfer nutzen

Stillstand wird schnell zum Rückstand. Ihre Wettbewerber versuchen schließlich, immer besser zu werden. Sie wenden neue Technologien an oder probieren andere Produktkombinationen aus. Ebenso verändern sich die Kundenwünsche. Also müssen auch Sie sich stetig weiter verbessern und die Nase ständig im Wind haben, damit Sie die neuen Trends nicht verschlafen.

Fragen Sie Ihre Mitarbeiter: »Was würden Sie an unserem Produkt ändern? Was würden Sie an den Betriebsabläufen und am Marketing verbessern?« Desgleichen zum Arbeitsklima und zur Leistungsstärke Ihres Unternehmens – selbst wenn es klein ist – sollten Sie die Meinung Ihrer Mitarbeiter einholen. Fragen Sie sie, welche Verbesserungsideen sie haben. Falls Sie beispielsweise Verkaufspräsentationen durchführen, fragen Sie Ihre Kunden und Zuhörer, was Sie besser machen können.

Lassen Sie also nicht bloß das Produkt oder die Dienstleistung bewerten, sondern zudem sich selbst. Bedanken Sie sich für Rückmeldungen.

Fassen Sie bei nächster Gelegenheit nach, bitten Sie erneut um ein Feedback, um herauszufinden, ob Sie Ihre Performance aus Sicht der Anwender oder Kunden in der Zwischenzeit tatsächlich optimiert haben. Wenn nicht, probieren Sie etwas Neues aus, und bei positiver Rückmeldung versuchen Sie, sich um eine weitere Note zu steigern.

Gerade als Dienstleister können Sie langfristig nur dann erfolgreich sein, wenn Sie auf unzufriedene Kunden eingehen, denn insbesondere von den Erlebnissen enttäuschter Kunden lässt sich viel lernen. Ob ein Klient in der Sache recht hat, darf bei Ihrem Reklamationsmanagement nicht die entscheidende Rolle spielen. Fakt ist: Er ist unzufrieden mit Ihnen, und deshalb sollten Sie sich bei ihm schriftlich oder mündlich entschuldigen. Ausschließlich so können Sie ihn unter Umständen dafür gewinnen, weiter mit Ihnen zusammenzuarbeiten.

Ich berate viele große Banken. Meist lege ich Wert darauf, in einer Filiale einen Tag lang anwesend zu sein, um Abläufe zu verstehen und zu begreifen, was Kunden stört und was sie sich umgekehrt wünschen oder was sie vermissen, wenn sie die Filiale betreten.

Sie mögen ein Visionär und auf Ihrem Gebiet ein Genie sein, aber selbst Sie sind nicht allwissend. Wenn Sie mit Ihrem Unternehmen expandieren und auf neue Absatzmärkte vorstoßen wollen, brauchen Sie Ratgeber.

Ich empfehle Ihnen: Nehmen Sie die besten, die Sie sich leisten können. Guter Rat ist teuer, doch wenn Sie schlecht beraten in unbekannte Gefilde starten, kann Sie das sehr viel mehr kosten als nur Geld. Falls Sie es in den ersten Jahren nicht schaffen, das Honorar für Topberater aufzubringen, bieten Sie diesen stattdessen eine Beteiligung an späteren Firmengewinnen an.

Die Win-win-Situation

Im Geschäftsleben können Sie nur erfolgreich sein, wenn Sie Hilfe und Unterstützung für andere bieten. Indem Sie anderen Menschen helfen, das zu erreichen, was sie anstreben, werden Sie selbst Ihre geschäftlichen Ziele erreichen. Dann gibt es zwei Gewinner: Ihre Kunden und Sie. Also achten Sie darauf, mehr zu geben, als zu bekommen, und Sie werden noch viel mehr bekommen.

Wenn man die Lebenswege erfolgreicher Menschen betrachtet, stößt man immer wieder auf das gleiche Muster: Sie haben herausgefunden, wo an den Märkten ein Bedarf bestand, sie hatten eine Lösung für bestimmte Probleme parat, die den Menschen auf den Nägel brannten. Oftmals haben sie etwas Bestehendes optimiert, es zum Beispiel schneller, besser, bequemer gemacht oder es günstiger angeboten.

Viele Firmen investieren aus diesen Gründen große Summen in die Marktforschung. Sie geben Umfragen über Namen, Farben, Geschmack, Qualität und Größe in Auftrag und lassen Hunderte Menschen ihre Produkte anfassen, ansehen und testen. Sie versuchen, so viele Meinungen einzuholen, dass sich daraus ein Trend ableiten lässt, ein Frühindikator für die Wünsche potenzieller Kunden.

Desgleichen können auch Sie bloß auf Dauer erfolgreich sein, wenn Ihr Produkt- oder Dienstleistungsangebot anderen Menschen nutzt. Worin besteht Ihre Geschäftsidee? Bieten Ihre Produkte einen echten Mehrwert gegenüber dem bisherigen Angebot? Können Ihre Kunden durch Ihre Dienstleistungen gesünder leben, Kosten oder Zeit einsparen? Gibt es genügend Menschen, die sich Ihr Produkt oder Ihren Service leisten können und wollen?

Die Beantwortung dieser Fragen ist alles entscheidend, denn die großartigste Idee hilft Ihnen überhaupt nichts, wenn niemand dafür bezahlt. Deshalb müssen Sie sich auf Angebote fokussieren, die möglichst vielen Menschen eindeutige Vorteile bringen. Je höher der Nutzwert, desto leichter lassen sich Ihre Produkte oder Angebote an den Mann und an die Frau bringen. Überlegen

Sie immer zuerst, worin der Nutzen Ihres Angebots besteht und wie Sie diesen Nutzen vergrößern können.

Eine Dienstleistung besteht eben aus diesen beiden Teilen: aus Dienen und Leisten. Überraschen Sie Ihre Kunden genauso wie im Privaten Ihre Familie. Geben Sie mehr, als diese erwarten, und Sie werden über die positive Resonanz erfreut sein.

Sind Sie erfinderisch? Können Sie Menschen für sich und Ihre Ideen gewinnen? Sind Sie bereit, sich den Kundeninteressen unterzuordnen? Fragen Sie sich aber auch, ob Sie selbst sehen, was getan werden muss, also keinen Chef benötigen, ob Sie ein gutes Zeitmanagement haben und effizient sind. Wenn ja, werden Sie bald über hohe Einnahmen und ein entsprechendes Vermögen verfügen. Also: Sind Sie reif für die Selbstständigkeit? Sind Sie bereit, den »Preis« zu bezahlen? Es wird Mut, Konsequenz und Disziplin erfordern, doch Sie können das Wachstum Ihres Vermögens und Ihres beruflichen Glücks fördern – und sich zum Millionär befördern.

Kapitel 13

Die Wohlstandsbremse lösen

Zwischen Armut und Reichtum liegt die Nulllinie: null Vermögen und null Schulden. Von dort geht es mit jedem monatlichen Sparvorgang, mit jeder weiteren Geldanlage aufwärts in Richtung Vermögensaufbau. Das traurige Gegenteil wäre es, wenn man sich unter der Nulllinie abstrampelt und einem durch Schulden das Wasser immer höher bis zum Hals steht. Dann ist nicht an künftigen Wohlstand zu denken, es kann sogar dramatisch werden, wenn der Pfeil immer weiter abwärts zeigt in Richtung Armut. Insofern wünsche ich Ihnen, dass Sie dieses Kapitel überblättern können, weil Sie keine Konsumschulden haben, auch keine Kreditkartenschulden oder andere Arten von größeren privaten Darlehensschulden – ausgenommen das Hypothekendarlehen für Ihre selbst genutzte Immobilie.

Hypothekenkredite, Existenzgründungsdarlehen oder Studentendarlehen können gute Schulden sein, weil sie letztlich der Einkommens- oder Vermögenserhöhung dienen. Für Konsumkredite oder gar für Überziehungskredite auf Ihrem Girokonto gilt das keinesfalls.

Statistiken besagen, dass über 6 Millionen Bürger überschuldet sind. Jeder zehnte Deutsche kann seinen Zahlungsverpflichtungen nicht mehr nachkommen. Falls Sie selber in der Schuldenfalle feststecken sollten, verlieren Sie nicht die Zuversicht – bewahren Sie sich Ihre positive Grundeinstellung! Lassen Sie sich von den folgenden Ausführungen inspirieren, um schuldenfrei zu werden und dauerhaft zu bleiben. Ich möchte Sie motivieren, sich Ihre Schulden so schnell wie möglich vom Hals zu schaffen. Denn solange Sie diese Bleigewichte mit sich herumschleppen, haben Sie keine große Chance, auf dem Weg zum Gipfel Ihres Reichtumsbergs auch nur eine nennenswerte Teilstrecke zu bewältigen. Wenn Sie selbst nicht in den Miesen sind, können Sie meine Ratschläge vielleicht nutzen, um Freunden oder Angehörigen hilfreich zur Seite zu stehen.

Bleigewichte abwerfen

Manch einer beneidet Mitmenschen, die mit einer Edelkarosse vorfahren oder in einer tollen Villa wohnen. Dafür gibt es nicht immer einen echten Grund. Wenn man hinter die Fassade schaut, sind viele der vermeintlich Vermögenden bloß scheinreich. Sie sehen erfolgreich und richtig reich aus, aber nicht wenige von ihnen sind in Wahrheit arm. Was finden Sie besser: reich zu sein oder reich auszusehen?

Dagegen sehen einige Menschen, die mit ihrem Geld richtig umgehen und deshalb sehr vermögend sind, nicht unbedingt reich aus. Sie kleiden sich wie der Durchschnitt, fahren unauffällige Autos und wohnen in Häusern, die auf den ersten Blick nicht viel hermachen. Kurz gesagt, sie sparen sich die Angeberausgaben, mit denen sich die Scheinreichen über kurz oder lang ruinieren.

Wer sich verschuldet hat, um sich Konsumwünsche zu erfüllen, hat mit den Pseudoreichen eines gemeinsam: Er lebt höchstwahrscheinlich über seine Verhältnisse. Vermutlich hat er zudem die fatale Gewohnheit entwickelt, negative Kontenentwicklungen fast (völlig) zu verdrängen. Schulden fallen schließlich nicht einfach vom Himmel, sondern sind meist das Resultat des falschen Umgangs mit Geld in der Vergangenheit.

Ähnlich achten viele Menschen erst auf ihre Gesundheit, wenn sie krank sind. Umgekehrt wäre es logischer und besser. Achten

Sie deshalb auf Ihre Finanzen, bevor Sie an der Finanzkrankheit leiden. Oder haben Sie vielleicht schon Angst davor, Ihren Problemen ins Gesicht zu sehen? Dann machen Sie sich bewusst: Nur wenn Sie aktiv werden, können Sie Ihre Lage verbessern, Ihr Selbstbewusstsein stärken und neuen Mut fassen. Gehen Sie Ihr Schuldenproblem aktiv an – nicht obwohl, sondern gerade weil es Ihnen Angst macht!

Angenommen, Sie sind auf Ihrem Girokonto oder bei Ihrem Kreditkarteninstitut mit 5000 Euro in den Miesen. Wenn Sie allein die monatliche Mindestrate zurückzahlen, also kaum etwas tilgen, läuft das Darlehen bei einer Minimalzahlung von 50 Euro monatlich fast 23 Jahre. Dann werden aus den 5000 Euro bei einem Kreditsatz von beispielsweise 11 Prozent mehr als 13.000 Euro Schulden (siehe Abbildung 21). So unwiderstehlich kann kein Konsumgegenstand sein, den man sich für 5000 Euro gekauft hat, dass man dafür jahrzehntelang

Konsum auf Pump ist teuer 21

Laufzeit und Zinsaufwand bei unterschiedlichen Ratenzahlungen am Beispiel eines Kredits in Höhe von 5000 Euro und einen Darlehenszins von 11 % p. a.

Monatliche Ratenzahlung (in Euro)	Laufzeit in Monaten	Zinsaufwand	Tilgung und Zinsaufwand
		in Euro	
250	22	549	5549
225	25	617	5617
200	29	705	5705
175	33	824	5824
150	40	994	5994
125	50	1257	6257
100	67	1719	6719
75	104	2763	7763
50	272	8616	13.616

Quelle: Eigene Berechnungen

Schulden abstottert, von denen weit mehr als die Hälfte Zinsen sind.

Zinsen können für oder gegen Sie arbeiten, und das umso dynamischer, je länger der Kredit läuft. Der Zinseszins bei Schulden kann zu einem Finanzvulkan werden: Ihre Schulden unterliegen einer mathematischen Geldexplosion!

Sollten Sie jemals in die Versuchung kommen, Ihren Urlaub oder die neue Home-Cinema-Anlage auf Pump zu finanzieren, halten Sie bitte inne und führen sich eindringlich vor Augen: Sie würden wahrscheinlich in eine Kreditgrube fallen, aus der Sie nur sehr schwer wieder herausklettern könnten. Für einen Tag unbedachtes Einkaufen würden Sie mit Tausenden von Tagen bezahlen, an denen die negativen finanziellen Nachwirkungen Sie niederdrücken. So glücklich kann Sie das Objekt Ihrer Kaufbegierde gar nicht machen, dass Sie anschließend jahrelang mit Finanzunglück büßen müssen.

Gerade die Shops im Internet locken oftmals mit verführerischen Kreditangeboten. Wenn Sie dort zum Beispiel Kleidung im Gesamtwert von 1000 Euro kaufen, werden Sie gefragt, ob Sie 10 Prozent sparen, also bloß 900 Euro zahlen möchten. Spontan klicken Sie »Ja« an, machen noch ein paar weitere Angaben und wenn Sie dann die Rechnung bekommen, stellt sich mitunter heraus, dass Sie dummerweise einen Account eröffnet und Ratenzahlung beantragt haben.

So leicht es ist, einen Kredit aufzunehmen, so schwer ist es, seine Schulden zurückzuzahlen.

Wer sich einmal angewöhnt hat, Konsumkredite aufzunehmen, glaubt, eine zusätzliche Einkommensquelle zu besitzen. Wenn Sie also 2000 Euro verdienen, mehr und mehr Schulden machen und letztlich 3000 Euro ausgeben, denken Sie unbewusst, dass Ihnen 3000 Euro zur Verfügung stünden. Ein fataler Irrglaube ohne Happy End! Irgendwann macht die Bank nicht mehr mit, und spätestens dann beginnt für Sie der lange, mühselige Wiederaufstieg aus dem tiefen Schuldental.

Miese Gewohnheiten bringen miese Kontostände

Wer oder was ist schuld an Ihren Schulden? Diejenigen, die Sie verführt haben, die raffinierte Werbung, Ihre Arbeitskollegen oder Ihre Nachbarn, die Sie zum Kaufen motivieren? Suchen Sie nicht nach einem Sündenbock. Sie selbst haben einen Berg von Schulden zusammengetragen, und jetzt müssen Sie ihn wieder abtragen. Sie sind es sich schuldig, Ihre Schulden loszuwerden. Finden Sie die Ursache Ihrer Probleme und beseitigen Sie diese.

Wenn Sie in einem Schuldenloch stecken, müssen Sie *jetzt* aufhören, über Ihre Verhältnisse zu leben. Schaufeln Sie das Schuldenloch wieder zu, indem Sie so schnell wie möglich alle Kredite tilgen. Stellen Sie für sich persönlich einen Tilgungsplan auf: »Ich habe … Euro Schulden und zahle … Prozent Zinsen. Weil ich bis … schuldenfrei sein will, zahle ich ab sofort monatlich an Tilgung und Zinsen … Euro. Mein Zieldatum der Schuldenfreiheit habe ich am … erreicht.« (Cashcode: 33).

Jetzt kommt das Wichtigste. Sie sagen ab sofort zum Geldausgeben Nein, und zum Tilgen sagen Sie ab sofort kräftig Ja. Falls Sie mehrere Gläubiger haben, kann es wichtig sein festzulegen, was Sie zuerst zurückzahlen müssen, um nicht kurzfristig in große Bedrängnis zu kommen oder um die schlimmsten Darlehenszinsen baldmöglichst loszuwerden. Beginnen Sie umgehend, Ihre Schulden zu reduzieren. Das erste Tilgungserlebnis ruft bei den meisten Menschen ein enormes Erfolgsgefühl hervor, fast wie der erste Sparvorgang.

Vereinbaren Sie mit sich selbst quasi eine Annuitätenzahlung: Wenn Sie zum Beispiel von 30.000 Euro Schulden 5000 Euro getilgt haben und dadurch monatlich 30 Euro weniger Zinsen zahlen müssten, zahlen Sie diese 30 Euro monatlich trotzdem weiter – jetzt allerdings, um bei gleicher Monatsbelastung Ihre Tilgungsrate zu erhöhen und dadurch die Rückzahlung zu beschleunigen. Nach und nach zahlen Sie immer weniger Zinsen, steigern jedoch in gleichem Maße die Tilgung (die Gesamtmonatsrate bleibt damit gleich) und verringern damit die Restlaufzeit. Je schneller Sie von den Schulden, die Sie in der Vergangenheit aufgetürmt haben, umschalten zur Tilgung beziehungsweise zum Ansparen für die Zukunft, umso erfolgreicher werden Sie finanziell. Das motiviert Sie, und bestimmt werden Sie so Ihr Ziel schneller erreichen als in den Konditionen Ihres Kredits vereinbart.

Trotz Schulden auf Reichwerdekurs

Erinnern Sie sich noch an Ihren Reichwerdeplan? 10 Prozent wollten Sie jeden Monat in Ihr Zukunftskonto zahlen. Vielleicht müssen Sie jetzt 10 Prozent Ihres monatlichen Einkommens als Schuldenrate leisten (vielleicht schon mehr?) oder sogar an Schuldzinsen aufbringen. Traurig! So nämlich arbeitet Ihre Geldmaschine leider nicht vermögenserhöhend vorwärts, sondern vermögenssenkend rückwärts. Eigentlich wollten Sie ja mit 90 Prozent Ihres Einkommens klarkommen, aber Sie haben stattdessen vorher womöglich vielleicht 110 Prozent oder mehr ausgegeben und sich damit zwangsläufig verschuldet.

Falls Sie Ihre Geldvermehrungsmaschine trotz angehäufter Schulden weiter mit 10 Prozent Ihres Einkommens gefüttert haben, könnte es eine Idee sein, die Hälfte davon ab sofort für die Schuldenminimierung aufzuwenden. So lässt sich verlorener Boden gutmachen und Sie beginnen aus den Schulden in Schuldenfreiheit zu wechseln. Wenn Sie dann zum Beispiel mit 50 Jahren finanziell abgesichert sind, können Sie sogar noch versuchen, bis zum Rentendasein die finanzielle Unabhängigkeitsstufe zu erreichen. Oder Sie überweisen, falls es noch enger ist, wenigstens 25 Prozent weiter in Ihr Zukunftskonto. Bewegen Sie sich auf jeden Fall von der leider nicht erfolgreichen Vergangenheit weg und hin zu einer erfolgreichen Finanzzukunft.

Zunächst mag es vielleicht logischer klingen, die ganzen 10 Prozent in die Kredittilgung zu stecken, doch sofern Ihre Schulden nicht erdrückend hoch sind, können Sie mit der 50-50-Variante weiter Kurs auf Ihr Wohlstandsziel halten, indem Sie Ihr Konto für finanzielle Unabhängigkeit zumindest mit einer Diätration füttern. Dann behalten Sie wenigstens einen schmalen Streifen Ihres positiven Zukunftshorizonts im Blick.

Sie sind ja ohnehin schon genug gestraft, da es noch lange dauert, bis Sie schuldenfrei sind, und noch länger, bis Sie Ihr Zielvermögen aufgebaut haben. Gerade deshalb kann es motivierend sein, das Zukunftskonto mit der halben Rate weiter zu bedienen und mit der anderen Hälfte Extratilgungen zu leisten. So schütteln Sie Ihre schuldenreiche Vergangenheit ab und nähern sich gleichzeitig Ihrer positiven Finanzzukunft.

Wenn Sie allerdings Schulden im Umfang vieler Monatsgehälter oder gar eines ganzen Jahreseinkommens (und mehr) ausgleichen müssen, geht es richtig zur Sache. Dann reicht es nicht, weniger einzukaufen oder den Mantel ein Jahr länger zu tragen. In dem Fall gibt es ab sofort keine Barbesuche mehr, der Vertrag mit dem Fitnesscenter wird gekündigt. Sport kann man ebenfalls auf andere Weise treiben, zum Beispiel joggen oder radeln, und im Extremfall lässt sich zusätzlich Geld sparen, indem die Wohnung im Winter nicht auf 23 Grad aufgeheizt wird, sondern man zu Hause mal einen dicken Pulli anzieht.

Falls Sie große Schulden haben, müssen Sie zwangsläufig auch an die großen Kosten heran. Sie sollten unverzüglich Ihren Überlebensinstinkt aktivieren – eine Art Erfolgsprinzip, das tief in unserem Gehirn verankert ist. Jetzt ist für Sie eine kleinere Wohnung angesagt oder ein Umzug in eine andere Gegend mit billigeren Mieten. Wie wäre es mit 5, 10 oder 15 Prozent weniger monatlichen Kosten? Sofern Sie einen drastischen Kostenschnitt machen, kann das wie Raketentreibstoff für Ihre Kredittilgung sein.

Schaffen Sie zudem Ihr Auto ab und bilden Sie stattdessen eine Fahrgemeinschaft, um zur Arbeit zu kommen. Suchen Sie sich einen Nebenjob. Tun Sie alles, um sich so schnell wie möglich aus der Schuldenfalle zu befreien, und unterlassen Sie künftig alles, was Sie jemals wieder in eine solche Notlage bringen kann.

Um aufzugeben, ist es fast immer zu früh, aber es ist selten zu spät, um anzufangen. Wenn Sie sehr große Schulden haben und kurz vor der Pleite stehen, ist es für Sie das Beste, die Einzahlungen auf Ihr Zukunftskonto erst dann zu beginnen oder fortzusetzen, wenn Sie Ihren Konsumentenkredit abbezahlt haben. Rückzahlung geht vor Anzahlung. Schnelle Tilgung ist hier die bessere Vorgehensweise – lassen Sie ab sofort eine möglichst hohe Tilgungsrate abbuchen. So kommen Sie schneller aus dem Schuldturm und müssen weniger Zinsen zahlen. Ihr Motivationsrezept sollte lauten: »Jeder zusätzliche Euro Tilgung macht mich einen Tag früher schuldenfrei!«

Durch Plastikchirurgie finanziell gesund

Sagen Sie allem, was Sie zu Schulden verführen will, den Kampf an. Wenn wir die Kreditkarte benutzen, wissen wir, dass erst einen Monat später abgebucht wird. Einige verlieren sogar durch ihre EC-Karte den Bezug zum Geld und empfinden im Moment des Bezahlens den Geldabfluss als nicht wirklich real. Studien belegen, dass Menschen beispielsweise in Fast-Food-Restaurants deutlich mehr ausgeben, wenn sie mit der Kreditkarte statt bar bezahlen. Dann kann aus American Express schnell American Excess und die MasterCard zu Ihrem Master werden. Also, trennen Sie sich von Ihrer Freundin Visa und eventuell sogar von Ihrem Freund EC-Karte und jagen Sie auch all die anderen Plastikbekanntschaften davon.

Werden Sie schnellstmöglich zum Plastikchirurgen: Zerschneiden Sie Ihre Kreditkarten, machen Sie sie unbenutzbar. Damit haben Sie Ihre ärgsten Geldsaugerbestien vom Hals. Das ist im Grunde so, als ob man mit dem Rauchen aufhören will: Solange Sie eine Schachtel Zigaretten in der Hosentasche haben, werden Sie wahrscheinlich über kurz oder lang wieder schwach werden. Außerdem tut Bargeld ausgeben irgendwie mehr weh, als die Kreditkarte zu zücken. Und da man dann logischerweise »Ausgabenschmerzen« vermeiden will, ist man tatsächlich motiviert, weniger auszugeben. Mit Cash geben Sie wahrscheinlich deutlich weniger Geld für Unnützes aus.

Betrachten Sie Mahnschreiben zum Kontoausgleich als finanziellen Weckruf. Beginnen Sie jetzt mit Ihrer Entschuldung, sonst steigen die Schulden bloß weiter. Versuchen Sie zudem, bei Ihrer Kreditkartenorganisation oder Ihrer Bank den Zinssatz herunterzuhandeln, und verpflichten Sie sich selbst, die Tilgungszahlungen zu erhöhen. Fragen Sie Ihren Kreditgeber, was er Ihnen anbieten kann.

Erkundigen Sie sich ebenfalls nach der Möglichkeit umzuschulden. Falls Sie einen Überziehungskredit oder Kreditkartenschulden haben, lassen sich diese vielleicht in ein normales Darlehen transferieren. Das bedeutet einen erheblich niedrigeren Effektivzins. Dann haben Sie zwar immer noch Schulden, können sie aber weitaus zügiger abtragen.

Wenn Ihnen die Schulden über den Kopf zu wachsen drohen, kann es hilfreich sein, sich an die Schuldnerberatung zu wenden und mit deren Hilfe einen Schuldenplan zu erstellen. Dafür sind diese Spezialisten schließlich da. Sie können ebenfalls einen Experten einschalten, der unangenehme Dinge wie die Verhandlung mit den einzelnen Gläubigern für Sie übernimmt.

Wenn das alles nicht mehr hilft, bleibt nur die Privatinsolvenz, ehe die Schulden und damit Ihr Leben außer Kontrolle geraten. Privatinsolvenz hört sich schlimm an, ist jedoch eine folgerichtige Maßnahme. Es ist ein bisschen wie »Zurück auf Los« – der Neustart in ein schuldenfreies Leben, allerdings erst nach Jahren harter Tilgungsdisziplin.

Deshalb heißt es für Sie spätestens jetzt: sofortige Kurskorrektur! Dann haben Sie zeitversetzt noch die Chance, auf die Wohlstandsstraße einzubiegen. Denn andernfalls würde sich Ihre Millionärsformel ins Negative drehen. Lassen Sie es auf keinen Fall so weit kommen!

Ab jetzt arbeiten Sie wieder nach vorne, transformieren Ihr Finanzleben von Geldsorgen zu Finanzlösungen. Stellen Sie sich vor, wie schön es sein wird, schuldenfrei zu sein. Sobald die Schulden abgebaut sind, wird Ihr Vermögen aufgebaut und Sie können Ihren Weg zu finanzieller Sicherheit, Unabhängigkeit und Freiheit beginnen.

Kapitel 14

Einkommen schützen

Ihr Einkommen definiert im Wesentlichen die mögliche Höhe Ihres Lebensvermögens, also des Reichtums, den Sie in Ihrem Leben ansammeln können. Es ist also Ihre wichtigste Einnahmequelle und sollte bis zu Ihrem Ruhestand möglichst nicht versiegen. Tatsächlich aber ist jeder Vierte in Deutschland außerstande, bis zum Rentenbeginn zu arbeiten, weil er vorher – oft dauerhaft – berufsunfähig wird.

Stellen Sie sich einmal vor, was wäre, wenn Sie ab morgen kein Einkommen mehr hätten: Womit würden Sie Ihren Reichwerdeautomaten füttern, wovon würden Sie leben? Eine schwere Krankheit, Erwerbs- oder Berufsunfähigkeit kann über Nacht zum Finanzruin führen. Deswegen müssen Sie existenzielle Risiken abdecken, bevor Sie mit dem Geldanlegen beginnen.

Die Wahrscheinlichkeit, dass man seinen Beruf über längere Zeit oder gar nicht mehr ausüben kann, ist höher, als gemeinhin vermutet wird. Wenn Sie heute 30 Jahre alt sind, ist die Gefahr, dass Sie berufsunfähig werden, erheblich größer als Ihr Risiko, vor dem 65. Lebensjahr zu versterben.

Traurigerweise liegt laut einer Studie der Vereinigung der Versicherungsmathematiker die Wahrscheinlichkeit, bis zum 65. Geburtstag einmal berufsunfähig zu werden, bei einem 20-jährigen Mann gegenwärtig bei 43 Prozent; bei Frauen im gleichen Alter sind es 38 Prozent. Statistisch gesehen trifft es also fast jeden Zweiten der heute 20-Jährigen. Und auch wenn Sie schon älter sind, ist Ihr Risiko, berufsunfähig zu werden, bedauerlicherweise hoch: Für 50-jährige Männer liegt es bei 34 Prozent, für gleichaltrige Frauen bei 29 Prozent. Deshalb müssen Sie vor allem anderen sich selbst versichern – anders als die meisten Gegenstände können Sie sich selbst schließlich nicht neu anschaffen, falls Sie zu Schaden gekommen sein sollten.

Wenn Sie noch etliche Jahre oder sogar Jahrzehnte vom Rentenbeginn entfernt und plötzlich nicht mehr in der Lage wären, Geld zu verdienen, könnten Ihnen viele Hunderttausend Euro an zukünftigen Einnahmen entgehen. Dieses Risiko einer riesengroßen Einkommenslücke müssen Sie daher unbedingt und baldmöglichst absichern.

Sichere Einnahmen bis zum Ruhestand

Im Fall der Fälle brauchen Sie ein Ersatzeinkommen, das Ihnen ausgezahlt wird, sobald Sie gesundheitsbedingt Ihren Beruf vorübergehend nicht ausüben oder aufgrund einer Behinderung oder chronischen Erkrankung gar nicht mehr arbeiten können. Allein auf die staatliche Absicherung können Sie sich nämlich nicht verlassen.

Wenn Sie plötzlich gesundheitlich stark beeinträchtigt oder behindert sein sollten, haben Sie schließlich weiterhin Ausgaben. Oft sind diese sogar noch höher, weil Sie zum Beispiel für Pflegeaufwendungen aufkommen oder Ihre Wohnung aufwendig umbauen müssen. Infolge einer schweren Erkrankung oder einem Unfall ist schon manch einer arm geworden, der nicht abgesichert war. Dann geht es einem nicht nur gesundheitlich, sondern ebenfalls finanziell schlechter, und das dauerhaft.

Gegen die finanziellen Folgen von Berufsunfähigkeit können Sie sich allerdings auf verschiedenen Wegen schützen.

Eine Unfallversicherung deckt, wie der Name bereits vermuten lässt, bloß die finanziellen Folgen eines Unfalls ab. Dagegen zahlt die Berufsunfähigkeitsversicherung auch dann, wenn Sie durch schwere, langwierige Krankheiten, zunehmende gesundheitliche Beschwerden oder chronische Erkrankungen Ihre Berufsfähigkeit einbüßen. Die Beiträge sind natürlich höher als bei der Unfallversicherung, aber dafür ist Ihr größtes Risiko, kein aktives Einkommen mehr zu erzielen, viel breiter abgesichert. Wenn Sie auf eine solche Versicherung verzichten, können Sie und Ihre Familie im Fall einer extremen gesundheitlichen Beeinträchtigung quasi über Nacht vor dem finanziellen Ruin stehen.

Gerade wenn Sie jung, gesund und hoffentlich im Job erfolgreich sind, sollten Sie sich Gedanken über eine mögliche Berufsunfähigkeit machen – und rechtzeitig handeln. Schließlich müssten Sie gegebenenfalls viele Jahre Ihr Leben bestreiten, ohne über ein Arbeitseinkommen zu verfügen.

Sie können auf den Euro genau festlegen, wie hoch Ihr Ersatzeinkommen sein soll. Wenn Sie zum Beispiel 2000 Euro monatlich nach Steuern verdienen, kann es sinnvoll sein, eine Berufsunfähigkeitsversicherung über die gleiche Summe abzuschließen. Bei Selbstständigen, die nicht gesetzlich versichert sind, ist dieser Absicherungsumfang sogar unerlässlich. Ebenso bei Berufseinsteigern, weil bei ihnen noch nicht die Kriterien erfüllt sind, die zum Bezug der Erwerbsminderungsrente seitens der gesetzlichen Rentenversicherung berechtigen. Vor allem wenn das Familieneinkommen ganz oder weitgehend von Ihrer Erwerbsfähigkeit abhängt, ist diese Police für Sie also ein Muss. Lassen Sie Ihr Lebenseinkommen nicht ungeschützt!

Optimierung der Lohnentschädigung

Eine Berufsunfähigkeitsversicherung ist allerdings recht teuer. Deshalb zögern manche Menschen, schon in jungen Jahren einen solchen Vertrag abzuschließen. Aber solange man noch jung und gesund ist, kann man sich zu besonders guten Konditionen versichern.

Wenn Sie als junger Erwachsener über ein knappes Budget verfügen, schließen Sie zumindest eine Berufsunfähigkeitsversicherung mit geringerem Rentenanspruch ab – also beispielsweise über ein Ersatzeinkommen von 1000 Euro. Später können Sie diesen Vertrag ohne erneute Gesundheitsprüfung aufstocken und an Ihr tatsächliches Arbeitseinkommen anpassen.

Falls Sie sich selbst diese abgespeckte Variante nicht leisten können, starten Sie wenigstens mit einer Erwerbsunfähigkeitsversicherung. Das Risiko, dass Sie aufgrund von Krankheit oder Unfall überhaupt nicht mehr arbeiten können, ist kleiner als die Gefahr, dass Sie Ihren erlernten und zuletzt ausgeübten Beruf nicht mehr ausüben können. Daher sind die Beiträge zu einer Erwerbsunfähigkeitsversicherung geringer als bei einer Berufsunfähigkeitsversicherung.

Machen Sie sich jedoch bitte klar, dass Sie von der Erwerbsunfähigkeitsversicherung erst dann Zahlungen erhalten, wenn Sie überhaupt keiner bezahlten Tätigkeit mehr nachgehen können. Deshalb ist für fast alle Erwerbstätigen die Berufsunfähigkeitsversicherung vorzuziehen.

Laufzeit und Tarif sollten Sie so wählen, dass Sie bis zum Erreichen der Altersrente optimale »Lohnentschädigung« erhalten. Bei den meisten Versicherungsgesellschaften ist ein Versicherungsschutz maximal bis zum Renteneintrittsalter möglich. Die Beiträge variieren natürlich entsprechend der Laufzeit. Viele versichern sich bis zum 60. oder sogar bloß bis zum 55. Geburtstag. Dadurch sparen sie einiges an Beiträgen ein, aber eine Einkommenslücke von fünf oder sogar zehn Jahren zu überbrücken kann schwierig und entbehrungsreich sein.

Bei Ihnen hingegen sieht das höchstwahrscheinlich anders aus. Da Ihr Zukunftskonto von Jahr zu Jahr voller wird, brauchen Sie sich nicht unbedingt bis zum wahrscheinlichen Rentenbeginn gegen Berufsunfähigkeit zu versichern. Möglicherweise genügt es für Sie, wenn Sie bis zum 60. Geburtstag Beiträge zahlen und eine Laufzeit bis zum 67. Geburtstag wählen. Dann würden Sie im Fall der Berufsunfähigkeit mindestens sieben Jahre lang Auszahlungen bekommen. Sollte der Versicherungsfall allerdings nach Ihrem 60. Geburtstag eintreten, bekämen Sie aus diesem Vertrag keinerlei Leistungen. Aber wenn Sie davon ausgehen, dann notfalls genügend Einkommen aus Ihrem Zukunftsfonds zu generieren, können Sie sich die deutlich höheren Beiträge für eine Berufsunfähigkeitsversicherung mit Maximallaufzeit sparen. Den eingesparten Differenzbetrag zahlen Sie dann aber zusätzlich auf Ihr Zukunftskonto ein.

Bei diesen Versicherungsprodukten gibt es besonders viele Varianten. Verschaffen Sie sich selbst einen Überblick – doch nutzen Sie die Hilfe qualifizierter Finanzberater. Das kann ein Versicherungsmakler sein oder ein Mitarbeiter von Krankenkassen, wo man sich mit diesen Fragen gleichfalls auskennt. Ebenso sind unabhängige Beratungsstellen mit kompetenten Experten gute Adressen (Cashcode: 34).

Stellen Sie sicher, dass Ihre Einkommensquelle im Fall der Fälle weitersprudelt, dann wird sich auch Ihr Vermögenssee kontinuierlich weiter füllen.

Kapitel 15

Schutzschild für den Reichtum

Um reich zu werden, haben Sie sich angestrengt, fleißig gespart und auf vieles vorübergehend verzichtet. Damit Ihr Vermögen jetzt nicht durch Pech oder ein unvorhergesehenes Ereignis auf einmal weg ist, sollten Sie sich selbst, Ihre Familie und Ihren Besitz schützen. Stellen Sie sicher, dass Ihre Reichwerdeautomatik nie ins Stottern gerät. Sie wollen doch keinen Stopp bei Ihrem Vermögensaufbau oder gar einen Reichtumsabbau riskieren.

Damit aus einem Schicksalsschlag nicht zusätzlich ein Kontokahlschlag entsteht und Ihre Zukunft in Wohlstand nicht vorbei ist, bevor sie angefangen hat, brauchen Sie neben der Berufsunfähigkeitsversicherung oder zumindest Erwerbsunfähigkeitsversicherung (siehe Kapitel 14) einige wenige Basissachversicherungen. In Ausnahmesituationen ist jeder Euro, den Sie für die entsprechende Versicherung bezahlt haben, viele Hundert oder gar zigtausend Euro wert.

Wie viele und welche Versicherungen sind überhaupt nötig (Cashcode: 35)? Die Mehrzahl schließt man für den Fall ab, dass es einmal richtig schlimm kommt. Wenn Ihnen tatsächlich ein solcher Worst Case passiert, erhalten Sie von Ihrer Versicherung viel mehr Geld zurück, als Sie eingezahlt haben. Und wenn Ihnen nichts dergleichen widerfährt, haben Sie erst recht Grund zur Freude. Wer aber das Pech hat, dass ihm bei einem Einbruch das

Haus ausgeräumt wird, kann sich glücklich schätzen, wenn er sich zumindest dagegen abgesichert hat. Viel glücklicher ist man natürlich, wenn man von solchen Katastrophen verschont bleibt.

Die wichtigsten Sachversicherungen sind im Normalfall die Haftpflicht- und die Hausratversicherung. Als Immobilienbesitzer sollten Sie sich zudem möglichst eine Gebäudeversicherung zulegen. Wenn Sie glauben, dass Sie sich solche Versicherungen nicht leisten können, dann können Sie es sich wahrscheinlich erst recht nicht leisten, ohne Versicherung dazustehen. Die beruhigende Sicherheit, dass man im Fall der Fälle versichert ist, hat nun mal ihren Preis.

Die Bürgerpflicht

Eine kleine Fahrlässigkeit kann in Sekundenschnelle ganze Existenzen zerstören. Wenn Sie jemandem einen Schaden zufügen, haften Sie dafür mit Ihrem Vermögen – unbegrenzt und selbst dann, wenn Sie den Schaden durch ein bloßes Versehen verursacht haben. Sie stehen dann mit allem, was Sie besitzen, dafür gerade, also auch mit Ihrem zukünftigen Einkommen. Weil Sie das bestimmt nicht wollen, sollten Sie nicht ohne Haftpflichtversicherung durchs Leben laufen.

Bei keiner anderen Versicherung sind sich alle Experten derart einig: Diese Police braucht jeder. Dennoch haben nach Zahlen des GDV 15 Prozent der Haushalte in Deutschland keine solche Police.

Eine Haftpflichtversicherung benötigen Sie insbesondere, wenn Sie einen Megaschaden verursacht haben. Rempeln Sie beispielsweise auf einer Treppe in der Fußgängerzone versehentlich jemanden an, kann daraus leicht ein millionenteurer Schaden entstehen. Stellen Sie sich vor, dass der Ärmste unglücklich die Stufen herunterfällt, sich die Wirbelsäule bricht und trotz teurer Operationen querschnittsgelähmt bleibt – dann ist er für den Rest seines Lebens auf Zahlungen angewiesen, die sein Einkommen ersetzen und die Kosten für das Pflegepersonal decken. Und wer muss diese Zahlungen leisten? Der Verursacher des Schadens, also Sie! Beziehungsweise Ihre Haftpflichtversicherung, da Sie ja so klug waren, eine solche Police abzuschließen. Eine Haftpflichtversicherung deckt die Haftpflichtrisiken von Privatpersonen in allen Situationen des täglichen Lebens ab.

Es gibt sie für Alleinstehende sowie für Familien. Die Beiträge liegen ungefähr zwischen 40 und 150 Euro im Jahr. Ein Nichts im Verhältnis zu dem Risiko, dass Ihr heutiges und künftiges Vermögen durch einen Schaden davongespült werden könnte. Ab 10 Cent pro Tag erhalten Sie 10 und mehr Millionen Euro Deckungsschutz bei Vermögens-, Sach- und Personenschäden.

Betrachten wir einmal einen verhältnismäßig kleinen Schaden von »nur« 100.000 Euro. Wenn Sie diesen Betrag auf einmal begleichen müssten, wären Ihre Ersparnisse vermutlich mehr oder weniger weg. Bei vielen Menschen würden die Rücklagen nicht einmal reichen, sie müssten also jahrelang diese Summe abstottern. Dann hieße es: Der Traum vom Reichtum ist ausgeträumt! Anstatt nach der Millionärsformel ihren Reichwerdeautomaten zu füttern, müssten sie ihre Schulden abtragen.

Schließen Sie deshalb am besten sofort eine Haftpflichtversicherung ab, falls sie noch keine haben. Sie ist ein unbedingt nötiges Sicherungsseil bei Ihrer Bergsteigertour zum Millionärsgipfel!

Hab und Gut retten

Auf Ihrem Weg zum Wohlstand können Sie auch an einem Ort in Finanznot geraten, an dem Sie sich normalerweise besonders sicher und geborgen fühlen: zu Hause. Wenn Sie durch ein unvorhergesehenes Ereignis wie Brand oder Diebstahl plötzlich Ihre Wohnungseinrichtung und Ihren Hausrat einbüßen würden, wäre der materielle Schaden beträchtlich. Dennoch hat ein Viertel der deutschen Haushalte laut Institut für Demoskopie Allensbach keine Hausratversicherung und müsste sich folglich dringend mit diesem Thema auseinandersetzen.

Was genau ist versichert? Vereinfacht gesagt: alles, was nicht niet- und nagelfest ist. Stellen Sie sich vor, man würde Ihr Haus oder Ihre Wohnung auf den Kopf stellen und kräftig schütteln.

Alles, was herunter- und herausfällt, ist mit einer Hausratversicherung abgesichert, also sämtliche Einrichtungsstücke
und Gebrauchsgegenstände. Wählen Sie eine Selbstbeteiligung,
um Beiträge zu sparen. Das lohnt sich meistens (Cashcode: 36).

Wenn Sie eine Hausratversicherung abgeschlossen haben, bekommen Sie die Gegenstände in Ihrer Wohnung ersetzt, die durch
Feuer- oder Wasserschaden beschädigt oder zerstört wurden.
Sind Kleidungsstücke oder Einrichtungsgegenstände bereits älter,
wird trotzdem der Neuwert gezahlt. Die Versicherung hat – bis
auf gewisse Ausnahmen – die Kosten für die Wiederherstellung
oder Neubeschaffung zu übernehmen. Haben Sie sich dagegen
nicht versichert, ist alles verloren, was Sie nicht eigenhändig in
Sicherheit bringen konnten.

Die Investitionsversicherung

Der Bau oder Kauf eines Eigenheims ist für die meisten Menschen die größte Investition ihres Lebens. Jahrelang wurde dafür
angespart, und es wäre eine finanzielle Katastrophe, wenn die
Immobilie etwa durch einen Brand stark beschädigt würde. In
den meisten Fällen ist dann nicht nur das investierte Eigenkapital weg, man sitzt zudem auf der Resthypothek, während die
Immobilie ihren Wert ganz oder teilweise verloren hat.

Hier springt die Gebäudeversicherung ein, denn sie versichert
das ganze Wohngebäude einschließlich fester Einbauten. Wohn-
gebäudeversicherungen ersetzen normalerweise Schäden durch
Feuer, Sturm, Hagel, Blitzeinschlag, Leitungswasser, Explosion –
bis hin zum Aufprall eines Autos und sogar eines Flugzeugs.

Eine solche Versicherung ist nicht gesetzlich vorgeschrieben
und leider fehlt sie laut GDV jedem siebten Immobilienbesitzer.
Diese Eigentümer riskieren, bei einem größeren Schadensfall
über Nacht alles zu verlieren. Und das kann schnell passieren.
Immerhin werden jährlich etwas mehr als 2 Millionen Wohnge-
bäudeversicherungsschäden gemeldet.

Sie sollten bei der Gebäudeversicherung steigende Immobilienpreise berücksichtigen und gegebenenfalls Ihren Versiche-

rungsschutz alle paar Jahre anpassen. Desgleichen empfiehlt sich hier ebenfalls eine Selbstbeteiligung. Je nach Versicherungssumme und Leistungsumfang sparen Sie bei 250 oder 500 Euro Selbstbeteiligung 100 Euro und mehr im Jahr.

Bei im Verhältnis zum Einkommen oder zum Immobilienwert besonders hohen Hypotheken bestehen die Banken häufig darauf, dass Sie so eine Police abschließen. Der Gegenwert Ihres Darlehens könnte sonst leicht ein Raub der Flammen werden.

Schützen Sie sich ausreichend, damit Ihr Vermögen nicht in Rauch aufgeht und Ihre Millionärsformel feuerfest bleibt.

Kapitel 16

Geld und Liebe

Liebe ist etwas besonders Kostbares. Freuen Sie sich, wenn Sie verliebt sind und geliebt werden. Damit Sie Ihre Liebe vollends genießen können, sollte Ihre Ehe oder Beziehung nie von Geldproblemen überschattet werden – schon gar nicht von solchen, die leicht vermeidbar sind.

Auf den ersten Blick mögen Liebes- und Geschäftsbeziehungen nicht miteinander vergleichbar sein. Aber gerade in Finanzdingen können Ehepaare und Lebenspartner einiges aus der Geschäftswelt lernen. Jetzt erschrecken Sie nicht über den Vergleich, aber dort verständigt man sich beim Zusammenschluss zweier Unternehmen vorher über die wichtigsten Themen. Zum Beispiel über einen gemeinsamen Firmensitz, auf das Budget, die angestrebten Kosteneinsparungen und auf die Finanzziele, die man gemeinsam erreichen will.

Wenn Sie mit Ihrem Lebenspartner zusammenziehen, bedeutet das für Sie beide enorme Veränderungen. Deshalb sollten Sie sich vor einer »Fusion« mit Ihrem oder Ihrer Liebsten entsprechend verständigt haben, egal ob mit oder ohne Trauschein. Finanzziele und der Umgang mit Geld dürfen nicht zulasten Ihrer Beziehung gehen. Manchmal ist es sinnvoll, mit der ganzen Familie zu besprechen, was man in finanzieller Hinsicht will, was sein muss und was nicht sein darf. Gerade wenn Sie einander lieben und sich langfristig zueinander bekennen, sollten Sie auch die

Finanzsynergien nutzen. Das kann Ihnen beim Vermögensaufbau sehr helfen. Legen Sie klare Regeln fest, die Sie gemeinsam einhalten wollen. Schwören Sie einander Finanztreue!

Es ist schwierig, sein Leben mit jemandem zu teilen, wenn man nicht zugleich seine Finanzen teilt oder zumindest die finanziellen Umstände des Partners kennt. Natürlich wollen Sie als frisch verliebtes Paar nicht vorrangig über Geld reden. Aber wenn Sie es nicht rechtzeitig vorher tun, werden Sie anschließend fast nur noch darüber reden müssen. Andernfalls sollten Sie sich gegenseitig auf die finanzielle Eigenverantwortlichkeit und Ihre jeweilige wirtschaftliche Eigenständigkeit verständigen.

Natürlich ist es etwas anderes, und ich spreche da auch aus eigener Erfahrung, wenn sich zwei Menschen finden, die beide beruflich sehr erfolgreich sind und schon jeweils ein großes eigenes Vermögen besitzen. In solchen Fällen ist es nachvollziehbar, wenn beide für sich weiterhin eine hohe finanzielle Souveränität leben wollen.

Normalerweise jedoch zählt Geld zu den häufigsten Streitthemen in einer Partnerschaft – und zu den häufigsten Gründen für Trennung und Scheidung gehören Finanzkonflikte. Damit Ihnen das nicht passiert und Ihre Partnerschaft lange hält, sollten Sie Finanzregeln absprechen.

Der Liebesfinanzplan

Wenn Sie mit Ihrem Lebenspartner zusammenziehen, beinhaltet das eine gemeinsame Finanzplanung, denn durch das Zusammenleben sind Sie ein Team und fast zwangsläufig auch finanziell »intim«. Sie haben sich verliebt und glauben zusammenzupassen, dann sollten Sie ebenfalls zueinanderpassende Einstellungen zum Geld haben.

Der Umgang mit Geld ist kein Wettbewerb zwischen Ihnen und Ihrem Lebenspartner, Sie bewerben sich vielmehr gemeinsam, um Ihr Finanzziel zu erreichen. Deshalb haben Sie das Recht, Fragen zu Finanzen zu stellen – und die Pflicht, Ihrerseits Fragen Ihres Partners zu beantworten.

Wenn Sie merken, dass Sie beide es mit Ihrer Beziehung ernst meinen und zusammenbleiben, vielleicht sogar heiraten wollen, verraten Sie einander zuerst, wie viel Sie verdienen. Danach erstellen Sie gemeinsam eine Liste aller Einkünfte und Konten, aller Ausgaben und etwaiger Schulden sowie Ihrer mittel- und langfristigen Finanzziele.

Nur wenn Sie zusammen an deren Erreichung arbeiten, können Sie sie auch tatsächlich erreichen. Ihr wichtigster Finanzpartner ist nämlich nicht der Banker oder der Makler, sondern Ihr Lebenspartner, und der wichtigste Beratungsort für Sie ist Ihr Zuhause.

In vielen Familien gibt es heftige Diskussionen darüber, wie viel Geld wofür ausgegeben werden soll. Es wird schwierig, wenn zum Beispiel einer alles raushauen und der andere alles sparen will. Oder wenn der eine dafür ist, das gebrauchte Auto so lange zu fahren, bis es auseinanderfällt, der andere es hingegen gar nicht erwarten kann, das jeweils aktuellste Modell fabrikneu zu kaufen. Oder wenn es einen von beiden überhaupt nicht stört, das Konto weit überzogen zu haben, für den anderen diese Situation aber unerträglich ist.

Gerade wenn Sie nicht so viel Geld haben, ist es wichtig, dass Sie sich einig sind, was Sie sparen wollen und wie viel Sie investieren können. Je mehr Fragen Sie ähnlich beantworten, desto leichter werden Sie mit Ihren Finanzen umgehen. Am besten klären Sie eventuell vorhandene Schwächen beim Ausgabeverhalten oder Finanzprobleme, bevor Sie zusammenziehen.

Falls es schon welche gibt, ist es geboten, sofort mit dem Partner und/oder den anderen Familienmitgliedern darüber zu diskutieren und einen Plan zu erarbeiten, um die Probleme gemeinsam zu verringern und perspektivisch vollständig zu beenden. In Ihrer Beziehung oder Ehe werden Sie häufig Finanzentscheidungen treffen, die für viele Monate Auswirkungen haben, vielleicht sogar für Ihr ganzes Leben. Sie müssen hier synchron denken und handeln, sonst können rasch Beziehungsprobleme daraus entstehen. Entwickeln Sie zusammen eine Strategie, wie Sie mit den Finanzen in Ihrer Beziehung umgehen wollen. Sie

benötigen gemeinsame Finanzziele, die für beide verbindlich
sein müssen: Sie wollen Ihre Schulden abbauen, für die eigene
Immobilie sparen, Vorsorge fürs Alter betreiben. Um Ihre Beziehung nicht zu belasten, halten Sie sich an Ihre Vereinbarungen
und werfen Sie einander nicht vor, den abgestimmten Plan nicht
einzuhalten oder zu geizig beziehungsweise zu verschwenderisch zu sein.

Über die Bestreitung Ihrer regelmäßigen Lebenshaltungskosten müssen Sie sich sogar unbedingt verständigen. Angenommen, einer von Ihnen verdient 2500 Euro, der andere 1500 Euro,
und Ihre gemeinsame Miete beträgt 800 Euro. Zahlen dann beide
400 Euro oder berechnen Sie die Mietanteile prozentual entsprechend den jeweiligen Gehältern? Oder wenn er ein Auto hat und
sie es öfter mal benutzt: Inwiefern beteiligt sie sich an den Kosten? Wer bezahlt welche Rechnungen, die monatlich anfallen?
Wer soll wie viel von seinem Einkommen in die gemeinsame
Haushaltskasse stecken? Möchten Sie beide Ihr eigenes Bankkonto behalten und/oder ein gemeinsames Konto eröffnen? Je
nachdem, welche Lösungen Sie gemeinsam finden – die Auswirkungen auf Ihre Finanzen und auf Ihre Beziehung können erheblich sein.

Natürlich gibt es weit romantischere Themen als Ihre Einzahlungen auf ein Alterskonto. Trotzdem ist es wichtig, dass Sie
gemeinsam auch darüber diskutieren und zu Ergebnissen kommen, die Sie zusammen angehen wollen und werden. Stellen Sie
sich einmal vor: Einer von Ihnen beiden bespart schon lange
einen privaten Altersversorgungsvertrag, der andere dagegen
hat noch keinen Euro für seine Rente zur Seite gelegt und will
das vielleicht selbst langfristig nicht tun. Einer von Ihnen beiden will für das eigene Haus sparen, der andere findet mieten
besser. Bilden Sie einen Finanzausschuss und entscheiden Sie
bei großen Summen – sowohl für Anschaffungen als auch für
Sparvorgänge und Investments – einstimmig, sonst wird nicht
gekauft, gemietet oder investiert.

Wie viel von Ihrem Monatseinkommen wollen Sie für Ersparnisse und Investments aufwenden? Wie viel fließt auf Ihr
Zukunftskonto? Wollen Sie ein gemeinsames Zukunftskonto

anlegen? Wenn Sie sich noch nicht sicher sind, ob Sie auf lange Sicht zusammenbleiben, sprechen Sie offen aus, dass z. B. lieber jeder in seine eigenen Aktienfonds investieren sollte.

Wenn Sie in diesen Fragen nicht zu einem Konsens kommen, sind die Probleme vorprogrammiert – ganz gleich, wie sehr Sie Ihren Partner oder Ihre Partnerin lieben. Geldstreitigkeiten im Alltag können die größte Liebe verwelken lassen. Darum sollten Sie in Finanzdingen ebenfalls an einem Strang ziehen, um mit der Millionärsformel gemeinsam mehr zu erreichen.

Wie viel Geld für die gemeinsame Liebeszukunft?

Nachdem Sie sich in diesem Buch bis hierher vorgearbeitet haben, wollen Sie höchstwahrscheinlich gemeinsam 10 Prozent beiseitelegen, um in einen Aktiensparplan einzuzahlen und/oder Eigenkapital für die eigenen vier Wände zusammenzutragen. Gleichzeitig müssen Sie unbedingt festlegen, dass Sie diese 10 Prozent als Allererstes von Ihrem gemeinsamen Einkommen abziehen, sodass der frei verfügbare Teil eben bloß 90 Prozent beträgt.

Falls Sie irgendwann feststellen, dass Sie mit Ihren addierten Ausgaben beispielsweise 200 Euro Minus machen, müssen Sie ebenfalls gemeinsam Ihr Ausgabeverhalten ändern. Wird weniger angespart oder werden 200 Euro zusätzlich eingespart, damit die 10 Prozent aufs Zukunftskonto wandern können? Vielleicht hilft es, sich vereint klarzumachen, dass 100 Euro im Monat weniger auf Ihr gemeinsames Zukunftskonto über 30 Jahre bei 7-prozentiger Rendite p. a. eine gewaltige Einbuße bedeuten würden: fast 120.000 Euro!

Auch wenn Sie davon überzeugt sind, Ihre große Liebe gefunden zu haben, müssen Sie nicht gleich alles Finanzielle in einen Topf werfen und sofort festlegen, wer was finanziell bestreitet. Vielleicht teilen Sie – zumindest zu Beginn Ihrer Partnerschaft – die Ausgaben auf, sodass jeder für den Lebensunterhalt gleich viel bezahlt oder jeder den gleichen Prozentsatz von seinem Einkommen abgibt, falls die Gehälter sehr unterschiedlich sind.

Die nächste Frage ist dann: Möchten Sie eine gemeinsame Kreditkarte, getrennte Kreditkarten – oder beschließen Sie, beide auf das Plastikgeld zu verzichten? Besprechen Sie zudem, ob Sie bis zum Rentenbeginn Vollzeit arbeiten wollen und das ebenfalls von Ihrem Partner erwarten, oder ob Sie (beziehungsweise Ihr Partner) etwa mit 55 Jahren das Arbeitspensum reduzieren will.

Jedem sein eigenes Konto!

Natürlich sollte jeder sein eigenes Konto behalten, auf das nur der jeweilige Eigentümer zugreifen kann.

Wenn Sie deutlich weniger als Ihr Partner verdienen: Verlassen Sie sich trotzdem nicht darauf, eines Tages von seiner Rente leben zu können. Wie viel Rente haben Sie aufgrund Ihrer eigenen Vorsorge und/oder Einzahlung in die gesetzliche Rentenkasse zu erwarten? Auf wessen Namen laufen die Altersvorsorgeverträge, die Sie zusammen mit Ihrem Partner abgeschlossen haben? Wie viel würde Ihnen an Rente bleiben, wenn es zur Trennung kommen sollte? Vielleicht gibt es Ihnen ja Sicherheit, wenn auch bei der Altersvorsorge jeder ein eigenes Konto hat.

Wenn Sie bereits vermögend sind, müssen Sie sich natürlich über Ihre jeweiligen Erwartungen und Bedenken aussprechen. Vereinbaren Sie, wie langfristig Sie Ihr Geld wo und in welchen Anlagearten und Risikoklassen anlegen möchten. In wessen Namen wird eine Kapitalanlage getätigt? Bedenken Sie, dass die jüngst geschiedenen Ehen hierzulande laut Statistischem Bundesamt im Schnitt 15 Jahre gehalten haben; zuletzt wurden knapp 170.000 Ehepaare geschieden. Man geht davon aus, dass etwa 35 Prozent der heute geschlossenen Ehen im Laufe der nächsten 25 Jahre geschieden werden. Deswegen sollten Sie rechtsverbindlich klären, wem was gehört. Beispielsweise können Sie festlegen, dass im Fall einer Trennung alles exakt durch zwei geteilt wird. Falls es ein Darlehen gibt, wird das ebenfalls geteilt? Gibt es Bürgschaften? Wer ist eigentlich im

Fall der Trennung dafür verantwortlich, ein Darlehen zu bedienen, das einer der Partner in die Beziehung mitgebracht hat? (Cashcode: 37).

Wer schon einmal vor dem Beziehungsaus stand oder geschieden wurde, hat sich vielleicht nachträglich gewünscht, alles vorher festgelegt zu haben. Deshalb regeln Sie diese Fragen vor der Eheschließung, denn der schönste Tag Ihres Lebens soll doch nicht im Rückblick der teuerste Tag Ihres Lebens gewesen sein.

Das Haus nach dem Liebesaus

Im Fall einer Trennung sollten Sie nicht nur an Gefühle, sondern ebenso an Sachthemen denken, vor allem an Ihre Finanzen. Besonders heikel wird es für Sie als (Ehe-)Paar, wenn Sie gemeinsam eine von Ihnen beiden bewohnte Immobilie besitzen. Nicht bloß emotional, sondern auch wirtschaftlich kann sich im Trennungsfall die alte Redensart bewahrheiten: Scheiden tut weh. Zumal die Immobilie oftmals den größten Vermögenswert darstellt.

Bei einer Scheidung oder Trennung kann das Eigentum das ehemalige Paar im wahrsten Sinn des Wortes arm machen. Meist sind beide im Grundbuch eingetragen und somit je hälftige Besitzer. Wenn einer nach der Trennung in dieser Immobilie wohnen bleibt, müsste er die Hälfte des Verkehrswerts an den anderen auszahlen. Dazu ist er aber oftmals nicht in der Lage.

Machen Sie bei einem Auseinandergehen beziehungsweise einer Scheidung in allen Finanzbelangen reinen Tisch. Auch Versicherungs- und Vorsorgeverträge müssen in einem solchen Fall aufgeteilt werden. Also achten Sie lieber vorher auf klare juristische Vereinbarungen: Was passiert mit dem Eigenheim bei einer Trennung? Wer muss ausziehen? Wer darf wohnen bleiben? Oder ziehen beide aus, verkaufen die Immobilie und teilen sich den Erlös? Falls sich einer der ehemaligen Partner gegen den Verkauf sperrt, kann man alternativ vereinbaren, das Haus zu vermieten, und sich die Miete teilen.

Es ist letztendlich egal, wie Sie es regeln, Hauptsache, Sie regeln es, bevor Sie eine Regelung benötigen, denn dann ist oftmals keine vernünftige Übereinkunft mehr möglich. Ihren Ehevertrag sollten Sie nicht erst in dem Moment schließen, wenn bereits die Hochzeitsglocken läuten. Sonst könnte das Liebesaus gleichzeitig das Ende Ihres Vermögensaufbaus mit der Millionärsformel einläuten. Also lieber zum Liebesstart alles klären als erst beim Liebesaus.

Kapitel 17

Vermögen für die Liebsten

Denjenigen, die Sie lieben, soll es doch finanziell gut gehen – selbst dann, wenn Sie das selbst nicht mehr sicherstellen können. Zu Ihrer finanziellen Lebensplanung gehört auch die Fürsorge gegenüber Ihrer Familie.

Natürlich macht es niemandem Freude, sich mit Berufsunfähigkeit, Pflegebedürftigkeit oder gar mit dem eigenen Tod auseinanderzusetzen. Aber da Sie schließlich möchten, dass Ihr Partner und Ihre Kinder nach Ihrem Ableben abgesichert sind, sollten Sie diese »letzten Dinge« keineswegs erst im letzten Moment regeln.

Es ist schlimm genug, wenn Sie zum Beispiel gesundheitliche Probleme bekommen oder Ihrem Partner ein tödliches Unglück widerfährt. Das ist an sich schon kaum erträglich, noch schlimmer wäre es jedoch, wenn dieser Schicksalsschlag zusätzlich zu einer finanziellen Katastrophe führen würde. Trauer und Schmerz sind aufreibend genug. Obwohl sich niemand wünscht, dass ihm selbst oder seiner Familie etwas Schlimmes passiert: Spielen Sie dieses traurige Szenario durch. Hoffen Sie auf das Gute und seien Sie für das Schlechte gewappnet. Ich empfehle grundsätzlich, positiv in die Zukunft zu schauen, aber bereiten Sie sich dennoch vorsorglich auf ein negatives Ereignis vor.

Was mit uns nach dem Tod in der Nachwelt geschieht, ist unklar. Was hingegen mit Ihren irdischen Gütern nach Ihrem Tod passiert, können und sollten Sie rechtzeitig vorher klären.

Wenn Sie sterben sollten, wird in dem Moment auch Ihr Arbeitseinkommen sterben. Verfügen Sie bereits über genügend Vermögenswerte, durch die im Fall Ihres Todes die von Ihnen abhängigen Familienmitglieder weiter finanziell versorgt sind? Wenn nicht, wäre eine Lebensversicherung hilfreich, die für die benötigten Finanzen aufkommt.

Bis 2004 waren Kapitallebensversicherungen zu Recht beliebte Anlageprodukte. Wer eine solche Police abgeschlossen hatte, solange es attraktive Überschüsse und hohe Garantieverzinsungen gab, konnte sich über eine ordentliche Rendite freuen – nicht nur risiko-, sondern ebenfalls steuerfrei! Bestandskunden solcher Policen weinen heute vor Freude – und die Zuspätgekommenen heulen vor Neid. In der jetzigen Niedrigzinsphase nämlich lohnt es sich jedoch kaum, eine Kapitallebensversicherung abzuschließen. Die dürftigen Auszahlungen müssen Sie außerdem versteuern.

Finanziell gesichert leben

Eine Lebensversicherung abzuschließen ist gleichwohl nach wie vor für viele Menschen sinnvoll und notwendig. Allerdings empfiehlt sich eine reine Risikolebensversicherung, bei der kein Kapital angespart wird. Eigentlich müsste sie »Risiko-Todes-Versicherung« heißen, denn Sie versichern in diesem Fall nicht Ihr Leben, sondern Ihre Angehörigen für den Fall Ihres Todes. Der eigentliche Sinn einer derartigen Versicherung ist es, das Einkommen des Verstorbenen durch eine Pauschalsumme zu ersetzen.

Ihre Familienangehörigen geben Ihnen Geborgenheit, schenken Ihnen ein liebevolles Lächeln und umsorgen Sie bei Krankheit. Es geht um Ihre Kinder, die absolut abhängig von Ihnen als Elternteil sind, und Ihre bessere Hälfte, die für Sie durchs Feuer gehen würde. Sorgen Sie für diese lieben Menschen in Ihrem Leben vor. Mit einer entsprechenden Risikolebensversicherung erhalten Ihre Angehörigen im Fall Ihres Todes – für eine Versicherungsprämie von ein paar Hundert Euro pro Jahr – viele

Hunderttausend Euro ausgezahlt und sind damit finanziell weiter versorgt.

Eine Lebensversicherung abzuschließen bedeutet nicht, sie ein Leben lang zu behalten. Sie versichern die Lebensphase, in der Sie noch nicht genügend eigenes Vermögen angesammelt haben, um die Menschen, die von Ihrem Einkommen abhängig sind, zu beschützen – je nachdem zehn, 15, 20 oder 25 Jahre. Sie können die Risikolebensversicherung auch mit abnehmendem Versicherungsschutz wählen. Dann verringert sich die Versicherungssumme Jahr für Jahr, da sie eben für einen immer kleineren Zeitraum reichen muss.

Wenn Sie jünger sind und schon eine Familie haben, sollten Sie diese unbedingt gegen die finanziellen Folgen Ihres Todes absichern. Sie mögen eine noch so großartige Mutter oder ein noch so liebenswerter Vater sein, bei Hausaufgaben helfen, die Kinder zur Schule bringen, jeden Tag frisch für sie kochen, mit der Tochter basteln, mit dem Sohn Fußball spielen ... Wenn Sie Ihre Kinder für den Fall der Fälle nicht mit der Einkommensersatz- beziehungsweise Todesversicherung geschützt haben, kann auf Ihre Familie eine schwierige Finanzzukunft zukommen. Je älter die Kinder sind, desto weniger benötigen sie diese Absicherung, entsprechend geringer kann also die Versicherung sein, weil die Summe nicht mehr so lange reichen muss.

Gerade wenn Sie allein berufstätig sind, brauchen Sie unbedingt eine Risikolebensversicherung. Denn es wird eine Weile dauern, bis Ihr Partner nach Ihrem Ableben wieder arbeiten kann. Und selbst wenn, ist es meist keine Vollbeschäftigung, solange die Kinder minderjährig sind. Deshalb brauchen Sie bei dieser Konstellation eine »Ersatzzahlung«.

Für den Fall, dass Sie eine hohe Hypothek auf Ihrer Immobilie haben, brauchen Sie auch dafür eine Absicherung (vielleicht sogar eine spezielle Restschuldversicherung). Schließlich soll Ihre Familie – nachdem sie bereits Sie verloren hat – nicht zusätzlich Haus und Hof einbüßen.

So traurig der Gedanke sein mag, stellen Sie sich einmal vor, dass Sie und Ihr Lebenspartner gleichzeitig versterben würden –

zum Beispiel durch einen Verkehrsunfall. Wie wäre dann – ohne Absicherung – die Finanzsituation der Kinder?

Sterbegeld als Kindergeld

Für ein junges Paar mit minderjährigen Kindern gibt es nicht viel zu überlegen. In ihrem Fall wäre es fast schon fahrlässig, sich nicht gegen die finanziellen Folgen des Todesfalls abzusichern. Sorgen Sie dafür, dass das Geld wenn möglich so lange reicht, bis Ihre Kinder aus der Schule sind.

Wenn Sie Ihren Nachwuchs länger absichern wollen, decken Sie mit der Versicherung den Zeitraum ab, bis die Kinder ihre Ausbildung oder ihr Studium beendet haben und eigenes Geld verdienen. Angenommen, Ihr jüngstes Kind ist 15, dann reicht ein Versicherungszeitraum von circa zehn Jahren in der Regel aus. Wenn Sie jährlich 75.000 Euro nach Hause bringen und dieselbe Summe Ihrer Familie zur Verfügung stehen soll, müsste die Versicherung im Fall Ihres Todes so hoch sein, dass eine Dreiviertelmillion Euro an Ihre Angehörigen gezahlt wird. Diese Absicherung beispielsweise kostet Sie, je nach Anbieter, um die 80 Euro monatlich oder sogar weniger. In unserem Beispielfall wären damit exakt zehn Jahreseinkommen abgesichert.

Errechnen Sie den wirklichen Finanzbedarf Ihrer Lieben. Ermitteln Sie als Erstes, wie viel Ihre Familie monatlich zum Leben benötigt, und versuchen Sie zu schätzen, wie lange sie diesen monatlichen Betrag brauchen wird. Berechnen Sie im nächsten Schritt, wie hoch Ihr Sparguthaben (abzüglich eventuell vorhandener Schulden) ist. Sofern Sie bereits über ein gefülltes Notfall- und ein schon länger bespartes Zukunftskonto verfügen, addieren Sie die beiden Guthaben hinzu und ziehen Sie die Summe von dem ermittelten Gesamtbedarf ab. Daraus können Sie den erforderlichen Risikolebensversicherungsschutz ableiten.

Nehmen wir einmal an, dass Sie als junger Ehemann und Vater gestern bei einem Unfall gestorben wären. Sie hinterlassen Ihre Frau mit zwei Kindern im Kita-Alter. Als Mutter minderjähriger Kinder wird die junge Witwe höchstens halbtags oder in noch geringerem Umfang arbeiten und Geld verdienen können. Also müssen Sie dafür sorgen, dass ihr zusätzlich ein Einkommensersatz zufließt, der zusammen mit ihrem eigenen Gehalt die jährlichen Lebenshaltungskosten deckt – und das für einen Zeitraum von mindestens zehn Jahren.

Die Beiträge für eine Lebensversicherung fallen natürlich umso höher aus, je älter Sie bei Vertragsabschluss sind. Die Gefahr, dass Sie altersbedingt durch Krankheiten versterben, steigt entsprechend an. Umgekehrt werden Ihre Hinterbliebenen, je älter Sie werden, wahrscheinlich desto weniger Versicherungsschutz benötigen.

Wenn Sie sich nicht intensiv damit beschäftigen wollen, können Sie sich an folgender Faustregel orientieren: Die Versicherungssumme sollte zwischen fünf und zehn Jahreseinkommen betragen. Je niedriger Ihr Einkommen ist, desto höher sollte der Faktor sein, mit dem Sie multiplizieren. Denn bei niedrigem Einkommen ist das familiäre Monatsbudget oftmals sowieso schon auf Kante genäht. Überdies gibt es meist nur geringe oder gar keine Rücklagen, auf die die Familie zurückgreifen könnte.

Also sorgen Sie für die finanzielle Absicherung Ihrer Familie vor. Gerade weil Sie durch die Millionärsformel auf einem guten Weg zum Reichtum waren, wollen Sie doch bestimmt, dass Ihre Kinder und Ihr Lebenspartner weiterhin ohne finanzielle Ängste leben können.

Selbstbestimmt bis ans Lebensende

Es gibt noch einen weiteren traurigen Anlass, für den Sie möglichst umgehend eine Verfügung treffen sollten – den Fall nämlich, dass Sie etwa durch einen Unfall schwer verletzt werden, nicht mehr handlungsfähig sind oder im Koma liegen. Niemand kennt Ihren Willen, wenn Sie in einem Zustand sind, in dem Sie lediglich von Maschinen am Leben gehalten werden.

Wer darf dann von Ihren Konten abheben, wer darf die Miete zahlen, wer darf entscheiden, dass Sie vom Chefarzt behandelt werden und das bezahlen? Wer darf bestimmen, welche Operationen veranlasst werden sollen, wann die Geräte abgestellt und ob Organe gespendet werden dürfen?

Ihren Willen in solchen Fragen halten Sie in einer sogenannten Patientenverfügung fest (Cashcode: 38). Mit diesem Dokument geben Sie den Ärzten vor, wie sie verfahren sollen, wenn Sie dem Tod nahe sind und Ihre Urteilsfähigkeit eingebüßt haben. Es kann darüber hinaus sinnvoll sein, eine Vertrauensperson zu benennen, die bei Verlust Ihrer Urteilsfähigkeit für Sie die Entscheidungen trifft. Das geschieht durch eine Vorsorgevollmacht, mit der Sie zum Beispiel im höheren Alter einen Vertreter für sich einsetzen.

Der letzte Finanzwunsch

Es wäre ärgerlich, wenn Ihr über Jahre angehäuftes schönes Vermögen oder Teile davon im Fall Ihres Ablebens in falsche Hände gelangen würde. Rational wissen wir alle, dass wir sterben müssen und der Tod uns ganz plötzlich dahinraffen kann. Aber emotional hoffen wir trotzdem, dass das niemals passieren wird oder frühestens, wenn wir uralt sind. Doch selbst dann wollen die Dinge geregelt sein.

Leider hat die große Mehrheit der Deutschen kein beziehungsweise kein formal gültiges Testament. An Weihnachten liegen unterm Tannenbaum doch auch schön eingepackte Geschenke, auf denen wir vermerkt haben, welches für wen bestimmt ist! Erbschaften kann man genauso als Geschenke sehen. Fassen Sie daher Ihr Testament so ab, wie Sie es wollen – und verfassen Sie es, bevor es zu spät ist.

Höchstwahrscheinlich haben Sie ja klare Vorstellungen, wer das Vermögen bekommen soll, das Sie erarbeitet und zusammengespart haben. Oder ist Ihnen egal, wer das alles erbt? Ihr Letzter Wille sollte deutlich und präzise abgefasst sein, denn durch das Erbschaftsrecht ist geregelt, wer Ansprüche erheben kann, falls Sie kein eindeutiges Testament hinterlassen haben – und das passt möglicherweise überhaupt nicht zu Ihren Vorstellungen.

Selbst wenn Sie Single sind, sollten Sie ein Testament aufsetzen. Gerade in Fällen, in denen es keinen Ehepartner und keine Kinder gibt, ist die Erbfolge besonders kompliziert. Wollen Sie, dass Ihre Schwester oder Ihr Bruder erbt? So mancher würde sich im Grabe umdrehen, wenn er wüsste, dass der längst getrennt lebende, aber noch nicht geschiedene Ehepartner alles bekommt, bloß weil man kein anderslautendes Testament hinterlassen hat.

Liegt kein Letzter Wille vor, kann es passieren, dass das Vermögen erst einmal eingefroren wird, bis alle Ansprüche geklärt sind. Sofern Ihr Testament nicht exakt formuliert ist, wird es von Anwälten oder Gerichten interpretiert. Lässt sich selbst auf diese Weise nicht klären, wem Sie was vermachen wollten, werden Ihre Verfügungen für unwirksam erklärt. Stattdessen kommt die gesetzliche Erbfolge zum Tragen – möglicherweise mit der Konsequenz, dass Personen, die Ihnen vielleicht mittlerweile emotional fernstehen, Ihre Besitztümer erben.

Wenn es kein Testament gibt und Sie mit Ihrem Partner zusammen ableben, sind Ihre minderjährigen Kinder die gesetzlichen Erben. Sollte Ihre ganze Familie mit Ihnen ums Leben kommen, möchten Sie dann, dass Ihre betagten Eltern alles erben? Wollen Sie, dass von Ihrem Erbe erst Ihr Elternhaus schuldenfrei gemacht wird und Ihre Geschwister den Rest unter sich aufteilen? Es stellen sich hier viele Fragen – legen Sie die Antworten daher beizeiten fest. Vielleicht möchten Sie ja bestimmte Organisationen oder Institutionen bedenken und zum Beispiel an ein Kinderkrankenhaus oder an den Jugendsport spenden oder das Geld der Kirche vermachen. Oder Sie möchten einem besonders guten Freund oder einer langjährigen Mitarbeiterin etwas zukommen lassen.

Ihre Liebsten haben es nicht verdient, dass Sie ihnen diese Komplikationen aufhalsen. Wenn kein Testament vorhanden ist, kommt es nicht selten vor, dass sich die Hinterbliebenen wegen der ungeklärten Ansprüche zerstreiten und sich in Zukunft aus dem Wege gehen. Deshalb gelten Erbengemeinschaften mit unterschiedlichen Interessen als schwierige Verhandlungspartei zum Beispiel bei Immobilienverkäufen. Einer

der Erben braucht das Geld und will selbst zu einem niedrigeren Preis verkaufen. Ein anderer sagt: »Lass uns das Haus
der Eltern behalten.« Der Dritte will so lange pokern, bis er
einen hohen Preis erzielt hat. Zum Schluss blockiert man sich
gegenseitig und keiner erreicht sein Ziel. Solche und ähnliche
Streitereien können Sie vermeiden, indem Sie ein eindeutiges
Testament hinterlassen. Fragen Sie sich deshalb: Wie wird das
Erbe künftig am besten für die Familie verwendet? Was sind
die Wünsche und Nöte der einzelnen Familienmitglieder? Tauschen Sie sich mit Ihren Kindern über die jeweiligen finanziellen Bedürfnisse und Pläne aus.

Was passiert, wenn erst der Mann stirbt und dann die Frau?
Wie sieht es im umgekehrten Fall aus? Was geschieht, wenn
zuerst der Mann stirbt, dann ein Kind, danach die Frau und
dann noch das andere Kind? Checken Sie außerdem, ob es
Pflichterbteile gibt und Sie Ihr Vermächtnis nicht komplett frei
festlegen können. Listen Sie auf, wer wie viel in welcher Konstellation erhalten soll. Wer bekommt das Ersparte? Wem vermachen Sie Ihre Briefmarkensammlung, wem die Möbel, wem
Ihre Lieblingsuhr?

Wenn es Ihren Kindern gut geht und Sie nicht möchten, dass
zweimal Erbschaftssteuer fällig wird, können Sie in Betracht
ziehen, Ihr Geld gleich den Enkeln zu hinterlassen. Falls Sie
geschieden sind, Kinder aus erster Ehe haben und nochmals
heiraten, klären Sie die Situation. Wahrscheinlich wollen Sie
diesen Kindern einen angemessenen Teil Ihres Vermögens
zukommen lassen – stellen Sie dies durch eine entsprechende
testamentarische Verfügung sicher.

Informieren Sie sich, sprechen Sie am besten mit einem
Anwalt. Lassen Sie sich hinsichtlich aller denkbaren Konstellationen fundiert beraten. Mehr zu diesem Thema finden Sie auch
unter Cashcode: 39.

Verschenken oder vererben?

Es könnte eine gute Idee sein, Ihren Kindern – oder den Enkeln – einen Teil Ihres Vermögens vor Ihrem Ableben zu vermachen. Eigentum zu Lebzeiten zu übertragen, ist zudem steuerlich günstiger. Da können schon mal ein paar Zehntausend Euro Steuerersparnis herausspringen.

Ihren Anteil am Familienvermögen können die Nachkommen meist besser früher gebrauchen, als wenn sie ihn – oft erst im fortgeschrittenen Alter – erhalten. Dann hätten Sie den Kindern vielleicht beim Erwerb eines Eigenheims oder bei einer Firmengründung unter die Arme gegriffen oder den Enkeln die Ausbildung finanziert. Hilfreich und dem Glück der gesamten Familie förderlich kann es ebenfalls sein, wenn Sie Ihren Kindern durch eine Schenkung helfen, etwaige Schulden abzubauen. Beachten Sie dabei aber die Schenkungssteuerfreibeträge. Übertragen Sie jedoch auf keinen Fall so viel von Ihrem Vermögen, dass Ihre eigene Finanzsituation dadurch eingeengt wird. Lassen Sie die Krise Ihrer Kinder nicht zu Ihrer Altersversorgungskrise werden. Den Kindern bleibt noch Lebenszeit genug, um ihr Finanzproblem selbst zu lösen.

Geben Sie zu Lebzeiten nur das ab, was Sie wirklich übrig haben. Wenn es geht, schenken Sie zum Beispiel Ihren Enkeln zur Einschulung einen Aktien- oder Indexfonds oder beginnen Sie mit einer regelmäßigen monatlichen Einzahlung in einen solchen Sparplan. Dann fängt die finanzielle Zukunft der Enkelkinder schon deutlich eher an.

Überlegen Sie, ob bereits vor dem Vermögensübergang Anlageklassen gewechselt werden sollten, um das Portfolio den individuellen Verhältnissen und Zielen der Erben anzupassen. Sprechen Sie darüber mit den Angehörigen, die Sie begünstigen möchten.

Stehen Sie Ihren Erben mit Finanzrat und -tat zur Seite. Sorgen Sie dafür, dass sie – bevor sie Ihr Vermögen erhalten – wissen, wie man mit Geld umgeht. Schließen Sie die Generationenlücke, indem Sie rechtzeitig mit Ihren Nachkommen über die Finanzsituation der Familie sprechen.

Generationsübergreifende Finanzen

Umgekehrt sollten Sie als künftige Erben rechtzeitig mit Ihren Eltern darüber sprechen, wie diese im Alter leben möchten. Erkundigen Sie sich nach ihren Geldanlagen und Versicherungen. Zum Beispiel wird es in der Regel sinnvoller sein, rechtzeitig eine zusätzliche Pflegeversicherung für die Eltern abzuschließen, als später die hohen Pflegekosten selbst tragen zu müssen.

Fragen Sie Ihre Eltern, welche Entscheidungen sie sich bei schwerer Erkrankung und Pflegebedürftigkeit wünschen. Sprechen Sie mit ihnen über das Thema Patientenverfügung. Moralische Bedenken sind hier fehl am Platz, wenngleich kaum jemand gerne an seine letzten Jahre, an Krankheit, Sterben und Tod denkt.

Besonders komplex wird es, wenn Firmenanteile und anteiliger Besitz an Grundstücken oder Immobilien vermacht werden sollen. Wie sieht das aus, wenn zwei Kinder gemeinsam ein Haus erben? Der eine will es verkaufen, der andere nicht. Oder beide wollen es verkaufen, bloß findet der eine den angebotenen Verkaufspreis okay, der andere nicht. Treffen Sie für solche möglichen Streitpunkte ebenfalls Vorkehrungen. Zum Beispiel können Sie festlegen, dass dann das ältere Kind oder derjenige mit dem geringeren Verdienst entscheiden darf. Auf jeden Fall gibt es viel zu regeln, wenn man – so wie hoffentlich Sie eines fernen Tages – viel zu vererben hat. Wahrscheinlich empfiehlt es sich, einen erfahrenen Anwalt hinzuzuziehen.

Setzen Sie Ihr Testament auf, selbst wenn Sie noch jung sein sollten. Jeder braucht eines, auch Sie – damit Ihre Lieben sich lange an den Geldbäumen erfreuen können, die Sie für sie gepflanzt und vermehrt haben.

Kapitel 18

Finanzielle Unabhängigkeit und Freiheit genießen

Wenn Sie bereits sehr vermögend waren, als Sie mit der Lektüre dieses Buchs begonnen haben, können Sie nun ein Fazit ziehen: Welche Maßnahmen haben Sie schon veranlasst, um Ihren zukünftigen beziehungsweise weiteren Vermögensaufbau zu optimieren? Wie weit sind Sie auf Ihrem Weg zu finanzieller Unabhängigkeit inzwischen gekommen? Oder können Sie sogar schon finanzielle Freiheit genießen? In aller Regel müssen die Bestandteile der Millionärsformel über einen längeren Zeitraum angewandt werden, um zu positiven Ergebnissen zu gelangen.

Nutzen Sie daher an dieser Stelle mit einem vorweggenommenen Resümee die motivierende Kraft der Visualisierung: Stellen Sie sich so bildhaft wie möglich vor, wie es sich in finanzieller Unabhängigkeit leben lässt und was durch finanzielle Freiheit alles möglich sein wird. Später ziehen Sie dann echt Bilanz und gleichen Ihre Träume mit den tatsächlich erreichten Zielen ab. Stellen Sie sich möglichst anschaulich vor, wie Ihr Vermögensresultat ausfallen wird und wie Sie die folgenden beispielhaften Fragen beantworten würden:

- Verfügen Sie über die von Ihnen angestrebte Summe, sind Sie möglicherweise sogar im Besitz von 1 Million Euro?

- Beziehen Sie ein zweites Einkommen von 1000 Euro monatlich aus Kapitalerträgen?
- Wurde Ihr Traum von der Ferienwohnung mit 55 Jahren wahr?
- Haben Sie das Segelboot zur Silberhochzeit gekauft?
- Klappt es, dass Sie die Kosten für das Studium Ihrer Tochter übernehmen können?
- Gelingt es Ihnen, zur Geschäftseröffnung Ihres Sohnes 150.000 Euro beizutragen?
- Wohnen Sie schon mietfrei im schuldenfreien eigenen Haus?
- Ist es jetzt so weit, dass Sie sich leisten können, was Sie sich immer gewünscht haben?

Sehen Sie das Ergebnis vor Ihrem geistigen Auge? Sie sind den Weg des konsequenten Einsparens, des erfolgreichen Ansparens und des klugen Investierens gegangen, um finanzielle Unabhängigkeit zu erreichen und sich an einer höheren Lebensqualität zu erfreuen. Jetzt dürfen Sie sich Ihre Träume erfüllen.

Mit einem Vermögen können Sie sich sehr viel kaufen, selbst Zeit. So brauchen Sie z.B. nicht mehr selbst die Wohnung zu putzen, nehmen ein Taxi, statt zur Bushaltestelle zu laufen, oder reisen zu den entfernt wohnenden Verwandten mit dem Flugzeug an und müssen nicht eine fünfmal so lange Zugfahrt unternehmen.

Doch ohne körperliche Gesundheit ist materieller Reichtum wenig wert. Achten Sie also darauf, gesund zu leben, sonst haben Sie nichts von Ihrem angesammelten Vermögen. Passen Sie auf sich selbst, auf Ihre Familie und auf Ihre Gesundheit auf.

Ihre Kinder haben bei einer guten Schulnote ein Eis oder für ein gutes Zeugnis eine Kinokarte als Belohnung bekommen. Jetzt können Sie sich selbst belohnen, eine teure Weltreise machen, ein schickes Auto oder eine hochwertige Uhr kaufen. Sie haben Ihr Vermögen auf- und ausgebaut und sollen jetzt Freude damit haben. Ihr Geld ist schließlich auch dazu da, Ihnen Vergnügen zu bereiten.

Leben Sie Ihre finanzielle Freiheit! Gönnen Sie sich mal ein schönes Glas Champagner. Sie sind in Ihrer sicheren Zukunft angekommen und sind wahrscheinlich finanziell unabhängig: Sie müssen nicht mehr arbeiten, um Ihren bisherigen Lebensstil zu bewahren. Am besten wäre es natürlich, wenn Sie sogar den Grad der finanziellen Freiheit erreichen würden, um sich angenehmen Luxus zu gönnen. Sie besitzen nun genügend Vermögen, das nicht nur aus Geld besteht, sondern außerdem viel Spaß macht. Sie können nun leben, wie Sie schon immer wollten. Wenn Sie jetzt nicht einen Teil ihres Vermögens genießen würden, wäre der jahrelange Verzicht doch unsinnig gewesen. Kosten Sie diesen wertvollen Zustand voll aus.

Und Sie können anderen etwas abgeben. Denn Geld hilft auch. Teilen Sie es! Das bringt nicht bloß eine höhere Lebensqualität, sondern zugleich eine größere Befriedigung. Geben Sie anderen etwas von Ihrem Wohlstand ab, dann wird Ihre Freude vollkommen sein.

Geben macht Freude

Jeder, der ein beachtliches Vermögen erlangt hat, bemerkt ziemlich schnell: Man kann trotzdem nur in *einem* Bett schlafen oder mit *einem* Auto fahren, obwohl man ein zweites, mitunter sogar ein drittes in der Garage hat. Auch in einem Restaurant will man nicht mehrere Schnitzel gleichzeitig oder direkt hintereinander essen, nur weil man es sich leisten könnte. Man ist auf einem Finanzniveau angelangt, auf dem man ganz leicht einen Teil seines Geldes spenden kann, ohne sich selbst deswegen im Mindesten einschränken zu müssen.

Die Bereitschaft, wohltätig zu handeln, beginnt allerdings nicht in Ihrem Portemonnaie, sondern in Ihren Gedanken – und wer immer nur wartet, bis er viel Geld hat, wird wahrscheinlich nie spenden. Der ausschlaggebende Faktor ist nicht das Geld, sondern Ihre soziale Denkweise. Leben heißt geben. Geben Sie freiwillig.

Außerdem: Mit Geben ist nicht allein Geld gemeint. Ebenso wertvoll wie eine Spende ist es, wenn Sie Zeit und emotionale Zuwendung schenken. Am besten wäre natürlich eine Kombination. Wenn Sie bereits ein Kind oder mehrere haben, können Sie zum Beispiel ein Waisenkind adoptieren. Oder Sie übernehmen Patenschaften. Es gibt sehr gute Hilfsorganisationen, die das ermöglichen.

Fragen Sie sich, wie Sie mithelfen wollen, die Welt für einige Menschen besser zu machen. Werden Sie ein bisschen Zeit und/ oder Geld geben?

Die Bereitschaft, anderen zu helfen, fängt mit einem großen Herzen und nicht mit einem großen Vermögen an. Ich erinnere mich noch heute an meine erste – für mich damals bedeutende – Spende. Ich war ein 19-jähriger Soldat, und unsere Kaserne unterhielt eine Patenschaft für ein Kinderheim. Alle Soldaten wurden gebeten, dafür zu spenden. Ich gab damals die Hälfte meines monatlichen Solds von 195 D-Mark. Wir hatten die Kinder vorher besucht und es berührte mich sehr, was für ein trauriges Leben die Kleinen führen mussten. Daher spendete ich gerne und war glücklich, weil ich selbst gesund und nicht in einer solchen Situation wie sie war. Es ist ein wirklich schönes Gefühl, die Not anderer Menschen zu lindern.

1990 habe ich eine Kinderstiftung gegründet. Ich bat meine Mitarbeiter, 1 Prozent ihrer Einkünfte zu spenden. Sämtliche Stiftungskosten trug ich selbst, damit bei den Kindern jeder gespendete Euro vollständig ankam. Mit großer Freude unterstütze ich zudem seit Jahren die Stiftung »Ein Herz für Kinder«, weil dort gleichfalls 1 Euro Spende 1 Euro Hilfe ist.

In den USA ist es weitverbreitet, einen bestimmten Prozentsatz seiner Einnahmen oder seines Vermögens für karitative Zwecke zu stiften. Ich animiere viele meiner Freunde dazu, ebenfalls an Hilfsbedürftige zu spenden.

Je mehr Sie haben, desto mehr können Sie geben. Wenn Sie Vermögen haben, vermögen Sie auch zu spenden. Und ein Großvermögen sollte Ihre Großzügigkeit noch weiter erhöhen.

Wenn Sie nicht geben, fehlt Ihnen ein wichtiger Teil für Ihr Glück und vom Sinn des Lebens. Geben ist ein großes Vergnügen und bringt enorme Genugtuung. Deshalb bedeutet für mich gutes Finanzmanagement nicht zuletzt, finanziell Gutes zu tun. Wenn Sie vorhaben, Ihr Vermögen aufzubauen, sollten Sie ebenfalls bereit sein, anderen Menschen zu helfen, die in Not sind. Werden Sie nicht allein ein Sparer und Investor, sondern zugleich ein finanzieller Unterstützer. Seien Sie großherzig!

Geben Sie beispielsweise 1 Prozent von Ihrem Einkommen. Wer 50.000 Euro jährlich verdient, kann 500 Euro für gute Zwecke spenden. Wenn Sie mehr haben, steigern Sie den Prozentsatz Ihrer Wohltätigkeit. So wie Sie 10 Prozent angespart haben, können Sie vielleicht nun auch 10 Prozent von Ihren Kapitalerträgen für soziale Projekte oder für die Unterstützung Hilfsbedürftiger spenden.

Etwas zu bekommen ist ein schönes Erlebnis, aber meist ein kurzes. Das Gefühl jedoch, etwas zu geben, ist noch schöner und hält zudem viel länger an. Aus verschiedenen Studien geht eindeutig hervor, dass es einen gewaltigen Unterschied macht, ob man Versuchspersonen beispielsweise 10 Euro gibt, damit sie sich selbst etwas kaufen – oder damit sie anderen etwas davon kaufen. Die zweite Gruppe ist durchweg zufriedener, glücklicher und hat länger ein positives Gefühl.

Sie haben nun die Chance, viel Gutes zu tun, damit andere Menschen glücklicher und unbeschwerter leben können, und Sie werden dabei ebenfalls zusätzliches Glück empfinden. Helfen lässt uns intensiver und länger glücklich sein.

Falls Sie (noch) nicht wohlhabend sind, geben Sie wenigstens ein bisschen. Sammeln Sie zum Beispiel alle Cent-Stücke, die Sie als Wechselgeld erhalten, in einem Glas und spenden Sie die Summe für einen guten Zweck, sobald das Glas voll ist. Allein mit diesem ersparten Sondergeld können Sie für arme, kranke und behinderte Menschen eine Wende zum Besseren herbeiführen.

Wenn ein Mensch Hunger leidet und jemand mit einem kleinen Einkommen und geringen Ersparnissen ihm 10 Euro gibt, dann ist das so, als ob ein Vermögender 10.000 Euro spendet.

Auch kleine Beträge zählen, denn es gibt genügend Hilfsorganisationen, die es schaffen, mit 1 Euro dafür zu sorgen, dass ein Kind genug zu essen hat oder ein – fürs Überleben – wichtiges Medikament bekommt. Gehen Sie ins Internet und entdecken Sie, welche fantastischen Hilfsorganisationen mit ein paar Euro Menschenleben retten.

Stellen Sie sich ein Kind vor, das in Lebensgefahr ist oder leidet. Das kann doch niemandem egal sein! Selbst mit einer kleinen Spende und/oder mit einem kleinen Zeiteinsatz können Sie sehr viel bewegen. Andere werden Sie nachahmen und es entsteht ein Dominoeffekt der Freigiebigkeit.

In meinem Leben habe ich schon oft zum Hörer gegriffen, um geschäftliche Dinge zu besprechen. Viel größeren Spaß hat es mir jedoch gemacht, Geschäftsleute anzurufen, um sie zu bitten, bei einer Unterstützungsaktion für Flüchtlinge mitzumachen. Ich habe dabei ein enormes Glücksempfinden verspürt, weil ich andere zum Mithelfen motivieren konnte.

Im Herbst 2015 haben wir zwei syrische Flüchtlingsfamilien, insgesamt neun Personen, bei uns zu Hause aufgenommen. Sie lebten in unserem Wohnzimmer, aßen und kochten mit uns in unserer Küche. Als ich das Freunden erzählte, konnten diese das zunächst kaum glauben, aber spätestens als ich ihnen Bilder zeigte, sprang die Unterstützungsbereitschaft auch hier sprunghaft an. Ob Sachspenden, Geld oder Bereitstellung von Wohnraum – es kamen eine Menge Menschen aus meinem Umfeld auf einmal in die Gänge.

Ich habe Stiftungsprofessuren gefördert, weil ich insbesondere im Bildungsbereich unterstützen möchte. Ich finanziere medizinische Forschungsprojekte und ich habe einen Rettungshubschrauber für das Training der Johanniter gespendet. Und ich unterstütze, obwohl ich selbst völlig unmusikalisch bin, eine Musikhochschule.

Vielleicht spielen Sie ja mal den Weihnachtsmann im Kinderheim oder gehen in der Weihnachtszeit mit einem Beutel voller Euromünzen in die Fußgängerzone. Dort sitzen viel zu viele Not leidende Menschen bettelnd auf der Erde. Machen Sie die Weihnachts-Euro-Tour!

Es gibt unendlich viele Möglichkeiten, Gutes zu tun. Und es gibt nichts Besseres, als Gutes zu tun. Außerdem ist es eine große Freude, dafür mit einem dankbaren Lächeln beschenkt zu werden. Schauen Sie in die Gesichter glücklicher Kinder, denen Sie etwas gespendet haben. Gönnen Sie sich das Erlebnis zu sehen, wie groß die Freude behinderter Menschen ist, wenn Sie ihnen helfen.

Ich garantiere Ihnen, Sie werden entspannter und glücklicher sein, wenn Sie für andere da sind. Sie werden spüren, dass Sie ein höheres Niveau des emotionalen Wohlbefindens erreichen, wenn Sie mit Ihrem Finanzvermögen anderen helfen können. Leben Sie ein erfüllteres und damit reicheres und fröhlicheres Leben!

Spaßanlagen für Reiche

Ein bisschen Spaß darf sein und kann überdies die Diversifikation Ihres Vermögens abrunden. Investitionen in Kuriositäten wie Oldtimer, Uhren oder Kunstgegenstände erfreuen sich großer Beliebtheit. Seit Ausbruch der Finanzkrise, die zu einer Talfahrt der Zinsen geführt hat, ist die Nachfrage nach Luxussachwerten deutlich gestiegen.

Das Sammeln aus Leidenschaft, und ein solches Hobby kann sich auch finanziell lohnen. Manche Leute sammeln alte Vinylschallplatten, andere horten Emailleschilder, Radioröhren oder Comics. Diese alten Exemplare zahlen zwar keine Mieten oder Dividenden, sind aber emotionale Geldanlagen. Natürlich sind sie nur das wert, was jemand dafür zu bezahlen bereit ist, und in nur sehr gutem Zustand erzielen sie einen attraktiven Marktpreis.

Manche Exotensammler hoffen auf große Gewinne mit kleinen Bonsais. Diese gezüchteten japanischen Minibäume erfreuen sich zunehmender Wertschätzung, und für ganz seltene Gattungen werden oft hohe Summen bezahlt. Fans der japanischen Koi-Karpfen sind bereit, für seltene Exemplare Unsummen zu zahlen. Hier kommt es auf Farbe, Körperform und Größe an. Die Pflege dieser seltenen Fische sollte Ihnen jedoch eine echte Herzensangelegenheit sein, sonst wird der Koi-Kauf schnell zum Fehlinvestment.

Auch Whisky kann nicht bloß berauschen, sondern ebenfalls Profitlust befriedigen. Es gibt sogar einen Rare Whisky Vintage 50 Index und regelrechte Whisky-Hunter.

Ein Klassiker sind alte Bücher, doch lediglich wenige rare und historische Erstauflagenexemplare schaffen es preislich in die Champions League, der Rest landet beim Altpapier. Bei den Klangkörpern spielen die der italienischen Instrumentenbauer mit den klangvollen Namen meist die erste Geige.

Wenn reiche Menschen Spaßanlagen kaufen, erhöht das deren Stimmung. Zudem erzielt man mit Sammlerstücken eine emotionale Rendite etwa in Form von bewundernden Blicken von Gästen oder Freunden, wenn man ihnen ein wertvolles Bild im Haus oder einen tollen Oldtimer in der Garage zeigt.

Lange Zeit galt das Sammeln weniger als echte Geldanlage denn als Hobby vermögender Freaks. Kennern aber ist schon lange klar, dass man mit einem schicken Oldtimer, klug ausgewählten Gemälden, edlen Tropfen oder einem Premiumzeitmesser einen lukrativen Gewinn erzielen kann – was mit den traditionellen Sparprodukten angesichts dramatisch geschrumpfter Zinsen kaum noch geht. Wenn Sie also entsprechende Kenntnisse und gute Quellen haben, können Sie mit Spaßsachwerten Ihr Vermögen diversifizieren und sogar vergrößern.

Der Gesamtindex für Luxussachwerte hat laut Knight Frank in den letzten zehn Jahren eine Steigerung von ungefähr 200 Prozent erreicht. Doch lassen Sie sich nicht blenden: Auch und gerade solche faszinierenden Sachwerte gilt es mit Sachverstand zu kaufen. Ihr Herz mag bei der Vorstellung, ein wertvolles Gemälde zu besitzen, höherschlagen, aber den Einkauf planen und den Preis kalkulieren sollten Sie unbedingt mit kühlem Kopf.

Briefmarken galten einst als die »Aktien des kleinen Mannes«, bloß sind die von unseren Eltern und Großeltern gesammelten Postwertzeichen oft in Millionenauflagen erschienen. Ihr Wert fällt also, statt zu steigen. Münzen sind ebenfalls nur dann gut eintauschbare Schätze, wenn sie viele Jahrhunderte alt sind. Anderenfalls bringen sie oft nicht mehr als den Metallpreis. Lediglich sehr seltene historische Münzen haben das Potenzial für eine Wertsteigerung.

Rendite auf Rädern

Wenn Sie Spaß daran haben und es Ihre Finanzen erlauben, gönnen Sie sich ruhig Chromjuwelen – und verbinden Sie die Freude am Fahren mit der Vorfreude auf eine mögliche Wertsteigerung. Renditen von 5 bis 10 Prozent pro Jahr sind durchaus drin. Einige Oldtimermodelle haben sogar ein noch höheres Preissteigerungspotenzial, andere dagegen haben ihre höchste Steigerung wahrscheinlich bereits hinter sich.

Werden Sie selbst zum Experten, vertiefen Sie sich in die Details. Hochwertige Oldtimer werden immer seltener und bieten dadurch die Chance auf einen zukünftigen Preisanstieg, können also Garagengeld sein. Und mit diesem Garagengeld kann man nach Lust und Laune durch die Gegend fahren und eine schöne emotionale Rendite genießen.

Allerdings gibt es ein dreifaches rollendes Risiko: Reparaturen, Rost und Restaurierung. Planen Sie die Kosten für Sanierung und Instandhaltung bei alten Autos unbedingt ein. Nicht selten müssen die stolzen Besitzer für Restaurierung und Reparaturen mehr zahlen als für den eigentlichen Kauf. Wie bei vielen kostbaren Gegenständen, die den Besitzer wechseln, sollten Sie auch bei Oldtimern ganz besonders auf Herkunft und Qualität achten. Hier kann ein Gutachten hilfreich sein. Es gibt Auskunft über etwaige Unfälle oder den Austausch von Teilen. Prüfen Sie penibel den Zustand des alten Autos, das Sie kaufen wollen, sonst sehen Sie selbst schnell alt aus – und die Rendite kommt womöglich unter die Räder.

Schöne Werke bringen schöne Werte

Kunstgegenstände lösen bei ihren Betrachtern schöne Emotionen aus – und bringen ihren Besitzern unter Umständen eine schöne Rendite. Aktuell verzeichnen wir auf dem Kunstmarkt hohe Wertzuwächse. Die berühmtesten Auktionshäuser, Christie's und Sotheby's, erzielen Rekordumsätze und Rekordpreise gerade bei der Versteigerung rarer Sammlerstücke von längst verstorbenen Künstlern.

Dieses Segment bietet also interessante Renditechancen. Es gibt einen Kunstindex sowohl für klassische als auch für zeitgenössische Kunstwerke. Generell gilt: Was selten und exquisit ist, wird mit höherer Wahrscheinlichkeit seinen Preis behaupten oder sogar steigern können.

Wenn Sie selbst kein Kunstkenner sind und keine Zeit haben, sich das nötige Wissen anzueignen, holen Sie unbedingt Rat von ausgewiesenen Experten in renommierten Galerien ein. Sonst könnte es Ihnen passieren, dass Sie echtes Geld für die falschen Bilder ausgeben. Und falls Sie versuchen wollen, bei Auktionen ein Schnäppchen zu machen, setzen Sie sich ein Preislimit. Vergleichen Sie vorher die Preise, sonst sind Sie verführt, mehr zu bieten, als Sie eigentlich geplant hatten und das Objekt derzeit wert ist. Dann haben Sie keine Wertsteigerung zu erwarten, sondern womöglich sogar eine Wertminderung und können sich das Bild bloß noch schöngucken.

So tickt Geld erfolgreich

Edle Uhren können ebenfalls eine attraktive Spaßanlage sein. Neben der finanziellen winkt hier eine emotionale Rendite. Es erfüllt einen mit Stolz, wenn man eine seltene Sammleruhr besitzt. Es macht Spaß, sie zu betrachten und dann und wann am Handgelenk zu tragen. Gerade für die Herren sind hochkarätige Uhren oft die einzige Möglichkeit, sich mit Luxus zu schmücken und ein schönes Vermögen am Handgelenk zu tragen.

Im Großen und Ganzen haben sich in den letzten Jahren Sammlerarmbanduhren als wertsteigernd bewährt; einige Modelle erwiesen sich sogar als ausgesprochen renditestark. Manche Anleger sehen bestimmte Edelchronometer als Inflationsschutz an, als tickende Alternative zu Goldmünzen oder -barren. Investitionen in ausgewählte, seltene und hochwertige mechanische Zeitmesser erzielten in den letzten zehn Jahren eine hohe Wertsteigerung von fast 70 Prozent. Solche Renditen sind weiterhin durchaus möglich. Doch Vorsicht: Auch spürbare Preisrückgänge sind nicht auszuschließen.

Kaufen Sie daher keinesfalls eine Uhr, weil Sie hoffen, sie in einem Jahr mit Gewinn weiterverkaufen zu können – und erst recht nicht, wenn Sie aufgrund Ihrer Finanzsituation vielleicht auf einen gewinnträchtigen Verkauf angewiesen sind. Auf dem Uhrenmarkt gelten im Prinzip die gleichen Gesetze wie an der Börse: Nicht jede Uhr kann Wertsteigerungen erzielen, und die Anstiege verlaufen nicht stetig, sondern unterliegen Schwankungen. Wenn viele Besitzer gleichzeitig ihre Uhren verkaufen wollen, kann das lange dauern und wird meist nur zu niedrigen Preisen möglich sein.

Wenn Sie kein Uhrenkenner sind und keine Zeit haben, sich ein breites Wissen anzueignen, gilt wiederum die Empfehlung: Verlassen Sie sich nicht auf Ihr Gefühl. Selbst der sprichwörtliche Freund, der einen beraten will, verfügt nicht automatisch deshalb über ausreichende Erfahrung, weil er selbst eine teure Uhr trägt und eine zweite im Safe liegen hat.

Wenn Ihnen beim Uhrenkauf der Wertzuwachs wichtiger ist als der Zuwachs an Sammlerstolz, sollten Sie die folgende Regel beachten: Je seltener das Modell und je bekannter der Hersteller, desto höher ist die Chance auf Wertsteigerung. Vor allem Uhren, die nicht mehr gebaut oder nachgebaut werden – also schon historisch genannt werden können –, haben ein höheres Wertsteigerungspotenzial und entsprechend eine höhere Wertstabilität.

Flüssige Freude

Es gibt eine spezielle – und durchaus lukrative – Währung, die im wahrsten Sinn des Wortes liquide ist und meistens 90 bis 140 Promille hat. Im Wein liegt manchmal nicht allein die sprichwörtliche Wahrheit, sondern auch buchstäblich ein Schatz. So ein potenzielles Investmentvermögen sollte man nicht einfach vertrinken.

Man könnte, anstatt von einer Rebsorte, hier von einer speziellen Geldsorte sprechen: Das Weingeld ist ein besonders erlesenes Investment. Die bekanntesten Flüssigwährungen kommen aus den Winzerregionen Bordeaux und Burgund. Neben den französischen sind vor allem die klassischen italienischen

Roten berühmt. Die Wertentwicklung bei Weinen belegt, dass edle und seltene Weine durchaus als Finanzinvestment gesehen und genutzt werden.

Doch nur 1 bis 2 Prozent aller Weine sind als Renditegetränk geeignet. Dazu zählen die teuren Namen mit den besten Beurteilungen von führenden Weinexperten; die bekannteste ist die Parker-Punkte-Bewertung. Sie bieten die höchste Aussicht auf Preissteigerungen. Zur Wertorientierung können Sie die London International Vintage Exchange heranziehen.

Weine von Spitzenweingütern, insbesondere die raren Jahrgänge, werden Ihnen als Besitzer die meiste Freude machen, vielleicht auch beim Weiterverkauf. Bei den bekannten Weinen gilt die Faustregel: Je kleiner das Weingut ist, je deutlicher also die Nachfrage das Angebot übersteigt, desto größer ist die Chance auf einen Preisanstieg. Wenn Weine zum Trinken eigentlich zu teuer sind, ist das fast schon ein Zeichen dafür, dass sie künftig noch teurer werden.

Ob es um exquisite Weine, teure Uhren, seltene Oldtimer oder besondere Kunstwerke geht: Lassen Sie sich möglichst deren Historie dokumentieren und bestätigen, zum Beispiel die jeweiligen Besitzerwechsel. Ziehen Sie zur Beurteilung Spezialisten heran. Beim Wein ist zudem wichtig, wann er zuerst ausgeliefert, wo er gelagert und vom wem er erworben und weiterverkauft wurde.

Wenn der Preis für Ihren Wein schlechter werden sollte, schmeckt der Wein selbst noch lange nicht schlechter. Sollte es also mit dem teureren Weiterverkauf nicht klappen, sind Sie hoffentlich Weingenießer und haben sich Trauben ausgesucht, die Sie gerne trinken. Das Weininvestment ist wie die anderen Spaßanlagen ein »Passion-Investment«. Genießen Sie in vollen Zügen Ihren Weinreichtum!

Aus Abbildung 22 können Sie die durchaus beachtliche Wertentwicklung von Spaß- und Edelanlagen ersehen (Cashcode: 40). Damit Ihr Fun-Investment nicht plötzlich im Frust endet, sollten Sie die kostbaren Stücke mit Spezialversicherungen schützen. Achten Sie jedoch generell darauf, dass Sie niemals in Zeiten finanzieller Not einen Sammelgegenstand veräußern müssen.

Wertentwicklung von Liebhaber-Investments 22

Wertentwicklung nach Kategorien (in %)*	Letzten zwölf Monate	Letzten fünf Jahre	Letzten zehn Jahre
Autos / Oldtimer	16	140	487
Wein	7	38	234
Kunst	15	61	252
Münzen	13	92	232
Briefmarken	3	34	195
Gewichteter Gesamtindex	10	62	205
Schmuck	2	35	168
Chinesische Keramik	9	46	69
Uhren	4	49	68
Antike Möbel	− 9	− 25	− 28

*Stand: Ende 2014
Quelle: Knight Frank; eigene Darstellung

Sonst könnten Sie gezwungen sein, zu einem absolut schlechten Zeitpunkt zu verkaufen. Weitere Informationen zu diesen und anderen Anlageformen finden Sie unter Cashcode: 41.

Auf zur finanziellen Unabhängigkeit!

Das Ende dieses Buchs ist der Beginn Ihrer Reise zu Ihrem Vermögensziel.

Als ersten Schritt müssen Sie Ihre finanzielle Sicherheit gewährleisten. Die Bestreitung der Lebenshaltungskosten muss problemlos möglich sein, und Sie sollten sich vor dem finanziellen Ruin schützen. Letzteres erreichen Sie durch eine Haftpflichtversicherung, eine Einkommensabsicherung in Form einer Berufsunfähigkeitsversicherung, ein gut gefülltes Notfallkonto und – vor allem wenn Sie kleine Kinder haben – eine Risikolebensversicherung. Sie behalten Ihre Einnahmen und Ausgaben im Blick und eröffnen sich durch Aus- und Weiterbildung neue Verdienstmöglichkeiten sowie Chancen auf Karriere oder eine selbstständige Tätigkeit.

Der nächste Schritt ist der entscheidende: das Erlangen Ihrer finanziellen Unabhängigkeit, in der Sie ohne Arbeitseinkommen leben können. Den Grundstock dafür legen Sie mit Ihrem Zukunftskonto. 10 Prozent von Ihrem Nettoeinkommen fließen in Ihre private Altersvorsorge oder in Sparverträge für das Eigenkapital und in die Tilgung des Darlehens für die eigene Immobilie – oder in das erforderliche Startkapital für eine selbstständige Tätigkeit beziehungsweise die Gründung eines eigenen Unternehmens.

Wenn Sie all das erfolgreich umgesetzt haben, wohnen Sie wahrscheinlich bereits im schuldenfreien Eigentum, haben ausreichend Altersversorgung und zusätzlich genug Privatvermögen, das Sie wahrscheinlich durch den Aufbau eines über viele Jahre angesparten Aktienvermögens erzielt haben.

Mit dem letzten Schritt, dem i-Tüpfelchen der finanziellen Unabhängigkeit, haben Sie dann die finanzielle Freiheit erreicht. Ihr hohes Vermögen diversifizieren und investieren Sie richtig, damit Sie Entnahmen tätigen können und möglichst lange etwas davon haben. Nun können Sie sich die Dinge, die Sie sich ersehnt haben, ohne schlechtes Gewissen leisten: das teure Hobby, den tollen Oldtimer, die schöne Weltreise, das schicke Sammlerstück. Die Zeit ist für Sie gekommen, so zu leben, wie Sie es sich immer erträumt haben..

Die zehn Gebote des Geldes

Was Sie in Ihrer spezifischen Lebenssituation vorrangig tun können, um finanziell abgesichert zu sein, Vermögen aufzubauen und reicher zu werden, haben Sie in den einzelnen Kapiteln erfahren.

Nachfolgend stelle ich die wichtigsten Punkte nochmals zusammen. Es sind genau zehn – nämlich die zehn Gebote des Geldes:

1. Vergrößern Sie Ihre Chancen auf Karriere und Einkommenserhöhung, indem Sie sich zielgerichtet fortbilden.
2. Schließen Sie unbedingt eine Haftpflichtversicherung ab – selbst wenn Sie noch recht jung sind und kaum Geld haben, und schützen Sie Ihr regelmäßiges Einkommen unbedingt mit einer Berufsunfähigkeitsversicherung.
3. Senken Sie Ihre vermeidbaren Kosten. Die frei werdenden Gelder sind wesentlich besser in notwendigen Absicherungen und einem lohnenden Vermögensaufbau investiert.
4. Bauen Sie ein Notfallkonto von mindestens drei Monatsgehältern auf – egal in welchem Alter und in welcher Familiensituation.
5. Versichern Sie das finanzielle Risiko Ihres Versterbens, besonders als junger Elternteil mit kleinen Kindern.
6. Nehmen Sie eine Nebentätigkeit an oder machen Sie Überstunden, um finanziellen Spielraum zu gewinnen.
7. Beginnen Sie mit dem Aufbau der privaten Altersvorsorge – möglichst gefördert beziehungsweise steuerbegünstigt.
8. Zahlen Sie für Ihr Zukunftskonto allmonatlich über viele Jahre in einen Aktien- oder Indexfonds ein.

9. Werden Sie vom Wohnungsmieter zum Immobilienbesitzer und sammeln Sie dafür ausreichend Eigenkapital an.
10. Diversifizieren Sie, sobald Sie ein größeres Vermögen besitzen, breit auf mehrere bewährte Anlagearten.

Traumerfüllung dank Millionärsformel

Was bedeutet nun die Anwendung der Millionärsformel konkret? Im Grunde ist es eine Formel zur Lebensänderung. Die rationale Seite besteht rein aus mathematischen Finanzkennziffern, gleichzeitig aber ist es eine emotionale Formel, die von Ihrer mentalen Stärke, Willenskraft und Disziplin geprägt ist. Die gefühlsmäßige Seite ist entscheidend für Ihre Motivation zur Verhaltensänderung und für die Übernahme neuer Gewohnheiten. Wenn Sie nur an die wirtschaftlichen Aspekte denken würden, wäre der Gesamterfolg gefährdet.

Die einzelnen Bestandteile der Millionärsformel haben für jeden Leser unterschiedliche Bedeutung. In welcher Reihenfolge und mit welcher Intensität Sie die verschiedenen Komponenten nutzen, hängt natürlich von Ihrer individuellen Situation und Ihren persönlichen Zielen ab. In der Gesamtheit sieht die technisch-rationale Seite der Millionärsformel wie folgt aus:

{[Gehalt + Einkommenssteigerung – Ausgaben = Reichtumsbasis] + staatliche Förderung} × Rendite × Zeitdauer = Wunschvermögen

Das Onlineportal www.millionaersformel.de hält für Sie ergänzende Tipps und Informationen bereit. Hier erhalten Sie zusätzliche Ausführungen, spezielle Tools, erklärende Anleitungen, Videos und mehr.

Wie viel Geld sollten Sie auf die Seite legen? Ganz einfach: so viel wie möglich. Wann sollten Sie investieren? Auch ganz klar: in dem Moment, in dem Sie das Geld haben. Nicht warten und dann investieren, sondern investieren und dann warten.

Gerade wenn Sie jung sind, besteht die Gefahr nicht darin, dass Sie womöglich keinen der absoluten Topfonds erwischen. In Gefahr bringen Sie sich nämlich nur selbst, nämlich wenn Sie zögern, Ihren Vermögensaufbau zu beginnen. Egal welche Kursentwicklungen, Steuersätze und Zinsniveaus in Zukunft auf uns warten, allein Sie selbst können Vermögen entstehen lassen. Endlich anzufangen und unbeirrt durchzuhalten ist für Ihre Reichwerdestrategie viel bedeutender, als erst einmal ein Experte zu werden. Es reicht ein solides Grundwissen, und das haben Sie spätestens durch das Lesen dieses Buches bekommen. Nun können Sie mit der Umsetzung beginnen.

Das Ergebnis des finanztechnischen Teils der Millionärsformel wird besonders erfolgreich sein, wenn Sie auch den emotionalen Teil der Formel starten. Lassen Sie dadurch Ihre Träume Wirklichkeit werden:

Traumerfüllung =
(Wissen + Mut + Optimismus + Konsequenz)
× Tun × Durchhaltedauer

Die Vergangenheit ist vorbei, die Gegenwart ist da, und die Zukunft mit dem Ziel finanzieller Sicherheit kann beginnen. Wenn Sie später so leben wollen, wie es anderen nicht möglich sein wird, müssen Sie jetzt so leben, wie andere es nicht tun. Sie sind nicht zu jung, zu alt, zu ungebildet oder überbeschäftigt, um mit dem Reichwerden loszulegen!

Es ist nicht kompliziert, Sie müssen es bloß machen. Sie wissen jetzt, wie Sie durch kleine Veränderungen große Erfolge erzielen können, und Sie wissen auch, in welchen Finanzbereichen Sie Optimierungen angehen müssen.

Realisieren Sie, dass Sie heute jünger sind als morgen, dass es mehr bringt, heute zu starten als in einem Jahr. Die Zukunft Ihres Lebens wird in der Gegenwart vorbereitet. Es ist Ihr Leben, ein anderes kriegen Sie nicht. Konzentrieren Sie sich daher auf Ihr restliches Leben, und zwar bis zum Ziel.

Tun Sie es! An jedem Tag, den Sie verstreichen lassen, verlieren Sie Geld. Die Millionärsformel funktioniert nur, wenn Sie mit der Umsetzung Ihres Reichwerdeplans beginnen. Nun müssen auch Sie funktionieren, indem Sie Ihre finanzielle Zukunft anpacken, und zwar möglichst sofort!

Das Leben bezahlt Sie nicht für das, was Sie wissen, sondern für das, was Sie tun.

Jetzt ist der Moment gekommen, in dem Ihre Reise zur finanziellen Unabhängigkeit beginnt. Sie haben die Chance, aus dem heutigen Tag den besten Ihres Finanzlebens zu machen.

Ein paar Worte in eigener Sache

Mit der Veröffentlichung dieses Buchs bin ich auf negative Kritik gefasst. Natürlich habe auch ich in meinem Leben nicht alles richtig gemacht, ich bin schließlich ebenso wenig perfekt wie der Rest der Menschheit. Manche Rezensenten werden es mir übel nehmen, dass ich einiges zu banal darstelle, andere werden die Nase rümpfen nach dem Motto »Von dem hätte ich aber Schlaueres erwartet«. Das riskiere ich gerne, denn ich will vor allen Dingen ein konkreter Gelderklärer und kein abstrakter Welterklärer sein.

Meiner Überzeugung nach trauen es sich viele Menschen schlichtweg nicht zu, ein respektables Vermögen zu bilden, weil sie zu wenig über Geld wissen, zu wenig mit anderen darüber reden und/oder sich für zu arm halten. Mit dieser pessimistischen Grundeinstellung soll ein für alle Mal Schluss sein! Bestimmt werde ich mit meinen Ausführungen bei einigen Lesern einen wunden Punkt treffen, und manch einer wird, statt sich bei der eigenen Nase zu fassen und endlich sein Leben umzukrempeln, lieber meine Empfehlungen kritisieren. Das ist sein gutes Recht – reicher jedoch wird er dadurch sicherlich nicht.

Es ist mir ein wirkliches Bedürfnis, möglichst vielen Menschen die Themen Vermögensaufbau und finanzielle Absicherung näherzubringen. Denn es ist kein Hexenwerk, und ich weiß aus eigener Erfahrung, dass jeder, der es wirklich will, nicht nur finanzielle Sicherheit, sondern sogar finanzielle Freiheit erlangen kann, wenn er ein paar einfache Grundregeln beachtet, die ich in der Millionärsformel zusammengefasst habe.

Das Verständnis meiner Familie dafür, dass ich an zahlreichen Wochenenden und in vielen Urlauben an diesem Buch geschrieben habe, hat mir sehr geholfen. Eine enorme Unterstützung waren Kathrin Danisch, Julia Markus, Stefan Ebner und Michael Tröger. Ihnen allen und besonders meiner Frau und meinen Söhnen, die mich ermutigt haben, dieses Buch zu schreiben, möchte ich von Herzen danken.

Ich wünsche Ihnen viel Erfolg beim Aufbau, beim Schutz und bei der Vermehrung Ihres Vermögens durch die Anwendung der Millionärsformel.

Register